Vorsicht Italienisch!

Unzensierte Ausgabe:
Italienisch, wie es wirklich gesprochen wird

Vorsicht! Verlag
München

Vorsicht Italienisch!

Herausgegeben von der Vorsicht!-Redaktion
Originaltext: Nadia Rizzuti
Illustrationen: Kyle Webster, Amy Zaleski
Redaktion und Übersetzung: Alexandra Desbalmes
Projektleitung: Eva Betz

Vorsicht! Verlag
Mies-van-der-Rohe-Straße 1
D-80807 München

Printed in Austria
ISBN 978-3-468-28153-2

09010

INHALT

Vorspiel

Du willst in Italien so richtig akzeptiert werden? Dann solltest du nicht nur eine Handvoll italienischer Ausdrücke kennen. Wer wirklich mitmischen will, muss Slang, Szenesprache und Schimpfwörter draufhaben. *Vorsicht Italienisch!* hat alles, was du brauchst, um Italiener zuzutexten. Keine Grammatikübungen, keine Verbkonjugationen und keine Regeln, aber das Italienisch, das man wirklich spricht – von absolut intimen Details *(parliamo di sesso!)* bis zur Sprache von Computer, E-Mails und SMS.

Was du wissen solltest ...

Ein bisschen Italienisch solltest du schon können. Die meisten Ausdrücke kannst du für Boys und Girls benutzen. Du musst nur darauf achten, dass du die Formen mit -o für alles Männliche und die Formen mit -a für alles Weibliche verwendest. Wenn ein Wort oder ein Satz wirklich nur für Jungs passt, findest du ein ♂; wenn du nur Mädchen so ansprechen solltest, ist der Ausdruck mit einem ♀ markiert.

Wenn du keinen Plan hast, wie man bestimmte Wörter ausspricht, und nicht wie ein Idiot rüberkommen willst, geh ins Netz: Bei **www.vorsichtverlag.de** kannst du alles anhören. Aber dreh es lieber nicht zu laut auf ...

Achte auf ...

Die schärfsten Sprüche sind mit einem Ausrufezeichen oder einer Bombe gekennzeichnet. Du kannst also ganz leicht abschätzen, wie „schlimm" ein Wort wirklich ist.

! Vorsicht, hammerharter Spruch!

💣 Nur mit absoluter Vorsicht anwenden! Endbeleidigend und total daneben.

Du hast es hier mit dem Italienisch zu tun, das man wirklich spricht, deshalb geben wir dir eine möglichst genaue deutsche Übersetzung – damit du weißt, wann ein Ausdruck oder Spruch wirklich angebracht ist und wann voll daneben.

Außerdem wirst du auf diese Zeichen stoßen:

Unzensiert	Echt vulgärer oder anstößiger Slang
Facts	Coole Facts - kaum zu glauben, aber wahr
Für Insider	Insidertipps

Zu guter Letzt

Sprache ändert sich ständig. Was heute in ist, kann morgen schon out sein. Wenn du in diesem Buch also etwas liest, was absolut von gestern ist, oder wenn du ein cooles Wort kennst, das wir vergessen haben - schreib uns eine Mail an **redaktion@vorsichtverlag.de**

Dieses Buch trägt nicht umsonst den Aufdruck „Unzensierte Ausgabe"! Die Wörter und Sprüche sind für den Gebrauch vor Eltern, Lehrern, Verwandten und potenziellen Schwiegereltern absolut ungeeignet. Was hier drin steht, ist derb abgefahren. Wenn du so sprechen willst ... dann tu's. Aber: Für alle Zwischenfälle - inklusive Dissen, Schlägereien, Prügel oder Probleme mit Bullen - die aus dem Gebrauch der Ausdrücke aus *Vorsicht Italienisch!* resultieren, übernimmt der Verlag keine Haftung.

1 DIE BASICS

Grüße und Sprüche – von klassisch bis trendy

Wie du ...

- deine Kumpels begrüßt
- fragst, wie es geht
- dich verabschiedest

Mach den ersten Schritt

Keine Lust mehr auf ein einfaches „Ciao"? Dann versuch's mal mit was Neuem:

Ciao! Come va?
Hi, wie geht's?
Das klassische „Ciao" um eine kurze Frage erweitert. Passt immer!

A bello!/A bella!
Hey!/Hey, Alder!/Hey, Süße! (wörtl.: Hey, Schöne(r)!)
Eine coole Begrüßung in Mittel- und Süditalien, die normalerweise gebrüllt wird.

Bella Marco!/Bella Maria!
Hi Marco/Maria! Schön dich zu sehen!
Wird nur im Süden benutzt und am besten, wenn du dich echt freust, ihn oder sie zu sehen! Achtung: Auch bei Männern heißt es „Bella", nicht „Bello", da „Bella" hier die abgekürzte Version von „È una bella cosa vederti" (Es ist schön, dich zu sehen.) ist.

(Ma) guarda chi si vede!
Hey, wen sehen da meine trüben Augen!
Wenn du ihn oder sie lange nicht gesehen hast. Oder ironisch, wenn einer was ausgefressen hat und sich deshalb nicht mehr hat blicken lassen.

Ma guarda chi c'è (qua)!
Schau mal einer an!
Drückt echte Überraschung aus, ihn oder sie zu sehen.

Wie geht's?

Am besten kommst du ins Gespräch, wenn du erst mal checkst, wie es geht. So kannst du fragen ... und antworten:

- **Come andiamo?** Wie geht's?
- **Bene grazie, e tu?** Gut, und dir?

- **Tutto bene?** Alles klar?
- **Tutto a posto.** Alles klar.

- **Hey! Come ti va la vita?** Hey, wie läuft's?
- **Sto da favola!** Super!

- **Hey, come butta?** Hey, wie geht's?
- **Butta bene/male.** Gut./Mies.
  Passt nur bei sehr guten Kumpels.

- **Allora ...? Che si dice?/Che mi racconti?**
  Und, was geht?/Was geht ab?
- **Sto di merda.** Mir geht's beschissen.

- **Allora ... novità?** Und, was geht ab?
- **Guarda, sto da panico/da Dio!**
  Du, mir geht's beschissen/super.

- **Come stai?** Wie geht's?
- **Sto .../Si tira avanti ...** Passt schon.

- **Come va la vita?** Wie läuft's?
- **Così così./'nsomma.** Der gleiche Scheiß wie immer.

Facts

Diese ganzen Fragen können auch eine Begrüßung ersetzen. Statt einfach nur „Ciao" kannst du auf der Straße zu einem Kumpel auch sagen „Hey, Marco! Allora? Che mi dici?" (Hey, Marco. Und? Was geht?) oder zu einer guten Freundin „Anna! Come va la vita?" (Anna! Wie geht's?). Kommt besonders gut, wenn du noch nicht direkt vor ihm oder ihr stehst, sondern noch ein paar Meter entfernt bist!

Ciao, ciao!

Und wenn der Abschied naht, dann zeig mit diesen Sprüchen, was Sache ist.

Vado ... Ci si becca in giro!
Ich hau ab ... Man sieht sich!
Passt, wenn du dich möglichst schnell verziehen willst.

Ci sentiamo!/Fatti sentire/vedere, mi raccomando!
Wir hören uns!/Lass was von dir hören!/Lass dich blicken!
Aber nur, wenn du ihn oder sie wirklich wiedersehen willst ...

Allora ... ci si vede!
Also dann ..., man sieht sich!

Alla prossima!
Bis dann!/Bis zum nächsten Mal!
Wenn du ihn oder sie noch nicht lange kennst und wiedersehen möchtest.

Vado verso casa ... A più tardi!/A dopo!
Ich mach 'nen Abgang! Bis später!
Ihr lauft euch entweder ständig über den Weg oder habt schon ein neues Date ausgemacht ...

Allora ... stammi bene!/In forma, mi raccomando!
Also, mach's gut!/Hau rein!
Wünsch es jemandem, der 'ne harte Zeit vor sich hat.

Für Insider

In Italien begrüßt man sich schon immer mit Handschlag und – wenn man sich besser kennt – mit zwei Bussis auf die Wange. Seit kurzem gilt das aber nur noch für Verwandte und Erwachsene. Wenn du jung bist, dann gibt's zur Begrüßung statt zwei DREI Bussis auf die Wange (vor allem in Norditalien). Küsschen gibt's in Norditalien übrigens meistens nur zwischen Jungs und Mädels und unter Mädels, im Süden gilt die Regel aber auch für Jungs untereinander. Tipp für die Jungs: Süditaliener sind offener als Norditaliener. Bevor du dich also einer fremden männlichen Wange näherst, überlege kurz, wo du dich befindest. Wenn du in Norditalien bist, dann beschränke dich lieber auf einen kräftigen Händedruck. Sonst denkt der Typ noch, du willst was von ihm ...

2

Vom VERLIEBEN zum ENTLIEBEN

Du willst jemanden cool anmachen oder kalt abblitzen lassen? Hier findest du die Sprüche, mit denen es garantiert klappt. Wie du ...

- jemanden ansprichst
- flirtest wie ein Profi
- jemanden loswirst
- Schluss machst

Coole Anmachen

Du beobachtest sie oder ihn schon eine ganze Weile und findest sie oder ihn unheimlich süß ... Lass dir den Flirt deines Lebens nicht entgehen und versuch's mal mit den folgenden Sprüchen:

Vuoi bere qualcosa?
Willst du was trinken?
Uralter Spruch – aber er scheint noch immer zu funktionieren.

Scusa ... hai da accendere?
Entschuldigung, hast du Feuer?
Harmloser geht's kaum ...

Ma ... non ci siamo già visti prima?
Haben wir uns nicht schon mal gesehen?
Wenn du's wirklich überzeugend rüberbringst, funktioniert's vielleicht.

Vuoi ballare?
Hast du Lust zu tanzen?
Aber bitte nur, wenn ihr beide tanzen könnt!

Die typische Anmache ...

- **Scusa ... Non ci siamo già visti prima?**
  Sorry ... Sag mal, kennen wir uns nicht?
- **Dipende ... Che giri hai?** Kommt darauf an ...
  Wo hängst du normalerweise so ab?

oder

- **Scusa, ma sto aspettando qualcuno!**
  Sorry, aber ich warte auf jemanden.

Für Insider

Hier ein paar gewagte Sprüche für Jungs, die leider auch nach hinten losgehen können. Aber vielleicht hast du ja Glück und dein Mut wird belohnt!

Scusa ... posso dirti che hai degli occhi bellissimi?
Sorry, aber ... darf ich dir sagen, dass du die schönsten Augen der Welt hast?

Er (zu einem fremden Mädchen): Anna? Anna?
Sie (schaut ihn verwundert an): Non sono Anna ...
Ich heiße nicht Anna ...
Und schon ist der erste Schritt getan ... Jetzt kommt es nur noch auf dich an!

Hai da fare per i prossimi 100 anni?
Hast du die nächsten 100 Jahre schon was vor?

Hey Baby!

Du findest sie oder ihn superattraktiv? Dann sag es so:

Quella tipa ...	Dieses Girl ...
è una gran figa !/gnocca.* !	ist superscharf.
è bona da paura.	ist eine heiße Nummer. (wörtl.: so heiß, dass man Angst bekommt)
è una bonazza.	ist heiß.
è uno schianto.	ist der Wahnsinn. (wörtl.: eine Explosion/eine Wucht)

* Das solltest du wirklich nur zu deinen Kumpels sagen, Mädels stehen da nicht so drauf.

Quel tipo è ...	Der Typ ist ...
un sano della Madonna.	umwerfend geil. (wörtl.: ein wahnsinnig Gesunder)
un gran bonazzo.	total geil.
un gran pezzo di figo !/ un figo da paura. !	der absolute Traum.
un gran manzo.	der Wahnsinn. (wörtl.: ein großartiges Rind/ein großartiger Stier)

Facts

Vor allem Jungs sprechen untereinander von „figa", wenn's um heiße Chicks geht. Wörtlich ist „figa" der umgangssprachliche Ausdruck für das weibliche Geschlechtsorgan. Auch Mädels verwenden inzwischen die männliche Form „figo". „Figo" kann ein Mann sein, aber auch ein Film oder eine CD – einfach alles, was besonders geil ist. Vor allem in Rom und im übrigen Süden ist aus „figo" „fico" und aus „figa" „fica" geworden. Hat zwar dieselbe Bedeutung, klingt aber weniger vulgär: „Fico" ist nämlich eine typische süditalienische Frucht: die Feige!

Liebesgeflüster ...

Franca, sei ...	Franca, du bist ...
speciale.	was ganz Besonderes.
dolce.	echt süß.
bellissima.	wunderschön.
Mauro, ...	Mauro, ...
sei speciale.	du bist was ganz Besonderes.
sei troppo forte.	du bist ein echt starker Typ.
non sei come gli altri.	du bist anders als alle anderen.

Übelste Abfuhren

Du fragst dich schon die ganze Zeit, was der Typ oder die Tussi neben dir eigentlich von dir will? Lass dir nichts gefallen und werd ihn oder sie mit folgenden Sprüchen los:

No, guarda, stasera non è proprio serata!
Du, sorry, aber heute Abend ist's ganz schlecht.
Die höfliche Variante.

Scusa, ma sto aspettando qualcun altro.
Du, ich warte schon auf jemanden!
Muss nicht unbedingt stimmen, aber die Message ist eindeutig!

Evapora! !
Verschwinde! (Wörtl.: Verdunste!)
Deutlicher geht's kaum ...

Lasciami in pace! !
Lass mich in Ruhe!
Brutal, aber sehr wirksam!

Ho di meglio da fare.
Ich hab Besseres zu tun!
Ziemlich zickig, aber das wird helfen.

Guarda ... Puoi andare!
Hör mal ... Du kannst jetzt gehen!
Wenn dich ein Typ oder eine Tussi schon zu lange belabert hat ...

Fa/Fai dei metri! !
Hau ab!/Verpiss dich!
Wenn du ihn oder sie nicht mehr ertragen kannst.

Du willst jemanden abschleppen? Vorsicht ... Dir könnte auch Folgendes passieren:

- **Sai che sei proprio figa?**
  Weißt du eigentlich, wie geil du bist?
- **Senti ... Fai dei metri!**
  Hör zu ... Verpiss dich einfach!

Nichts zu machen ...

Er oder sie gefällt dir ganz und gar nicht? Sag's so:

È un(o)/a ...	Er/Sie ist ...
maraglio/a. EMILIA ROMAGNA	mega-out.
bischero/a. TOSKANA	mega-out.
burino/a. ROM	mega-out.
sfigato/a.	so was von out.
cesso.	eine Gesichtsbaracke/eine Nullnummer. (wörtl.: ein Scheißhaus)
mostro. !	eine Gesichtsbaracke/eine Nullnummer. (wörtl.: ein Monster)

Unzensiert

Sieht er oder sie wirklich nur scheiße aus? Oder ist da noch mehr, was nicht passt? Dann findest du hier ein paar Ausdrücke ...

Für Sie:

Guarda che ...	So ein ...
schifo d'uomo. !	ekliger Typ!
puttaniere.	Aufreißer! (wörtl.: Zuhälter)

Für Ihn:

Guarda che ...	So ein(e) ...
cozza/cofano/scorfano. !	Brechmittel! (wörtl.: Miesmuschel/ Motorhaube/Drachenkopf)
chiavica. !	hässlicher Trampel!
figa di legno.	frigide/eingebildete Kuh! (wörtl.: hölzerne Fotze)
puttanella.	Flittchen/Schlampe!

Aus und vorbei

Die Geschichte ist zu Ende? Sag's so:

Lei ...	Sie ...
ha chiuso con lui.	hat Schluss mit ihm gemacht.
lo ha mandato a quel paese. !	hat ihn zum Teufel gejagt.
lo ha mandato affanculo/ a fare in culo.	hat ihn zum Teufel gejagt.

Entliebt?

Wie du es ihm oder ihr beibringst:

Ho bisogno di tempo per riflettere.
Ich brauche Zeit zum Nachdenken.
Es ist aus!

È finita.
Es ist aus.
Eindeutig.

È meglio chiudere/farla finita.
Es ist besser, wenn wir Schluss machen.
Wenn du ihn oder sie noch magst, aber es einfach nicht mehr geht ...

Rimaniamo amici.
Wir bleiben Freunde.
Ja, alles klar!

Con te ho chiuso!
Mit dir bin ich fertig!

Lasciamoci.
Lass uns Schluss machen.
Widerspruch zwecklos ...

3

LIEBE und SEX

„Italians do it better" ... und zwar nicht ohne Grund! Hier erfährst du, wie Italiener Herzen erobern und was du am besten sagst, wenn du ...

- romantisch sein willst, um Streicheleinheiten zu bekommen oder eine heiße Nacht zu verbringen
- über Sex reden willst
- deine Eroberung beschreiben möchtest

Ist es Liebe?

Hier ein paar Ausdrücke, um die Intensität deiner Beziehung zu beschreiben ...

Ihr habt nur Spaß?

Abbiamo una tresca.
Wir haben nur unseren Spaß.
Nichts Ernstes!

Ci facciamo delle storie. NORDITALIEN
Wir haben was miteinander.
Wenn du nicht glaubst, dass es was Ernstes wird.

Etwas mehr? Sex!

Siamo stati a letto (insieme).
Wir waren miteinander im Bett.
Deutlicher geht's kaum ...

L'abbiamo fatto.
Wir haben's getan.

Und wenn's ernst wird ...

Ci stiamo frequentando./Stiamo uscendo.
Wir daten uns.
Ihr seht euch oft und gerne – vielleicht wird's die große Liebe!

È il mio ragazzo./È la mia ragazza.
Er ist mein Freund./Sie ist meine Freundin.
Ihr seid definitiv zusammen.

Es geht heiß her

Was du sagen kannst, wenn du mehr möchtest …

Ho una gran voglia di baciarti.
Ich habe solche Lust, dich zu küssen!
Wenn sie oder er da nicht schwach wird …

Un bacino, per favore …
Bekomm ich ein Bussi?
Sag es unschuldig wie ein kleines Kind und dann genieß es!

Mi piaci da morire.
Du bist zum Sterben schön!
Aber bitte nicht beim ersten Date!

Ho voglia di te.
Ich hab Lust auf dich.
Jetzt wird's heiß …

Voglio fare l'amore con te.
Ich will mit dir schlafen.
Eine klare Ansage!

Dove andiamo ad imboscarci?
Wohin können wir uns verziehen?
Wozu muss hier nicht extra erwähnt werden …

Ein bisschen turteln

Hier findest du ein paar italienische Kosenamen, die du an deiner neuen Eroberung testen kannst:

Mi dai un bacio, ...	Krieg ich einen Kuss, mein/e ...?
tesoro.	Schatz
topolina. ♀	Mäuschen/Süße
tata. ♀	Liebling (wörtl. Kosename für Babysitter)
luce dei miei occhi. ♀	Liebes/Liebstes (wörtl.: Licht meiner Augen)
passerotto. ♀	Spatz
bimba. ♀	Kleine
cucciola/o.	Kleine/r (wörtl.: Welpe)
dolcezza. ♀	Süße
piccola. ♀	Kleine
stella. ♀	Schatz (wörtl.: Stern)
patatina. ♀	Kleine/Süße (wörtl.: Kartöffelchen)
ciccia/o.	Süße/r (wörtl.: Pummelchen)

Unzensiert

Und jetzt geht's zur Sache. Was folgt, sind einige ziemlich dreckige Begriffe, die alle nur das Eine bedeuten. Ein Tipp: Wenn du mit einem Mädel oder einem Jungen schlafen willst, dann bleib bei der romantischen Frage: „Vuoi fare l'amore con me?" (Wörtl.: Willst du mit mir Liebe machen?). Falls du mit deinen Kumpels über Sex sprichst, kann sich das auch so anhören:

Mi piace un casino ... Ich steh total auf Ficken/Poppen/Vögeln/Bumsen.

scopare. !
Hört man sehr oft. Wörtlich bedeutet es „kehren/fegen".

trombare. !
Auch nicht schlecht. Wörtlich etwa: „mit der Trompete spielen".

bombare. !
Nicht ganz so vulgär wie „trombare" – aber fast!

chiattare. !
Nicht so geläufig; vom Niveau her wie „bombare".

chiavare.
Ein gutes Bild: „den Schlüssel ins Schloss stecken".

fare una pelle. ♂
Sagt man fast nur in Rom.

fottere. ♂
Heißt eigentlich „klauen". Der Mann klaut der Frau ... Na ratet mal!

ciul(l)are.
Wie „fottere".

Wie sag ich's meinen Freunden ...

Abbiamo passato la notte assieme.
Wir haben die Nacht zusammen verbracht.
War wohl eher eine schlaflose Nacht ...

Abbiamo fatto sesso.
Wir hatten Sex.
Klar und deutlich.

Ci siamo conosciuti in senso biblico.
Wir haben uns im biblischen Sinn erkannt.
Sag's mit einem Augenzwinkern!

È successo quello che doveva succedere.
Es ist geschehen, was geschehen musste.
Das nennt man Schicksal ...

L'ho sfondata diverse volte. ♂
Ich hab sie ordentlich durchgefickt.
Passt auch, wenn du sie entjungfert hast.

Abbiamo trombato come ricci.
Wir haben gevögelt wie die Karnickel.
Anstrengende Nacht, was?

Finalmente me l'ha data! ♂
Endlich bin ich zum Zug gekommen! (wörtl.: hat sie sie mir gegeben)
Und? Zufrieden?

Le ho dato due colpi! ♂
Ich hab sie ordentlich gebumst! (wörtl.: ihr zwei Stöße gegeben)
Achtung! Wirklich nur für die Ohren deiner Freunde bestimmt!

Engelchen oder Teufelchen?

Ist sie 'ne Brave oder ein Luder? Ist er ein Kavalier oder ein Weiberheld?

Lei è ...	Sie ist ...
una brava ragazza.	ein anständiges Mädchen.
una ragazza a posto.	total in Ordnung.
una suora.	sehr anständig.
una santarellina.	echt anständig.
una bomba da sesso. !	eine Sexbombe.
una gran troia/zoccola.	eine Schlampe/ein Flittchen.
una poco di buono.	nicht gerade die Anständigste.
una ragazza di facili costumi.	leicht zu haben.

Lui è ...	Er ist ...
un cavaliere.	ein Kavalier.
un gentleman.	ein Gentleman.
un bravo ragazzo.	ein anständiger Kerl.
un ragazzo a posto/perbene.	ein anständiger Kerl.
un farfallone.	ein Aufreißer/Frauenheld.
un bastardo. !	ein Dreckskerl/Scheißkerl.
un gigolò.	ein Gigolo.
uno che gli fumano le palle.	ein Stecher. (wörtl.: einer, dem die Eier rauchen)
un animale da letto. !	ein Tier/ein Hengst.
una macchina da sesso.	ein Stecher. (wörtl.: eine Sex-Maschine)
uno sciupafemmine. !	ein Aufreißer/Frauenheld.

Safer Sex

Bevor du zur Sache kommst, solltest du dich auch damit auskennen!

Hai un ... Hast du ein/en ...?

preservativo?
guanto?
goldone?
cappuccio?
} Kondom/Gummi

Prendi la pillola?
Nimmst du die Pille?

Hai il diaframma?
Benutzt du ein Diaphragma?

Hai la spirale?
Hast du die Spirale?

Facts

Die Legende, dass italienische Frauen bis zur Ehe Jungfrau bleiben, schwindet mehr und mehr. Im Süden gibt es zwar noch einige Leute, die an dieser Tradition hängen, aber seit Jahrzehnten sucht man vor dem Traualtar meistens vergeblich nach Jungfrauen. Auch das katholische Italien wird langsam liberaler.

Sexuell übertragbare Krankheiten

Mach dich lieber vorher kundig!

Quella tipa ha ...	Die Tussi hat ...
una malattia venerea.	eine Geschlechtskrankheit.
la sifilide.	Syphilis.
l'aids.	Aids.
un fungo.	einen Pilz.
l'herpes.	Herpes genitalis.
l'epatite c.	Hepatitis C.

“*Vergiss nicht zu fragen ...*

- **Hai fatto il test per l'aids?** Hast du einen Aids-Test gemacht?
- **Certo, tutto a posto!** Klar, ich bin sauber!”

4 Die SCHWULEN- und LESBENSZENE

Du willst auch in der alternativen Szene Spaß haben? Hier findest du ihn ...

- Wörter für Schwule und Lesben
- Die richtigen Locations
- Ein bisschen bi schadet nie.

Ist er oder sie homo?

Auch im Italienischen gibt es zahlreiche Wörter für den alternativen Lebensstil, harmlose und ... endfiese!

Franco è ...	Franco ist ...
omosessuale.	homosexuell.
gay.	schwul.
diverso. !	schwul. (wörtl.: „anders“)
Katia è lesbica.	Katia ist lesbisch.

Unzensiert

Du suchst nach tougheren Begriffen für Schwule? Dann lies weiter ...

Maurizio è ...	Maurizio ist ...
frocio.	schwul.
finocchio.	schwul.
ricchione.	schwul.
un culattone.	ein Arschficker.
un busone.	ein Schwucko.
una checca.	eine Tunte.

Unterwegs in der Szene

So kannst du über Schwule und Lesben reden ...

Andrea è dell'altra sponda.
Andrea ist vom anderen Ufer.

Gli piacciono gli uomini.
Er steht auf Männer.

È una gran checca!
Er ist 'ne Tunte!

Fabio è andato via con il suo nuovo amichetto.
Fabio ist mit seinem neuen Typen weggegangen.

Luca è troppo effemminato!
Luca ist so was von tuntig!

Per me l'ha preso diverse volte nel di dietro! !
Ich glaube, der wurde schon öfter von hinten gebumst.

Für Insider

Schwule wurden früher in Italien sehr schief angeschaut und als anormal bezeichnet. Da wundert es kaum, dass es so viele abschätzige Ausdrücke für sie gibt! Wobei die nicht nur benutzt werden, um Homos blöd anzureden oder zu beleidigen – man kann sie auch gebrauchen, um Heteros zu verarschen! Wenn ein Kumpel von dir mal an einem Abend kein Chick abgekriegt hat, könntest du z. B. sagen: „Ma allora sei proprio gay!" (etwa: „Hey, bist du schwul, oder was?") Natürlich mit dem passenden verarschenden Unterton! Ansonsten solltest du aber aufpassen, wie und wann du diese Ausdrücke benutzt.
Dass es auch homosexuelle Frauen gibt, wird in Italien erst seit kurzer Zeit bewusst wahrgenommen. Für sie gibt es (noch) keine üblen Schimpfwörter.

Le piacciono le donne.
Sie steht auf Frauen.

È una maschiaccia!
Die benimmt sich wie ein Typ!

È sicuramente una lesbo.
Das ist bestimmt 'ne Lesbe.

Die richtige Location ...

Conosci ...?	Kennst du ...?
una discoteca gay/lesbo	eine Schwulen-/Lesbendisco
un pub gay	eine Schwulenkneipe

Facts

Italien ist immer noch ein sehr katholisches Land, und Schwule werden dort aufgrund der langen erzkonservativen Geschichte als „andersartig" betrachtet. Inzwischen tut sich aber einiges, und vor allem in Norditalien wird die Schwulenszene immer mehr zu einer sichtbaren Realität. Als Schwulen- und Lesbenhauptstadt Italiens gilt Bologna. Überhaupt ist die gesamte Emilia-Romagna gegenüber Homosexuellen sehr tolerant, was wohl auch an ihrer seit jeher sozialistischen Gesinnung liegt. Mailand ist die Stadt mit den meisten Schwulenlokalen, und Rom und die gesamte Region Latium gelten als schwulenfreundlich. Der Nordosten Italiens ist gegenüber Homosexuellen im Allgemeinen wenig tolerant, aber die schwulenfeindlichste Stadt liegt im Süden: Catania. Hier gibt kaum jemand zu, dass er homosexuell ist.

Ist er oder sie bisexuell?

È bisex.
Er/Sie ist bisexuell.

Le piace provare di tutto.
Sie probiert alles aus.

Le piace andare sia con gli uomini che con le donne.
Sie kennt beide Ufer.
(Wörtl.: Sie geht genauso gern mit Frauen wie mit Männern.)

Non sa ancora da che sponda stare.
Er/Sie ist noch unentschieden.
(wörtl.: hat sich noch nicht für ein Ufer entschieden)

Maurizio è un vero metrosessuale.
Maurizio ist voll der Metrosexuelle.

Facts

Der typische Metrosexuelle lebt in der Großstadt, steht gerne in der Küche, achtet sehr auf sein äußeres Erscheinungsbild und ist ... Hetero! In Italien gibt es noch nicht besonders viele davon – dazu ist der Durchschnittsitaliener zu sehr Macho. Der Schritt vom gepflegten Italiener, der seine Mama vergöttert, zum Metrosexuellen, dem sein Aussehen und seine Mutter auch äußerst wichtig sind, dürfte aber nicht allzu groß sein.

BEL BOCCONCINO
süße Schnecke
BONO/A DA PAURA
Bunny/Schnitzel
FIGHISSIMO/A!
Total geil!
MI PIACI UN SACCO.
Ich finde dich total süß.
UN BACINO, PER FAVORE!?
Krieg ich ein Küsschen?
STAI SERENO/A!
Bleib mal cool!

SPORT und SPIEL

5

Dass Italiener große Fußballfans sind, ist kein Geheimnis. Was, wenn dich einer mal mit ins Stadion nimmt? Oder vielleicht ins Fitnessstudio? Oder auf ein Playstation-Event? Hier findest du die richtigen Worte, wenn du ...

- wie ein echter Fan über Fußball reden willst
- im Fitnessstudio eine gute Figur machen willst
- auf einem Playstation-Event bist
- dich im Glücksspiel versuchen möchtest

Im Stadion ... oder vor der Glotze

So kannst du mitfiebern, wenn deine Lieblingsmannschaft spielt ...

Forza Juve!
Auf geht's, Juve!
Statt „Juve" (Juventus Turin) kannst du damit natürlich jede andere Mannschaft deiner Wahl anfeuern!

Forza Milan alè alè!
Milan olé!/Auf geht's, Milan!
Auch hier kann „Milan" (AC Mailand) durch jede beliebige Mannschaft ersetzt werden.

Vai così!
Weiter so!/Ja, gut so!

Tira!
Jetzt schieß schon!

Passala!
Gib den Ball doch ab!

Siamo solo noi!
We are the champions! (Wörtl.: Es gibt nur uns.)
Kommt von dem populären Song „Siamo solo noi" von Vasco Rossi.

Non ce n'è per nessuno!
Keiner kann uns das Wasser reichen!

È uno spettacolo!
Ein endgeiles Spiel!

Totti/Vieri/Del Piero ... facci sognare!
Totti/Vieri/Del Piero ... du schaffst es!

Gewonnen!

Che partita!	Was für ein Spiel!
È stata una partita ...!	Das war ein ... Spiel!
favolosa	super
fantastica	fantastisches
mitica	denkwürdiges
indimenticabile	unvergessliches
unica	einzigartiges
da paura	unglaubliches
È stato un goal ...	Das war ein ... Tor!
della Madonna!	arschgeiles
divino.	geniales (wörtl.: göttliches)
spettacolare.	fantastisches
Ha giocato ...	Er hat ... gespielt.
da Dio.	phänomenal/göttlich
divinamente.	phänomenal/göttlich
da fuoriclasse.	genial

La difesa non li ha fatti passare!
Unsere Verteidigung stand wie eine Eins!

Facts

Neben dem üblichen Gebrüll im Stadion ist es zurzeit sehr in, Hymnen zu singen, die auf die eigene Mannschaft gemünzt sind. „Forza Juve (Milan, Inter, ...) alè alè" ist eine der beliebtesten. Eine andere „Chi non salta juventino (milanista, interista, ...) è" wird hüpfend gesungen und soll die Fans der gegnerischen Mannschaft provozieren. Sie bedeutet so viel wie „Wer nicht in die Höhe springt, ist Juve-Anhänger (Milan-, Inter-, ...-Anhänger)". In Rom hört man häufig den Gesang „Ma che siete venuti a fa'?" (etwa: „Wozu seid ihr überhaupt hergekommen?"), der sich an die gegnerischen Fans richtet.

Un attacco formidabile!
Ein Angriff wie aus dem Lehrbuch!

Se la sono sudata!
Sie haben sich den Sieg echt erkämpft!

Ce la siamo meritata!
Wir haben den Sieg verdient!

È stato/a ...	Es war ...
un partitone!	ein Riesenspiel!
una gran partita!	ein geiles Spiel!
una partita storica!	ein denkwürdiges Spiel!
la partita del secolo!	das Spiel des Jahrhunderts!

Beschimpfungen

Ein Zuschauer hat nicht nur die Aufgabe, die eigene Mannschaft anzufeuern, sondern muss auch den Schiri schikanieren und den Gegner aus dem Konzept bringen.

Arbitro cornuto! !
Dreckiger Schiri! (wörtl.: gehörnter Schiedsrichter)

Arbitro venduto! !
Du bist doch gekauft! (wörtl.: bestochener Schiedsrichter)

Che arbitro del cazzo!
So ein Scheißschiri!

Arbitro bastardo! !
Du dreckiger Schiri!

Ma che cazzo fai, coglione?!
Was machst du denn da, du Arschloch?!

Unzensiert

Figlio di puttana!	Hurensohn!
Stronzo!	Arschloch!
Pezzo di merda!	Scheißkerl!
Vaffanculo!	Arschloch!/Verpiss dich!/Leck mich!

Am Verlieren?

Und wenn deine Lieblingsmannschaft ein schlechtes Spiel abliefert?

Tira quella cazzo di palla! !
Jetzt schieß endlich den dreckigen Ball nach vorne!

Sei un coglione!
Du bist doch ein Vollidiot!

Cazzo, tirala in porta! !
Mann, schieß doch selbst aufs Tor!

Corri in difesa!
Jetzt lauf nach hinten! (wörtl.: in die Verteidigung)

Marcalo stretto!
Lass ihn bloß nicht durch!

Che cappella!
Was für ein beschissener Fehler!

Sport ohne Ende

Ti piace/piacciono ...?	Stehst du auf ...?
il baseball	Baseball
il basket	Basketball
la box	Boxen
la formula 1	Formel 1
il ciclismo	Radfahren
il rugby	Rugby
il monopattino	Rollerfahren
il pattinaggio in linea	Inline-Skaten
l'atletica leggera	Leichtathletik
la pallav(v)olo	Volleyball
il sollevamento pesi	Gewichtheben
le arti marziali	Kampfsport
il surf	Surfen
il windsurf	Windsurfen
il kite-surf	Kitesurfen
il nuoto	Schwimmen
la pallanuoto	Wasserball
lo sci nautico	Wasserski
lo sci	Skifahren
lo snowboard	Snowboardfahren

Und jetzt geht's los!

Vado ...	Ich gehe ...
in palestra.	ins Fitnessstudio.
a fare un po' di movimento.	ein bisschen sporteln.
ad aerobica.	zur Aerobic-Stunde.
ad allenamento.	trainieren.
a far pesi.	Gewichte heben.
a fare body building.	an die Geräte.
a fare gag.	zur Bauch-Beine-Po-Gymnastik.
a fare spinning.	zum Spinning.
a fare un po' di cyclette.	ans Ergometer.
a fare un po' di tapis roulant.	ans Laufband.
a fare acqua gym/ ginnastica in acqua.	zur Aqua-Gym.

Dai che ce la fai!
Komm schon, du schaffst es!

Ancora uno sforzo!
Gib alles! Du hast es gleich!

Non ce la faccio più!
Ich kann nicht mehr!

Sono ...	Ich bin ...
esausto/a.	fertig.
sfinito/a.	am Ende.
stanco/a	todmüde.
morto/a.	todmüde.

Sono ...	Ich bin ...
al limite. NORDITALIEN	am Ende.
arrivato/a.	fertig.
cotto/a.	fertig.

Sto sudando come un cammello!
Ich schwitze wie ein Schwein. (wörtl.: wie ein Kamel)

Wellness und mehr

Bring dein Fitness-Vokabular in Form

Avete ...?	Gibt es hier ...?
la sauna	eine Sauna
il bagno turco	ein Dampfbad
la doccia	Duschen
i massaggi	Massagen

Non dimenticare ...	Vergiss nicht ...
i pantaloncini.	deine Shorts.
la culotte.	deine Shortpants.
la maglietta.	dein T-Shirt.
l'asciugamano.	dein Handtuch.
la tuta.	deinen Trainingsanzug.

Für Insider

Spielkonsolen wie Wii und Playstation haben auch in Italien eine große Fangemeinde. Immer mehr Jugendliche treffen sich zu stundenlangen Playstation-Events bei Freunden, um zusammen Autorennen zu fahren oder Abenteuer zu bestehen. Aber auch die guten alten Gesellschaftsspiele sind noch nicht abgeschrieben: Hin und wieder ist eine Runde Monopoly, Tabu, Risiko oder Trivial Pursuit drin.

Jetzt wird gespielt

Du bist zu einer Runde Playstation oder Monopoly eingeladen worden? Hier das richtige Vokabular:

Facciamo una partita alla play?
Spielen wir eine Runde Playstation?

Facciamo un doppio?
Spielen wir zusammen Playstation?

Facciamo un giro di Risiko?
Spielen wir eine Runde Risiko?

Giochiamo a dadi?
Geht eine Runde Würfeln?

Colpiscilo!
Schlag ihn!

Sparagli!
Schieß auf ihn!

Becca il fantasma!
Mach das Gespenst platt!

Fallo fuori!
Mach ihn fertig!

L'ho steso!
Ich hab ihn plattgemacht!

L'ho ammazzato!
Ich hab ihn getötet!

L'ho abbattuto!
Ich hab ihn fertiggemacht!

Glücksspiel

Hai già puntato?
Hast du schon gesetzt?

Su chi hai puntato?
Auf wen hast du gesetzt?

Ho puntato 100 € sul rosso!
Ich hab 100 Euro auf Rot gesetzt.

Ho fatto 13!
Ich hab beim Fußball-Toto gewonnen!

Ho vinto la lotteria!
Ich hab im Lotto gewonnen!

Ho avuto un culo della Madonna! !
Ich hab ein Scheißglück gehabt!

Mi hanno fottuto!
Ich bin im Arsch!

Sono rovinato/a!
Ich hab alles verloren!

Ho la sfiga che mi perseguita! !
Ich werd vom Unglück verfolgt!

Für Insider

Passend zu ihrer Fußballbegeisterung sind Italiener auch große Fans von „Totocalcio" und „Fantacalcio". „Totocalcio" entspricht in etwa der deutschen Toto-13er-Wette: Der Teilnehmer füllt den Spielschein aus, indem er seinen Tipp abgibt, wie die nächsten Spiele der Meisterschaft ausgehen werden. Für jeden richtigen Tipp bekommt er einen Punkt. Die Höchstpunktzahl ist 14, aber schon mit 13 Punkten ist man ein König und kann eine Menge Kohle absahnen. „Fantacalcio" ist im Gegensatz dazu durch und durch virtuell: Als Teilnehmer stellst du dir aus Fußballern deiner Wahl eine virtuelle Mannschaft zusammen und lässt sie gegen andere virtuelle Mannschaften antreten. Die Ergebnisse hängen davon ab, welche Erfolge die Spieler in den wirklichen Fußballspielen haben. Alles klar?

6 SHOPPEN

Italiener sind ganz verrückt nach Klamotten und Mode – kein Wunder, dass der „italienische Stil" auf der ganzen Welt berühmt ist. Hier findest du die richtigen Ausdrücke für ...

- den endgeilen Einkaufsbummel
- Schnäppchenjäger und Modebewusste

Auf zum Shoppen!

Damit du im Laden nicht sprachlos herumstehst, hier die ersten Basics:

Dov'è il reparto ...?	Wo ist die ...?
donne/uomini	Damen-/Herrenabteilung
articoli sportivi	Sportabteilung
costumi da bagno	Abteilung für Bademoden
calzature	Schuhabteilung
profumeria	Kosmetikabteilung

Cercavo qualcosa di ...	Ich suche was ...
sobrio.	Schlichtes.
elegante.	Schickes/Elegantes.
sportivo.	Sportliches/Lässiges.
carino.	Hübsches.
sfizioso.	Besonderes/Auffälliges.
provocante.	Flippiges/Auffälliges.
originale.	Flippiges/Abgespactes.

Hai anche taglie più grandi?
Haben Sie auch größere Größen?

Hai la 42?
Haben Sie das auch in Größe 42?

Hai anche altri colori?
Gibt es das auch in anderen Farben?

No, non è il mio genere/stile.
Nein, das ist nicht mein Stil!

Cercavo qualcosa di più giovanile.
Ich hab was Jugendlicheres gesucht.

Posso provare questo paio di pantaloni?
Kann ich diese Hose anprobieren?

Dov'è lo spogliatoio?
Wo sind die Umkleiden?

Dove avete ...?	Wo finde ich ...?
i CD	CDs
i DVD	DVDs
le cartoline	Postkarten
i libri	Bücher
giornali e riviste	Zeitungen und Zeitschriften

Für Insider

In Italien kann man nicht nur in den zahlreichen Läden gut shoppen ... Geh doch auch mal auf einen Markt! Jede größere Stadt hat mindestens einen – der bekannteste ist der von Porta Portese in Rom –, und meistens lassen sich sogar die kleinen Dörfer dieses Vergnügen nicht nehmen. Auf solchen Märkten findet man echt alles: von Lebensmitteln über preiswerte Kleidchen bis hin zu reduzierter Markenware mit kleinen Fehlern.
Dann gibt es noch die „Vucumprà"*, die ihr sicher vom Strandurlaub kennt: Das sind die, die beladen mit Klamotten, Armreifen, Halsketten und Handtüchern auf und ab laufen und auf Käufer hoffen. Und zu guter Letzt findest du die zwielichtigen Gestalten, die illegal Rolex-Uhren und Markenhandtäschchen zu Spottpreisen verscherbeln.

* „Vucumprà" kommt von der Frage „Vuoi comprare?". So sprechen die meistens aus Nicht-EU-Ländern stammenden Verkäufer ihre Standardfrage aus.

Die Tour geht weiter ...

Wenn du erst mal in einem Laden stehst, kommt bestimmt auch bald eine Verkäuferin auf dich zu und stellt ihre üblichen Fragen.

Posso aiutarti?
Kann ich dir helfen?

Posso esserti utile?
Kann ich dir helfen?

Cercavi qualcosa in particolare?
Suchst du was Bestimmtes?

Vuoi vedere qualcos'altro?
Willst du was anderes sehen?

Se hai bisogno chiedi pure!
Wenn du was brauchst, dann sag einfach Bescheid!

Du willst dich in Ruhe umschauen, ohne ständig eine Verkäuferin im Nacken zu haben?

- **Ciao! Posso aiutarti?** Hallo! Kann ich helfen?
- **No, davo solo un'occhiata in giro!**
  Nein danke, ich schau mich nur um.

Jetzt geht's an den Geldbeutel

Was kostet das Teil und ... wie willst du bezahlen?

Quanto costa?
Was kostet das?

Quanto viene?
Was macht das?

A quanto me lo fai?
Wie viel willst du dafür?

Posso pagare con il bancomat?
Kann ich mit EC-Karte zahlen?

Posso pagare con la carta di credito?
Kann ich mit Kreditkarte zahlen?

Accettate assegni?
Nehmen Sie Schecks?

Non facciamo credito.
Wir geben keinen Kredit.

Facts

Wenn du in Italien lebst und dort ein Girokonto bei einer italienischen Bank hast, kannst du per „Pagobancomat" bezahlen. Das entspricht der deutschen EC-Karte, bei der das Geld im Gegensatz zur Bezahlung mit der Kreditkarte gleich vom Konto abgebucht wird. So erlebt man am Ende des Monats wenigstens keine bösen Überraschungen!

Kohle

Die verschiedensten Möglichkeiten, von Geld zu reden

Mi presti ...?	Leihst du mir ...?
un po' di soldi	ein bisschen Geld
un po' di pilla	ein bisschen Kohle
due scudi ROM	ein paar Mücken/Mäuse
un po' di quattrini	ein paar Mücken/Mäuse
due verdoni ROM	zwei große Scheine
qualche spicciolo	ein bisschen Kleingeld
degli schei VENEZIEN	ein bisschen Kohle

Ce l'hai/li hai ...?	Hast du ...?
un deca	'nen Zehner
un cinquantino	'nen Fuffziger
una carta da venti	'nen Zwanziger
20 bigliettoni	'nen Zwanziger

Und wenn du nicht wechseln kannst:

Non ho ...	Ich hab kein ...
soldi cambi.	Wechselgeld.
spiccioli.	Kleingeld.
moneta.	Kleingeld.

Echte Schnäppchen

Du willst mit dem Verkäufer handeln oder einen Kommentar über deine Einkäufe abgeben? Bitte ...

Quanto mi fai se te ne compro due?
Was zahle ich, wenn ich zwei davon kaufe?

Lasciami almeno il caffè!
Die paar Cent kannst du mir wohl nachlassen! (Wörtl. etwa: Lass mir wenigstens das Geld für einen Espresso!)

Dai ... Fammi bene!
Komm schon, mach mir 'nen guten Preis!

Facciamo 10 € e non se ne parla più?
Sagen wir 10 Euro und damit ist's gut?

Mi vuoi rovinare?
Willst du mich ruinieren?

È stata una gran bazza! NORDITALIEN
Das war ein echtes Schnäppchen!

È stato un affare!
Das war ein Schnäppchen!

Quel negozio ha dei prezzi niente male!
Der Laden hat faire Preise!

Quel negozio ha della bella roba/robina.
Der Laden hat geile Klamotten!

Quel negozio ha solo roba griffata.
Der Laden verkauft nur Designer-Klamotten.

Quel tipo vende occhiali taroccati.
Der Typ verkauft gefälschte Designer-Brillen.

Mi è costato un occhio della testa!
Das hab ich teuer bezahlt! (wörtl.: hat mich ein Auge gekostet)

È un furto!
Das ist ja der volle Nepp/Ripp!

Mi è costato lo stipendio!
Das war endteuer! (wörtl.: hat mich ein Monatsgehalt gekostet)

Mi hanno salassato!
Ich hab zu viel Kohle ausgegeben! (Wörtl.: Die haben mich zur Ader gelassen.)

In quel negozio sono cari ammazzati!
Der Laden ist mega-teuer!

Für Insider

In vielen süditalienischen Dörfchen gibt es außer den typischen kleinen Märkten oft noch Straßenhändler, die mit voll beladenen Lastwägen durch die Gegend fahren. Handelt es sich um Bauern, dann bieten sie Obst und Gemüse an, sind es Fischer, dann natürlich Fisch.
Oder aber es sind einfache Händler, die alles Mögliche aufgeladen haben. Wie man sie erkennt? Ganz easy: Man hört sie schon von weitem per Lautsprecher ihre Angebote des Tages anpreisen!

Facts

In Italien findet man immer häufiger Klamotten mit amerikanischen Größen (S, M, L, ...), die sich aber von den deutschen unterscheiden! Daneben bestehen natürlich weiterhin die klassischen Größen, die den deutschen leider überhaupt nicht entsprechen. Wenn du in Italien ein Shirt in Größe 38 anprobierst und es überall zwickt, dann liegt das nicht daran, dass du ein paar Pfunde zugelegt hast: Um auf die italienische Größe zu kommen, musst du zur deutschen Größe 6 dazurechnen.

Italien	Deutschland
XS	XXS
S	XS
M	S
L	M
XL	L
XXL	XL

Für Sie:

Italien	Deutschland
38	32
40	34
42	36
44	38
46	40
48	42
50	44
52	46

Für Ihn:

Italien	Deutschland
48	42
50	44
52	46
54	48
56	50
58	52
60	54
62	56

Jeans und andere ausländische, vor allem US-amerikanische, Markenhosen Wtragen in Italien die internationale Größenangabe. Eine Levi's hat auch in Italien z. B. Größe 28, was in italienischer Landesgröße einer 42 entspricht.

Für Insider

Wenn du dein Urlaubsziel danach aussuchen willst, wo du am besten shoppen kannst, dann kommt es ganz darauf an, wonach du suchst. Die coolsten Klamotten gibt es in Mailand und Florenz. Für schöne Schuhe solltest du in die Marken fahren, eine wenig bekannte Region an der Adria. Wenn du eher an was Essbarem interessiert bist, dann bist du in Bologna und in der Emilia Romagna gut aufgehoben: Hier findest du leckerste Pasta in allen Variationen! Für die original italienische Pizza oder den berühmten Büffel-Mozzarella musst du in die Gegend von Neapel fahren. Schokoladenfan? Dann lohnt sich ein Abstecher nach Turin oder nach Perugia, wo die berühmten Baci Perugina hergestellt werden.
Und wo gibt's den besten Wein? Schwer zu sagen ... Besonders bekannt sind der Chianti und der Sangiovese aus der Toskana und der Emilia Romagna. In Asti gibt's den beliebten Asti Spumante und Venetien ist die Heimat des Prosecco und des italienischen Tresterschnapses Grappa.

7 MODE

Zieh dir dieses stylische Kapitel rein, um mit den modebewussten Italienern mithalten zu können! Unterhalte dich auf Italienisch über ...

- die freshesten Modetrends
- die Klamotten in deinem Schrank
- cooles Make-up und Wellness-Trends
- deine Traumfrisur
- Schönheits-OPs, Piercings und Tattoos

Die richtigen Klamotten

Du willst richtig geil aussehen? Ein hübsches Gesicht und eine gute Figur reichen nicht aus, um wirklich stylisch zu sein!

Questi pantaloni …	Diese Hose ist …
sono fighi.	geil.
sono un tot fighi. NORDITALIEN	mega-geil.
sono una figata.	endgeil.
sono troppo belli.	superschön.
sono all'ultimo grido.	jetzt voll in.
sono alla moda.	jetzt voll angesagt.
sono in/out.	in/out.
sono passati di moda.	absolut von gestern.
sono da zia.	mega-out.
fanno schifo. !	endhässlich.

Quella gonna …	Dieser Rock …
ti sta da Dio!	steht dir super!
sembra fatta apposta per te.	ist wie für dich gemacht.
sembra fatta su misura per te.	sitzt wie angegossen.
ti sta troppo bene.	sieht endgeil aus an dir.
t'ingrassa.	macht dich dick.
ti fa più magra.	macht dich schlank.

Francesca …	Francesca …
è troppo alla moda!	ist total stylisch.
si veste figa!	ist immer supergut angezogen.
si veste troppo bene!	ist immer gut angezogen.
si veste un po' da fighetta!	trägt tussige Klamotten.
si veste troppo da sfigata!	hat keinen Geschmack.
si veste un po' da zia!	ist total altmodisch angezogen.

Im Kleiderschrank

So kannst du deinen Kleiderschrank auf Italienisch vorführen:

una giacca
Jackett
gli occhiali
Brille
un cappellino
Baseball-Cap
un jeans
Jeans
una camicia
Shirt
le mutande
Slip
uno zaino
Rucksack
un maglione
Pulli
le ciabatte
Schlappen

Totale Abturner

Er oder sie hat null Ahnung von Mode?

Alessandro ...	Alessandro ...
si veste troppo male!	ist so unstylisch!
è completamente fuori moda!	ist mega-out!
si veste da barbone! ♂	läuft 'rum wie ein Penner!

Vor dem Spiegel

Ein paar Schminktipps gefällig? Hier findest du die richtigen Worte:

Mi passi ...?	Gibst du mir mal ...?
il fondotinta	das Make-up
la terra	das Puder-Make-up
il fard	das Rouge
la cipria	den Puder
l'eyeliner	den Eyeliner
la matita per gli occhi	den Kajalstift
il correttore	den Abdeckstift
l'ombretto	den Lidschatten
il rossetto	den Lippenstift
il lucidalabbra	das Lipgloss
il burro di cacao	den Lippenpflegestift
il mascara/rimmel	die Wimperntusche

Mi servirebbe ...	Ich brauche ...
un pennello per il fard.	einen Rougepinsel.
una spugnetta per il fondotinta.	ein Make-up-Schwämmchen.
una pinzetta.	eine Pinzette.

Lass dich verwöhnen

So gönnst du dir ein endgeiles Wellnessprogramm ... in Italien!

Vorrei ...	Ich hätte gern ...
un massaggio facciale.	eine Gesichtsmassage.
una ceretta completa.	eine Haarentfernung am gesamten Bein.
una ceretta nella zona bikini.	eine Haarentfernung in der Bikinizone.
una pulizia del viso.	eine Gesichtsreinigung.
un massaggio anticellulite.	eine Anti-Cellulite-Massage.
un massaggio rilassante.	eine Entspannungsmassage.
farmi le unghie.	eine Maniküre.
un pedicure.	eine Pediküre.
farmi le sopracciglia.	eine Augenbrauenkorrektur.
fare una lampada.	Ich würde gern ins Solarium gehen.

Für Insider

Junge Italienerinnen gehen gerne und oft zur Kosmetikerin, um was für ihre Schönheit zu tun oder sich massieren zu lassen. Der wichtigste Termin im Jahr ist der vor dem Sommer, wenn sie sich mit Heißwachs die Haare an den Beinen entfernen lassen. Seit neuestem sind Wochenenden auf Beauty-Farmen oder in Thermenhotels auch megatrendy.

Lass nicht zu viele Haare!

Wie willst du sie? Getönt oder nur Strähnchen? Gelockt oder glatt? So kannst du mit dem Friseur Klartext reden ...

Hai un parrucchiere di fiducia da consigliarmi?
Kannst du mir einen guten (Damen-)Friseur empfehlen?

Vorrei farmi una tinta.
Ich möchte meine Haare färben.

Vorrei farmi un riflesso.
Ich möchte meine Haare tönen.

Vorrei farmi le mèches.
Ich hätte gern ein paar Strähnchen.

Vorrei tagliarmi i capelli.
Ich möchte mir die Haare schneiden lassen.

Me li stiri con la piastra?
Bügeln Sie sie mir bitte mit dem Glätteisen?

Mi fai un taglio scalato?
Ich hätte gern einen Stufenschnitt.

Vorrei solo tagliarli di qualche centimetro!
Ich möchte sie nur ein paar Zentimeter kürzer!

Vorrei solo togliere le doppie punte!
Ich möchte nur die Spitzen schneiden lassen.

Vorrei farmi una messa in piega!
Ich möchte mir die Haare nur waschen und föhnen lassen.

Sai dov'è un barbiere?
Kennst du einen (Herren-)Friseur?

Li vorrei rasati.
Ich möchte sie komplett abrasieren!

Mi piace quel ragazzo ...	Mir gefällt der Typ mit ...
con i capelli ricci.	den Locken.
rasato.	der Glatze.
biondo.	den blonden Haaren.
moro.	den dunklen Haaren.
con i capelli castani.	den braunen Haaren.
con i capelli rossi.	den roten Haaren.

Für Insider

Italiener sind so verrückt nach den neuesten Trends, dass sie alles daran setzen, immer up-to-date zu sein. Vor allem an der Frisur wird deutlich, welchem Stil ein Italiener folgt: Besonders trendy sind momentan sowohl für Jungs als auch für Mädchen asymmetrische Haarschnitte. Jüngere Mädchen möchten noch mit mehrfarbigen Strähnchen beeindrucken, Jungs verabschieden sich langsam davon, ihre Haare mit massig Gel zu bändigen. Wer den natürlichen Look bevorzugt und keine Hilfsmittelchen benutzt, gilt als sachlich und vernünftig. Dann gibt es natürlich noch die wenigen, die Dreadlocks oder schrille Farben tragen; sie bekennen sich damit zwar mutig zum Hippietum oder Punk, ecken aber oft an und werden nicht besonders ernst genommen.

Im Bad

Italiener sind sehr gepflegt und legen großen Wert auf Hygiene! Hier findest du die wichtigsten Toilettenartikel auf einen Blick:

Dove posso trovare ...?	Wo finde ich ...?
un rasoio	einen Rasierapparat
della crema da barba	Rasiercreme
del dopobarba	Aftershave
del gel	Haargel
del profumo	Parfum

Hai ...?	Hast du ... für mich?
una pastiglia per i dolori mestruali	eine Tablette gegen Regelschmerzen
un assorbente	eine Binde
un tampone	einen Tampon
un po' di crema per le mani	etwas Handcreme
del profumo	etwas Parfum

Unterm Messer

Die richtigen Klamotten und eine trendy Frisur sind nicht alles – Mode hat für manche auch mit einem perfekten Körper zu tun.

È completamente rifatta!
An der ist nichts echt!

Si è rifatta ...	Sie hat sich ... machen/korrigieren lassen.
il seno.	den Busen
il naso.	die Nase
il doppiomento.	das Doppelkinn
il fondoschiena.	den Po

Si è fatta un lifting al viso.
Sie hat sich ein Facelifting machen lassen.

Si è siliconata ...	Sie hat sich ... mit Silikon vergrößern lassen.
le tette. !	die Titten
le labbra.	die Lippen
le chiappe. !	die Pobacken

Si è fatta ...	Sie hat sich ... lassen.
le unghie finte.	falsche Fingernägel machen
la liposuzione ai glutei.	am Po Fett absaugen

Si è fatta ...	Sie hat sich ... lassen.
la liposuzione alle cosce.	an den Oberschenkeln Fett absaugen
il make-up permanente.	ein Permanent-Make-up machen

Ha il piercing ...	Er/Sie hat ein ...Piercing.
all'ombelico.	Bauchnabel-
al sopracciglio.	Augenbrauen-
sul capezzolo.	Brustwarzen-
al naso.	Nasen-
sul mento.	Kinn-
laggiù dove non batte il sole.	Intim-
„lì".	Intim- (wörtl.: da unten)

È tatuato!
Er ist tätowiert!

Ha un tatuaggio troppo figo!
Er hat ein endgeiles Tattoo!

Für Insider

Achtung! Italien ist noch immer ein sehr konservatives Land. Auch wenn Piercings und Tattoos vor allem in den norditalienischen Großstädten immer häufiger zu sehen sind, werden die Träger dieses neumodischen Schmucks immer noch schief angeschaut. Schönheits-OPs gibt's natürlich auch in Italien, aber es wird nicht gerne darüber geredet. Und wenn, dann nur, um über die zu lästern, die sich einem solchen Eingriff unterziehen. Wenn also irgendwas an dir nicht echt sein sollte, dann schweig lieber darüber ...

8 KÖRPER

Die nackte Wahrheit über Körperteile und -funktionen

- Wow! Perfekte ... und nicht ganz so schöne Bodys
- Igitt! Garantiert ekliges Vokabular von rülpsen bis furzen

Der perfekte Body?

Hier findest du die richtigen Worte, um dich über die Figur anderer auszulassen ...

Anna ha ...	Anna hat ...
un gran fisico.	einen geilen Körper.
un fisico della Madonna.	einen endgeilen Body.
un gran telaio/una bella carrozzeria.	ein geiles Fahrgestell.
un fisico mozzafiato.	einen endscharfen Body.
un corpo da far girar la testa.	eine superheiße Figur.
un fisichino/fisichetto niente male.	eine süße Figur.
due gran tette/poppe. !	große/dicke Titten.
due bocce/zinne favolose. !	endgeile Möpse.
un culo bello sodo. !	einen knackigen Arsch.
due gambe da favola.	geile Beine.

Fabio ha ...	Fabio hat ...
un fondoschiena niente male.	einen süßen Hintern.
un gran fisico.	einen attraktiven Body.
dei gran muscoli.	tolle Muskeln.
un fisico da bronzo di riace.	eine perfekte Figur.
la tartaruga.	einen Waschbrettbauch.
un fisico da palestrato.	einen durchtrainierten Body.
la panza da birra.	einen Bierbauch.
una gran trippa.	einen dicken Bauch.
dei gran rotoli.	Rettungsringe.

Facts

Die klassischen Rettungsringe, „i rotolini", nennt man im Italienischen auch liebevoll „maniglie dell'amore" (wörtl.: Liebesgriffe). Gemeint sind damit kleine süße Speckröllchen, an denen man oder frau sich bei der Liebe sanft festhalten kann ...

Giovanna è fatta a pera.
Giovanna hat einen breiten Hintern. (wörtl.: ist birnenförmig)

Anna è praticamente quadrata.
Anna hat null Rundungen.

Serena è una tavola da surf.
Serena ist flach wie ein Brett.

Stefania è una botte.
Stefania ist 'ne Tonne.

Marco è un ciccione!
Marco ist ein Fettsack.

Franco è un ammasso di ciccia.
Franco ist ein echter Fettsack.

Luisa è ...	Luisa ist ...
cicciottella/rotondetta.	rundlich.
grossa.	korpulent.
ben piazzata/robusta.	gut beieinander/etwas fester.
in carne.	füllig.

Körperteile

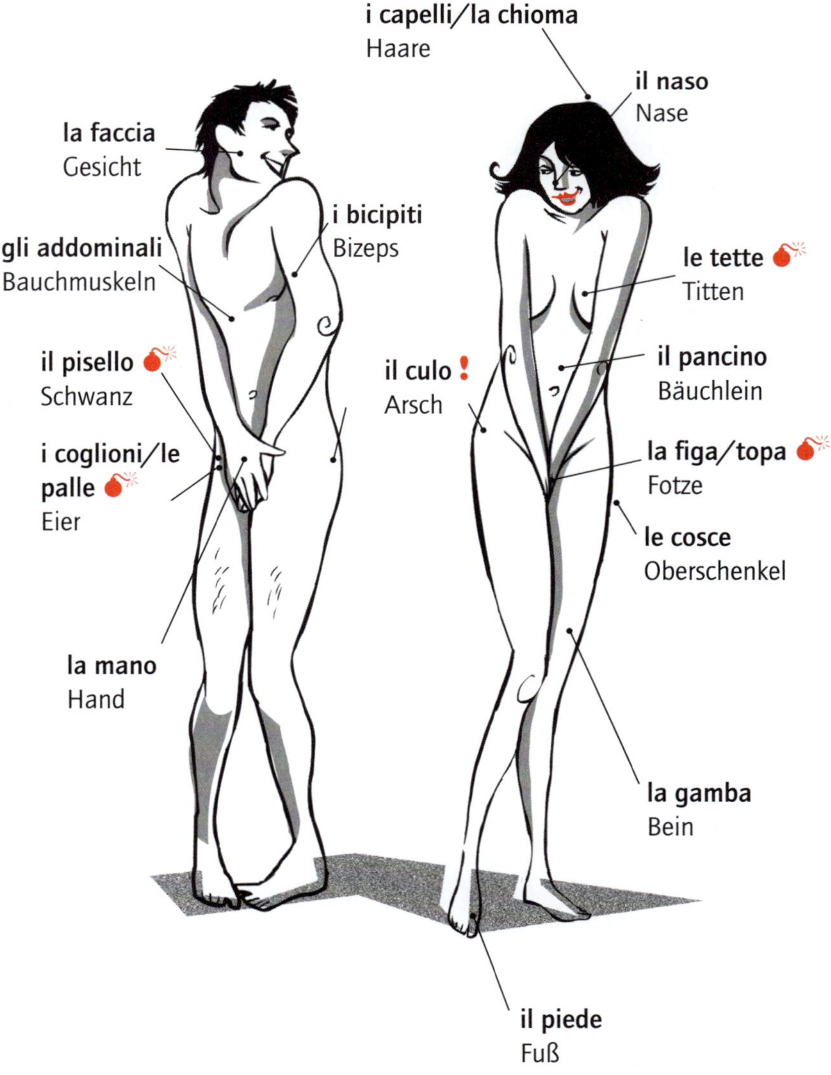

Unzensiert

Hier findest du die Körperteile, über die du wirklich sprechen willst. Aber Vorsicht, diese Vokabeln sind absolut heiß!

Die Herrenabteilung ...

il pisello/l'uccello/il cazzo	Schwanz
i coglioni/le palle	Eier, Sack
il prepuzio	Vorhaut

Die Damenabteilung ...

le zinne/poppe/tette/bocce	Titten
il capezzolo	Brustwarze
la figa/topa	Fotze, Muschi
la clitoride	Klitoris

Unisex ...

il culo/di dietro !	Arsch
l'ano	After
i peli del pube	Schamhaare

Ecken und Kanten

Niemand ist perfekt ...

Mi è spuntato un brufolo sul naso!
Ich hab 'nen Pickel auf der Nase!

Sono pieno/a di brufoli!
Ich bin voller Pickel!

Ho dei gran calli!
Ich hab überall Hornhaut!

Sono pieno/a di punti neri!
Ich bin voller Mitesser!

Mi puzzano le ascelle.
Ich müffle unter den Achseln.

Mi puzzano i piedi.
Ich hab Stinkfüße.

Ho dei peli che sembro un orso!
Ich muss mir unbedingt die Beine rasieren! (Wörtl.: Ich hab so viele Haare, dass ich aussehe wie ein Bär!)

Körperfunktionen

Jeder muss mal ...

Vado alla toilette.
Ich muss mal auf die Toilette.
Sehr fein ausgedrückt ...

Vado in bagno.
Ich muss mal kurz ins Bad/auf die Toilette.
Jeder weiß, wozu.

Vado a fare la pipì/popò.
Ich muss mal pinkeln/groß.
Sehr deutlich ...

Vado a fare la cacca. !
Ich muss mal groß/Aa machen.
Das sagen zwar eher Kinder, aber nicht nur!

Vado a cagare/a fare una gran cagata!
Ich muss mal kacken/scheißen!

Vado in seduta.
Ich hab jetzt 'ne längere Sitzung.
Deutet an, dass es länger als 'ne Minute dauern wird.

Devo andare di corpo.
Ich muss mal groß.

Vado a cambiare l'acqua al merlo. ♂
Ich muss mal schiffen.

Vado a fare due goccie!
Ich muss kurz pinkeln!
Bin gleich wieder da!

Igitt!

Eklige Ausdrücke für eklige Sachen.

Qualcuno ha fatto uno scoreggione!
Jemand hat einen gelassen!

Chi ha scorreggiato?
Wer hat hier gefurzt?

Chi ha fatto una puzzetta?
Wer hat hier einen gelassen/gedönert?

Ha fatto un rutto!
Er hat gerülpst!

Che schifo! Hai una caccola nel naso!
Bähh! Du hast einen Popel in der Nase.

Bleah! Hai i brustolini negli occhi!
Igitt! Deine Augen sind verklebt./Du hast noch Schlaf in den Augen.

Hai qualcosa in mezzo ai denti!
Du hast da was zwischen den Zähnen!

Hai un brufolone pieno di pus proprio sul naso!
Du hast einen fetten Eiterpickel auf der Nase!

Dai, non schiacciarti i brufoli!
Hey, drück dir jetzt bitte nicht die Pickel aus!

Ha un alito che ti stende!
Er/Sie stinkt aus'm Mund.

Ha l'alito pesante!
Er/Sie hat Mundgeruch.

Ha un gran alito da cammello! NORDITALIEN
Er/Sie stinkt aus'm Maul. (wörtl.: wie ein Kamel)

“

Ein bisschen Taktgefühl muss sein

- **Hai qualcosa in mezzo ai denti!**
  Du hast da was zwischen den Zähnen!
- **Davvero? Che imbarazzo!** Echt? Wie peinlich ...
- **Tieni ... uno stuzzicadente!**
  Da, nimm den Zahnstocher.

”

Mies drauf?

Du fühlst dich total mies heute? So kannst du ein bisschen jammern:

Ahiaiai, ho ...	Aua, ich hab/bin ...
la diarrea.	Durchfall.
la caghetta. !	die Scheißerei.
il mal di mare.	seekrank.
il mal d'aria.	flugkrank.
il mal di stomaco.	Magenschmerzen.
dei crampi terribili.	krasse Krämpfe.
la febbre.	Fieber.
l'influenza.	die Grippe.
il raffreddore.	Schnupfen/eine Erkältung.
la tosse.	Husten.

Sto di merda.
Mir geht's beschissen.

Sto uno schifo. !
Mir geht's scheiße.

Ho un mal di testa atroce.
Ich hab krasse Kopfschmerzen.

Sto morendo dal dolore.
Ich sterb vor Schmerzen.

Deinem Kumpel geht's schlecht? Zeig ein bisschen Mitgefühl!

Non hai una gran bella cera oggi.
Du siehst ja gar nicht gut aus heute!

Hai un faccino così sbattuto!
Du siehst ja fertig aus!

9

TECHNIK, TECHNIK

Fachsimple auf Italienisch über Computer, Internet & Co. – mit links!

- Computerjargon
- E-Mail auf Italienisch
- Das Wichtigste für Telefonitis-Kranke
- Knackige SMS-Kürzel

Computersprache

Und jetzt ran an den PC!

Accendi il computer.
Fahr den Rechner hoch.

Posso connettermi con il tuo computer?
Darf ich an deinem Rechner ins Netz?

Posso dare un'occhiata alla mia posta elettronica?
Kann ich mal nach meinen Mails gucken?

Posso controllare le mie mail?
Darf ich meine Mails kurz checken?

Posso scaricare della roba da internet?
Kann ich mir was runterladen?

Sono in rete/online!
Ich bin im Netz/online!

Zippa/comprimi quel file!
Zippe/Komprimiere die Datei!

Apri il documento.
Öffne das Dokument.

Chiudi il documento.
Schließ das Dokument.

Cancellalo.
Lösch es!

L'hai salvato?
Hast du's gespeichert?

Clicca qui!
Klick hier drauf!

Hilfe! Mein Computer spinnt!

Die Kiste will nicht so wie du? So kannst du dir auf Italienisch Luft machen ...

Il computer ...
si è bloccato.
non dà segni di vita.
si è incantato.
si è fermato.
non risponde.
si è impallato.
è morto.

Mein Compi ist abgestürzt.

Il file è ...	Die Datei ...
andato perso.	ist weg.
stato danneggiato.	ist beschädigt.
stato eliminato.	wurde gelöscht.
fottuto. 💣	ist total im Arsch.

Devo ricominciare tutto daccapo!
Jetzt muss ich noch mal von vorne anfangen!

“
- **Non riesco ad aprire la mia posta!** Ich komm nicht an meine Mails ran!
- **Vuoi che ti aiuti?** Soll ich dir helfen?
- **Grazie!** Danke!
”

Für Insider

Die meisten jungen Leute haben inzwischen einen Computer zu Hause und gamen allein oder im Web, checken täglich ihre Mails und treffen Freunde im Chat. Für Touris und die wenigen Ausnahmen, die zu Hause technisch noch nicht so ausgestattet sind, gibt es aber auch noch ein paar Internet-Cafés.

E-Mail

Keinen Plan, was auf diesem Screenshot steht? Keine Panik ...

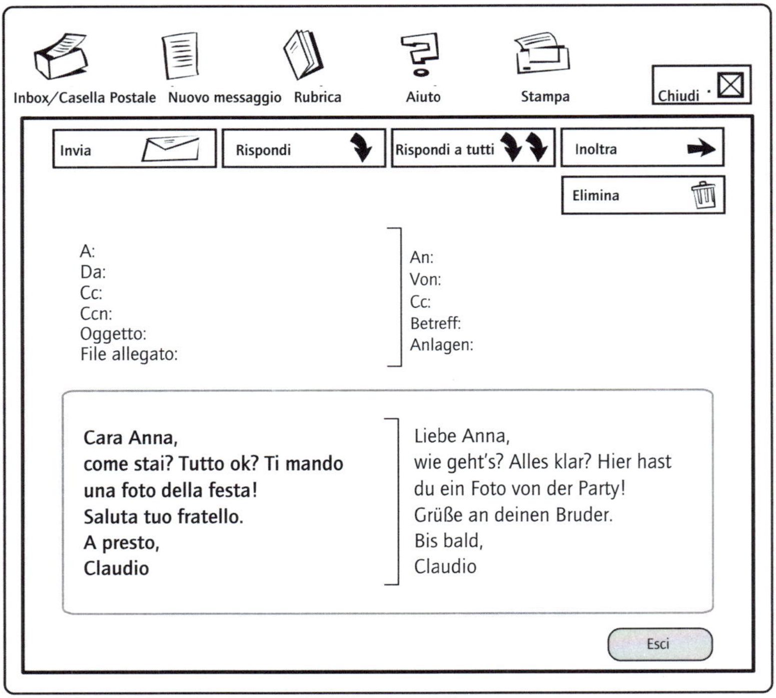

Inbox/Casella Postale	Post-eingang
Nuovo messaggio	Neue Nachricht
Rubrica	Adress-buch
Aiuto	Hilfe
Stampa	Drucken
Chiudi	Schließen
Invia	Senden
Rispondi	Antworten
Rispondi a tutti	Allen antworten
Inoltra	Weiter-leiten
Elimina	Löschen
Esci	Logout

Virtuelle Kommunikation

Du möchtest dich mit Italienern über's Web austauschen? Kein Problem!

Stai navigando?
Surfst du gerade?

Ho trovato un sito che è una figata!
Ich hab eine endgeile Website gefunden!

È il mio sito preferito!
Das ist meine Lieblingssite!

Puoi mandarmi il link?
Kannst du mir den Link schicken?

Für Insider

Lust auf einen unverbindlichen Online-Flirt oder auf der Suche nach der großen Liebe? Hier die wichtigsten Sätze, die du kennen solltest:

Sono un ragazzo/una ragazza ...
Ich bin ein Boy/Girl ...

in cerca di un ragazzo/una ragazza ...
der/die einen Boy/ein Girl sucht ...

tra i xx e xx anni ...
der/die zwischen xx und xx ist ...

a cui piace ...
der/die gern (Hobbies).

Mandami una e-mail all'indirizzo ...
Schreib eine Mail an ...

Mi piace un sacco chattare!
Ich chatte total gern!

Mi dai la tua mail?
Gibst du mir deine Mail-Adresse?

Hai un indirizzo e-mail?
Hast du eine E-Mail-Adresse?

Non guardare la mia password!
Schau dir nicht mein Passwort an!

Geh ran!

Es hat geklingelt? Du willst jemanden anrufen? Alles kein Problem ...

Dove ho messo il mio cellulare/telefonino?
Wo hab ich denn nur mein Handy hin?

Pronto?
Ja, hallo?

Pronti!
Ja, hallo!
Sag das nur, wenn du weißt, wer am anderen Ende der Leitung ist, und wenn du dich wirklich freust, ihn oder sie zu hören.

Sì?
Ja?

Chi parla?
Wer spricht da?

Mi passi Alessandro per favore?
Gibst du mir bitte Alessandro?

C'è Rosa?
Ist Rosa da?

Posso parlare con Anna?
Kann ich mit Anna sprechen?

Sono io!
Ich bin's!

Aspetta un attimo che te la passo!
Moment, ich geb sie dir gleich!

Un attimo solo!
Einen Moment noch!

Non è in casa, la trovi più tardi!
Sie ist nicht da! Probier's später noch mal.

Chiamami!
Ruf mich an!

Fatti sentire!
Lass was von dir hören!

Fammi uno squillo/trillo più tardi!
Klingel später mal durch!

Dammi un colpo più tardi!
Ruf mich später nochmal an!

Keine Angst vor italienischen Anrufbeantwortern ...

- **Ciao, lasciate un messaggio dopo il bip!** Hallo, hinterlasst mir eine Nachricht nach dem Signalton!
- **Ciao, sono Luca, mi richiami?** Hi, hier ist Luca. Rufst du mich zurück?

Und Schluss!

Und wenn du keinen Bock mehr auf Telefonieren hast oder aufhören musst? Sag's so:

Scusa ma devo andare ...
Sorry, aber ich muss gehen.

Devo scappare!
Ich muss weg!

Scusa, c'è mia madre che mi sta chiamando!
Sorry, meine Mutter ruft nach mir!

Ci sentiamo più tardi?
Hören wir uns später nochmal?

Me lo mandi un bacio prima di riattaccare?
Krieg ich einen Kuss, bevor ich auflege?

SMS

Dove 6? (Dove sei?)
Wo bist du?

Ki 6? (Chi sei?)
Wer bist du?

C sent + tardi! (Ci sentiamo più tardi!)
Wir hören uns später!

C ved dopo! (Ci vediamo dopo!)
Wir sehen uns nachher!

M.bene (Molto bene)
Sehr gut

Abb.bene (Abbastanza bene)
Ganz gut

Tr.tardi (Troppo tardi)
Zu spät

Nn so (Non so)
Weiß nicht

Xké nn 6 venuto? (Perché non sei venuto?)
Warum bist du nicht gekommen?

TVTB (Ti Voglio Tanto Bene.)
Ich hab dich sehr gern.

TAT (Ti Amo Tanto.)
Ich liebe dich sehr.

Für Insider

Dass Italiener leidenschaftliche Handybesitzer und -nutzer sind, ist sicher kein Geheimnis mehr. Ein Leben ohne Handy ist für den Durchschnitts-Italiener praktisch undenkbar! Manche klemmen es sich sogar an die Badehose, wenn sie am Strand sind ... Besonders beliebt sind natürlich SMS-Botschaften; genauso wie in Deutschland, werden sie jetzt nicht mehr nur genutzt, um kurz ein Date auszumachen, sondern auch für ausführliche Diskussionen oder für einen heißen Flirt.

10 KLATSCH und TRATSCH

Lust, ein bisschen zu lästern? Gute oder schlechte News über Kumpels und die Family? Wie du …

- über gute und nicht so gute Kumpels sprichst
- Geheimnisse an den Mann bringst
- jemanden so richtig beleidigst
- über deine Family redest

Dicke Freunde

Du hast jemanden ins Herz geschlossen? So erzählst du davon:

È un tesoro!
Er/Sie ist echt ein Schatz!

Ha un cuore grande!
Er/Sie ist total lieb!

È proprio una brava persona!
Er ist wirklich ein ganz Netter./Sie ist wirklich eine ganz Nette!

È veramente forte!
Er/Sie ist echt stark!

È di un'altra!
Er/Sie ist was ganz Besonderes!

È mitico/un mito!
Er ist was ganz Besonderes! (wörtl.: ein Mythos)

È troppo avanti!
Er/Sie ist total cool drauf!

È troppo figa/o! !
Sie ist echt eine Spitzenfrau!/Er ist echt ein super Typ!

Mi piace proprio!
Ich mag seine/ihre Art total gern!

È proprio un bel tipo!
Er ist echt cool drauf!
Achtung! Das kann man auch ironisch meinen, wenn einer was Unerwartetes und nicht unbedingt Positives getan hat. Im Deutschen entspricht das dann dem Ausdruck „Der ist vielleicht drauf!"

Ein ätzender Typ!

Wenn dir jemand so richtig auf die Nerven geht …

Non lo sopporto, quel figlio di papà!
Sponsored by Daddy – ich kann diesen Typen echt nicht ab!

Anna non mi sta per niente simpatica!
Anna ist so was von unsympathisch!

Non la posso vedere/soffrire/digerire!
Ich pack sie nicht!

Mi sta sulle scatole!
Er/Sie geht mir total auf die Nerven!

Mi sta sulle balle! !
Er/Sie geht mir echt auf den Sack!

Mi sta troppo sul cazzo/sui coglioni!
Er/Sie geht mir so dermaßen auf den Sack!

È un povero sfigato!
Er ist echt ein armer Loser!

Mi urta i nervi!
Er/Sie nervt mich total!

Klatsch und Tratsch

Italiener sind wahre Meister im Lästern! Wenn du mitreden willst, findest du hier ein paar unverzichtbare Ausdrücke …

Ho una news fenomenale!
Ich hab die absolute Hammer-Neuigkeit!

Ho una notizia bomba!
Ich hab eine Hammer-Neuigkeit!

Sai cos'è successo ...
Stell dir vor, was passiert ist ...

Senti questa ...
Hör dir das mal an ...

Non ci crederai, ma ...
Du wirst es nicht glauben, aber ...

La sai l'ultima?!
Weißt du schon das Neueste?!

Top Secret

Du möchtest, dass dein Geheimnis auch eines bleibt ...

Lo sai mantenere un segreto?
Kannst du was für dich behalten?

Acqua in bocca!
Erzähl's keiner Menschenseele!

Mi raccomando ...
Wir verstehen uns?
Gemeint ist damit: Du verstehst, dass das unter uns bleiben muss?!

Che rimanga tra noi ...
Das muss unter uns bleiben!

Che rimanga tra queste quattro mura ...
Das ist nicht für andere Ohren bestimmt!

Muto come un pesce!
Behalt's für dich!

Portatelo nella tomba!
Kein Wort zu niemandem – solange du lebst!

Ablästern!

Jemand nervt dich total an? Gib's ihm mit diesen Sprüchen:

Annalisa è ...	Annalisa ist ...
una che non vale niente.	eine fiese Kuh.
una gran sfigata.	total uncool.
una gran pettegola.	ein Lästermaul.
la principessa sul pisello. ♀	ein verzogenes Gör.
una contadinazza.	ein Bauerntrampel.
uno scaricatore di porto.	total vulgär.

È ...	Er/Sie ist ...
malizioso/a.	gemein.
cattivo/a.	fies.
dispettoso/a.	unverschämt.
perfido/a.	hinterlistig.
stronzo/a.	eine blöde Sau.

Ivan è ...	Ivan ist ...
un gran imbecille. !	ein Vollidiot.
un chiacchierone/raccontafrottole.	ein Großmaul.
un fannullone.	ein Nichtsnutz.
uno stupido.	ein Trottel.
un idiota.	ein Idiot.
un cazzone.	ein egoistischer Arsch.
un cazzaro.	ein Großmaul.
un povero rincretinito/rimbecillito.	ein armer Vollidiot.

Wut im Bauch

Stinksauer? So kannst du dich austoben ...

Non la reggo!
Ich kann sie nicht ausstehen!

Non la sopporto!
Ich kann sie nicht ab!

La ucciderei!
Ich könnte sie umbringen!

Mi fa una rabbia ...
Er/Sie bringt mich zur Weißglut!

Sto per scoppiare dalla rabbia!
Ich platz gleich vor Wut!

Ho un incazzo addosso che l'ammazzerei!
Ich könnte ihn/sie umbringen vor Wut!

Halt's Maul!

Dir reicht's? Dann sag's!

Taci!
Halt's Maul!

Ma stà zitto/a che è meglio!
Es ist besser, wenn du jetzt dein Maul hältst!

Non prendermi in giro!
Veräppel mich nicht!

Non prendermi per il culo!
Verarsch mich nicht!

Unzensiert

Smettila di dire …
cavolate. !
baggianate. !
cazzate.
stronzate.

Hör auf, Scheiße zu erzählen!

Komm runter

Dein Freund ist gerade tierisch genervt und du möchtest ihm helfen? Versuch's mal hiermit:

Stai calmo!
Beruhig dich!

Calmati! Non vale la pena!
Jetzt komm mal runter. Er/Sie ist es echt nicht wert.

Non farci caso!/Lascialo perdere!/Non dargli retta!
Vergiss ihn einfach!

Non badarci!/Fregatene!
Scheiß doch drauf!

Unzensiert

Verschwinde!
Wenn du jemanden loswerden willst, dann bediene dich aus der folgenden Liste. Zu höflich bist du damit sicher nicht!

Vai all'inferno! ❗	Fahr zur Hölle!
Vai a quel paese! ❗	Hau ab!
Vai a fare delle cose! ❗	Verpiss dich!
Vai a cagare! ❗	Verpiss dich!
Vai a farti fottere! 💣	Fick dich ins Knie!
Vaffanculo! ❗	Leck mich!
Vai a fare delle pugnette! ❗ NORDITALIEN	Fick dich doch!
Sparisci!	Verschwinde!

Du möchtest jemanden so richtig anpissen? Bitte …

Sei una testa di cazzo! 💣
Du Scheißkerl/Arschloch!

Und das entgegnest du, wenn man dich blöd anmacht:

Tua madre! ❗
Deine Mutter!
Gemeint ist: Fick doch deine Mutter!

Figlio di buona donna! ❗
Hurensohn!

Figlio di puttana! 💣
Hurensohn!

Non me ne frega un cazzo/una sega! 💣
Das geht mir total am Arsch vorbei!

Die liebe Family

Die Familie hat in Italien noch immer einen sehr großen Stellenwert. So redest du über deine Eltern:

Ci tengo molto ...	... ist/sind mir sehr wichtig.
ai miei.	Meine Eltern
ai miei vecchi.	Meine Alten
alla mia vecchia.	Meine Alte
alla mia mammina.	Meine Mama
alla mia mammona.	Meine Mama
alla mia mami.	Meine Mami
al mio vecchio.	Mein Alter
al mio papi.	Mein Papi
al mio babbo.	Mein Papa
al mio papà.	Mein Papa

Facts

Die meisten Italiener haben ein sehr enges Verhältnis zu ihrer Familie, insbesondere zu ihren Eltern und Geschwistern. Deswegen bleiben viele auch so lange es geht in ihrem Elternhaus, oft bis sie über 30 sind! Jungs warten mit dem Ausziehen, bis sie eine Frau finden, die sie so umsorgt, wie Mama es immer getan hat. Und Mädels warten auf den Mann, den sie so umsorgen können, wie es Mama immer mit Papa gemacht hat.

11

ESSEN

Essen ist eine der Lieblingsbeschäftigungen der Italiener ... hier findest du das richtige Vokabular dazu.

- Mordshunger und Scheißdurst
- Igitt und lecker!
- Schlechte Essmanieren

Hunger?

Hier ein paar coole italienische Begriffe, die alle dasselbe bedeuten: richtig viel essen!

Ad Antonio piace molto ...

magnare.
taffiare.
pappare.
sbocconcellare.
ingozzarsi.

} Antonio liebt es richtig reinzuhauen.

Ho una fame da lupi!
Ich hab 'nen Mordshunger! (wörtl.: einen Wolfshunger)

Se non mangio, svengo!
Wenn ich jetzt nichts esse, kipp ich um!

Ho una fame che mangerei un bue!
Ich hab so Hunger, ich könnte ein ganzes Schwein essen! (wörtl.: einen Ochsen)

Cosa (non) darei per un gelato!
Ich würd alles geben für ein Eis!

Sto morendo di sete!
Ich sterb vor Durst!

Sono disidratato!
Ich bin total ausgetrocknet!

Für Insider

Fast Food gehört inzwischen zur italienischen Esskultur, allerdings gibt es neben McDonald's & Co. auch italienische Formen: Verkaufsstände, die Pizza am Stück, belegte Piadine, Gnocco fritto (eine Art öliges Fladenbrot) und andere typische Köstlichkeiten anbieten.

Superlecker oder total eklig?

Wenn's schmeckt, dann ...

Mmh! Che buono!	Mmh, lecker!
È delizioso! **È squisito!** **È buonissimo!** **È una prelibatezza!** **È di un'altra!**	Superlecker!

Und wenn nicht, dann ...

Che schifo! !	Wie eklig!
Ha un saporaccio ...	Ein komischer Geschmack ...
Che svango! ! NORDITALIEN	Wie eklig!
Fa vomitare!	Das ist zum Kotzen!
Che merda! !	So eine eklige Scheiße!

Für Insider

Italiener gehen wahnsinnig gerne in Bars, die aber nicht mit unseren deutschen zu vergleichen sind: In Italien trifft man sich besonders morgens zum Frühstück oder abends vor oder nach dem Essen in der Bar. Hier tauscht man sich über den Tag aus, trifft sich nach der Uni oder Arbeit oder entscheidet gemeinsam, wie der Abend weitergehen soll. Zum Aperitif (ein Glas Aperol Spritz, Martini, Mojito, Caipi oder Wein) gibt es meistens kostenlos kleine Knabbereien: besonders häufig Erdnüsse, Pistazien, Chips oder Oliven. Manche Bars haben sogar eine kleine Auswahl an Pasta oder belegten Panini.

Zu viel gegessen

Du kannst einfach nicht mehr?

Madonna, che mangiata!
Mann, hab ich reingehauen!

Madonna, che abbuffata!
Mann, was für 'ne Fressorgie!

Ho mangiato come un bue!
Ich hab reingehauen wie die Sau! (wörtl.: wie ein Ochse)

Ho mangiato da fare schifo!
Ich hab so viel gegessen, dass es schon eklig ist!

Sono pieno/a come un uovo!
Ich bin total voll! (wörtl.: voll wie ein Ei)

Und danach?

Mi viene da ...	Ich muss ...
rimettere.	mich übergeben.
vomitare.	brechen.
stracciare. NORDITALIEN	kotzen.
dare di stomaco.	mich übergeben.

Schlechte Angewohnheiten

Du findest es total widerlich, wie deine Kumpels mit ihrem Essen umgehen? Ganz gesund kann das ja nicht sein ...

Michele mangia come un maiale. !
Michele frisst wie ein Schwein.

S'ingozza da fare schifo! !
Er/Sie haut rein wie die Sau!

Butta giù tutto quello che trova.
Er/Sie frisst alles, was er/sie findet!

È una fogna! !
Er/Sie ist ein Fresssack!

È un ingordo.
Er frisst wie ein Scheunendrescher!

Anna mangia come un uccellino/passerotto.
Anna isst wie ein Spatz.

12 NACHTLEBEN

Lust, mal wieder einen draufzumachen? So geht's in Italien:

- Abfeiern und Abtanzen
- Coole Drinks und ihre Folgen
- Brandheiße Rauchersprache
- Vorsicht Bullen!

Auf zum Abfeiern!

Italienische Teenies sind ganz verrückt auf's Tanzen! Die meisten sind jedes Wochenende auf der Piste, andere hocken lieber in einer gemütlichen Kneipe und haben Fun mit ihren Kumpels. Wozu auch immer du Lust hast, sag's so:

Andiamo a ...?	Lass uns ... gehen.
fare due/quattro chiacchiere	irgendwohin zum Ratschen
prendere l'aperitivo	vorm Essen was trinken
ballare	tanzen
fare quattro salti	abtanzen
bere qualcosa	was trinken

Conosci ...?	Kennst du ...?
un bar carino	eine nette Bar
un posticino carino da consigliarmi	ein romantisches Plätzchen, das du mir empfehlen kannst
un bel disco pub	eine coole Tanzlocation
un bel baretto	eine nette Bar
qualche locale X	eine gute In-Location

“
- **Ti va di uscire stasera?** Hast du Lust, heute Abend wegzugehen?
- **Mh, dove mi porti? Hai qualche dritta per un localino carino?** Kommt darauf an, wohin. Hast du eine besondere Location im Kopf?
- **Certo!** Na klar!

”

Hoch die Tassen!

Gib dir mit diesen Ausdrücken die Kante:

Stasera ho voglia di ...	Heut Abend will ich ... .
trincare.	saufen.
bere.	trinken.
inciuccarmi.	mich besaufen.
sballarmi.	mir die Kante geben.
andare fuori.	mir die Kante geben.
alcolizzarmi.	mich zusaufen.

Andiamo a ...?	Gehen wir ...?
farci l'ammazzacaffè NORDITALIEN	nach dem Essen noch was trinken*
farci un bicchiere	was trinken
bere un goccio	was trinken
farci una birra	auf ein Bier
scolarci una boccia di vino	ein Glas Wein trinken
a farci un cicchettino/bicchierino	einen Schnaps trinken

Vergiss nicht, mit deinem Gegenüber anzustoßen!

Cin cin!	Prost!
Salute!	Zum Wohl!
Alla nostra/tua/vostra!	Auf unser/dein/euer Wohl!
Alla goccia!	Auf ex!

A chi ci vuol male!
Auf unsere Feinde!
Auf dass es ihnen übel ergehe!

* In Italien trinkt man nach dem Essen oft einen Espresso und einen Schnaps zur Verdauung.

Facts

Italienische Teenies fangen früh an, abends auszugehen. Schon mit 12 oder 13 treffen sie sich abends oder am Wochenende mit Freunden auf der Piazza – und das behalten sie bei, bis sie 18 sind. Wenn sie dank Roller oder Auto mobiler werden, suchen sie sich interessantere Ziele und fahren gemeinsam zum Pizzaessen, auf ein Bierchen in die Kneipe oder zum Abtanzen in die Disco. Alkohol darf man in Italien ab 16 trinken, in die Disco kommt man offiziell erst ab 18, in ausgewählte Locations schon ab 16. Allerdings sind Italiener, was das angeht, sehr tolerant.

Hackedicht

Wenn's jemanden so richtig erwischt hat!

Francesco ...

è ubriaco duro/fradicio.
è bresco.
si è preso una gran ciucca.
è fuori come un balcone.
è fuori come un culo.
è ciucco.

} Francesco ist total hacke/dicht.

Für Insider

Was in italienischen Kneipen so getrunken wird? Normalerweise Bier. Der Abend beginnt oft in einer kleinen Bar bei einem Aperitif (zum Beispiel mit Aperol Soda oder Aperol Spritz, einem alkoholfreien Crodino oder dem klassischen Martini), geht weiter in einer gemütlichen Trattoria, wo zum Essen meist Rotwein fließt, und endet schließlich in der Disco bei Bier oder alkoholischen Fruchtcocktails. In den coolsten Clubs der Stadt reserviert man normalerweise vorher 'nen Tisch – und wer sich's leisten kann, bestellt dort eine Flasche Schampus!

Zu viel gesoffen

Du hast einen zu viel gekippt? Dein Gegenüber ist total dicht? Dann nützen dir folgende Sätze:

Maria beve come una spugna.
Maria säuft wie ein Loch. (wörtl.: wie ein Schwamm)

Ho bevuto un casino.
Ich hab 'ne Menge getrunken.

Ho bevuto da fare schifo!
Ich hab so viel gesoffen, dass es schon eklig ist!

Guarda che si sta inciuccando!
Der/Die säuft sich gerade zu!!

Der Morgen danach ...

Ho ...

una gran cassa.
un palegra.
un post-sbornia allucinante.
un gran cerchio alla testa.

} Ich hab einen Mega-Kater.

“

- **Guarda un po'! Elena è già fuori!**
  Schau mal, Elena ist schon total blau!
- **Come? Di già?** Was? Jetzt schon?

”

Schall und Rauch

Ob du dir 'ne Kippe schnorren oder über Raucher ablästern willst – hier findest du die richtigen Worte.

Hai ...?	Hast du ...?
una sigaretta	eine Zigarette
una siga	eine Ziggi
una paglia	eine Kippe
da fumare	eine Kippe (wörtl.: was zu rauchen)

Ti scoccia/dispiace/dà fastidio se fumo?
Stört's dich, wenn ich rauche?

Sta fumando come un turco!
Er/Sie raucht wie ein Schlot! (wörtl.: wie ein Türke)

Anna fuma come un'ossessa!
Anna raucht wie ein Schlot! (wörtl.: wie eine Besessene)

Te ne stai accendendo una dopo l'altra!
Du zündest dir eine nach der anderen an!

Mi fai dare due tiri?
Darf ich mal ziehen?

Mi fai fare due cucci? NORDITALIEN
Darf ich mal ziehen?

Smettila di fumare!
Hör das Rauchen auf!

Tiefenrausch

Keine Macht den Drogen ... aber man sollte schon mal davon gehört haben!

Si è fatto/a ...

una canna. **una tromba.** **uno spino.** **una penna.** ROM **un joint.**	Er/Sie hat 'nen Joint geraucht.

È ...

fumato/a. **incannato/a duro.** **in bomba.** **fatto/a duro.** **sotto acido.** **fuori.** **fuori come un culo** 💣 **/** **fuori come un balcone.** **andato/a.**	Er/Sie ist total auf Drogen.

Che viaggio!/È un gran viaggio!
Was für ein endgeiler Trip!

Non prendo droghe!
Ich nehm keine Drogen.

Blöd gelaufen!

Nützliches Vokabular, das du hoffentlich nie brauchen wirst ...

Mi sono beccato/a una multa ...	Ich hab 'nen Strafzettel bekommen, weil ich...
per eccesso di velocità.	zu schnell gefahren bin.
per esser passato/a con il rosso.	bei Rot über die Ampel gefahren bin.
per non aver rispettato lo stop.	ein Stoppschild überfahren hab.
per non aver dato la precedenza.	die Vorfahrt nicht beachtet hab.

Reue zeigen ...

Mi dispiace, non ho visto il segnale!
Entschuldigung, ich hab das Schild übersehen!

Grüne Männchen

Die Bullen sind in der Nähe? So kannst du davor warnen:

Attento! C'è la pula!
Vorsicht! Die Bullen kommen!

Attenzione! In questa strada ci sono spesso i caramba!
Vorsicht! In der Straße sind oft die Bullen unterwegs!

Occhio ai pullotti!
Achte auf Bullen!

Attento, questa strada è piena di autovelox!
Achtung, in der Straße gibt's ne Menge Blitzer!

Occhio, qua multano di brutto!
Vorsicht, hier schreiben sie jeden auf!

Übles Ende

Wenn du mitten in einer Schlägerei gelandet bist, hast du sicher was zu erzählen.

Ieri sera hanno fatto a botte!
Gestern Abend haben sie sich geprügelt!

È scattata la rissa!
Es gab eine Riesenschlägerei!

Hanno fatto a botte/a pugni!
Sie haben sich geprügelt!

Mario le ha prese!
Mario hat ganz schön was abbekommen!

Lo hanno preso a cazzotti!
Sie haben ihn zusammengeschlagen!

Lo hanno ...

messo dentro.	Sie haben ihn eingelocht.
messo in gabbia.	
messo al fresco.	
messo in gattabuia.	

Für Insider

In Italien unterscheidet man zwischen der Polizei und den Karabinieri. Karabinieri sind für kleinere Bereiche auf kommunaler Ebene zuständig. Die Polizei ist regional tätig. Wenn ein Autofahrer einen anderen vor den Bullen warnen will, blendet er, wie in Deutschland, kurz auf.

ENTERTAINMENT 13

Hier findest du alles, was du brauchst, um
bei Musik, Film und Fernsehen mitreden zu können.

- Coole Mucke
- Wichtige Technik
- TV-Highlights

Coole Mucke

Und was hörst du so?

Mi piace ...	Ich steh auf ...
la musica pop.	Pop.
il rock italiano.	Italo-Rock.
la musica rock.	Rock.
la musica anni '60/'70/'80.	Musik aus den 60ern/70ern/80ern.
la sàlsa e merengue.	Salsa und Merengue.
la latino-americana.	Latino-Pop.
il liscio.	Volksmusik.
la techno.	Techno.
la musica classica.	klassische Musik.
l'house.	House.
il raggae.	Reggae.
l'hip-hop.	Hip-Hop.
la ska.	Ska.

Impazzisco per il rock.
Ich steh total auf Rock.

Sono un fanatico della musica classica.
Ich bin verrückt nach klassischer Musik.

L'house mi piace un casino.
Ich fahr total auf House ab.

Sono stato ad un concerto ...

favoloso.
spettacolare.
meraviglioso.
troppo figo.
della Madonna.
da paura.

} Ich war auf einem endgeilen Konzert.

Sono stato ad un concerto ...

schifoso.
deludente.
di merda.
da panico.

Ich war auf einem beschissenen Konzert.

Mi piace ascoltare la musica a palla/a manetta. NORDITALIEN
Ich dreh die Musik am liebsten voll auf.

Das nötige Equipment

Was du zum Musikhören brauchst ...

Film und Fernsehen

Die Sprache des Showbiz

Mi piace/piacciono un sacco ...	Ich liebe ...
i cartoni animati.	Zeichentrickfilme.
le telenovelas.	südamerikanische Soaps.
le soap.	Soaps.
il tg.	Nachrichtensendungen.
i reality show.	Reality-Shows.
i quiz televisivi.	Quizshows.

Dove hai messo la guida TV?
Wo hast du die Fernsehzeitung hin?

Mi passi il telecomando?
Gibst du mir die Fernbedienung?

Non cambiare!
Schalt nicht um!

Ti va di andare al cinema?
Lust auf Kino?

Ci prendiamo un video/DVD?
Leihen wir uns 'nen Film/'ne DVD aus?

Für Insider

Italienische Teens hören ganz unterschiedliche italienische und ausländische Musik. Merkwürdig ist, dass Italiener kaum auf die im Ausland so beliebten Sänger aus dem eigenen Land wie Eros Ramazzotti, Nek oder Laura Pausini stehen. Sie hören am liebsten Italo-Rock: Vasco Rossi, Ligabue, Negramaro, Lisa und Jovanotti gehören zu den beliebtesten Stars. Im Ausland kennt sie kaum jemand.

Vorrei vedere ...	Ich hätt jetzt Bock auf einen ...
un film d'azione.	Actionfilm.
un film d'amore.	Liebesfilm.
un film dell'orrore.	Horrorfilm.
un giallo/noir.	Krimi.
L'avete ...	Habt ihr ihn ...
in italiano?	auf Italienisch?
in lingua originale?	im Original?
sottotitolato?	im Original mit Untertiteln?

Für Insider

In Italien ist man genauso heiß auf US-Serien wie „Grey's Anatomy" und „Sex and the City" wie in Deutschland. „Il grande fratello", die italienische Variante von „Big Brother", hat unter Jugendlichen eine riesige Fangemeinde und produziert immer wieder für kurze Zeit neue Stars und Sternchen, die nach ihrem Aufenthalt im Haus von einer Show zur nächsten weitergereicht werden. Fast genauso erfolgreich ist „L'isola dei famosi", eine Sendung vergleichbar mit unserem RTL-„Dschungelcamp".

Schon immer und noch immer ein Highlight im italienischen TV-Jahr ist das Musikfestival „Festivalbar", ein Musikwettbewerb, bei dem sich italienische und ausländische Künstler messen können. Die Wahl des besten Tänzers verfolgen Italiener bei „Amici", was mehr oder weniger unserem DSDS entspricht.

Außerdem ein Muss für den jugendlichen TV-Fan: Comedy-Shows wie „Zelig", die Kult-Unterhaltungsshow „Markette" und Satire-Shows wie „Le iene", die mit sehr viel Ironie Nachrichten kommentieren, Skandale aufdecken und ihre Zuschauer zum Lachen bringen!

14 GESTEN

Italiener sind auf der ganzen Welt für ihre ausschweifenden Gesten bekannt. Hier die üblichsten Handzeichen, die dir in Italien begegnen können:

Was erzählst du da für einen Scheiß?!/Was willst du eigentlich?!

Die italienische Geste schlechthin. Es gibt kaum einen Italiener, der sie noch nicht benutzt hat.

Bist du verrückt?

Immer angebracht, wenn jemand was total Abgefahrenes gemacht hat!

Verpiss dich!/Fuck you!

Entweder du bist wirklich stinksauer, oder du sagst es im Spaß zu einem Kumpel, der dich gerade geärgert oder verarscht hat.

Ich mach dich fertig!

So kannst du jedem drohen, der dir auf den Sack geht ... wenn er nicht stärker ist als du!

Ich vergaß!

Unterstreich das Ganze mit einem genervten: „Dimenticavo".

Genial!

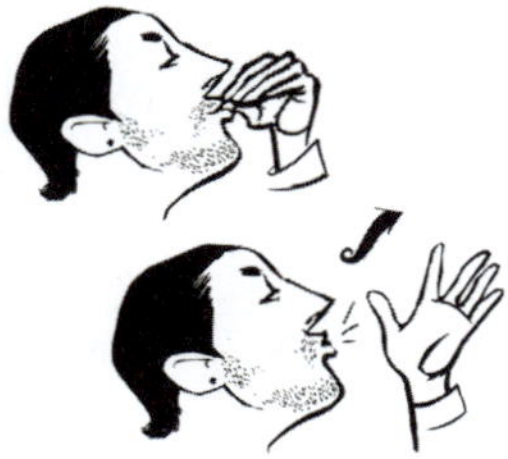

Hiermit kannst du alles Schöne beschreiben, was du gesehen oder erlebt hast: ein hübsches Mädchen oder einen hübschen Typen, eine geniale Kneipe oder einen perfekten Urlaub.

Mmh, lecker!

Eine kindliche Geste, die aber auch bei Erwachsenen noch gesehen wird.

Er ist schwul!

Sag dazu in verschwörerischem Ton: „È un ricchione!"

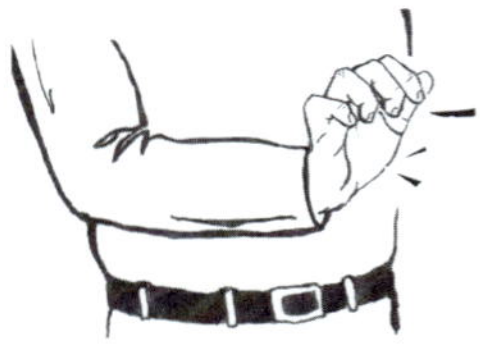

Ich hatte Sex!

Funktioniert auch ohne Worte; aber wenn du besonders cool sein willst sag: „Ho trombato!"

Er holt sich einen runter/hat sich einen runtergeholt.

Das Zeichen allein sagt nichts darüber aus, wer masturbiert oder masturbiert hat. Du kannst es also immer verwenden, egal von wem du sprichst.

Diogenes Taschenbuch 24621

de
te
be

JASON STARR, geboren 1966, wuchs im New Yorker Stadtteil Brooklyn auf und begann in seinen College-Jahren zu schreiben, zunächst Kurzgeschichten, später auch Theaterstücke, Texte für Comics und Romane. Seine Bücher sind in mehr als einem Dutzend Sprachen erschienen. Jason Starr lebt in New York.

Jason Starr

Seitensprung

THRILLER

Aus dem Amerikanischen von
Thomas Stegers

Diogenes

Titel der 2018 bei Oceanview, New York,
erschienenen Originalausgabe: ›Fugitive Red‹

Die deutsche Erstausgabe erschien 2020 im Diogenes Verlag
Covermotiv: Foto von Piotr Chrobot

Veröffentlicht als Diogenes Taschenbuch, 2022

www.diogenes.ch
50/22/36/1
ISBN 978 3 257 24621 65

Für Mom

Sex ist nicht safe und wird es niemals sein.
Norman Mailer

Die Realität ist nur eine Illusion,
allerdings eine sehr hartnäckige.
Albert Einstein

1

Gefällt mir. Echt, gefällt mir«, sagte Rob McEvoy, als er das Zwei-Zimmer-Penthouse in der 73rd Street, Nähe Third Avenue besichtigte, und fügte, nachdem er durch den kurzen Flur bis zur Küche vorgegangen war, hinzu: »Frühstückstheke, auch gut. Was für ein Holz?«

»Teak«, sagte ich.

»Super.«

»Hat der Besitzer erst vor ein paar Monaten eingebaut«, ergänzte ich. »Die Arbeitsplatte ist aus Blue Louise, Spitzengranit, und die Geräte sind alle neu, Sub-Zero-Wolf, mit integrierter Spülmaschine.«

Rob entfernte sich Richtung Wohnzimmer, fragte: »Kamin funktioniert?«

»Yep. Dabei sieht man kaum noch Apartments mit funktionierenden Kaminen in Manhattan.«

»Das Wohnzimmer ist ein bisschen klein.«

»Ja«, sagte ich, »aber es gibt einen separaten Essbereich, offene Raumaufteilung mit viel Licht, die Wohnung geht nach zwei Seiten.«

»Süden?«

»Norden und Osten.«

»Schon okay. Sonne kriege ich in L. A. genug ab.«

Er lächelte, und seine wie neu wirkenden Zahnkronen

schimmerten im Kontrast zu seiner übermäßig solariumbraunen Haut noch weißer. Er sah ganz anders aus als vor – vierundzwanzig Jahren, mein Gott –, als wir noch zwei sich abrackernde Musiker waren und in der Lower East Side wohnten. Hätten wir nicht über Facebook wieder Kontakt aufgenommen, wäre ich wohl einfach an ihm vorbeigegangen, wenn wir uns auf der Straße begegnet wären. »An sich ist die Wohnung sehr hell, besonders morgens«, sagte ich.

»Ja, und so klein ist das Wohnzimmer auch wieder nicht. Genug Platz für ein großes, breites Sofa, das ist doch alles, worauf es ankommt, oder?«

Er zwinkerte mir zu und ging zur Tür, die auf die Terrasse führte. »Wow. Lass sehen.«

Wir betraten die Terrasse, die mit Clubsesseln von Crate&Barrel ausgestattet war.

»Eine Terrasse in dieser Größe und zu diesem Preis findest du sonst nirgends«, sagte ich. »Knapp dreißig Quadratmeter. Manche Wohnungen in Manhattan sind nicht mal so groß. Man kann hier grillen, Partys feiern …«

»Das ist der Wahnsinn«, sagte Rob. »Genau das, wonach ich suche. Wie viel kostet sie?«

»Der Besitzer verlangt zwei Millionen, und das ist kaum verhandelbar. Er hat erst kürzlich den Preis gesenkt, und es ist eine Anlageimmobilie, er ist nicht darauf angewiesen zu verkaufen. Du kannst natürlich versuchen, auf eins neun und ein paar Zerquetschte runterzuhandeln, aber ich glaube nicht, dass er einknickt. Die Nebenkosten liegen bei tausendneunhundertsechzig, was noch äußerst günstig ist, und so kämen wir bei einer Anzahlung von zwanzig Prozent auf –«

»Ich zahle bar«, sagte Rob.

»Oh. Okay.« Ich wusste, dass Rob sich ganz gutstand – er hatte in Hollywood seine eigene Musikagentur gegründet, Music Mania –, aber dass er einfach zwei Millionen in bar auf den Tisch blättern konnte, hätte ich nicht gedacht.

»Cool«, sagte ich.

»Ich möchte auch alles so schnell wie möglich unter Dach und Fach bringen«, sagte er. »In den nächsten ein bis zwei Monaten.«

»Wenn wir bis dahin den ganzen Papierkram erledigt haben und die Verwaltung keine Einwände hat, dürfte das kein Problem sein.«

»Super.« Rob fläzte sich auf einen der Clubsessel. »Ich sag dir ganz offen, ich war mit einigen Maklern unterwegs, habe etliche Wohnungen gesehen, die mir gefallen, aber die hier ist mein Favorit. Und sowieso wäre es mir lieber, du bekommst die Provision als irgendein Fremder.«

Sollte das ein Angebot sein? Klang sehr danach, aber sicher war ich mir nicht.

Seit einiger Zeit zweifelte ich an allem. Mein einziger Abschluss in den zurückliegenden drei Monaten betraf eine Ein-Zimmer-Mietwohnung, ohne Doorman, und die Provision musste ich mir mit einem anderen Makler teilen. Das Leben in Manhattan, auf der Upper East Side, war nicht gerade billig, und Maria und ich mussten uns gehörig anstrengen, um die Miete, die Rechnungen und die Auslagen für unseren achtjährigen Sohn zu bezahlen. Urlaub hatten wir seit Jahren nicht mehr gemacht.

Der Verkauf einer Zwei-Millionen-Wohnung könnte das Blatt wenden.

»Hört sich doch gut an«, sagte ich und dachte: *Mach schon. Schließ den Deal ab!* »Wenn du noch Fragen hast, beantworte ich die gerne, und wenn du willst, kann ich beim Verkäufer mal für dich vortasten, was den Preis angeht, ich meine, falls du vorhast, ein Angebot zu machen.« Rob ließ den Blick über die Dächer schweifen und sagte: »Mann, ich liebe diese Aussicht.«

»Die ist toll, nicht? Wohnungen mit unverbautem Blick sind in Manhattan heutzutage rar gesät. Und wenn man denkt, man hätte eine tolle Aussicht, dann wird gegenüber ein neuer Bau hochgezogen und blockiert einem die Sicht. Diese Sorge brauchst du hier nicht zu haben. Die Townhouses da drüben sind ihre Millionen wert, da wird nichts aufgestockt.«

»Das Intime gefällt mir«, sagte er. »Hier kannst du mitten am Tag ficken, und keiner sieht dich.«

Ich wusste nicht, ob das als Witz gemeint war, lachte aber trotzdem. »Ha, ja, das ist wahr. Stimmt absolut … Und? Denkst du, dass sie deiner Frau gefallen wird?«

Er sah mich an, als hätte ich etwas Anstößiges von mir gegeben.

»Meiner Frau?«

»Ja«, sagte ich. »Ich nehme an, ihr wollt sie als Zweitwohnung benutzen, wenn ihr in der Stadt seid, oder?«

Er hatte seine Frau in einigen E-Mails an mich erwähnt, und sein Facebook-Status lautete ›Verheiratet‹. Ich schielte auf seinen Ringfinger, den dicken goldenen Ehering.

»Nein. *Ich* will sie als Zweitwohnung nutzen, wenn *ich* in der Stadt bin«, betonte er und führte sein falsches Lächeln vor. »Meine Frau wird nie auch nur davon erfahren.

Wie heißt es doch so schön? Was ich nicht weiß, macht mich nicht heiß.«

Er ging an mir vorbei zurück ins Zimmer. Ich folgte ihm.

»Wenn ich die Wohnung nehme«, sagte er, »dann suche ich mir als Erstes einen Innenarchitekten und richte mir hier ein Smarthome ein. Hippe Möbel, eine Bar, das richtige Licht, ein geiles Soundsystem. Und ein riesiges Bett. Das ist doch das Wichtigste, oder?«

Ich lächelte mit ihm, wollte seine Bemerkung nicht werten. Ich brauchte den Deal.

»Du wirst dich hier bestimmt gut amüsieren«, sagte ich.

»Oh, das kann ich dir garantieren.«

Ich rang mir erneut ein Lächeln ab, erst als er wegschaute, verdrehte ich die Augen.

Während wir mit dem Aufzug nach unten fuhren, gab ich ihm noch etwas mehr Informationen über das Haus und das Viertel.

»Melde dich, falls du Fragen hast«, sagte ich. »Ich will nicht drängen, aber ich weiß, dass noch andere Makler diese Wohnung ihren Kunden zeigen. Es gibt ernsthaftes Interesse, und ich glaube nicht, dass sich das Angebot lange hält.«

Ich hatte keine Ahnung, ob noch andere Makler Besichtigungstermine für diese Wohnung vereinbart hatten und ob es überhaupt Interesse gab. Meine Erfahrung sagte mir nur, dass ich alles daransetzen musste, um ihn aus der Reserve zu locken. Wenn es zutraf, was er mir gesagt hatte, und er noch andere Wohnungen in Betracht zog, brauchte ich so bald wie möglich eine Entscheidung von ihm.

»Keine Angst, ich lasse dich nicht hängen«, sagte er. »Ich beeile mich.«

Natürlich wollte ich ihn nicht gehen lassen, ohne dass er wenigstens ein Angebot gemacht hatte, andererseits durfte ich auch nicht zu starken Druck ausüben.

»Alles klar«, sagte ich.

Ich freute mich schon darauf, in mein Büro zurückzukehren und Rob damit endlich loszuwerden, als er sagte: »Sollen wir irgendwo zu Mittag essen?«

»Liebend gerne«, log ich, »aber leider habe ich im Büro noch was zu erledigen.«

»Komm schon, Mann«, sagte er. »Du bist eingeladen. Wo wir uns doch nur alle zwanzig Jahre oder so sehen. Wir haben einiges aufzuholen.«

Mir war klar, dass das keine gute Idee war. Es ist immer ein Fehler, mit einem potentiellen Kunden noch irgendwo hinzugehen, wenn man einen Deal abschließen will; aus Nähe entsteht nichts Gutes.

Andererseits sollte er nicht denken, dass ich ihn abwimmeln wollte.

»Okay, cool«, sagte ich. »Was soll's. Für einen schnellen Happen reicht die Zeit.«

2

Rob ließ das Uber-Taxi vor dem Le Veau D'Or halten, einem gehobenen französischen Restaurant in der East 60th Street, an dem ich schon oft vorbeigekommen war, das ich aber noch nie betreten hatte. Rob trug ein schwarzes Sportsakko, darunter ein schwarzes Designer-T-Shirt. War das der typische Musikmogul-Look? Ich jedenfalls kam mir mit meinen Jeans, Sneakers und dem grauen Button-Down-Hemd ziemlich underdressed vor.

»Hm, vielleicht sollten wir uns lieber was suchen, wo es etwas zwangloser zugeht«, bemerkte ich.

»Chill, Bro«, sagte Rob. »Du siehst gut aus. Ein bisschen Low Budget, ja, aber du bist Jack Harper, ein Rock-'n'-Roller, du bist hip. Glaubst du, Bono schert sich darum, wie er aussieht, wenn er mittags essen geht?«

Ja, ich glaube schon, wollte ich gerade antworten, doch da standen wir bereits im Restaurant, und ich dachte, na gut, dann können wir auch gleich hierbleiben.

Während die Hostess, eine attraktive, langbeinige Blondine, uns zu einem Tisch führte, beobachtete ich, wie sich Robs Blick auf ihren Hintern einschoss; dann sah er mich an und formte übertrieben deutlich mit den Lippen die Worte *Geiler Arsch*.

Ich bedauerte bereits meine Entscheidung, mit ihm essen

zu gehen. Würde mein Geplauder mit ihm die Chance, den Verkauf abzuwickeln, wirklich erhöhen? Wenn er spürte, dass ich ihn eigentlich blöd fand, könnte es sie sogar verringern. Manchmal ist weniger mehr.

An unserem Tisch angekommen, wandte sich Rob an die Hostess: »Schauspielerin oder Model?«

Seine Stimme dröhnte – ein paar Gäste sahen zu uns herüber –, aber ich hatte nicht den Eindruck, dass er versehentlich laut sprach. Er *wollte,* dass andere Leute mithörten. Die Hostess, wahrscheinlich gewöhnt an die schmierige Anmache von Geschäftsleuten, schien gefasst.

»Schauspielerin.«

»Die Chancen stehen immer fünfzig zu fünfzig, stimmt's?« Rob lächelte gekünstelt. Dann wechselte er zu einem angestrengt konzentrierten Gesichtsausdruck, der ebenso gekünstelt war. »Sie haben schöne Augen. Ich glaube, diesen Blauton habe ich noch nie gesehen, außer wenn ich in der Ägäis segle.«

Ich fand das zum Kotzen.

»Danke«, sagte sie. »Genießen Sie Ihr Essen.«

Als sie zum Restauranteingang zurückeilte, drehte sich Rob um und blickte ihr hinterher.

»Ich könnte ihr zu den schönsten zwei Minuten ihres Lebens verhelfen«, sagte er. »Ach, ich will dir nichts vormachen. Zwanzig Sekunden!«

Wieder dröhnte seine Stimme, und die ältere Frau am Nebentisch warf mir einen kurzen Blick zu. Ich reagierte mit einem hilflos verlegenen Achselzucken, als wollte ich mich entschuldigen: *Ich kann nichts dafür.*

»Und ich sage dir, die steht auf so was«, fuhr er fort.

»Neun von zehn Mädchen, die einen älteren Mann kennenlernen, vergucken sich in ihn. Weißt du auch, warum? Weil ihr Freund wahrscheinlich irgend so ein zweiundzwanzigjähriger Idiot ist, der ihr nie Komplimente macht, der sie immer nur runterputzt, der sie nicht respektiert. Das ist der Schlüssel – *Respekt*. Wir Älteren wissen, dass man Frauen respektieren muss, wir wissen, wie man – wie heißt doch gleich das altmodische Wort für Ritter und König Artus und solche Leute?«

Ich wusste nicht, wovon er sprach.

»Galant«, sagte er. »Das habe ich gesucht. Danke. Erinnerst du dich, als wir zweiundzwanzig waren? Damals hatten wir keinen blassen Schimmer, wie man Frauen behandelt, aber heute, wo wir älter sind, könnten wir das bieten, was jüngere Frauen suchen – Respekt, Intelligenz, Weltläufigkeit, mit einem Wort, Klasse.«

Eine Kellnerin kam an unseren Tisch, eine Asiatin, jung, attraktiv. Rob grüßte sie mit einem anbiedernden »Hallöchen«, ersparte ihr aber weitere Anmachsprüche.

»Darf ich Ihnen vorher etwas zu trinken bringen?«

»Einen Wodka Gimlet«, sagte Rob.

»Mir reicht ein Wasser«, sagte ich.

Rob sah mich an, als spuckte ich Feuer. »Wirklich?«

»Ja, ganz sicher.«

Die Kellnerin lächelte und ging.

»Na komm, ein Glas wirst du doch wohl trinken«, sagte Rob. »Es gibt schließlich einen Grund zum Feiern. Ein Wiedersehen nach zweiundzwanzig Jahren, das ist wunderbar.«

»Ich bin bei den Anonymen Alkoholikern«, sagte ich.

Er sah mich an, als hätte ich einen Witz gemacht. Als er merkte, dass ich es ernst meinte, fragte er: »Seit wann?«

»Ich bin seit sechs Jahren und fünf Monaten trocken.«

»Das ist ja toll«, antwortete er. »Ich meine, toll, dass du diese Disziplin hast. Ich hätte die nicht, weiß Gott. Was war der Auslöser?«

»Wie meinst du das?«

»Ich meine, einen kalten Entzug zu machen. Wenn ich mich an früher erinnere, hast du jeden Abend getrunken.«

»Das war der Auslöser.«

Er lächelte, dann sagte er: »Kapiert, Bro. Halb Los Angeles gehört dem Orden von Bill Wilson an. Ich bin nur erstaunt, dass du auch so ein Apostel bist.«

»Es ist einfach eine Menge Mist passiert in zweiundzwanzig Jahren«, sagte ich absichtlich vage, weil ich mich in kein Gespräch über meinen Alkoholismus und die vielen anderen Fehler, die ich gemacht hatte, verwickeln lassen wollte, und ergänzte: »Es wurde Zeit, sich dem Mist zu stellen, und das habe ich getan.«

»Cool«, sagte er. »Und was macht die Musik?«

Wo wir schon bei Themen waren, über die ich nicht sprechen wollte.

Ich griff nach dem Glas Wasser, merkte dann aber, dass die Kellnerin es noch gar nicht serviert hatte.

»Ich habe seit einer Ewigkeit keine Gitarre mehr in der Hand gehabt.«

»Nein!«, sagte Rob. »Das ist nicht dein Ernst. Musik war dein Leben. Du wolltest nichts anderes machen. Wenn du nicht gespielt hast, hast du Songs geschrieben oder über Musik gesprochen oder dir andere Bands angehört. Ich weiß, Musik kann ein hartes Business sein, man muss seine Miete bezahlen und so … Aber wie konntest du das nur alles aufgeben?«

»Das Leben kam mir in die Quere. Ich habe ein Kind, neue Verantwortungen. Und du? Spielst du noch?«

Ich wollte das Gespräch in eine andere Richtung lenken, weg von dem unangenehmen Thema, weg von mir.

»Sieben Tage die Woche«, sagte er. »Ich plane gerade, eine Band in L. A. zusammenzustellen. Nichts Ernstes, nur so, aus Spaß, ein bisschen schrammeln. Ich habe aber schon ein paar Gigs in einer Bar in West Hollywood festgemacht. Hey, da kommt mir die Idee: Wenn wir das nächste Mal in der Stadt sind, müssen wir unbedingt zusammen jammen.«

»Vielleicht«, sagte ich, hatte aber nicht die Absicht, mit Rob zu spielen, geschweige denn überhaupt je wieder eine Gitarre anzufassen.

Die Kellnerin brachte mein Wasser und Robs Gimlet und nahm unsere Bestellung auf: Fischtopf für mich, gedünsteter Lachs – »die Soße extra« – für Mister L. A.

Als die Kellnerin ging, drehte sich Rob um und sah sich ihren Hintern an.

»Und? Machen deine Kinder irgendwelchen Sport? Fußball oder so?«

Wir unterhielten uns eine Weile über unsere Kinder. Ich sagte ihm, mein Sohn Jonah nehme dieses Schuljahr Karate- und Schachunterricht und spiele gerne Pokémon.

»Mein Sohn ist auch verrückt nach Pokémon«, sagte Rob. »Ein großer Golisopod-Fan. Siehst du, ich bin ein guter Vater, ich halte mich auf dem Laufenden bei diesem Kram.« Und dann, nach einem langen Schluck von seinem

Gimlet, fragte er: »Und? Wie sind so die Mütter auf der Schule? Heiße Bräute darunter?«

Rob mochte vierundvierzig Jahre alt sein, befand sich aber auf dem geistigen Stand eines Sechzehnjährigen.

»Nur so, aus Neugier«, sagte ich. »Hast du keine Angst, dass deine Frau dahinterkommt?«

»Wohinter?«

»Deinen *Lebensstil*. Hast du keine Angst, dass du dein Leben an die Wand fährst?«

Er machte ein Gesicht, als hätte ich etwas Lächerliches vorgebracht, etwas ganz und gar Unmögliches.

Dann sagte er: »Jetzt komm aber. Ich bin doch nicht blöd. Nur Dumme lassen sich erwischen. Ich werde schon dafür sorgen, dass nicht irgendeine verrückt gewordene Verflossene bei mir aufkreuzt. Und ich selbst werde es meiner Frau ja nicht unter die Nase reiben. Ich habe mein Leben zu Hause, und ich habe mein anderes Leben, und die beiden Leben werden sich nicht überschneiden.«

So wie er mit mir darüber sprach, so offen – und laut –, hatte ich meine Zweifel, dass er besonders vorsichtig war.

»Hast du kein schlechtes Gewissen?«, fragte ich.

»Machst du Witze?«, sagte er. »Meine Affären haben meine Ehe gerettet. Würde ich nicht fremdgehen, wären Julianne und ich längst geschieden. Als mein Jüngster ein Jahr alt war und sie eine Krise durchmachte, weil ihr Vater gerade starb, da hätten wir uns ganz sicher getrennt. Viele Männer in meiner Situation hätten sich verpisst. Aber ich bin ein guter Vater und auch ein guter Ehemann. Gott sei Dank, dass ich mit anderen Frauen meinen Spaß haben konnte, dass ich dieses Ventil hatte.«

Ich hörte Oprahs Fernsehpublikum förmlich aufstöhnen.

»Ich weiß nicht, wie du das hinkriegst«, sagte ich. »Ich würde verrückt, wenn ich so leben müsste. Alles Lug und Trug.«

»Man gewöhnt sich daran«, sagte er lässig.

Er winkte nach unserer Kellnerin und bestellte noch einen Gimlet. Ich fand es nicht besonders rücksichtsvoll, sich zu betrinken, während man mit einem alten Freund, der ein trockener Alkoholiker war, zu Mittag aß. Andererseits war Rücksicht noch nie Robs Stärke gewesen.

»Na gut«, sagte Rob. »Dann will ich dir eine Frage stellen. Bist du glücklich verheiratet?«

Maria und ich hatten seit viereinhalb Jahren keinen Sex mehr.

»Ja«, sagte ich.

»Du hast gezögert.«

»Nein.«

»Ich habe dich beobachtet«, sagte er. »Ich konnte bis drei zählen, bevor du geantwortet hast. Na gut, vielleicht nur bis zwei, aber egal. Die Einsicht, dass man ein Problem hat, ist ein Prozess. Aber wem sage ich das. Du weißt, wie das ist. Du befindest dich noch in der Selbstverleugnungsphase. Dafür musst du dich nicht schämen.«

»Danke«, sagte ich. »Mir geht es gleich viel besser.«

Der Sarkasmus entging ihm.

Mit einem schiefen Lächeln, die Parodie eines Gebrauchtwagenverkäufers, sagte er: »Okay, Mister Glücklich-verheiratet-und-noch-nie-betrogen. Und in der Phantasie? Hast du es in deiner Phantasie jemals mit einer anderen Frau gemacht?«

»Natürlich«, sagte ich. »Jeder hat Phantasien. Aber das bedeutet nicht –«

»Ich hatte ständig Phantasien«, unterbrach er mich. »Und damit meine ich nicht nur, an heißen Sommertagen hübschen Mädchen hinterherzuschauen. Meine Phantasien gingen viel weiter. Sie waren lebhaft. Immer. Dann geht man einen Schritt weiter. Man fängt an, die Phantasien zu verwirklichen. Man flirtet mehr, man wirkt auf Frauen, man sucht ihre Aufmerksamkeit. Weißt du, was ich nie kapiert habe? Ich habe nie kapiert, warum manche Männer ab vierzig in eine Krise geraten. Vierzig, fünfzig, mit Viagra oder Levitra, das ist für den Mann so etwas wie das goldene Zeitalter des Flachlegens.«

Ich musste lachen. Robs schräge Logik war grotesk, aber amüsant.

»Okay«, sagte ich. »Und wo lernst du sie kennen, deine … wie soll ich sie nennen? Freundinnen?«

»Hauptsächlich online«, sagte er. »Auf Dating-Seiten.«

»Echt jetzt? So was machst du?«

»Diese Einstellung hatte ich früher auch«, sagte er. »Bis ich es versucht habe. Was hast du denn gedacht? Dass ich Frauen auf der Arbeit kennenlerne, um anschließend bei #MeToo zu landen? Ich riskiere gerne mal was auf der Seilrutsche, aber nicht beim Sex-Dating. Online ist die sicherste Methode, um fremdzugehen, und diese Dating-Apps sind das Beste, was verheirateten Männern seit der Einführung der Montags-Footballspiele passieren konnte. Meine Lieblingsseite heißt D-Ho, Abkürzung für Discreet Hookups. Beim ersten Mal auf D-Ho kommt einem alles irgendwie lahm vor. Viele Typen geben sich ein Fake-Profil, aber die

Frauen sind clever genug, um nicht anzubeißen. Nach und nach lernt man die Frauen kennen, man tauscht E-Mails aus, chattet oder schickt einen virtuellen Blumenstrauß. Abgeschmackt, ich weiß, aber eins sage ich dir, es funktioniert. Bis jetzt habe ich elf Frauen kennengelernt und hatte Sex mit acht von ihnen. Kein schlechter Schnitt, was?«

»Hast du keine Angst davor, dass Hacker deine Kreditkarteninfo klauen?«, fragte ich. »Oder die Kundenliste öffentlich machen?«

»Wenn einem Golfspieler von einem Krokodil die Hand abgebissen wird, hört er dann mit dem Golfspielen auf?«

Ich hatte keine Ahnung, was das Gerede sollte.

»Ich versteh nicht, was du meinst«, sagte ich.

»Syphilis, Aids, Herpes, Schwangerschaft – Sex war schon immer risky«, sagte Rob. »Aber trotzdem haben die Leute Sex. Guck dir nur die Frau an, die ich heute Abend treffe. Verheiratet, zwei Kinder, irre sexy. Ich hoffe, die Bilder halten, was sie versprechen.«

Er zeigte mir das Foto einer sehr attraktiven Frau, etwa Mitte dreißig, auf seinem Handy. Sie lächelte, hielt einen Drink in der Hand und sah aus, als wäre sie auf einer Büroparty.

»Was soll ich sagen? Du hast den Dreh anscheinend raus.«

Er kniff die Augen zusammen, als versuchte er, ein kompliziertes gedankliches Problem zu durchdringen, und sagte dann: »Spüre ich da einen gewissen Neid bei dir, Jack? Ist das dein Problem? Deine Karriere als Musiker ist nicht so gelaufen, wie du es dir vorgestellt hast. Du hast mit dem Trinken aufgehört. Du hast nicht mehr genug Abwechslung in deinem Leben. Und jetzt würdest du dich gerne mit deinem alten Kumpel Rob auf seiner Spielwiese so richtig austoben. Stimmt's oder hab ich recht?«

Er lag nicht komplett daneben, trotzdem sagte ich: »Nein. Ich bin nur neugierig. Wie gehst du vor? Triffst du dich mit den Frauen, um Sex zu haben?«

»Nein«, sagte er. »Wir treffen uns zum *Ficken*. Zum Beispiel heute Abend. Wir haben uns an meiner Hotelbar verabredet, aber ich glaube nicht, dass wir das erste Glas ganz austrinken. Oh Mann, ich zeige dir mal die SMS, die sie mir geschickt hat. Sie ist vulgär und fies, ich liebe so was.«

»Stört es dich nicht, dass sie ihren Mann betrügt? Dass sie Kinder hat?«

»Nicht mein Problem.«

»Und wenn ihr Mann es spitzkriegt und sie sich am Ende scheiden lassen?«

»Sie ist ein erwachsener Mensch, es ist ihre eigene Entscheidung.«

Ich lachte.

»Jetzt mal ehrlich«, sagte er ohne das leiseste Lächeln. »Wenn du deine Frau betrügen könntest und ich dir garantieren würde, dass es nicht die geringste Chance gibt, dass sie je davon erfährt – würdest du es tun?«

»Ich bitte dich, das ist doch lächerlich –«

»Mit anderen Worten, ja.«

»Das habe ich nicht gesagt.«

»Jeder Mann würde es tun. Und stell dir vor, auch die meisten Frauen. Wenn du mir jetzt sagst, du würdest niemals betrügen, es sei falsch, unmoralisch, dann sage ich dir: Du redest Scheiße. Was ist denn die Alternative? *Nicht* zu betrügen? Immer den gleichen langweiligen Sex mit derselben Frau bis ans Lebensende? Versteh mich nicht falsch, ich liebe meine Frau, wie gesagt, ich möchte mit ihr zusammen alt werden und sie im Pflegeheim mit Kartoffelbrei füttern, wenn wir neunzig sind. Aber wenn man sich das klarmacht, muss man doch verrückt sein, nicht fremdzugehen. Wie heißt es so schön: Wie man es macht, macht man es falsch. Warum es dann nicht gleich falsch machen und richtig ficken?«

Unser Essen kam. Mir gelang es, das Gespräch auf andere Themen als außerehelichen Sex zu lenken. Hauptsächlich unterhielten wir uns über gemeinsame Bekannte aus der Zeit, als wir noch zusammenwohnten. Ich hatte mit einigen, die Rob aus den Augen verloren hatte, Kontakt gehalten und brachte ihn auf den neuesten Stand, was sie jetzt machten.

Gegen Ende suchten wir beide händeringend nach Gesprächsstoff, und wir waren erleichtert, als die Rechnung kam. Ich schlug vor, sie zu teilen, aber er bestand darauf zu bezahlen.

»Geht auf Music Mania«, sagte er.

Kaum waren wir draußen, setzte er seine verspiegelten Aviators auf, obwohl es bedeckt war und nieselte.

»Überleg es dir mit der Wohnung und sag Bescheid, wohin die Reise geht«, sagte ich. »Ich glaube, es wird dir da gefallen, ganz bestimmt, und wenn du ein Angebot abgeben und den Vertrag schnell abschließen willst, setze ich mich gleich dran.«

Ich merkte, dass er nicht zuhörte.

»Klingt gut«, sagte er mit Blick auf sein Handy. »Scheiße,

es ist schon spät. Ich muss zu einer Besprechung, dann geht es zurück ins Hotel, ein bisschen ausruhen vor meinem großen Date heute Abend. Viel Schlaf werde ich wohl nicht kriegen.« Er sah mich an. »Du bist rasend neidisch. Du kannst es abstreiten, so viel du willst, aber verbergen kannst du es nicht.«

Wir umarmten uns, klopften uns auf die Schulter und gingen dann auseinander.

3

Als ich Larry Stein bei unserem Termin um halb zwei zu Gesicht bekam, war mir sofort klar, dass dies eine Nullnummer werden würde. Am Telefon hatte er sich älter angehört, schätzungsweise vierzig, tatsächlich war er Ende zwanzig, höchstens dreißig. Schlimmer noch, am Telefon wirkte er wie ein ernsthaft interessierter Käufer; er wohne zurzeit zur Miete, arbeite an der Wall Street und suche nach einer großen Zwei-Zimmer-Wohnung, in der sich das Schlafzimmer teilen ließe, oder die man zu einer kleinen Drei-Zimmer-Wohnung umbauen könne, im Millionen-Preissegment. Jetzt, leibhaftig vor mir, trug er einen billigen Anzug und eine gefälschte Rolex, die er wahrscheinlich für zehn Dollar bei einem Straßenverkäufer erstanden hatte.

Im Büro versuchte ich nun, mir ein genaueres Bild von ihm zu machen, erkundigte mich nach seiner Herkunft, seinem Beruf, und dabei hatte er erwähnt, eher beiläufig, er arbeite als stellvertretender Filialleiter in einem Geschäft für Koffer und Taschen an der Wall Street. »Ich arbeite an der Wall Street« war offenbar wörtlich gemeint gewesen. Ich fragte ihn, ob er noch ein zusätzliches Einkommen habe, und er antwortete, er verfüge über Vermögen.

Ich war skeptisch. Er kam mir wie einer dieser Blindgänger vor, die sich am Wochenende einen Spaß daraus machten, an offenen Wohnungsbesichtigungen teilzunehmen, dennoch zeigte ich ihm die Wohnung in der 90th Street. Er löcherte mich mit Fragen: ›Wie steht es um die Hausfinanzen?‹ ›Wer sitzt im Co-op-Verwaltungsrat?‹ ›Woher kommen die Doormen?‹ ›Sind die Heizkosten inklusive?‹ Nachdem wir ungefähr zwanzig Minuten in der Wohnung verbracht hatten, und er zwischendurch sicher fünf-, sechsmal ins Badezimmer gegangen war, fragte er: »Wie hoch wäre meine monatliche Belastung?«

»Angenommen, Sie zahlen zwanzig Prozent an, liegt sie bei ungefähr dreitausendsechshundert.«

»Warum so viel?«

›Vielleicht weil es ein Millionendollar-Apartment ist‹, dachte ich im Stillen, gab mich nachsichtig und sagte: »Bei tausendsechshundert Dollar Instandhaltungskosten kommt das dabei heraus.«

»Das übersteigt meine Mittel«, sagte er.

Einmal durchgeatmet, dann sagte ich: »Möchten Sie sich preiswertere Wohnungen ansehen?«

»Heute habe ich keine Zeit. Aber ich werde wieder auf Sie zukommen.«

Da wusste ich, dass ich nie wieder von ihm hören würde.

Auf dem Weg nach Downtown, die Third Avenue entlang, simste ich Rob McEvoy. *Cool, Mann, unser Wiedersehen! Wieder auf dem neuesten Stand, toll, und wenn du noch Fragen zu der Wohnung hast, melde dich einfach!*

Rob war im Moment mein heißester Anwärter – ehrlich gesagt, mein *einziger* Anwärter. Schlimmer noch, ich brauchte diesen Abschluss unbedingt. Die Provision für ein Zwei-Millionen-Apartment betrug 120 000 Dollar. In diesem Fall müsste ich sie mir mit einem anderen Makler teilen, und auch meine Firma holte sich ihren Schnitt, aber nach Steuern würde mein Anteil praktisch mein gesamtes Jahreseinkommen ausmachen.

Wenn ich den Abschluss versemmelte … aber darüber wollte ich lieber gar nicht nachdenken.

Rob schickte mir eine Antwort: *Mach ich … ja, mach ich!!!*

Okay, ich gebe zu, ich war neidisch auf Rob. Nicht auf seine Sexgeschichten, sondern auf seine Karriere. Klar, er war ein Arschloch, aber er verdiente Geld, arbeitete im Musikgeschäft. Vor meiner Ehe war ich Studiogitarrist gewesen, manchmal tourte ich mit Bands durch Amerika, einmal auch Europa. Meine Gage war unregelmäßig, ich war oft pleite und schlief bei Freunden auf dem Sofa, aber ich war ein sauguter Gitarrist, es war die glücklichste Zeit meines Lebens.

Mir fehlte ein Beruf, der mich erfüllte.

***

Ich wartete auf dem Pausenhof der Grundschule P. S. 158, einem massiven Vorkriegsbau in der York Avenue, zusammen mit anderen Eltern, bis Jonahs Klasse nach draußen kam.

Dieser Moment bildete immer das Highlight meines Tages. Weil Maria in der PR-Abteilung eines Finanzdienstleisters vollzeitbeschäftigt war, meine Arbeitszeit dagegen flexibel, konnte ich das Hinbringen und Abholen erledigen, statt einen Babysitter zu engagieren wie viele andere

Elternpaare in Manhattan. Manche Männer hätten es vielleicht nervig gefunden, für mich dagegen war das Zusammensein mit Jonah immer so, als würde ich Zeit mit meinem besten Freund verbringen. Ich machte alle seine Klassenfahrten mit, war jeden zweiten Freitag sein Lese- und Mathe-Buddy, und begleitete ihn zu den wichtigsten Schulveranstaltungen, zum Beispiel zum Batiktag, Walkathon, Tanzabend und zur Halloween-Party.

Es war so weit, ein scheinbar endloser Strom kreischender lebhafter Kinder verließ die Schule, doch Jonahs Klasse verspätete sich. Upper East Siders konnten genauso cliquenhaft sein wie ihre Kinder, und die Eltern standen in ihren angestammten Gruppen zusammen. Es gab die Clique der berufstätigen Mütter, der Yoga-Mütter, der Soul-Cycle-Mütter, der Mütter von der Eltern-Lehrer-Vereinigung, der Großmütter, der nichtberufstätigen Väter und der Babysitter. Morgens gab es die Clique der »Anzug-Väter«, hochnäsige Schnösel, die sich alle von irgendwoher kannten und immerzu Anspielungen auf ihre »Firmen« und »Fusionen« und »Buyouts« machten. Wenn ich in meinem Business etwas gewiefter gewesen wäre, hätte ich diese Fahrdienste als Gelegenheit zum Einschleimen genutzt, so wie manche die AA-Meetings, die ich besuchte. Ich hätte mich in jedes Gespräch einmischen und meine Visitenkarte unter die Leute bringen können. »Hey, falls Sie zufällig jemanden kennen, der eine Wohnung sucht, melden Sie sich.« Aber Arschkriecherei war nicht mein Stil.

Während ich wartete, geriet ich in Hörweite einer Unterhaltung zwischen Stacy Katz und Geri Sherman von der Eltern-Lehrer-Vereinigung. Ich sagte nichts, lächelte nur und nickte ab und zu. Sie sprachen über den Lehrplan und einen bevorstehenden Ausflug zum South Street Seaport.

Ich hatte Stacy und Geri nie in einem irgendwie sexuellen Sinn wahrgenommen. Mir war aufgefallen, dass sie attraktiv waren, aber konkret daran gedacht hatte ich nicht. Doch jetzt hörte ich Bobs Stimme im Ohr: *Du solltest mal die Mütter auf der Schule meiner Tochter sehen.* Wenn er jetzt hier wäre, würde er Geri anmachen, definitiv. Sie war eine kleine Brünette, Anfang vierzig und mitten in einer Scheidung. Von einem anderen Vater hatte ich erfahren, dass sie ihren zukünftigen Ex betrogen hatte – sie war also genau Robs Typ.

Ich schaute mich um und fragte mich, welche Mütter Rob sonst wohl noch anbaggern würde. Karen Schaeffer, eine der SoulCycle-Mütter, war glücklich verheiratet, doch das würde Rob nicht abhalten; eher wäre es für ihn eine Herausforderung. Vielleicht würde er auch eine der Yoga-Mütter anmachen, Kirsten Lasher, Jenny Liang oder Danielle Freidman, ja, Danielle auf jeden Fall. Sie war mit einem arbeitssüchtigen Neurochirurgen verheiratet, dem man diverse Affären nachsagte. Sie war Ende dreißig, aber sah immer noch klasse aus. Enge Jeans, hochhackige Stiefel und einen Ausschnitt, der einen tiefen Blick ins Dekolleté erlaubte, das war das typische Danielle-Outfit. Seit einiger Zeit verabredete sie sich häufiger für Spielnachmittage mit Greg Langley, einem nicht berufstätigen Vater, der, wie ich gehört hatte, mit seiner Frau in einer Eheberatung war; gut vorstellbar, dass sie sich nicht nur zum gemeinsamen Spielen mit ihren Kindern trafen.

Robs Idee, dass irgendwann jeder seinen Ehepartner

betrog, kam mir absurd vor, obwohl ich irgendwo gelesen hatte, siebzig Prozent aller Verheirateten würden zu irgendeinem Zeitpunkt ihrer Ehe betrügen. Falls das zutraf, musste es unter den Eltern an der Schule ganz schön viele außereheliche Beziehungen geben, und ich hatte noch nie davon gehört.

»Hi, Daddy.«

Jonah stand vor mir. So tief in Gedanken versunken, hatte ich gar nicht gemerkt, dass seine Klasse aus der Schule gekommen war.

»Hey, Kiddo«, sagte ich und küsste ihn auf die Stirn. Jonah hatte hellbraunes Haar, aber früher oder später würde es dunkler werden, weil Maria und ich beide dunklere Haare hatten. »Wie war es in der Schule?«

»Okay. Kaufst du mir ein Eis?«

»Nein, kein Eis. Du hast an zwei Tagen hintereinander Eis gehabt.«

»Ach komm, Dad. Bitte.«

»Zu Hause gibt es einen gesunden Snack«, sagte ich. »Und danach gehen wir in den Park und spielen ein bisschen Basketball, ja? Ist das cool oder nicht?«

»Cool«, sagte er, und wir klatschten uns ab.

Später, nach Basketball und Eis – ja, ich bin eingeknickt –, gingen wir zu unserem Wohnblock, einem bescheidenen, aber gut erhaltenen Nachkriegsbau mit Doorman in der 83rd Street zwischen First und York Avenue. Leider wohnten wir zur Miete, wir konnten uns keine Eigentumswohnung leisten, eine Eigentumswohnung in der Upper East Side wäre eine riesige Investition. Nachdem die Second

Avenue Subway endlich eröffnet hatte, war die Nachfrage in unserem Viertel sprunghaft angestiegen, hauptsächlich dank des Zuzugs der Hipster aus dem überteuerten Williamsburg. Trendy Restaurants und Bars mit Live-Musik und sogar Varietés hatten in der Gegend eröffnet, und erst kürzlich war ich an einer Reihe neuer veganer Cafés vorbeigekommen, immer ein sicheres Zeichen dafür, dass ein Stadtviertel abhebt.

Unsere Wohnung hätte man auf dem Markt als *junior four* anbieten können, eine Zwei-Zimmer-Wohnung, aber eigentlich war es nur eine Ein-Zimmer-Wohnung. Jonah bewohnte das Schlafzimmer, und wir hatten in der Ess- oder Arbeitsnische im Wohnzimmer noch eine Wand eingezogen, um ein zweites Schlafzimmer zu haben. Die Wohnung war zu klein für drei Personen, aber bei Marias Gehalt und meinen Provisionen konnten wir uns nicht mehr leisten. Eine Zeitlang klappte das, aber schon für zwei Personen war eigentlich nicht genug Platz – kommt noch ein Kind hinzu, wird es beinahe unmöglich.

Ich saß mit Jonah im Wohnzimmer und half ihm bei den Hausaufgaben, als Maria hereinkam. Sie hatte für ein paar Tage dienstlich in Houston zu tun gehabt und zog ihren Koffer hinter sich her in die Wohnung. Sie trug ein dunkelblaues Kleid, die Haare zu einem straffen Pferdeschwanz zusammengebunden.

»Mommy!« Jonah lief seiner Mutter in der Tür entgegen.

Sie beugte sich zu ihm hinunter und umarmte ihn. »Hallo, mein Süßer, wie geht es dir? Du hast mir so gefehlt.«

»Du mir auch.«

»Ich möchte ganz genau wissen, was du gemacht hast. Ich ziehe mich nur eben schnell um, okay?«

»Okay.«

»Hey«, begrüßte mich Maria.

Sie küsste mich flüchtig auf den Mund und ging ins Schlafzimmer.

Unsere Beziehung hatte sich sehr verändert. Als ich sie vor dreizehn Jahren bei einem meiner Gigs Downtown kennenlernte, trug sie einen engen Minirock aus Leder, Netzstrümpfe, einen Igelschnitt und Nasenring und saß allein am Tresen.

Normalerweise war ich zu schüchtern, um Frauen anzusprechen, aber in dem Fall war ich ohne zu zögern auf sie zugegangen und hatte gesagt: »Hey, ich bin –«

»Jack Harper«, fiel sie mir ins Wort.

»Verzeihung«, sagte ich, »aber woher kennst du –«

»Ich war bei eurem Auftritt letzte Woche und in der Woche davor bei dem in Brooklyn.« Sie strahlte. »Ich liebe deine Musik. Du spielst wahnsinnig gut.«

Wir gingen zusammen aus, und nach einer Woche sprachen wir von uns als Seelenverwandte. Sie kam zu meinen Auftritten und jubelte mir vorne an der Bühne zu. Ihre Begeisterung schien mir übertrieben, aber natürlich schmeichelte mir der Beifall meiner sexy Freundin. Nach zwei Monaten zog ich bei ihr ein, ein halbes Jahr später heirateten wir.

Meine Freunde warnten mich, nichts zu überstürzen, aber Logik interessierte mich damals nicht. Maria und ich verlebten ein tolles Jahr miteinander, dann ließ sie ihr Haar wachsen, nahm den Nasenring ab und bekam einen Job in einem Unternehmen. Ich freute mich für sie und auch darüber, dass wenigstens einer von uns eine feste Stelle gefunden hatte, aber wir entfremdeten uns voneinander. Sie interessierte sich nicht mehr so für Musik, besonders meine, und kam nicht mehr zu meinen Auftritten; sie müsse »früh aufstehen«, sagte sie oder nannte andere Ausreden.

Gleichzeitig machte ich eine schwierige Phase in meiner Karriere als Musiker durch. Meine Band bekam nicht mehr so viele Gigs, und die Arbeit im Studio ließ ebenfalls nach. Maria und ich hatten vor, eine Familie zu gründen, und mir war klar, dass ich einen Weg finden musste, mehr zum Einkommen beizusteuern.

Alkohol war schon immer ein Problem gewesen – eigentlich seit meinem ersten Glas auf der Highschool. Als Maria schwanger wurde, versprach ich ihr, mich zurückzuhalten, aber es klappte nicht. Nachdem Jonah auf der Welt war, blieb ich tagsüber mit ihm zu Hause, während Maria arbeitete, abends trat ich auf und betrank mich. In Jonahs Anwesenheit trank ich nie, war aber meist verkatert.

Schließlich tat ich das einzig Richtige für mich und meine Familie und wurde trocken. Maria, das muss ich ihr zugestehen, hielt während dieser dunklen Zeit zu mir. Mit meiner Musikerlaufbahn ging es weiter bergab, deswegen erwarb ich eine Lizenz als Immobilienmakler, um mehr für den gemeinsamen Unterhalt tun zu können.

Der Sieg über den Alk hat mir dabei geholfen, ein besserer Vater zu werden, ein besserer Mensch; meiner Ehe hat er nicht geholfen. Maria und ich lebten wie in einer Wohngemeinschaft, die sich untereinander meistens nicht vertrug. Wechselelternschaft wurde für uns zur schlechten

Routine; ich war tagsüber für Jonah da, und wenn Maria abends von der Arbeit kam, übernahm sie.

Wir hatten keinen Abend für uns allein, gingen auch kaum unter Leute. Ich traf mich zwei-, dreimal die Woche mit Bekannten von den Anonymen Alkoholikern, während Maria Kunden betreute. »Befreundete Paare« gab es kaum in unserem Leben, eigentlich nur Marias Studienfreund Steve und dessen Frau Kathy. Aber seit sie aus der Stadt raus nach Westchester gezogen waren, sahen wir uns nicht mehr so häufig.

Unser Sexualleben verkümmerte. Maria konzentrierte sich auf ihre Karriere und war öfter beruflich unterwegs. Wenn ich mal die Initiative ergriff, schob sie Müdigkeit vor – sie selbst ergriff nie die Initiative –, und schließlich gab ich es ganz auf. Mehrmals schlug ich eine Eheberatung vor, sie war dagegen. Sie hatte noch nie eine Therapie gemacht, trotz ihrer schwierigen Kindheit, schon die Vorstellung fand sie bedrohlich. Ich fing allein eine Therapie an, doch um eine Ehe zu kitten, braucht es zwei.

Eine Scheidung wäre die logische Konsequenz gewesen und sicher das Beste für Jonah. Maria und ich bildeten nicht gerade ein vorbildliches, sich liebendes Paar. Aber mir schwante, dass eine Trennung von ihr ein Alptraum werden würde. Maria konnte liebenswürdig sein, aber auch nachtragend. Ihr Cousin Michael war ein skrupelloser Scheidungsanwalt, und mit dem zweitklassigen Anwalt, der mich vertreten hätte, hätte ich alt ausgesehen, besonders, wenn Maria die »Alkoholikerkarte« gezogen hätte. Sie hätte mich in den Ruin getrieben und versucht, das alleinige Sorgerecht für Jonah zu bekommen. Ich konnte dagegenhalten, dass ich trocken war und in Jonahs Leben seit seiner

Geburt eine wichtige Rolle spielte, aber würden diese Argumente etwas gelten vor Gericht?

Ohne eine tragfähige Alternative, um der Ehe zu entkommen, bis Jonah auf dem College wäre, wurschtelten wir weiter.

Rob hatte mich nach meinen Phantasien gefragt. Natürlich hatte ich Phantasien, aber sie drehten sich nicht um Sex mit anderen Frauen.

Meine Phantasien drehten sich darum, wie ich endlich aus meiner schlechten Ehe ausbrechen konnte.

***

Nachdem Jonah seine letzten Rechenaufgaben gelöst hatte, ging ich in die Küche, wo Maria unsere Bestellung von Seamless auspackte. Es war unser Standardgericht, Hühnchen mit Kaiserschoten und gemischtem Gemüse, General Tso's Chicken und eine große Wan-Tan-Suppe.

»Und?«, fragte ich. »Wie war Houston?«

Nach langem Schweigen sagte sie: »Produktiv.«

»Produktiv hört sich gut an. Besser als unproduktiv.«

Sie schien abgelenkt, sah auf ihr Handy.

»Kommt jetzt nicht bald die Börsenzulassung?«

»Was für eine Börsenzulassung?«, fragte sie irritiert.

»Für das Biotech-Unternehmen«, antwortete ich. »Deswegen warst du doch in Houston, oder nicht?«

»Die Zulassung war vor zwei Monaten«, sagte sie. »Ich habe dir davon erzählt, weißt du nicht mehr?«

Ich konnte mich nicht daran erinnern, meinte aber trotzdem: »Ach ja, stimmt.«

Sie tippte eine SMS oder eine E-Mail in ihr Handy. Etwa eine Minute ging vorbei.

Ich wusste, dass sie mich nicht fragen würde, wie mein Tag verlaufen war, wenn ich es nicht selbst ansprach, deswegen sagte ich: »Ich hatte heute einen interessanten Tag. Ich habe Rob McEvoy eine teure Wohnung gezeigt.«

»Wem?« Sie tippte noch immer etwas in ihr Handy.

»Rob McEvoy«, sagte ich. »Schon vergessen? Mein alter Mitbewohner. Wir haben in einigen Bands zusammengespielt.«

Maria hatte Rob nie kennengelernt, aber ich hatte ihr von ihm erzählt.

»Ach, *der* Rob?« Jetzt sah sie mich an. »Hast du nicht immer gesagt, der ist ein Arschloch?«

»Genau der.«

Ich erklärte ihr, dass er in Manhattan eine Wohnung suchte, ließ aber unerwähnt, dass er sie als Absteige zum Ficken nutzen wollte.

»Wollen wir hoffen, dass es wenigstens einmal zu einem Abschluss kommt«, sagte sie und verteilte General Tso's Chicken auf drei Teller.

Für einen zufälligen Beobachter klang es wie eine harmlose Bemerkung, ich dagegen hörte heraus: ›Wollen wir hoffen, dass du endlich auch etwas Geld verdienst, es stinkt mir nämlich gewaltig, dass ich seit einiger Zeit der Hauptverdiener bin.‹

»Was soll das denn heißen?«, fragte ich.

»Es heißt, dass ich dir die Daumen drücke«, sagte sie.

»Wirklich?«

Jonah beobachtete uns.

»Jetzt komm, Jack, lass uns nicht wieder damit anfangen.«

Maria hatte recht, sie wollte nicht vor Jonah streiten, aber mir gefiel nicht, dass sie den Spieß umdrehte. Sie hatte eine passiv-aggressive Bemerkung gemacht, und weil ich sie herausgefordert hatte, reagierte sie, als hätte ich etwas Falsches gesagt. Es war nicht das erste Mal. Es war eine subtile Art der Erniedrigung, eines unserer vielen scheinbar unlösbaren Probleme.

Beim Abendessen stand Jonah im Mittelpunkt. Maria erkundigte sich nach der Schule und den Hausaufgaben, ich sprach mit ihm über Fußball. Ich machte mir nichts aus Fußball, aber da Jonah gerne Fußball spielte, tauschten wir uns über Messi und Ronaldo aus, und in einer Unterhaltung mit einem Achtjährigen konnte ich mithalten.

Das Schöne an geliefertem Essen: Man braucht nicht abzuwaschen. Während Maria und Jonah Zeit für sich hatten, in der sie ihm bei seinen Hausaufgaben half, besuchte ich ein AA.-Meeting in der St. Monica's Church in der 79th Street, unweit First Avenue.

Wenn eben möglich, meist zweimal die Woche, besuchte ich ein Meeting in Manhattan. Meistens ging ich zu dem in der St. Monica's Church, weil es in der Nähe war und ich einige Freunde in der Gruppe hatte. Viele alte Bekannte waren im Laufe der Jahre aus der Stadt weggezogen, mit anderen hatte ich mich verkracht; mein Sozialleben spielte sich hauptsächlich bei den AA ab. Dort oder auf anschließenden Treffen und alkoholfreien Partys in Wohnungen von Freunden.

Ich ergriff häufig das Wort bei diesen Meetings, heute Abend jedoch war ich eher in der Stimmung, nur zuzuhören. Eine Zeitlang sprach Ricardo, dann erzählten einige neue Mitglieder ihre Geschichte. Nach dem Meeting stand ich noch mit einigen Freunden zusammen, darunter Dave, einem jungen rothaarigen Mann, den ich gerade sponserte. Dave war sechsundzwanzig, Angestellter in der Werbebranche und seit fast einem Jahr trocken. Nach einer schwierigen Phase, in der wir praktisch zehnmal täglich telefonierten, hatte er sich jetzt wieder gefangen. Er hatte einen neuen Job, eine neue Freundin und sah gesund und glücklich aus.

Als ich schon am Aufbrechen war, nahm er mich beiseite. »Ich wollte dir nur sagen, wie viel mir deine Hilfe bedeutet. Im Ernst, Jack, ich weiß nicht, wie ich das ohne dich durchgestanden hätte.«

»Dafür sind wir da«, sagte ich.

Er umarmte mich herzlich.

Wieder zu Hause, gegen zehn, lag Jonah schon im Bett und schlief.

Maria war im Badezimmer und machte sich bettfertig. Ich ließ mich mit meinem Laptop auf dem Sofa nieder und checkte meine geschäftlichen E-Mails und den Terminplan für den nächsten Tag. Dann ließ ich mich ablenken und überprüfte den Facebook-Status von einigen Bekannten. Rob hatte ein Foto seiner Tochter gepostet, als Katze kostümiert in einer Schulaufführung von *Peter und der Wolf* und dazu geschrieben: *Bin stolz auf mein Mädchen.*

Ich klickte den Like-Button, seine Tochter war wirklich hinreißend.

Während ich noch online war, verzog sich Maria in unser Schlafzimmer und schloss die sehr dünne Tür hinter sich.

Sie legte sich gewöhnlich gegen zehn hin, eine Stunde vor mir, um zu lesen, und war normalerweise gegen elf eingeschlafen. Sie stand früh auf, um halb sieben, und ging noch vor der Arbeit ins Fitnessstudio.

Wie üblich sah ich noch etwas fern, mit Kopfhörer, um Maria und Jonah nicht zu stören. Ich zappte mich durch die Programme, Lokalnachrichten, dann einen Ausschnitt aus einer Folge von *Arrested Development,* den ich schon mehrmals gesehen hatte, und schweifte zwischendurch gedanklich ab, machte mir Sorgen wegen der Arbeit, hoffte, dass der Kaufvertrag mit Rob zustande kam. Bis jetzt hatte er mir noch kein Angebot unterbreitet, aber heute Abend war er ja auch durch sein Date abgelenkt. Ich stellte mir die beiden in Robs Hotelzimmer vor, laut kreischend bei ungezügeltem Sex.

Um elf schaltete ich den Fernseher aus, löschte die Lichter im Wohnzimmer und in der Küche und legte mich zu Maria ins Bett. Vertieft in die Lektüre auf ihrem E-Reader, schien sie mich gar nicht zu bemerken. Ein paar Minuten später legte sie den E-Reader auf dem Nachttisch ab und drehte sich auf ihre Seite, mit dem Rücken zu mir.

Als ich leises Schnarchen vernahm, drehte ich mich in die andere Richtung und schlief ebenfalls ein.

4

Nachdem ich Jonah an der Schule abgesetzt hatte, eilte ich Uptown zur 95th Street, zwischen Park- und Lexington Avenue zu einer Wohnungsbesichtigung. Es war eine Co-op-Drei-Zimmer-Wohnung im dritten Geschoss eines hübschen Brownstone in einer von Bäumen gesäumten Straße, einen Block entfernt von The Lower Lab, einer begehrten Upper-East-Side-Grundschule. Die Wohnungseigentümer ließen sich scheiden und wollten unbedingt verkaufen. Zwischen den Parteien herrschte eine solche Spannung, dass ihre Anwälte die Aufgabe übernahmen, die Wohnung den Maklern zu zeigen, und die Wohnung folglich um 50 000 Dollar unter Wert angeboten wurde. Die Eigentümer würden das erstbeste Angebot vom erstbesten kreditwürdigen Käufer akzeptieren, und ich hatte den perfekten Kandidaten an der Hand, Alex Korin, dessen Frau gerade ihr zweites Kind zur Welt gebracht hatte. Alex und seine Frau hatten sich schon mehrere Wohnungen mit mir angesehen, auch eine Vorabbewilligung einer Hypothek lag vor. Das Problem war, dass bereits vier Makler die Wohnung besichtigten, als ich kam, und sie vermutlich ebenfalls interessierte Kunden hatten.

Ich erreichte Alex auf seinem Handy. »Du musst sofort deinen Arsch in Bewegung setzen. Ich habe die perfekte Wohnung für euch, Mann.«

Alex war in den Dreißigern, besaß einige Bars in der City, ich konnte in diesem zwanglosen Ton mit ihm reden.

»Ich habe gerade erst angefangen zu arbeiten, und ich habe den ganzen Vormittag über Termine«, sagte er.

»Eins kann ich dir sagen«, versuchte ich es noch mal, »die Wohnung ist genau das, was du suchst, und sie wird sich nicht lange auf dem Markt halten.«

Alle Makler behaupteten, dass die Wohnungen, die sie unbedingt verkaufen wollten, sich »nicht halten« würden, selbst wenn sie seit Monaten auf dem Markt dümpelten. Auch wenn ich es in diesem besonderen Fall ehrlich meinte, für ihn redete ich nur Blech.

»Eventuell könnte ich nach drei Uhr vorbeikommen, aber ich würde mich vorher noch melden und dir Bescheid sagen.«

»Bis dahin ist die Wohnung weg, das kann ich dir versprechen. Könnte deine Frau sich die Wohnung ansehen?«

»Nein. Sie ist mit unserer Tochter heute Morgen zum Arzt. Wahrscheinlich Streptokokken.«

Ich versuchte, ihn zu überreden, sich vielleicht doch eine Stunde freizuschaufeln, aber er meinte, heute Morgen sei es unmöglich. Deprimiert legte ich auf. Ich hörte, wie Sally Engle, eine erfahrene und bekannte Maklerin, die für einen der großen Immobilienhändler arbeitete, den Anwälten der Eigentümer versicherte, dass mehrere interessierte Käufer noch unterwegs zur Wohnung seien. Auch die anderen Makler hatten potentielle Käufer, die sich auf den Weg gemacht hatten, und es war klar, dass die Wohnung innerhalb einer Stunde verkauft sein würde.

Es regnete. Ich hatte keinen Schirm dabei, trotzdem ging

ich zu Fuß zum Büro, es war mir egal, ich bemerkte nicht einmal, dass ich klatschnass wurde.

Wolf Realty befand sich in einem unscheinbaren Geschäftshaus in einer Nebenstraße, 74th Street, unweit Third Avenue. Die meisten Kunden stießen über Mundpropaganda oder Online-Listings auf uns. Wir waren zu dritt im Büro, mich eingeschlossen, und unsere Schreibtische standen hintereinander an der linken Wand, meiner in der Mitte. Unser Chef Andrew Wolf hatte einen eigenen Raum im hinteren Teil.

Kein Kind sagt zu seinen Eltern: »Wenn ich groß bin, möchte ich Makler werden.« Immobilienhandel kann sehr lukrativ sein, wenn man Glück hat, doch in den meisten Fällen schlittert man in den Beruf hinein, wenn es woanders nicht geklappt hat. Man musste sich nur meine beiden Kollegen ansehen. Claire hockte allein zu Hause, nachdem die Kinder ausgezogen waren; ihre Lizenz hatte sie erst vor drei Jahren erworben, da sie über keinerlei Berufserfahrung verfügte und nirgendwo sonst einen Job fand. Brian hatte als Cutter, Schuhverkäufer, Bühnenarbeiter, Kellner, Lektoratsassistent und Hundeausführer gearbeitet; ich hatte meine Zweifel, dass Immobilien sein letzter Karriereschritt waren. Und Andrew Wolf war erst in den Immobilienhandel eingestiegen, nachdem ein paar seiner Restaurants Konkurs gemacht hatten.

Als ich ins Büro kam, telefonierten Claire und Brian gerade, aber es waren wohl eher private Gespräche. In unserem Job gab es viel Leerlauf. Der New Yorker Immobilienmarkt war heiß, aber wir konkurrierten mit einer Unmenge Online-Listings und sogar mit Airbnb. Uns allen saß die

Angst im Nacken, dass Immobilienhändler, genauso wie Reiseagenturen, irgendwann überflüssig würden. An Tagen wie diesen erschienen mir mein Beruf, meine Zukunft und die Zukunft ganz allgemein unglaublich trostlos.

Während mein PC hochfuhr, wanderte mein Blick zum Schild, das ich über meinen Schreibtisch aufgehängt hatte: GOTT IST MEIN CO-PILOT. Mein erster Sponsor bei AA hatte mir vorgeschlagen, mich mit solchen Erbauungssprüchen zu umgeben. Manchmal kam mir dieser Spruch dämlich vor, sogar ein bisschen kitschig, trotzdem sah ich jeden Morgen zu dem Schild.

Ich spulte mein übliches Programm ab und checkte die neu hereingekommenen Listings – nichts Interessantes darunter –, dann kam eine SMS von Maria: *Steve und Kathy haben uns Samstag eingeladen.*

Steve war ein Exfreund von Maria vom College, einer der Freunde, mit denen sie gelegentlich wandern ging. Steve und Kathy hatten zwei Söhne, einer in Jonahs Alter.

Ich schrieb zurück: *Kann sein, dass ich an dem Tag zu einer offenen Besichtigung muss, aber ich will versuchen, sie zu verschieben.*

Sie antwortete: *Okay, ich sage zu.*

Ich hatte nicht geschrieben, dass ich auf jeden Fall mitkäme, nur, dass ich es versuchen würde, aber ich hatte keine Lust, ihr zu widersprechen.

Dann kam eine SMS von Rob McEvoy: *Brothaman!! Unterwegs zum Flughafen. Sagenhaft gestern Abend, Bro. Irre, die Frau. Kann mich kaum auf den Beinen halten!!*

Ich war ziemlich angepisst, dass er schon wieder abflog. Ich war davon ausgegangen, dass er sich mindestens noch ein, zwei Tage in der Stadt aufhielt. Und wo blieb sein Angebot?

Ich schrieb zurück: *Wow, jetzt schon? Dachte, du würdest länger bleiben.*

Dann kam die Nachricht: *Ja. Im Büro in L.A. ist die Kacke am Dampfen. Wenn ich wieder in* NYC *bin, jammen wir!!!*

Und noch eine: *Bin noch immer scharf auf die Wohnung. Bleiben in Kontakt!* BB.

»Leck mich«, sagte ich.

Ich kam mir wie der letzte Idiot vor, wie konnte ich nur glauben, dass Rob, der notorisch unzuverlässige Rob, sich irgendwie für mich einsetzen würde.

Ich las die SMS noch mal. Wenn er wirklich »scharf« auf die Wohnung war, warum machte er dann nicht auf der Stelle ein Angebot? Er musste ja nicht zurück nach L.A., um es mit seiner Frau zu besprechen: *Hey, Honey, okay, wenn ich in Manhattan eine kleine Absteige zum Ficken kaufe?* War es möglich, dass er mich verarscht hatte, was sein Vermögen betraf, und er sich die Wohnung gar nicht leisten konnte? Warum machte er mir dann das Leben so schwer? Andererseits, ticken die nicht alle so in L.A.?

Klingt super, Mann! Guten Flug!, textete ich zurück.

Es hatte keinen Zweck nachzubohren. Entweder war er ein Dummschwätzer oder eben nicht, und daran konnte ich nicht das Geringste ändern.

»Wie war's?«

Ich zuckte zusammen. Claire stand direkt neben meinem Schreibtisch.

»Wow, da ist aber jemand nervös heute«, sagte sie.

»Ich habe noch keinen Kaffee getrunken«, sagte ich.

»Macht Kaffee einen nicht erst richtig nervös?«

»Da ist was dran«, sagte ich. »Aber es ist wohl nur eine Begleiterscheinung, wenn einem gleich am frühen Morgen ein Geschäft durch die Lappen geht.«

Ich erzählte Claire, wie die Besichtigung abgelaufen war.

Dann sagte sie: »Ja, gestern dachte ich auch, ich hätte eine ganz heiße Kandidatin. Frisch geschieden, aus Westchester, Kinder aus dem Haus, will zurück in die Stadt. Du kennst doch die große Wohnung in der 78th, Ecke Second Avenue?«

»Die mit den Wandschränken aus Kirschholz«, sagte ich.

»Genau«, sagte Claire. »Sie hat sich sofort verguckt in die Wohnung, und sie ist kreditwürdig, also alles super. Sie sagt, sie meldet sich später, um ein Angebot zu machen. Und weil ich nicht wieder von ihr gehört habe, rufe ich sie heute Morgen an, und –«

»Sie hat ein Angebot für eine andere Wohnung abgegeben«, sagte ich.

»Woher weißt du das?«

»Das ist mein ständiger Alptraum.«

Brian gesellte sich zu uns. »Also wirklich. Worüber beklagt ihr euch eigentlich?«

»Habe ich mich etwa bei dir beklagt?«, blaffte Claire ihn an.

»Bei mir wurde gestern ein Kaufangebot akzeptiert«, sagte Brian. »Mein zweites diese Woche, das dritte in zwei Wochen. Und am Montag habe ich den Vertrag für die Coop-Wohnung in der 69th Street abgeschlossen. Aber der dickste Fisch war der von gestern. Letzte Woche gelistet, und ich habe den verlangten Preis bekommen, achthundertzweiundsechzig Mille. Der Verwaltungsrat wird die Bewerber problemlos durchwinken, ein Anwalt und ein Arzt.«

Genau das, was ein sich abstrampelnder Immobilienmakler hören wollte – die Erfolgsgeschichten von anderen.

»Glückwunsch«, sagte ich und versuchte, ein bisschen Begeisterung zu zeigen.

Brian ging später in die Mittagspause, Claire traf sich mit einem Kunden. Eigentlich hätte ich jetzt ein paar Wohnungsinteressenten anrufen sollen, aber mir war die Lust vergangen. Ich fühlte mich deprimiert, wenn ich an mein Leben dachte. Abgesehen von Jonah war nichts so gelaufen, wie ich es mir gewünscht hätte. Ich war gefangen in meiner Routine, und obwohl ich wusste, dass ich da irgendwann wieder herauskommen würde, machte das die Sache auch nicht besser.

Ich blätterte gerade in einer Akte mit meinen neuesten Kontakten, da kam Andrew Wolf aus seinem Büro.

»Wie war die offene Besichtigung?«, wollte er wissen.

»Welche offene Besichtigung?«

»Die in der 95th Street.«

»Ach ja, richtig«, sagte ich. »Viel Konkurrenz. Ich habe einen soliden Vorsprung, aber ob er zu einem Abschluss führt, ist ungewiss.«

»Ich kann nur hoffen, dass du bald mal was an Land ziehst. Du brauchst unbedingt einen Verkauf, Jack.«

Nachdem er ein paar Kopien gemacht hatte, kehrte er in sein Büro zurück und schloss die Tür. Ich versuchte zu arbeiten, geriet jedoch ins Grübeln über seine letzte Bemerkung: *Du brauchst unbedingt einen Verkauf, Jack*. Das konnte ich nur als Drohung auffassen, angehört hatte es sich jedenfalls danach. Andrew war mein ausbleibender Erfolg in den letzten Monaten nicht entgangen, und auch wenn ich nur auf Provisionsbasis arbeitete, hieß das nicht, dass er mich nicht von heute auf morgen vor die Tür setzen konnte. Im Laufe meiner Zeit bei Wolf Realty hatte ich zehn Makler kommen und gehen sehen, und im Moment war ich sogar Andrews ältester Mitarbeiter. Normalerweise entließ Andrew seine Mitarbeiter nicht einfach so, aber erst vor wenigen Monaten hatte Lisa Castillo, die vor mir am längsten bei Andrew gewesen war, die Agentur verlassen. Obwohl Lisas Weggang laut Andrew »in beiderseitigem Einvernehmen« geschehen war, schien uns klar, dass er sie wegen enttäuschender Verkaufszahlen zu diesem Schritt gedrängt hatte. Zum Kotzen, dass langjährige Beschäftigung bei der Firma keine Arbeitsplatzsicherheit mit sich brachte, andererseits verstand ich auch Andrews Situation. Seine Makleragentur war klein, und Geld brachte sie nur ein, wenn sie Umsatz machte. Es gab nur drei Schreibtische in dem Büro, und er brauchte Makler, keine Kostentreiber.

Im Falle einer Kündigung gab es keine Garantie, dass ich einen neuen Job fand. Ich könnte versuchen, in einem anderen Maklerbüro unterzukommen, oder selbst eins aufmachen. Aber es wäre schwierig, Kunden zu ergattern, im Wettbewerb mit den großen Immobilienhändlern und Internetseiten. Und wenn es bei Wolf nicht gut lief, wer garantierte mir, dass es woanders besser laufen würde?

Zwei Dinge waren klar.

Ich brauchte meinen Job.

Und Zeit war nicht mein Freund.

5

Meine Arbeitszeit verbrachte ich hauptsächlich damit, zu telefonieren und Termine zu vereinbaren. Für morgen und übermorgen waren mehrere Besichtigungen mit zwei Interessenten geplant, bei beiden hatte ich ein gutes Gefühl.

Um kurz vor drei holte ich Jonah von der Schule ab, und wir gingen auf den Spielplatz im Carl-Schurz-Park, wo er mit seinen Freunden Fußball spielen konnte. Wie üblich unterhielt ich mich mit einigen Müttern und Babysittern, die ich kannte. Karen, die Mutter von Jonahs Freund Noah, beklagte sich bei mir, bei Ann-Marie und Sylvia, Jeffrey Katz' Babysitter, über den Lehrplan im Pflichtfach Mathematik.

»Sorry, aber die Kinder sind im Rückstand. Noah hat Freunde auf anderen Schulen, die kennen schon alle das Einmaleins, und meine Tochter hat immer noch Probleme bei der Addition.«

»Ja, ich finde auch, dass wir etwas unternehmen sollten«, sagte Ann-Marie. »Uns mal mit der Schuldirektorin treffen, oder eine Unterschriftensammlung starten.«

»Ich glaube nicht, dass das was bringt«, meinte Sylvia. »Die Direktorin ist ziemlich halsstarrig.«

Karen schimpfte weiter, dann fragte sie mich: »Was meinst du?«

»Entschuldigung?«

Karen hatte mir eine Frage gestellt, aber ich war mit den Gedanken woanders.

»Ich habe dich gefragt, was du von den Pflichtfächern hälst«, sagte sie.

Karen war die Elternsprecherin.

»Oh ja, ich bin total gegen diese Pflichtfächer«, sagte ich. »Ich finde, sie sind eine ziemliche, äh, Belastung für die Schüler.«

Ich beteiligte mich weiter am Gespräch, machte angemessene Bemerkungen à la »Ich glaube, eine Unterschriftensammlung ist eine gute Idee«, und »Als Eltern sollten wir selbstbewusster auftreten«. Doch ich fühlte mich abgelenkt, wie abgekoppelt.

Nach dem Spielplatz ging ich mit Jonah und ein paar von seinen Schulfreunden und deren Mütter oder Babysitter zu Sixteen Handles in der Second Avenue, ein Frozen Yogurt essen. Auf dem Nachhauseweg machten Jonah und ich noch einen Abstecher zu Agata&Valentina in der First Avenue, Lebensmittel einkaufen. Wir hatten in letzter Zeit viel chinesisches Essen nach Hause bestellt, ich fand zur Abwechslung mal wieder was Selbstgekochtes ganz schön.

Ich machte einen gemischten Salat und eine meiner Spezialitäten, Hühnerschnitzel und Pilau. Zugegeben, die Schnitzel anzuschwitzen und den abgepackten Reis zuzubereiten war nicht gerade Haute Cuisine, aber der gute Wille zählte.

Maria kam nach Hause und sah das warme Essen auf dem Herd.

»Hast du gekocht?« Es klang überrascht.

»Ja. Ich habe mir gedacht, die Küche mal ein bisschen aufzumischen.«

»Gute Idee«, sagte sie.

Sie ging ins Schlafzimmer, um sich umzuziehen.

Beim Abendessen erzählte uns Jonah, was er im Naturkundeunterricht gelernt hatte und das Neueste über *Pokémon Go*. Ich genoss das Essen im Kreis der Familie. Zum ersten Mal seit langer Zeit schien alles wieder normal. Wenn ich mich weiter anstrengte, würde sich vielleicht auch mein Verhältnis zu Maria verbessern. Wir könnten uns einen freien Abend machen, mehr miteinander reden und einfach Spaß zusammen haben, so wie früher.

»Schade, dass in der vierten Klasse kein Pokémon unterrichtet wird«, sagte ich zu Maria.

»Ja, stimmt.« Maria schien plötzlich wie abwesend.

»Alles okay mit dir?«, fragte ich.

»Ich weiß nicht«, sagte sie und verzog das Gesicht, als hätte sie einen schlechten Geschmack im Mund. »Ich muss mich hinlegen.«

Sie lief ins Schlafzimmer.

Später, nachdem ich Jonah ins Bett gebracht hatte, hörte ich, wie Maria sich im Badezimmer heftig übergab.

»Alles in Ordnung?«, fragte ich besorgt.

Sie konnte nicht antworten, und ich bekam kurz ihr kreidebleiches Gesicht zu sehen.

»Mach die Tür zu«, sagte sie.

In der nächsten halben Stunde verließ sie nicht das Badezimmer. Ich bot ihr zwischendurch immer wieder meine Hilfe an, aber sie weigerte sich beharrlich, wollte nur in Ruhe gelassen werden.

Schließlich kam sie doch aus dem Badezimmer und sah aus wie ein Gespenst aus der Hölle.

»Mein Gott, du solltest dich hinlegen«, sagte ich. »Kann ich dir irgendwas holen? Wasser? Ginger Ale? Kohletabletten?«

Sie stand neben der Badezimmertür, blickte angewidert vor sich hin und hielt ihren Bauch.

»Ich glaube, es war das Hühnchen«, sagte sie.

»Das kann ich mir kaum vorstellen«, sagte ich. »Ich habe es gut durchgekocht, und es war sicher nicht verdorben. Ich weiß genau, dass ich das Haltbarkeitsdatum überprüft habe. Ich finde, du solltest unbedingt einen Schluck Wasser trinken.«

»Hast du das Messer vorher saubergemacht?«, fragte sie.

»Natürlich habe ich es saubergemacht«, sagte ich.

Genau genommen *dachte* ich nur, ich hätte es saubergemacht, ganz sicher war ich mir nicht.

»Ich meine, bevor du den Salat angerichtet hast«, sagte sie.

»Ja, habe ich gemacht«, sagte ich. »Jedenfalls kann ich mich nicht daran erinnern, dass ich es nicht saubergemacht hätte.«

»Es besteht also die Möglichkeit, dass du es doch nicht saubergemacht hast.«

»Ich habe es saubergemacht, ganz bestimmt«, sagte ich. »Außerdem ist mir ja nicht schlecht und Jonah auch nicht. Offensichtlich also nur ein Virus, oder etwas, das du auf der Arbeit gegessen hast. Es kursiert gerade etwas. In Jonahs Klasse haben heute vier Kinder gefehlt.«

»Ich kenne den Unterschied zwischen einem Virus und

einer Lebensmittelvergiftung«, sagte Maria. »Und das ist kein Scheißvirus. Das müssen Salmonellen sein, von dem Messer, mit dem du das Hühnerfleisch geschnitten hast.«

Ich konnte verstehen, warum Maria so aufgebracht war, aber ich fand es gemein, dass sie es an mir ausließ.

»Du musst deswegen nicht fluchen«, sagte ich. »Wirfst du mir wirklich vor, ich hätte dich mit Salmonellen infiziert?«

»Ich kann fluchen, wann ich will«, sagte sie.

Sie wollte noch etwas hinzufügen, als sich ihr Gesicht weißlich grau verfärbte. Sie rannte zurück ins Badezimmer und knallte die Tür zu.

»Warum ist Mommy so wütend?«

Jonah hatte das Türknallen gehört und kam aus seinem Zimmer. Er sah verängstigt aus.

»Es geht ihr nicht gut«, sagte ich. »Aber es wird wieder besser, das verspreche ich.«

»Okay«, sagte Jonah und ging wieder ins Bett.

Ich legte mich zum Entspannen aufs Sofa. Ich hatte ein schlechtes Gewissen, weil ich mich mit Maria gestritten hatte, zudem in Hörweite von Jonah. Diese Dynamik war typisch für uns. Immer wenn ich den Versuch unternahm, unsere Ehe zu verbessern, unsere Kommunikation anzustoßen, ging der Schuss nach hinten los.

Um mich abzulenken, ging ich ins Internet. Zuerst checkte ich meine Facebook-Seite. Rob hatte ein Selfie gepostet, breit lächelnd steht er unter der Uhr in der Grand Central Station. Dann stellte ich fest, dass der Powerball-Lottoschein, den ich vor ein paar Tagen gekauft hatte, keine richtigen Ziffern enthielt. Gerade wollte ich den Browser schließen, da fiel mir ein, dass Rob eine Dating-Seite für Verheiratete erwähnt hatte. Wie hieß sie doch gleich? Dangerous Hookups? Nein. Discreet Hookups? Ja so hieß sie.

Ich klickte sie an, nur zum Spaß.

Die Anfangsseite zeigte das Schattenbild eines Mannes, der an einem Strand sitzt. Wenn man den Cursor auf den Mann zog, erschien neben ihm der Umriss einer Frau, und über dem Paar leuchteten die Worte auf:

HEIRATEN FÜR DIE FREUNDSCHAFT,
FREMDGEHEN FÜRS GLÜCK

Ich wollte den Laptop schon zuklappen, aber dann dachte ich, *was soll's?*, und drückte auf Enter.

Ich las mir die Bewertungen von »echten Discreet-Hookups-Kunden« durch, Männern und Frauen, die aussagten, sie hätten über Discreet Hookups »sexy, aufregende verheiratete Leute« kennengelernt und dadurch ihre Ehe gerettet. Dann stöberte ich in einigen der verlinkten Artikel, mit Titeln wie »Die Wahrheit über außereheliche Affären«, und »Warum gute Menschen betrügen«. Alle diese Artikel waren eine verzerrte Darstellung nach dem Muster: Das Leben ist kurz, warum es also in einer schlechten Ehe vergeuden? Sie zitierten vermutlich aufgeblasene und verzerrte Statistiken, aus denen hervorgehen sollte, dass fünfundsiebzig Prozent aller verheirateten Männer ihre Ehefrauen betrogen und sechzig Prozent aller Frauen ihre Männer. Ein Experte für Eheberatung behauptete, die Ehen vieler seiner Klienten seien durch eine Affäre gerettet worden. Ein anderer führte an, das »Stigma der Untreue« sei ein amerikanisches Phänomen, in Europa würden außereheliche Affären viel eher akzeptiert.

Natürlich ließen diese Artikel – und eigentlich die ganze Seite – die Kehrseite der Geschichte völlig aus, dass nämlich Affären Ehen und Familien auch zerstören und bei allen Beteiligten Wunden hinterlassen konnten. Die meisten Geschiedenen bei AA, die ich kannte, hatten vorher ihre Ehepartner betrogen, und betonten nun, abgesehen von der Entscheidung, den ersten Schluck Alkohol zu trinken, sei dies der schlimmste Irrtum in ihrem Leben gewesen. Allerdings konnte ich die Betreiber von Discreet Hookups auch nicht dafür verurteilen, dass sie die deprimierenden Seiten von Affären und Seitensprüngen unterschlugen. Würde die Alkohol- und Tabakindustrie die Kunden vor den Gefahren ihrer Produkte warnen, wenn der Staat sie nicht dazu zwingen würde? Solange es keine gesetzlichen Auflagen für Online-Dating-Dienste und ihr Produkt »Untreue« gab, warum dann den Moralapostel hervorkehren und den Leuten den Spaß verderben?

Zugegeben, die Seite hatte etwas Prickelndes. Kein Zufall, denn sie war dafür geschaffen, unglücklich verheiratete Männer wie mich anzufixen.

Ich wollte ein bisschen in den Fotos stöbern, nur um zu sehen, was für Leute sich auf solchen Seiten tummelten. Niemals würde ich mich mit meinem richtigen Namen anmelden, aber es gab die Option, sich als Gast registrieren zu lassen. Dazu brauchte man keine Kreditkartennummer anzugeben, nur ein paar allgemeine Daten, Größe, Körpertyp sowie einen zeitlichen Rahmen und einen Status. Als Status wählte ich die Rubrik ›Verpartnerter Mann sucht Frau‹, bei dem zeitlichen Rahmen entschied ich mich für ›Etwas Kurzfristiges‹. Jetzt fehlte nur noch ein Benutzername. Ich versuchte es mit NYCROCKGOD, aber der war schon vergeben. Kluge Köpfe? Deswegen begnügte ich mich mit NYCROCKGOD2.

Wahrscheinlich hatte ich provokante Bilder von spärlich bekleideten Frauen erwartet, doch die Frauen auf D-HO sahen alle durchschnittlich aus, so wie die Mütter, die ich jeden Tag auf dem Spielplatz traf. Nicht alles waren Ganzkörperfotos, manche zeigten die Person nur vom Hals an abwärts, oder das Gesicht war geschwärzt, doch die meisten waren ganz normale, frei zugängliche Fotos, wie vermutlich auf jeder Dating-Seite.

Fast alle Frauen hatten den gleichen Status: Verpartnerte Frau sucht Männer. Manche gaben als zeitlichen Rahmen »unentschieden« an, aber die meisten interessierten sich für eine ›Cyber-Affäre‹ oder einen ›erotischen Chat.‹ Viele hatten sich provokante Namen zugelegt, eine Kombination aus heiß, sexy, Honey, geil oder sinnlich, wobei nur sehr wenige der Fotos dazu passten.

Na gut, jetzt hatte ich also einen flüchtigen Blick in die Welt der Dating-Websites geworfen. Ich wollte Maria etwas Zeit für sich geben, deswegen unternahm ich einen kleinen Spaziergang. Ich dachte über meine Ehe nach, wie es bloß so weit hatte kommen können. Ich wünschte, wir hätten einen Hund, als Kamerad und um meinen Spaziergängen mehr Sinn zu verleihen, doch Maria war allergisch. Auf dem Rückweg kam ich an einem Deli vorbei und kaufte Ginger Ale und Salzcracker für Maria. Wieder in der Wohnung, sah ich als Erstes nach ihr. Sie lag im Bett, auf dem Rücken, das Licht gelöscht. Ich dachte, sie würde schon schlafen, aber dann bewegte sie sich.

»Wie geht es dir?«, fragte ich.

»Beschissen«, sagte sie.

»Ich habe dir Ginger Ale und Cracker mitgebracht.«

»Die würde ich gleich wieder auskotzen.«

Der Zeitpunkt war schlecht gewählt, aber die Dinge einfach laufen zu lassen war auch nicht gut.

»Ich bin unzufrieden«, bemerkte ich.

Sie rührte sich geschlagene zehn Sekunden nicht. Ich dachte schon, sie wäre wieder eingeschlafen, doch dann richtete sie sich abrupt auf und sagte mit einem urplötzlich zornigen Gesichtsausdruck: »Was soll das bitte schön heißen?«

»Ich sage dir nur, wie ich mich fühle. Wir sollten uns beide eingestehen, dass wir Probleme haben. Es ist doch nicht zu übersehen. Wir haben uns auseinandergelebt, aber ich glaube nicht, dass einer von uns etwas dafür kann. Es geht nicht um Schuld, es geht darum anzuerkennen, wie es um uns steht. Ich finde, wir sollten –«

»Was sollten wir?«

Sie klang wütend, aber ich redete weiter.

»Uns überlegen, was wir machen«, sagte ich.

Sie legte sich wieder auf den Rücken und starrte an die Decke.

»Jetzt komm schon«, sagte ich. »Ich weiß, dass du auch nicht zufrieden bist. Wie auch?«

Sie sah mich nicht an.

Ich wartete noch eine Minute, dann verließ ich das Schlafzimmer.

Getrennte Betten würden uns einander nicht näherbringen, aber ich brauchte Raum. Ich nahm mir eine Decke und ein Kissen aus dem Flurschrank und legte mich aufs Sofa, aber ans Einschlafen war nicht zu denken. Ich wälzte mich hin und her, dachte an die Arbeit, einzelne Satzfetzen des blöden Streits mit Maria gingen mir durch den Kopf. »Salmonellen, meine Güte!«, murmelte ich.

Dann kam blitzartig die Erkenntnis: Meine Ehe war vorbei. Wir durchliefen keine ›schwierige Phase‹, diesen Blödsinn redete ich mir seit Jahren ein. Wir konnten kein normales Gespräch mehr führen, ohne uns in einen Streit hineinzusteigern. Was sollte ich machen? Zum x-ten Mal Eheberatung vorschlagen? Ich war Mitte vierzig. Wollte ich den Rest meines Lebens in einer Ehe ohne Sex verbringen?

Für Maria und mich tat es mir nicht leid – wohl aber für Jonah. Ich wollte nicht, dass er zwischen uns zerrieben wurde, aber ein Logenplatz bei einer toxischen Beziehung für den Rest seiner Kindheit wäre auch nicht gut. Das hatte ich als Kind durchgemacht, und man sah ja, was dabei herausgekommen war. Eine Neuauflage meines Lebens war das Letzte, was ich mir für Jonah wünschte.

Ich ging ins Badezimmer, machte sauber, dann ging es zurück aufs Sofa. Ich wollte einfach nur in Ruhe schlafen, aber sobald ich lag, ging die Grübelei wieder los. Ich stellte mir vor, ich würde Maria sagen, dass ich mich scheiden lassen wollte, und das Riesendurcheinander, das dann folgen würde.

Später träumte ich, ich säße im Gefängnis, klammerte mich an das Fenstergitter und schrie, ich wolle raus. Schließlich kam der Gefängniswärter, doch der Wärter hatte sich in

Maria verwandelt. Sie übergab mir einen Schlüsselring mit Dutzenden von Schlüsseln. Ich war in eine Zelle gesperrt, zusammen mit einem Tier, einer Art Monster. Ich konnte den passenden Schlüssel für das Schloss nicht finden. Das Monster wollte mir den Kopf abbeißen, im selben Moment wachte ich auf, schweißgebadet.

Man braucht nicht Sigmund Freud zu heißen, um diesen Traum zu deuten.

Ich musste einen Ausweg finden.

6

Am nächsten Morgen war Maria noch immer wütend auf mich. Als sie sich für Fitnessstudio und Büro fertigmachte, vermied sie jeden Augenkontakt und sprach mit Jonah über mich in der dritten Person. »Dein Vater macht dir dein Frühstück«, und »Warum fragst du nicht deinen Vater, ob er dir den Erlaubnisschein unterschreibt?« Dann stürmte sie aus der Wohnung.

Zwar sagte Jonah nichts, aber an der Art und Weise, wie er sich in sein Zimmer zurückzog und anfing, mit seinem Nintendo zu spielen, war offensichtlich, dass er aufgewühlt war. Es war besonders beunruhigend, weil Jonah sich so verhielt, wie auch ich häufig auf Konflikte reagierte: weglaufen und sein Laster pflegen. Videospiele für Kinder sind nicht unbedingt verwerflich, doch ich hatte die Befürchtung, diese Art der Konfliktvermeidung könnte mit zunehmendem Alter dazu führen, dass er Bars aufsuchte und sich betrank.

Ich machte das Frühstück für Jonah, genauer, schüttete einfach Cornflakes in eine Schüssel.

Während er aß, sagte ich: »Manchmal verstehen Mom und ich uns nicht gut, so wie du dich mit deinen Freunden manchmal auch nicht verstehst, aber das ist okay. Es bedeutet nicht, dass wir dich nicht lieben.«

»Ich weiß«, sagte er. »Sie hasst dich, nicht mich.«

»Sie *hasst* mich nicht«, sagte ich. »Sie ist nur manchmal wütend auf mich. Das ist ein Unterschied.«

Er sah mich an, als würde er meinen Unsinn durchschauen.

Auf dem Weg zur Schule wirkte er unnahbar. Vermutlich war er noch immer verärgert, und ich wollte ihn ablenken. In der York Avenue kam ein heftiger Wind auf und wehte die Blätter von den Bäumen.

Ich fing ein fallendes Blatt und forderte ihn auf: »Jetzt du!«

Jonah und ich hatten das ›Blattfangspiel‹ erfunden, als er drei Jahre alt war, und es seitdem oft gespielt. Das Ziel bestand darin, so viele fallende Blätter wie möglich einzufangen.

Er flitzte den Gehsteig entlang und sprang nach einem großen Blatt, das im Zickzackflug an der ausgestreckten Hand vorbeiflog.

»Ah«, sagte er.

Ich fing das nächste ein. »Jetzt habe ich schon zwei.«

»Das ist unfair«, sagte er enttäuscht.

»Du weißt doch, wir sind ein Team«, sagte ich. »Es gibt keine Gewinner und keine Verlierer. Wenn ich gewinne, gewinnst du auch.«

»Ich will trotzdem eins fangen«, antwortete er.

»Da vorne ist eins«, sagte ich.

Ein gewaltiges orangerotes Blatt schwebte auf die Bordsteinkante zu. Jonah wollte gerade in der Luft danach greifen, als ein Windstoß es Richtung Straße blies. Er hechtete hinterher, zwischen zwei parkende Autos.

In dem Moment sah ich, wie sich mit hoher Geschwindigkeit ein Taxi näherte.

Das Blatt flog jetzt schneller zur Straße hin, und Jonah verfolgte es noch immer und war drauf und dran, auf die Fahrbahn zu rennen.

»Jonah!«, rief ich.

Er schreckte zurück, und das Taxi raste vorbei. Ich lief zu ihm, packte ihn am Arm und zerrte ihn zurück auf den Gehsteig.

Ich ging in die Hocke, um auf Augenhöhe mit ihm zu sein, und schimpfte mit ihm. »Tu das nie, nie wieder. Hast du mich verstanden? Verstehst du, wie gefährlich das ist? Verstehst du, was dir hätte passieren können?«

Ich schrie ihn praktisch an. Er blickte verängstigt und fing an zu weinen. Ich war froh. Ich wollte, dass er begriff, wie ernst die Sache war. Ich war ja selbst ziemlich erschrocken.

»Ich will dich nicht verlieren«, sagte ich und schüttelte ihn. »Hast du mich verstanden? Ich will dich nicht verlieren. Ich will dich nicht verlieren!«

Als er ganz und gar hysterisch war, drückte ich ihn an mich und sagte, es sei alles okay, und gab ihm ein Taschentuch, um sich die Nase zu putzen.

Ein paar Minuten später kamen wir an der Schule an, und er musste nun allein zum Klassenzimmer hochgehen. An der Tür gab ich ihm einen Kuss auf die Stirn und sagte: »Alles okay?«

»Ja, Daddy«, sagte er.

»Ganz bestimmt? Ich will nicht, dass du zur Schule gehst, wenn du immer noch Angst hast.«

»Ich habe keine Angst.«

Offenbar sagte er die Wahrheit. Doch während er sich bereits von seinem Heulanfall erholt hatte, war ich noch immer aufgewühlt.

»Ich liebe dich«, sagte ich, »mehr als alles«, und küsste ihn noch einmal auf die Stirn.

***

Jeder weitere Gedanke an meine Ehe würde mich nur noch tiefer in die Depression treiben, aber ich war schon immer geübt darin gewesen, bestimmte Dinge auszublenden – und so konzentrierte ich mich auf die Arbeit.

Mein Tag war recht produktiv. Ich stellte einige Anzeigen online, knüpfte neue Kundenkontakte, kümmerte mich um ein paar alte und tätigte diverse Rückrufe für einige anstehende offene Besichtigungen.

Nach der Schule spielten Jonah und ich ein bisschen Fußball im John Jay Park. Als wir zurück nach Hause kamen, war Maria schon da. Unsere Wohnung ist knapp 55 Quadratmeter groß, doch anfühlen tat es sich wie 35. Maria wich erneut jedem Augenkontakt aus, ich tat es ihr gleich. Man sagt, Bluthochdruck sei der schleichende Tod, und ich konnte spüren, wie meiner in die Höhe schnellte, nur weil ich mich in einem Raum mit Maria befand. Ich wusste nicht, wie es unter diesen Umständen mit uns weitergehen sollte, ohne dass ich einen schweren Herzinfarkt bekam oder verrückt wurde.

Ich wartete, bis Jonah in seinem Zimmer war, außer Hörweite. Dann ging ich in die Küche, wo sich Maria eine

Schale Joghurt mit Obst zubereitete, und sagte: »Wir müssen reden.«

»Es gibt nichts mehr zu bereden«, meinte sie.

»Eben«, sagte ich. »Deswegen müssen wir reden.«

Sie nahm den Joghurt mit ins Wohnzimmer und aß ihn, während sie sich eine Show auf Food TV ansah.

Sie hatte recht, das wurde mir jetzt klar. Es gab nichts mehr zu bereden. Ich kam mir vor wie in einem Labyrinth, einem Labyrinth ohne Ausgang.

Als Maria etwas später ins Bett ging, verkündete ich, ich hätte mir noch Arbeit mitgebracht. Im Wohnzimmer loggte ich mich bei Discreet Hookups ein.

Ich erkannte einige Profile von gestern Abend wieder, aber es gab auch viele neue. Ich fragte mich, ob die Bots von Discreet Hookups die Profile turnusmäßig wechselten, damit die Seite nicht so verbraucht aussah oder um die Moral der Nutzer zu verbessern, indem man ihnen zeigte, dass sie nicht alleine waren – es schien schließlich ein unbegrenztes Angebot an unglücklich verheirateten Männern und Frauen zu geben.

Dann erschien plötzlich das Pop-up-Fenster auf meinem Bildschirm:

FUGITIVE RED hat dir eine Nachricht geschickt!

Ich war überrascht; ohne eigenes Profilbild und ohne jegliche Information über meine Person hatte ich nicht damit gerechnet, dass mir tatsächlich jemand *schreiben* würde. Sie sah hübsch aus auf ihrem Thumbnail, und ich klickte es zur Vergrößerung an.

Sie hatte lange, glatte rote Haare und eine blasse Haut. Das zweite Foto war eine Weitwinkelaufnahme, ein Ganzkörperbild, offenbar in einem Garten hinter einem Haus aufgenommen. Sie war zwanglos gekleidet, in Jeans und hellblauem Tanktop. Sie war dünn, vielleicht zu dünn, aber ihre Hüftkurve gefiel mir. Sie schien Mitte dreißig, höchstens vierzig zu sein. Sie lachte nicht auf dem Foto, hatte eigentlich überhaupt keinen Gesichtsausdruck, sie blickte einfach nur in die Kamera.

Ich öffnete die Nachricht:

FUGITIVE RED Hey, Rock God! Hörst du gerne Musik? Ich bin einsam heute Abend. Willst du chatten?

Schluck. Was hatte ich erwartet? NYCROCKGOD2 kam scheinbar als unglaublich anmaßend und blöd rüber.

Ich klickte mich noch mal durch ihre Fotos. Sie war nicht die Hübscheste auf der Seite, hatte aber etwas Unwiderstehliches. Sie mochte Musik, das hatte mich sofort angesprochen, und der User-Name ›Fugitive Red‹ reizte mich. Irgendwie kam er mir bekannt vor.

Ich las mir die übrigen Angaben auf ihrem Profil durch. Als Wohnort hatte sie White Plains angegeben, als Status ›Verpartnerte Frau sucht Männer‹ und als zeitlichen Rahmen ein ›unentschieden.‹ Unter ›Vorlieben und Treffen, die mich interessieren‹, stand: *Ich bin unglücklich verheiratet und suche ein Abenteuer. Und du?*

Ihre Präferenzen, die sie in der Checkliste ›Was mich richtig heißmacht‹ angekreuzt hatte, enthielten: Diskretion / Verschwiegenheit; Humor, Spontaneität; Sagt, was er will; Fragt, was ich will. Unter ›Was ich suche‹ stand: Ausgedehntes Vorspiel, Lippen/Zunge, sanfte Heißölmassage, Rollenspiele, Seidenlaken, Weinverkostungen, romantische Spaziergänge, lange Autofahrten, genussvolles Knutschen.

Ich las mir noch mal ihr Profil durch und sah den Hinweis unter ihrem Foto: jetzt online.

Mein Puls raste bei dem Gedanken: ›Will ich das wirklich machen?‹

Dann rief ich mir ins Gedächtnis zurück, dass meine Ehe praktisch am Ende war. Im Ernst: Was hatte ich zu verlieren? Maria würde ausrasten, wenn ich die Scheidung verlangte. Mein Leben wäre sowieso im Arsch, ob sie mich nun bei meinen Online-Aktionen erwischte oder nicht. Es wäre egal. Warum also nicht für ein bisschen Abwechslung sorgen in meinem Leben?

Gerade wollte ich eine Antwort abschicken, da bekam ich die Information, ich sei nur Gast, meine Nachrichten hätten daher keinen ›priority status‹. Als Vollmitglied dagegen könne ich ›elite messages‹ verschicken, die eher gelesen würden. Volle Mitgliedschaft kostete, natürlich, 69 Dollar. Als Vollmitglied könne ich auch Instant-Messaging-Sitzungen initiieren. Der Haken war, dass man für die ›elite messages‹ ein Guthaben erwerben musste, um überhaupt Nachrichten verschicken zu können.

Die ganze Konstruktion erschien mir dubios, ganz darauf angelegt, Discreet Hookups Geld in die Kasse zu spülen, und nicht, um Menschen zusammenzubringen.

Aber dann dachte ich: ›Jetzt bist du schon so weit gekommen, warum dann nicht gleich das ganze Programm durchziehen‹, und registrierte mich als Vollmitglied. Ich erinnerte mich daran, dass Rob die Seite als absolut sicher bezeichnet hatte, und wir besaßen eine Visa-Karte, die Maria nie benutzte, es gab also so gut wie kein Risiko.

Nach dieser Rechtfertigung vor mir selbst leistete ich die Zahlung und kaufte ein Guthaben von zwanzig Dollar. Ich wollte der Frau ein, zwei Nachrichten schicken, mehr nicht, einfach um das Ganze wieder vergessen zu können. Nach heute Nacht würde ich wahrscheinlich einsehen, wie albern diese Geschichte war, und nie wieder auf die Seite von Discreet Hookups gehen.

Ich schloss die Anmeldung ab und sah, dass FUGITIVE RED noch immer online war.

NYCROCKGOD2 Hey, sry, musste mich erst noch registrieren. Ja, ich liebe Musik.

Ich wartete eine Minute ab, bekam aber keine Antwort. Vielleicht hatte sie mich schon aufgegeben und sich jemand anderen gesucht. Es gab ja auch nicht gerade viel Information über mich in meinem Profil; ich hatte nicht mal ein Foto gepostet, wahrscheinlich kam ich wie ein Fake-Profil rüber. Außer den allgemeinen Angaben, die sich von denen vieler anderer Mitglieder bestimmt nicht groß unterschieden, hatte sie keine Anhaltspunkte. Dann hörte ich ein lautes Piepsen und sah:

FUGITIVE RED Hiii
FUGITIVE RED schön, von dir zu hören :) :)

Scheiße, der Lautstärkeregler an meinem Laptop stand auf

der höchsten Stufe. Ich stellte ihn sofort herunter, lauschte, um sicherzugehen, dass Maria nicht aus ihrem Zimmer kam, und antwortete:

NYCROCKGOD2 Hey! Liest man bestimmt öfter, aber ich mache das hier zum ersten Mal:) :)

Ich klickte auf ›Abschicken‹. Es war jedenfalls ehrlich gemeint, und vermutlich war Ehrlichkeit auf einer Dating-Seite für Verheiratete eine Seltenheit.

FUGITIVE RED ja, ich bin auch neu hier :):)

Mist. Jetzt hatte ich den Eindruck, dass meine Einleitung ein Klischee war. Jeder, der auf einer Dating-Seite einen Chat initiierte, behauptete, es sei das erste Mal für ihn, so wie jeder Neuling im Gefängnis unschuldig war.

Ich wollte etwas Kluges antworten, aber mein Kopf war leer.

FUGITIVE RED Liebe Musik! Habe früher in einer Schülerband gespielt, Rock / Punk.

NYCROCKGOD2 Wow! Im Ernst?! Spielst du ein Instrument?

FUGITIVE RED Gitarre, aber meistens singe ich.

Mit Blick auf ihre Fotos stellte ich sie mir auf einer Bühne vor, im Leder-Outfit, in einer Punkband. Diese Phantasie wertete ihre Bilder noch einmal auf, sie erschien mir jetzt sehr sexy.

NYCROCKGOD2 Ich spiele auch Gitarre, besonders Punk, 70er / Anfang 80er

FUGITIVE RED Ich auch! Liebe The Ramones, Blondie, The Clash, Sex Pistols, Pink Floyd, Led Zep

Es las sich wie eine Liste der Bands, die mich inspiriert hatten.

NYCROCKGOD2 Wow, liebe ALLE genannten Bands. Du hast einen tollen Geschmack. Bist du Musikerin? Ich habe auf der Highschool und auf dem College in einer Punkband gespielt. Dann war ich Studiomusiker und bin mit Bands getourt.

Sie antwortete nicht gleich. Ich fürchtete schon, es könnte sich zu angeberisch anhören.

Dann kam die Nachricht:

FUGITIV_RED Wow, ist ja wahnsinnig:) :)

Puh!

NCYROCKGOD2 Danke. :) Und du? Hast du in einer Band gesungen?

FUGITIVE RED Ja, kleine Bands. Kennst du nicht. Aber ich singe gern. Ist doch das Wichtigste, oder? Tun, was man gerne macht.

NYCROCKGOD2 Das sage ich auch immer!!

FUGITIVE RED :)

FUGITIVE RED Warum hast du kein Bild auf deinem Profil??:(:(

Damit hatte ich gerechnet. Ich wusste genau, welches Foto ich verwenden würde. Eins, das Maria vor sechs, sieben Jahren auf dem Great Lawn im Central Park von mir aufgenommen hatte. Damals hatte ich noch dichtes langes Haar, es wäre also eine Art ›Werbebetrug‹, aber was machte das schon?

NYCROCKGOD2 Einen Moment!

Während ich das Foto hochlud, kam mir der Gedanke, dass es vielleicht keine gute Idee war, ein Bild von mir auf einer Dating-Seite zu posten. Wenn nun die Mutter oder der Vater eines Mitschülers von Jonah das Foto sah? Ach was, sagte ich mir. Die Chancen, dass irgendein Bekannter das Foto heute Abend entdeckte, waren astronomisch gering, und wenn doch, dann wäre ja die betreffende Person ebenfalls jemand, der fremdging und hätte kein Recht, mich zu verurteilen. Außerdem würde ich das Foto nach wenigen Minuten wieder löschen, sobald unser Chat beendet war.

NYCROCKGOD2 Ok, ist drauf!!

Ein paar Sekunden verstrichen. Dann kam die Antwort:

FUGITIVE RED Wahnsinnsfoto! Du bist irre sexyyyy!

Ob das meinem Ego Auftrieb gab? Aber hallo. Welcher Vierundvierzigjährige, der seit viereinhalb Jahren keinen Sex mehr gehabt hatte, brauchte nicht unbedingt etwas Selbstbestätigung? Na gut, ihr Kommentar bezog sich auf ein besonders vorteilhaftes Foto vor mir, das vor langer Zeit aufgenommen worden war – na und? Ich nahm alle Komplimente, die ich kriegen konnte.

NYCROCKGOD2 War wohl ein Tag, an dem nicht immer alles in die Hose ging:)

FUGITIVE RED Haha, witzig!

Wieder ein Blick auf ihre Fotos. Irgendwie sah sie jetzt noch besser aus als vorher.

NYCROCKGOD2 Du siehst auch klasse aus auf deinen Fotos!

Pause. Dann:

FUGITIVE RED Findest du mich sexy?

NYCROCKGOD2 Sehr. :)

FUGITIVE RED Witzig! Mein Mann sagt mir nie mehr, dass ich sexy bin.

NYCROCKGOD2 Das ist lächerlich.

NYCROCKGOD2 Du siehst auch unheimlich sexy aus :)

Okay, »unheimlich sexy« war ein bisschen übertrieben, aber was soll's. Es machte Spaß, mit einer Frau zu flirten, und ich wollte, dass das Hochgefühl anhielt.

FUGITIVE RED Im Moment fühle ich mich einsam. Bist du auch einsam?

NYCROCKGOD2 Ja.

FUGITIVE RED. Ist deine Frau zu Hause?

NYCROCKGOD2 Ja.

FUGITIVE RED Darf ich dir eine persönliche Frage stellen?

Wollte sie unseren Chat etwa auf das Thema Sex lenken? Aber war das nicht genau das, worauf es auf diesen Dating-Seiten hinauslief?

NYCROCKGOD2 Ja.

FUGITIVE RED Warum bist du hier?

Nicht gerade die Frage, die ich erwartet hatte.

NYCROCKGOD2 Warum sind wir alle hier?

Das war ein Ablenkungsmanöver, oder wie der psychologische Ausdruck dafür auch immer hieß. Mir war es einfach unangenehm, über mich persönlich zu sprechen, mit Fremden im Internet allemal.

Doch sie bohrte nach:

FUGITIVE RED Kaputte Ehe?

Das Eingeständnis, dass man ein Problem hat, ist der erste Schritt.

NYCROCKGOD2 Ja.

FUGITIVE RED Meine auch. Mein Mann hat mich seit Jahren nicht mehr angefasst.

NYCROCKGOD2 Hier genauso. Frau, in meinem Fall :)

FUGITIVE RED :) Deine Lippen sind wirklich sexy.

NYCROCKGOD2 Danke!

FUGITIVE RED Das kriegst du bestimmt oft von Frauen zu hören.

Maria hatte mir früher mal gesagt, meine Lippen seien sexy, aber das war über zehn Jahre her.

NYCROCKGOD2 Eigentlich nicht.

FUGITIVE RED Jede Wette, dass du gut küssen kannst :)

Das hatte Maria auch immer gesagt.

NYCROCKGOD2 Danke!

FUGITIVE RED Sry, wenn dir das peinlich ist.

NYCROCKGOD2 Schon okay. Ist mir überhaupt nicht peinlich.

Aufgegeilt, ja. Verlegen, nein.

Mein Herz pochte, ich konnte kaum klar denken, geschweige denn tippen.

NYCROCKGOD2 Ich bin das einfach nicht gewohnt.

FUGITIVE RED Ich auch nicht :)

Jetzt meldete sich das schlechte Gewissen. Es machte Spaß und war aufregend, mit einer vollkommen fremden Frau zu chatten, aber es entsprach mir überhaupt nicht. Ich ging nicht fremd. Und wenn ich wirklich aus meiner Ehe aussteigen wollte, dann war das auf keinen Fall der richtige Weg.

NYCROCKGOD2 Sorry, ich muss Schluss machen.
FUGITIVE RED ?????
NYCROCKGOD2 Sorry!!

Ich löschte mein Foto und loggte mich aus. Umgehend spürte ich Erleichterung, als hätte ich an einem Felsvorsprung gehangen und jemand hätte mich hochgezogen, in Sicherheit. Ja, Maria und ich hatten ein ernstes Problem, doch impulsives Handeln war für mich ein Warnsignal, auf AA-Meetings sprach ich häufig darüber. Daher war es nicht weiter verwunderlich, dass ich mich fühlte, als wäre ich gerade eben noch einem Rückfall entgangen. Ein Chat mit einer fremden Person war eine reizvolle Abwechslung, mehr nicht, aber so sollte meine Ehe nicht enden. Wenn ich mich auf Discreet Hookups erwischen ließ, würde ich als der Bösewicht dastehen. Und sollte Jonah für den Rest des Lebens seinen Vater als Ehebrecher in Erinnerung behalten?

Ich war viel zu überdreht, um zu schlafen. Ich ging in die Küche, aß ein paar Löffel Jiffy und beruhigte mich, dass wirklich keine Gefahr bestand, erwischt zu werden. Die Unterhaltung war von Anfang an anonym gewesen, und jetzt, da ich den Laptop ausgeschaltet hatte, war die Frau dauerhaft aus meinem Leben verschwunden, so als wäre dies nie geschehen. Solange ich keine große Sache daraus machte, war es auch keine große Sache.

Kein Zweifel, der Chat mit FUGITIVE RED war eine Frischzellenkur gewesen, als hätte man eine Frau kennengelernt und fühlte sich gleich beim ersten Date wahnsinnig zu ihr hingezogen. Natürlich wusste ich, dass diese Gefühle künstlich erzeugt waren; es gab keine echte Verbindung zwischen uns. Wir hatten lediglich miteinander geflirtet, uns schmeichelhafte Worte gesagt. Wer weiß, vielleicht hatte sie nur Lügen über sich erzählt. Vielleicht war sie nie Leadsängerin in einer Band gewesen, wollte mich nur damit beeindrucken, um zu suggerieren, es gäbe diese Verbindung zwischen uns. Vielleicht war sie nicht einmal verheiratet, und das Foto zeigte vielleicht auch nicht sie. Vielleicht hatte ich mit einem Mann gechattet, oder sogar mit einem Teenager. Vielleicht textete der in diesem Moment seinen Freunden, lachte sich kaputt, während er ihnen die Geschichte über den »geilen alten Bock« erzählte, den er gerade hereingelegt hatte.

Ich weigerte mich trotzdem zu glauben, FUGITIVE RED könnte kein authentisches Profil sein. Es musste echt sein.

Ich ging in Jonahs Zimmer, um nach ihm zu sehen. Er schlief tief und fest, auf dem Rücken, den Kopf zur Seite gedreht. So hatte er schon als Baby in seinem Kinderbettchen geschlafen. Ich küsste ihn sanft auf die Stirn und ging zurück ins Wohnzimmer.

Ich loggte mich erneut bei Discreet Hookups ein und ging auf die Seite von FUGITIVE_RED. Als ich sah, dass sie noch online unterwegs war, erhöhte sich mein Pulsschlag. Ich wollte gleich wieder mit ihr chatten, spürte den Thrill.

Doch dann rief ich mich zur Ordnung und schloss den Browser, ehe ich meine Meinung ändern konnte.

7

Nachdem ich Jonah zur Schule gebracht hatte, ging ich kurz im Büro vorbei, brach dann aber gleich wieder auf, um mich mit einer Kaufinteressentin zu treffen. Megan Conaway, Mitte zwanzig, arbeitete in der Marketing-Abteilung des *New York Magazine* und suchte ein ›starter apartment‹ – ihre erste Wohnung in New York, entweder ein großes Studioapartment oder eine kleine Zwei-Zimmer-Wohnung. Ihre Eltern hatten sich bereit erklärt, für die Hypothek zu bürgen, und sie hatten eine Bankgarantie; alles in allem also beste Voraussetzungen.

Ich hatte den Eindruck, dass Megan die Wohnung in der 77th Street gefallen könnte. Sie lag im vierten Stock eines Hauses ohne Aufzug, aber Aufzug und Doorman hatte Megan nicht zur Bedingung gemacht und mir auch mitgeteilt, eine Wohnung im dritten oder vierten Stock würde ihr nichts ausmachen. Der Eigentümer hatte mir die Schlüssel gegeben, und während wir die Treppe hochstiegen, erläuterte ich ihr die finanzielle Situation des Hauses. Die Wohnung wurde für 475 000 Dollar angeboten, die Nebenkosten beliefen sich auf 1200. Ich wusste, dass sie das stemmen konnte.

»Wow, das ist ja unglaublich«, sagte sie, als ich die Tür aufschloss.

Die Wohnung war lichtdurchflutet und hatte eine große Küche mit einem hübschen Balkon.

»Ein Schmuckstück«, sagte ich. »Erst seit gestern auf dem Markt. Sie kriegen sie praktisch als Erste zu sehen. Der Eigentümer würde sich auch mit Ihnen einigen, falls Sie Möbel übernehmen möchten.«

Ich blieb im Wohnzimmer, während sie die Küche und den Balkon inspizierte.

»Mein Gott«, sagte sie. »Sie gefällt mir wirklich sehr.«

Ich war einigermaßen entspannt, hatte mehr Selbstvertrauen als bei den letzten Besichtigungen, und ich drängte sie zu nichts, wie ich es gestern und vorgestern sicher noch getan hätte. Ich blieb an der Wohnungstür stehen, während sie sich die übrigen Räume der Wohnung ansah.

Sie kehrte zurück und sagte: »Das Schlafzimmer ist toll, nur das Badezimmer ist etwas klein.«

»Sie haben recht«, pflichtete ich ihr bei. »Es ist klein.«

Keinen Druck aufbauen. Wenn ihr die Wohnung am Ende doch nicht behagte und sie kein Angebot machen wollte, kein Problem, ich würde ihr eine andere zeigen.

Sie stellte noch einige Fragen zu den Hausfinanzen und dem Co-op-Verwaltungsrat. Ich beantwortete alle sachlich und ehrlich.

»Der Co-op-Verwaltungsrat ist keine leichte Hürde. In der Vergangenheit hat er schon mal Interessenten abgelehnt. Gleichwohl kann ich mir vorstellen, dass er für Sie viel übrighat. Und so ein Verwaltungsrat muss streng sein. Man will nicht in einem Haus wohnen, in dem die Leute mit ihren Wohnungen machen, was sie wollen, und in dem Airbnb-Gäste sich die Klinke in die Hand geben.«

Statt auf einen Verkauf zu drängen, sagte ich ihr, sie könne sich alle Zeit nehmen, die sie brauche. Und dann, siehe da, schlug sie selbst einen Termin vor, um die Räume auszumessen und ihren Eltern die Wohnung zu zeigen. Sie schien begeistert, und sehr wahrscheinlich würde sie ein Angebot machen.

Auch die beiden anderen Besichtigungen am späten Vormittag verliefen gut. Keine Ahnung, ob sie zu einem Verkauf führen würden oder nicht, aber ich war nicht mehr so gestresst von meinem Job wie noch wenige Tage zuvor. Ich würde mir alle Mühe geben, weiter Wohnungen zu verkaufen, aber falls es nicht klappte, wäre es auch nicht das Ende der Welt. Ich könnte mir jederzeit einen neuen Job suchen oder mir eine andere Einnahmequelle überlegen.

Claire und Brian waren nicht da, als ich zurück ins Büro kam, und Andrew telefonierte eifrig. Ich lud die Discreet-Hookups-App auf mein Handy und checkte die Messages. Ich wollte nicht mit FUGITIVE RED weiterchatten, nur sehen, ob ihr Profil noch auf der Seite stand. Das redete ich mir zumindest ein. Ihr Profil war nicht entfernt worden, aber sie war nicht online. Nachdem ich in ihren Fotos gestöbert hatte, denselben, die ich bereits gut kannte, erledigte ich meine Büroarbeit. Für heute hatte ich keine Besichtigungen mehr geplant, musste aber viele Anrufe tätigen und wollte den Anbieter der Wohnung in der 77th Street kontaktieren, um mit ihm eine zweite Besichtigung für Megan zu verabreden. Im Laufe des Tages kehrte ich immer wieder zum Profil von FUGITIVE RED zurück, um zu sehen, ob sie online war. Sie war es nicht. Allmählich gewann ich die Überzeugung, dass ich hereingelegt worden war.

Mittags ging ich raus und holte mir eine Scheibe Salamipizza. Ich aß sie nach New Yorker Art, schnell und im Stehen. Beim Blick in den Spiegel über der Theke fielen mir meine dunklen Augenringe auf, und die ›Linien‹ auf meiner Stirn sahen aus wie das, was sie tatsächlich waren: Falten. Meine Koteletten waren zu lang und meine Augenbrauen ein auffälliger Wildwuchs. Ich musste unbedingt mehr auf meinen Körper achten. Ich biss noch einmal herzhaft in meine Pizza und stellte mir vor, wie das ganze Fett direkt in meinen Magen floss und sich auf die Hüften legte. Angeekelt spuckte ich das durchgekaute Essen in die Papierserviette.

Auf dem Weg zurück ins Büro beschloss ich, in Zukunft besser auf mich zu achten. Keine Pizza mehr, keine Deli-Sandwichs, kein chinesisches Fast Food; stattdessen mehr Salate und Obst und Selbstgekochtes. Ab jetzt würde ich mir mein Mittagessen zur Arbeit mitbringen und wieder häufiger ins Sportstudio gehen. Ich zahlte monatlich sechsundachtzig Dollar Mitgliedsbeitrag für den New York Sports Club und konnte mich nicht an meinen letzten Besuch erinnern. War es vier Wochen her? Acht Wochen? Ich musste dranbleiben, einige Kilos abspecken. Ich musste mich auch besser kleiden, mehr auf meine Erscheinung achten. Ich hatte mich immer einfach und sportlich gekleidet, aber was war aus meinem ›Look‹ geworden, dem Gespür für meinen persönlichen Stil? Früher, als Musiker, trug ich trendy T-Shirts, flippige Halsketten, Armbänder, und beide Ohren waren gepierct. Heute, als Immobilienmakler im mittleren Alter an der Upper East Side, lief ich in Kleidung von H&M herum, und die Ohrlöcher waren zugewachsen. Wie hatte es nur so weit kommen können?

Claire war an ihrem Schreibtisch in eine Unterredung mit einem jungen Paar, potentiellen Kunden, vertieft, Brian und Andrew waren außer Haus. Nachdem Claire mit dem Paar gegangen war, hatte ich das Büro für mich.

FUGITIVE RED war immer noch nicht aktiv. Ich beschloss, ihr eine Nachricht zu schicken; schlimmstenfalls bekam ich keine Antwort. Dann plötzlich erschien der grüne Punkt auf ihrem Profil.

Ich kaufte ein Guthaben für einhundert Dollar mit meiner Visa-Karte und schrieb:

NYCROCKGOD2 Hey!
FUGITIVE RED hi

Die Stimmung seines Chat-Partners einzuschätzen ist schwierig, doch die Kleinschreibung und das Fehlen von Ausrufezeichen deuteten darauf hin, dass sie nicht gerade begeistert war. War es der Ärger darüber, dass ich mich gestern so plötzlich ausgeloggt hatte? Dafür hatte sie ziemlich schnell geantwortet, ganz so schlimm konnte es also nicht sein.

NYCROCKGOD2 Entschuldige wegen gestern Abend. Meine Wohnung wurde überrannt.

»Überrannt« war eine freundliche Umschreibung für »meine Frau war gerade heimgekommen«.

Nach einer langen Pause schrieb sie:

FUGITIVE RED ha, keine Sorge. Verstehe ich total!

FUGITIVE RED Ich war auch ziemlich angespannt. Deswegen hast du wohl auch dein Bild rausgenommen, oder?

NYCROCKGOD2 Ja.

Wie schon gestern Abend fühlte ich eine starke Verbundenheit mit dieser Frau, der ich noch nie begegnet war und deren Namen ich nicht mal kannte. War es nur aufgrund meiner Situation, weil ich unglücklich verheiratet war? Oder gab es doch eine echte Verbindung zwischen uns?

FUGITIVE RED Leuchtet ein. Deine Frau soll dich nicht online erwischen! Verstehe ich total :)

NYCROCKGOD2 Ich habe dir ja geschrieben, ich hätte so was noch nie gemacht, und jetzt weißt du, dass ich die Wahrheit gesagt habe:)

FUGITIVE RED Ich schätze deine Ehrlichkeit.

Meine Paranoia setzte wieder ein.

NYCROCKGOD2 Bist du gerade zu Hause?

FUGITIVE RED Ja.

Ich stellte sie mir auf einer Terrasse sitzend vor, mit Blick auf einen idyllischen, mit bunten Herbstblättern übersäten Garten.

NYCROCKGOD2 Es ist ein wunderschöner Tag, aber ich habe gehört, dass es am Wochenende kalt werden soll.

Hä? Was machte ich da? Über das Wetter schreiben? Gab es etwas Banaleres?

FUGITIVE RED Ja, ich freue mich auf den Winter. Hoffentlich mit viel Schnee! Wo bist du gerade?

NYCROCKGOD2 Büro.

Vage bleiben. Von mir aus sollte sie denken, ich säße an einem großen Mahagonischreibtisch mit Panoramablick über die Stadt.

FUGITIVE RED Schön! Was arbeitest du?

Ich hielt inne, überlegte, ob ich persönliche Details preisgeben sollte. Womit ich mein Geld verdiente, gehörte doch eigentlich nicht dazu, oder doch?

NYCROCKGOD2 Ich bin Makler für hochwertige Immobilien.

Okay, ich blies mich ein bisschen auf, stachelte ihre Phantasie an, machte sie glauben, sie chattete mit einem Multimillionär.

FUGITIVE RED Wow. Sehr cool!

Cool war ein Wort, womit ich meinen Job niemals umschrieben hätte.

Dann dachte ich: *Warum rede ich meinen Job schön?*

Ich selbst predigte doch immer Transparenz in meinen AA-Meetings.

NYCROCKGOD2 Ich rede dummes Zeug. Eigentlich bin ich nur ein ganz normaler Makler, der sich wünscht, er würde etwas anderes mit seinem Leben machen.
FUGITIVE RED ha, sehr witzig! :) Aber wie traurig, dass du etwas anderes machen willst. Ich meine, wenn du was anderes machen willst, warum machst du es dann nicht?

Bei ihr hörte sich das so einfach an.

NYCROCKGOD2 Danke. Bin ganz deiner Meinung!!!
FUGITIVE RED Du hast gesagt, du spielst Gitarre. Warum hast du aufgehört?

Wütend tippte ich:

NYCROCKGOD2 Meine Frau war mir keine große Stütze.

Ich wollte schon ›Senden‹ anklicken, da zögerte ich. Maria so schlechtzumachen ließ mich in keinem guten Licht erscheinen.

Ach, egal, dachte ich und schickte es ab.

FUGITIVE RED WOW
NYCROCKGOD2 Entschuldigung! Ich wollte sie nicht so schlechtmachen. Ich bin ganz allein verantwortlich für meine Entscheidungen, auch die, sie zu heiraten.
FUGITIVE RED Ich verstehe, was du meinst! Ich hab auch

das Gefühl, dass mein Mann mir nicht genug Raum lässt. Deswegen will ich unbedingt ausbrechen!!!

Wir chatteten weiter. Sie fragte mich, wo mein Büro sei. Ich schrieb ihr, dass ich in der Upper West Side wohnte und arbeitete. Dann sprach sie von ihrem großen Haus in White Plains. Ich vermittelte keine Immobilien in der Gegend, aber nach ihrer Beschreibung klang es so, als sei es ein recht weitläufiges Anwesen, gute anderthalb Millionen wert. Ich fragte mich, ob es ihr Geld war, das darinsteckte, oder das ihres Mannes.

Dann unterhielten wir uns eine Weile über das College, meine Zeit auf der SUNY Oneonta, ihre auf Oregon State; aufgewachsen war sie in Pacific Northwest. Sie erklärte nicht weiter, warum sie an die Ostküste gezogen war, und ich wiederum fand, dass es nicht der richtige Zeitpunkt war zu fragen.

Ich war ganz und gar eingenommen von unserem Chat und erstaunt, als ich merkte, dass über eine Stunde vergangen war. Es war unglaublich stimulierend, einfach nur mit ihr zu chatten. Unsere Unterhaltung war keineswegs vulgär; ihre Worte geilten mich nicht auf, nur das Geheimnisvolle an dem Ganzen. Ich fragte mich, was sie dachte, was sie fühlte. Begehrte sie mich? Träumte sie von mir? Das Unbekannte war erregend, die Fragen mehr als die Antworten. Sie hatte eine Seite in mir geweckt, die seit Jahren verkümmert war: Flirten, Spaß haben.

Claire und Brian waren ins Büro zurückgekehrt.

NYCROCKGOD2 Ich muss wieder an die Arbeit :(

FUGITIVE RED ok, macht nichts
NYCROCKGOD2 Kann's kaum erwarten, wieder mit dir zu chatten!
FUGITIVE RED Das wäre toll! BTW heiße Sophie :)

Ich zögerte. Sicher, der Name gehörte zur grundlegenden Information über eine Person, und in der wirklichen Welt hätten wir uns gleich zu Beginn namentlich vorgestellt. In der Welt des Online-Datings für Verheiratete dagegen war die Preisgabe des Namens ein großes Wagnis und bedeutete eine ganz neue Ebene der Intimität.

NYCROCKGOD2 Jack :)

Ich kam mir vor, als wäre ich von einer Klippe gesprungen, aber es war mir egal, ich wollte immer weiter fallen.

FUGITIVE RED Ist mir eine Freude, Jack :)

Ich beendete die Session nur sehr ungern, doch Claire schaute von ihrem Schreibtisch herüber, als wunderte sie sich, was ich online so Fesselndes zu tun hatte, und ich wollte nicht, dass sie Verdacht schöpfte. Ich schrieb Sophie, dass ich heute Abend gerne mit ihr weiterchatten wolle, und sie antwortete, sie werde versuchen, dann ebenfalls frei zu sein.

Ich lenkte mich mit Arbeit ab, E-Mails, SMS, Anrufe bei Kaufinteressenten, aber es fiel mir schwer, nicht an Sophie zu denken. Wie konnten ein paar freundliche Worte von einer vollkommen fremden Person eine so durchschlagende Wirkung auf mich entfalten? War ich einsamer und hungriger nach Aufmerksamkeit, als ich mir eingestehen wollte? Ich bemerkte eine wesentliche Veränderung in meiner ganzen Haltung. Normalerweise war ich im Gespräch mit Kunden kurz angebunden und professionell, ohne viel Emotion in der Stimme. Heute dagegen war ich energiegeladen und klang insgesamt positiver und zuversichtlicher. Ich spürte den Effekt. Gleich mehrere Leute, die mich sonst sicher abgewimmelt hätten, verabredeten Termine für Wohnungsbesichtigungen.

An der Kraft positiven Denkens musste etwas dran sein, denn wenige Minuten später rief Megan Conaway an und machte ein Angebot für die Wohnung in der 77th Street. Sie lag damit um 15 000 Dollar unter der Preisforderung, aber ich wusste, dass der Eigentümer bislang keine Angebote erhalten hatte und unbedingt schnell einen Vertrag abschließen wollte. Ich kontaktierte ihn umgehend, und tatsächlich akzeptierte er das Angebot. Danach rief ich Megan zurück, die sich wahnsinnig freute. Mein erster Abschluss in diesem Monat war damit unter Dach und Fach. Ich weiß nicht, ob mein Chat mit Sophie und die Welle von Optimismus und guter Stimmung, die er in mir freigesetzt hatte, etwas damit zu tun hatten, aber so fühlte es sich an.

Claire und Brian beglückwünschten mich. Andrew Wolf arbeitete in seinem Büro, doch als er die Aufregung hörte, kam er heraus und fragte, was los sei.

»Jack hat einen Abschluss klargemacht«, sagte Claire.

»Für welche Wohnung?«, fragte Andrew.

»Die Zwei-Zimmer-Wohnung in der 77th«, sagte ich.

»Schön«, sagte er. Dann fügte er noch hinzu: »Noch ein

paar mehr in der Größenordnung, und du bist wieder im Geschäft.«

Andrew war ein netter Kerl, er war ein guter Vater, hatte zwei wunderbare Töchter, aber er konnte auch ein echtes Arschloch sein. *Ein paar in der Größenordnung?* Als würde ich mich hier um einen Job bewerben.

»Ich werde mein Bestes geben«, sagte ich lächelnd.

Um halb drei verließ ich glücklich das Büro und fuhr zur Schule, um Jonah abzuholen.

Die Temperatur war auf fünfzehn Grad gestiegen, es herrschte strahlender Sonnenschein. Ich nahm mein Handy, um Sophie anzurufen und ihr die gute Nachricht zu überbringen. Dann fiel mir ein, dass ich ihre Telefonnummer gar nicht hatte, auch ihre Stimme war mir unbekannt. Sophie war praktisch eine Fremde, doch seltsamerweise fühlte ich mich ihr bereits sehr nahe.

Ich brachte Jonah zu seinem Karateunterricht, und danach – ich hatte meinen Schwur, mich gesünder zu ernähren, nicht vergessen – gingen wir zu Fairway in der 86th Street und kauften Gemüse, Vollkornreis und etwas Alaska-Lachs. Ich hatte in letzter Zeit zu viel Fleisch und Käse und Frittiertes gegessen. Ich wollte einen Neustart wagen, den ganzen Mist in meinem Körper loswerden, der sich, gefühlt, seit Jahren angesammelt hatte.

Als wir die Wohnung betraten, war Maria schon da, zog im Schlafzimmer gerade ihre Arbeitskleidung aus. Es war erst halb fünf, und meistens kam sie nicht vor sechs nach Hause.

Normalerweise hätte ich ihr gerne von dem anstehenden Vertragsabschluss erzählt, doch sie strafte mich weiter mit

Schweigen, und ich wusste, dass es praktisch unmöglich war, sich wieder zu vertragen, solange sie sich nicht dazu durchgerungen hatte.

Während Maria sich mit Jonah über die Schule unterhielt und ihm in seinem Zimmer bei den Mathe-Hausaufgaben half, fing ich an, das Abendessen zu kochen. Als ich den Lachs anschwitzte, qualmte es plötzlich in der ganzen Wohnung, und der Rauchmelder ging los.

»Scheiße«, sagte ich.

Ich stellte mich auf einen Stuhl unter den Melder und wedelte zehn Sekunden lang mit einem Geschirrtuch, bis sich der Alarm abschaltete.

Maria, die aus dem Schlafzimmer herbeigeeilt war, murmelte etwas.

»Hast du gerade ›Trottel‹ zu mir gesagt?«, fragte ich sie.

»Nein.«

Ich hatte mich nicht verhört.

»Es klang aber so«, sagte ich.

»Du hattest schon immer eine rege Phantasie«, sagte sie und verzog sich ins Badezimmer.

Jonah hatte alles mitbekommen.

Ich war wütend. Jetzt fing sie schon wieder mit diesem Scheiß an, und auch noch in Jonahs Gegenwart. Ich hatte dieses Leben gründlich satt.

Jonah und ich aßen alleine zu Abend.

»Wo ist Mommy?«

»Ruht sich aus.«

»Oh«, sagte er.

Maria und ich gingen uns für den Rest des Abends aus dem Weg. Ich überlegte, ob ich zum AA-Meeting gehen sollte, aber ich war nicht in Stimmung. Als sich Maria endlich schlafen legte, loggte ich mich bei Discreet Hookups ein.

Wie bei den letzten Malen spürte ich einen Rausch, nur jetzt noch intensiver: Ich wollte nicht nur online gehen, ich *musste* online gehen.

Ich klickte sofort Sophies Seite an, und der Rausch ging über in eine Riesenenttäuschung, als ich sah, dass sie offline war.

Dunkle Gedanken beschlichen mich: ›Was, wenn sie ihren Account abgeschaltet hatte? Wenn ich nie wieder von ihr hören würde?‹

Während sich meine Gedanken weiterdrehten, stellte ich mir vor, wie niedergeschmettert ich sein würde, sollte ich nicht mehr mit ihr chatten können. Rein rational war mir klar, dass das alles lächerlich war. Ich führte mich auf wie ein untröstlicher Teenager, und das nur wegen einer Frau, der ich nie begegnet war – aber ich konnte mein Gefühl nun mal nicht verleugnen.

Es erschien mir unsinnig, am Esstisch sitzen zu bleiben, auf den Bildschirm meines Laptops zu starren und zu hoffen, dass Sophies grüner Punkt erschien. Ich versuchte es wieder mit Ablenkung, las mir die letzten Facebook-Posts durch, scrollte auf Instagram, konnte jedoch keine Minute verstreichen lassen, ohne zwischendurch auf die Seite von Discreet Hookups zu switchen.

Um Viertel nach elf war sie immer noch nicht da. Ich verfluchte mich, fragte mich kopfschüttelnd, mit welchen Worten ich sie wohl vergrault hatte.

Um eine Minute nach halb zwölf endlich der Hinweis:

FUGITIVE_RED ist online.

Mir entfuhr tatsächlich ein ›Juhu‹, aber zum Glück nicht zu laut.

NYCROCKGOD2 Hey!

Ich fühlte mich entspannt und frei, als wäre eine große Last von mir genommen.

FUGITIVE RED Hey!!

Zwei Ausrufezeichen, das hatte *etwas* zu bedeuten.

FUGITIVE RED Wie war dein Tag?

Wann hatte Maria mir zuletzt diese Frage gestellt?

NYCROCKGOD2 Irre. Ich habe eine Wohnung verkauft.

FUGITIVE RED Das ist ja toll!! Juhu! Das freut mich für dich!!

Ihre Begeisterung war ansteckend.

Ich schilderte ihr noch ein paar Details des Geschäfts, und sie schien sich aufrichtig zu freuen. Es tat gut, mal wieder zu lächeln. Und sich mit jemandem auszutauschen, der mich nicht »Trottel« nannte.

Dann fragte ich sie nach ihrem Tag.

FUGITIVE RED Nicht so gut. Ich will dich nicht beunruhigen, aber im Moment fühle ich mich am Boden :(

NYCROCKGOD2 Du brauchst dich nicht für deine Gefühle zu entschuldigen.

Ich hörte mich schlimmer als ein Alkoholiker an.

FUGITIVE RED Manchmal schlägt er mich. Ich habe es neun Jahre ertragen. Ich weiß nicht, warum ich nicht einfach weglaufe. Ich habe es versucht, aber ich kann nicht. Ich komme einfach nicht von ihm los.

NYCROCKGOD2 Mach dir keine Vorwürfe deswegen. Manchmal ist es nicht so leicht, aus einer schlimmen Situation auszusteigen.

Plattitüden, gewiss, doch auf AA-Meetings hatte ich schon häufig Leute betreut, die von häuslicher Gewalt betroffen waren. Außerdem war es mir schon immer leichter gefallen, anderen Menschen bei der Lösung ihrer Probleme zu helfen, als mich mit meinen eigenen auseinanderzusetzen.

FUGITIVE RED Als ich noch Single war, habe ich nie verstanden, warum unglücklich Verheiratete zusammenblieben. Warum sich nicht scheiden lassen, wenn man unglücklich ist. Aber wenn man selbst verheiratet ist, stellt man fest, dass alles viel komplizierter ist.

NYCROCKGOD2 Ja. Kann ich sehr gut nachvollziehen!

FUGITIVE RED Magst du van Gogh?

Ich liebe van Gogh. Die Frau war perfekter als perfekt.

NYCROCKGOD2 Jaaaa!!!

FUGITIVE RED Ich auch. :)

NYCROCKGOD2 Er ist mein Lieblingsmaler! Klingt wie das totale Klischee, weil jeder Mensch van Gogh mag, aber mich spricht seine Kunst wirklich an.

Mist, das hätte ich anders formulieren sollen, es war hochtrabender Blödsinn, aber ich hatte schon auf Abschicken geklickt.

FUGITIVE RED Daher habe ich meinen Namen FUGITIVE RED :) Im NYT-Magazine war neulich ein Artikel, in dem stand, die Rottöne auf seinen Bildern wären verblasst.

Den Artikel hatte ich auch gelesen.

NYCROCKGOD2 Ja, flüchtiges Rot!!!

FUGITIVE RED Für kurze Zeit waren die Rottöne hell und leuchtend, dann sind sie verblasst.

NYCROCKGOD2 Ja! Den Artikel habe ich auch gelesen.

FUGITIVE RED Genau wie in der Liebe.

NYCROCKGOD2 Glaubst du, dass Liebe verblasst?

FUGITIVE RED Ja. Die Menschen fühlen sich für kurze Zeit miteinander verbunden, und dann war es das vielleicht auch schon.

NYCROCKGOD2 Interessant, sehe ich evtl. auch so.

FUGITIVE RED Kann ich dir eine persönliche Frage stellen?

NYCROCKGOD2 ok

FUGITIVE RED Liebst du deine Frau noch?

Ich überlegte, wie ich meine Antwort formulieren sollte.

NYCROCKGOD2 Nein.
FUGITIVE RED Das tut mir leid. Muss hart sein :(
NYCROCKGOD2 So ist es nun mal.

Ich bekam feuchte Augen, was mir manchmal auch auf dem Podium bei AA passierte.

FUGITIVE RED Nun weißt du, welchen Ballast ich mit mir rumschleppe. Wenn du davonlaufen willst, jetzt ist die Gelegenheit.

Ich laufe nie davon, auch nicht vor Ballast, den ich lieber nicht hätte auf mich nehmen sollen. Meine verhängnisvolle Schwäche, wenn man so will.

NYCROCKGOD2 Ich laufe dir schon nicht weg.
NYCROCKGOD2 Wohin auch? :)
FUGITIVE RED :)
FUGITIVE RED Jetzt würde ich dich gerne sehen. Ich möchte dir in die Augen schauen.
NYCROCKGOD2 Ich auch.

Hoffentlich fragte sie mich jetzt nicht nach Skype. Das erschien mir zu riskant.

FUGITIVE RED Wir scheinen wie füreinander geschaffen.
NYCROCKGOD2 Ja, stimmt! Wir haben so viele Gemeinsamkeiten.

Pause. Dann:

FUGITIVE RED Ich habe eine Idee.

NYCROCKGOD2 K

FUGITIVE RED Wir könnten uns treffen. Nur so, um zu sehen, wie es läuft.

Mein Puls beschleunigte sich. Obwohl mir klar war, dass ein Treffen zu nichts Gutem führen konnte, turnte mich die Idee, sie leibhaftig zu sehen, ziemlich an.

NYCROCKGOD2 Wie meinst du das?

Ich wusste genau, was sie meinte; es fiel mir nur schwer, klar zu denken.

FUGITIVE RED Nur sich zu treffen, und, na ja, zusammen sein.

Ich sah es schon vor mir, wie wir in einem eleganten Hotelzimmer in Midtown übereinander herfielen. Warum nicht? Tu es einfach. Ich hatte seit Jahren keinen Sex mehr mit Maria, und meine Ehe wurde künstlich am Leben erhalten. Was war die Alternative? Für den Rest des Lebens auf Sex zu verzichten?

NYCROCKGOD2 Das ist wahrscheinlich keine gute Idee.

FUGITIVE RED Warum nicht? Du findest mich doch sexy, oder nicht?

Ich fand sie unglaublich sexy. Das bezog sich nicht nur auf ihr Äußeres, es betraf auch die Gefühle, die sie in mir wachrief. Und es stimmte, wir hatten sehr viele Gemeinsamkeiten. Sie hatte mir den Kopf verdreht. Ich weiß, ich weiß, ich kannte die Frau kaum. Aber egal, die Gefühle waren real.

NYCROCKGOD2 Ja.

FUGITIVE RED Wenn wir nicht probieren, wie es mit uns zusammen ist, werden wir es nie wissen. Und das ist schlimmer als alles andere.

Gegen diese Logik war schwer anzukommen, besonders, wenn es so guttat, mit Sophie zu chatten. Es wäre doch einfach sagenhaft, wirklich mit ihr zusammen zu sein. Sie zu *erleben*.

FUGITIVE RED Stell dich nicht so an, gib dir einen Ruck. Wie wäre es Freitagabend? Mein Mann hat an dem Tag was vor, und ich kann ihm sagen, ich würde in die Stadt fahren, um mich mit einem Freund zu treffen.

NYCROCKGOD2 Ich finde es immer noch keine gute Idee.

FUGITIVE RED ???

NYCROCKGOD2 Es ist einfach keine gute Idee. Wir sind beide noch verheiratet. Und ich habe ein Kind.

NYCROCKGOD2 Tut mir leid :(:(

FUGITIVE RED Du liebst sie nicht, deswegen bist du doch auf diese Seite gegangen. Um diskret Sex mit einer verheirateten Frau zu haben.

War das der Grund, warum ich hier war? Oder wollte ich bloß Aufmerksamkeit? Oder Abwechslung?

NYCROCKGOD2 Meine Situation ist kompliziert.
FUGITIVE RED Die Situation ist für uns alle kompliziert. Aber sie wäre noch komplizierter, wenn wir beide Singles wären.

Jetzt war ich völlig verwirrt.

NYCROCKGOD2 ??
FUGITIVE RED Wir sind beide verheiratet und sind nicht abkömmlich, es ist also überhaupt nicht kompliziert. Begreif doch. Du kannst mir vertrauen. Ich kann dir vertrauen. Wir beide haben gleich viel zu verlieren!

Meine Fresse, jetzt hörte sie sich an wie Rob McEvoy. Schlimmer noch, die verdrehte Logik leuchtete ein.

Sah ich das Ganze vielleicht zu verkrampft? Ich wollte sie ja. Warum es nicht locker angehen, so wie Rob. Er hatte wahrscheinlich schon Dutzende Affären hinter sich. Deswegen sei seine Ehe glücklicher, behauptete er. Ich hatte Maria noch nie betrogen, aber hatte uns das glücklicher gemacht? Ließ sich eine Ehe durch eine Affäre wirklich retten? Ich fing ja auch nicht gleich mehrere Affären an, ich war nicht *notorisch* untreu. Und eigentlich wäre es ja keine echte *Affäre,* es wäre ein Techtelmechtel. Jeder Mensch hatte ab und zu mal ein Techtelmechtel, oder? Nur in Amerika wurde daraus eine Riesensache gemacht. In anderen Ländern, Frankreich zum Beispiel, nahm sich jeder hin und wieder mal einen Liebhaber. Wenn ich Franzose wäre, könnte ich wie Rob unbekümmert eine Liebschaft anfangen. Mein Vater hatte ganz bestimmt welche gehabt, und jeder, der beruflich viel rumkommt, hatte mindestens eine. Ich war vierundvierzig Jahre alt, gefangen in einer sexlosen Ehe, verdammt noch mal. Hatte ich mir nicht ein bisschen Glück verdient?

FUGITIVE RED Ich will dich zu nichts drängen. Wenn du nicht willst, nicht weiter tragisch :) Wir verabschieden uns voneinander, und jeder geht seiner Wege.

Obwohl wir uns gerade erst kennengelernt hatten, war die Vorstellung, nie wieder mit ihr zu chatten, schlimmer als alles andere. Ich fühlte mich emotional mit ihr verbunden, das war mir bewusst, doch wie involviert ich bereits war, merkte ich erst jetzt. Ich steckte tief drin, und der Treibsand bot keinen Halt. Das hier war kein echter Ausgang – es erschien nur so.

NYCROCKGOD2 Okay, treffen wir uns!

Ich wusste, dass ich soeben eine fatale Entscheidung getroffen hatte, doch dieser Rausch der Aufregung fühlte sich zu gut an, um darauf zu verzichten.

Kam mir irgendwie bekannt vor.

8

FUGITIVE RED Toll!!! Freitag 18:00 Uhr??

Freitag, übermorgen, passte mir gut. Maria war am Ende der Arbeitswoche immer erschöpft, und ich besuchte meist ein A. A.-Meeting und ging anschließend mit meinen Freunden noch was essen.

NYCROCKGOD2 Freitag 18:00 klappt! Und wo?

Mir wäre nicht ganz wohl dabei gewesen, ein Hotel zu buchen und meine Kreditkarte zu benutzen.

FUGITIVE RED Toll! Ich habe ein Townhouse in der Stadt, 32nd zwischen Second und Third. Da können wir uns treffen. Bin sehr gespannt!!

Ich spürte den Adrenalinschub, wie immer, wenn ich mich von einer Sache nicht abbringen lassen wollte.

NYCROCKGOD2 Moment Bin gerade etwas durcheinander. Ich dachte du wohnst in White Plains.

Hatte ich sie bei einer Lüge ertappt?

FUGITIVE RED Ja. Da wohne ich.
FUGITIVE RED Ich meine, da wohnen wir.
FUGITIVE RED Wir haben zwei Wohnsitze.

Aha.

NYCROCKGOD2 Aha.

Jetzt war ich neugierig. Wie konnten sie sich zwei Wohnsitze leisten, einer davon noch dazu ein Townhouse, das locker ein paar Millionen Dollar kostete? Gehörte ihnen das Townhouse? Wie auch immer, sie mussten vermögend sein.

Ich war jedenfalls froh. Ein Townhouse war sicherer als ein Hotel, denn man hinterließ nicht eine Spur von Belegen und Quittungen.

Es sei denn …

NYCROCKGOD2 Und wenn dein Mann auftaucht?
FUGITIVE RED Wird nicht passieren. Ich bin vor dir da. Niemand wird uns sehen. Versprochen!

Klang nach null Risiko, aber ich wusste auch, dass ich nicht in der besten Verfassung war, um das angemessen zu beurteilen.

Dann kam mir eine Idee.

NYCROCKGOD2 Möchtest du zuerst telefonieren? Wäre schön, deine Stimme zu hören. :)

FUGITIVE RED Ich dachte, du wolltest mich treffen :)

NYCROCKGOD2 Will ich auch!!!

NYCROCKGOD2 Dachte nur, wäre schön, vorher miteinander zu reden.

Lange Pause. Ich dachte schon, ich hätte es versaut, hätte sie abgetörnt, ihr zu verstehen gegeben, ich sei nicht wirklich interessiert.

Dann schrieb sie:

FUGITIVE RED Wir können vorher telefonieren, aber wäre es nicht sexy, unser Date so geheimnisvoll zu belassen?

Sie hatte recht. Wir würden uns sowieso treffen, warum also vorher telefonieren?

NYCROCKGOD2 Okay!

FUGITIVE RED :)

FUGITIVE RED Ich muss aufhören, mein Mann kommt gleich nach Hause. Aber ich bin sehr aufgeregt, Jack!! Kann es kaum erwarten, dich zu sehen und zu spüren hehe :) Das wird der Wahnsinn, kann es kaum erwarten!!

Mich zu spüren? Mein Gott, allein die Vorstellung, was das zu bedeuten hatte, törnte mich schon an.

NYCROCKGOD2 Kann es auch kaum erwarten! :)

***

Die nächsten beiden Tage waren himmlisch. Ich war nicht von Angst getrieben, so wie seit Jahren. Ich fand mich attraktiv, sexy, witzig, und ich sah der Zukunft mit Freude und nicht mit Furcht entgegen. Okay, ich hatte eine spontane riskante Entscheidung getroffen, aber vielleicht würde es ja ausnahmsweise mal gut für mich laufen.

Mein Alltag hatte sich nicht wesentlich verändert. Ich ging zur Arbeit, holte Jonah von der Schule ab und verbrachte meine Zeit mit ihm. Wenn Maria nach Hause kam, gingen wir uns aus dem Weg. Sie grollte mir noch immer wegen unseres Streits Anfang der Woche und erwartete, dass ich mich irgendwann entschuldigte, so wie ich es früher immer gemacht hatte. Ich war dieses Spielchen leid, immer der Passive zu sein, der versucht, den Frieden zu bewahren. Es war ein befreiendes Gefühl, endlich aus diesem Muster auszubrechen, die Kontrolle über mein Leben zurückzugewinnen.

Wenn ich nicht arbeitete oder meinen Elternpflichten nachkam, war ich ganz bei mir und träumte von Sophie. Ich stellte mir vor, wie sie am Fuß des Bettes stand und sich auszog. Es war kein Striptease, meine Phantasie nicht offen erotisch. Eher kühl knöpfte sie ihre Bluse auf, ein Knopf nach dem anderen, ließ die Bluse zu Boden fallen. Dann hakte sie ihren BH auf, streifte ihn ab und offenbarte ihre kleinen, festen Brüste. Zum Schluss legte sie Jeans und Slip ab und ließ auch sie zu Boden rutschen. Jetzt stand sie splitternackt vor mir.

Im Badezimmer – zu Hause und auf der Toilette im Büro – masturbierte ich zu dieser Phantasie. Ich war seit meiner Zeit als Teenager nicht mehr so aufgegeilt gewesen.

Während die Chats mit Sophie eine durchschlagende Wirkung auf meine allgemeine Stimmung hatten, mich munterer, energiegeladener und optimistischer machten, wurde mir der ganze Einfluss, den sie auf mich ausübte, erst am Donnerstag nach Feierabend bewusst, als ich aus den Tiefen des Wandschranks im Flur meine Gibson hervorholte, sie abstaubte, stimmte und drauflos schrammelte.

Ich stimmte einen meiner Lieblingssongs an, *Superman* von R. E. M. Ich hatte ihn seit Jahren nicht mehr gespielt, aber nach dem ersten Ton war es, als hätte ich nie damit aufgehört. Ich war ein musikalisches Naturtalent, hatte das absolute Gehör und spielte so gut wie früher. Nur eins hatte ich vergessen, nämlich wie sehr Musikmachen mich entspannte, als würde man vom Leben pausieren. Es klingt abgedroschen, aber ich ging ganz in der Musik auf. Jack Harper existierte nicht mehr, er war nur ein Gefäß, eine Schnittstelle zwischen der Gitarre und der Musik. Warum hatte ich das aufgegeben? Besser gesagt, warum hatte ich zugelassen, dass Maria mir das ausredete?

Nach R. E. M. spielte ich ein paar alte Stücke von U2 und Nirvana, und dann ein selbstkomponiertes, *City People*. Ich erinnerte mich an jede Note, als hätte ich für einen Gig Downtown vor zwanzig Jahren gerade eben die Bühne betreten. Ich sang: »City people, lose control … City people, no place to go …«

Ich war nicht Bob Dylan, aber der Song war ein Publikumserfolg gewesen.

»Du spielst ja Gitarre, Daddy.«

Jonah war aus seinem Zimmer gekommen.

Ich hörte auf zu spielen und sagte: »Ja. Klar.«

»Wow, du bist ja richtig gut, Daddy«, sagte er. »Kannst du mir Gitarrespielen beibringen?«

»Liebend gerne«, sagte ich.

Jonah setzte sich neben mich auf das Sofa, und ich erklärte ihm die Grundakkorde. Er hatte schnell den Bogen raus und bewies einiges an Talent.

Ich zeigte ihm gerade einen Griff, da kam Maria nach Hause. Als sie mich Gitarre spielen sah, wirkte sie ehrlich überrascht.

»Was machst du da?«, fragte sie.

Für mich schwang in der Frage noch etwas anderes mit: *Warum* spielst du wieder Gitarre?

»Ich gebe Jonah nur ein bisschen Gitarrenunterricht«, sagte ich. »Ich glaube, er hat Talent.«

»Hör mal, Mom«, sagte Jonah aufgekratzt und spielte ein paar Akkorde, die er sich ausgedacht hatte.

»Schön«, sagte Maria, schien aber gar nicht aufmerksam zuzuhören.

Ich beschloss, es nicht dabei bewenden zu lassen, so wie ich in der Vergangenheit solche Dinge einfach hatte schleifen lassen. »Ist irgendwas?«, fragte ich sie.

»War einfach ein langer Tag«, sagte sie auf dem Weg ins Schlafzimmer.

»Verdammt«, murmelte ich.

Jonah blickte besorgt.

»Nicht du, Buddy«, sagte ich. »Du bist spitze. Ich glaube, aus dir wird noch mal ein Rockstar.«

Jonah grinste und übte weiter.

Donnerstagabend ging Maria mit Arbeitskollegen einen trinken. Ich war aufgeregt, weil es Sophie und mir die Gelegenheit gab zu chatten. Ich weiß, Heimlichtuerei ist schrecklich unreif, aber der Thrill einer verschwiegenen Chat-Runde ist unwiderstehlich, und ich hatte mich schon den ganzen Tag darauf gefreut.

Jonah war ganz vom Fernsehen eingenommen, deswegen ging ich ins Schlafzimmer, schloss die Tür und loggte mich bei Discreet Hookups ein.

Sophie war bereits online, da ich ihr im Lauf des Tages eine Nachricht geschickt hatte, meine Frau habe heute Abend etwas vor, und ich könne chatten, ›solange ich will‹.

NYCROCKGOD2 Hey!
FUGITIVE RED Hey sexxxy!

Eine Frau, die mich für sexy hielt – welcher unglücklich verheiratete vierundvierzigjährige Mann hört das nicht gerne? Dazu noch sexy mit sagenhaften drei X.

FUGITIVE RED Ich bin so aufgeregt, dass ich kaum geschlafen habe.
NYCROCKGOD2 Dito!
FUGITIVE RED :)
FUGITIVE RED Kann ich dir etwas Wichtiges sagen, was du unbedingt wissen musst?!

Oh, oh, folgte jetzt der Paukenschlag? Die ganze Zeit über hatte ich so ein nagendes Gefühl gehabt, das alles wäre vielleicht doch zu schön, um wahr zu sein, irgendwas *musste* faul an der Sache sein. Würde sie mir jetzt offenbaren, dass sie ein Mann war? Dass sie eine Geschlechtskrankheit hatte? Vorbestraft war?

NYCROCKGOD2 Klar.

FUGITIVE RED Hoffentlich hältst du das nicht für abgedreht.

NYCROCKGOD2 Natürlich nicht.

Nach einer langen Pause:

FUGITIVE RED Es hat damit zu tun, wie ich gern Sex habe

Sie hatte meine ungeteilte Aufmerksamkeit.

NYCROCKGOD2 Uhhh jetzt sag schon

Seit Tagen stellte ich mir den Sex mit Sophie vor, hatte meine Phantasien aber für mich behalten. Es war ein gutes Gefühl, sich ausdrücken zu können, offen zu sein.

Es folgte noch mal eine sehr lange Pause. Irgendwie machte die Vorfreude auf die Nachricht die Sache noch prickelnder.

FUGITIVE RED Ich bin devot. Ich bin beim Sex gerne festgebunden.

Pause. Dann:

FUGITIVE RED Ich möchte gefesselt werden, hart gespankt. Würdest du das für mich tun?

Auf dem College hatte ich einmal eine Freundin gefesselt. Es hatte mich angetörnt, aber Maria hatte ich es nie vorgeschlagen; sie wäre entsetzt gewesen, jedenfalls hätte es sie abgestoßen.

NYCROCKGOD2 Ja!
FUGITIVE RED Willst du mein Dom sein?
NYCROCKGOD2 Ja ich will dein Dom sein!
FUGITIVE RED Hmm. Das turnt mich WIRKLICH an bin schon ganz feucht Jack!
NYCROCKGOD2 Dann lass uns das machen!
FUGITIVE RED Ist das auch bestimmt ok für dich?? Will dir nicht zu nahe treten wenn du nicht drauf stehst hätte volles Verständnis :)
NYCROCKGOD2 Nein, ich will dich fesseln. Trittst mir nicht zu nahe!

Ich war ganz bei mir, fühlte mich ungebunden. Toll.

FUGITIVE RED Irre! Ich werd auch gern hart rangenommen … SEHR hart. Du sollst mich beschimpfen und erniedrigen. Willst du das für mich tun, Jack?
NYCROCKGOD2 Ich mache alles was du willst, Sophie

Lange Pause. Dann:

FUGITIVE RED Sag mir was du gerne machen möchtest.

Ich überlegte.

FUGITIVE RED Noch da???

NYCROCKGOD2 Ich küsse gerne und ich möchte dich umarmen.

Würg. Brachte ich kein besseres Sexting zustande? Ich zögerte, weil ich nicht wusste, wie explizit ich werden sollte.

FUGITIVE RED Schön aber wir sind hier nicht im Kindergarten :)

Gut, wenn sie es so haben wollte …

NYCROCKGOD2 OK ich will dich nageln dass du dich nicht mehr rühren kannst

FUGITIVE RED Oh ja … gibs mir

NYCROCKGOD2 Ich will dich hart durchficken

Langsam kam ich in Fahrt. Das gefiel mir.

FUGITIVE RED Jaaa bitte fick mich Jack Werd noch DRASTISCHER bitte!

NYCROCKGOD2 Ich will dich stoßen und dich zuficken mit meinem prallen harten Schwanz

Sehr lange Pause. Die Verzögerung törnte mich noch mehr an. Ich stellte mir vor, wie es auch sie antörnte, sich eine erotische Antwort auszudenken.

FUGITIVE RED Besser OMG jaaa fick mich durch und schlag mir fest ins Gesicht und sag mir was für eine Fotze ich bin

NYCROCKGOD2 Du bist eine Drecksfotze Sophie

FUGITIVE RED Versohl mir den Arsch

NYCROCKGOD2 Ich schlage fest zu

FUGITIVE RED omg Fesselst du mich auch?

NYCROCKGOD2 Ja

FUGITIVE RED omg Megageil!!!!

NYCROCKGOD2 Ja Kanns kaum erwarten dich zu fesseln und dir eine Ohrfeige zu verpassen.

FUGITIVE RED OMG Fessle mich fick mich hart durch

NYCROCKGOD2 OMG

FUGITIVE RED OMG bin total nass Meine Pussy ist schon nass für dich Jack!!

Ich tippte, *Mmm, komme schon wenn ich nur dran denke,* löschte es aber gleich wieder. Ich glaube nicht, dass es sie abtörnen würde – ich glaube, nichts konnte diese Frau beleidigen –, aber ich wollte es nicht riskieren.

Stattdessen schrieb ich:

NYCROCKGOD2 Ich kann es kaum erwarten dich morgen zu sehen

FUGITIVE RED Ich auch. Wenn doch schon morgen wäre. Es wird DER HELLE WAHNSINN, JACK!

***

Ich wurde vor Tagesanbruch wach und war so nervös, dass an Einschlafen nicht mehr zu denken war. Es machte mir nichts aus, denn als ich gegen sieben endlich aus dem Bett aufstand, fühlte ich mich ausgeruht.

Ich hatte für Jonah einen Spielnachmittag mit seinem Freund Leo ausgemacht. Leos Nanny würde Jonah und Leo von der Schule zu sich holen, und Maria würde Jonah nach der Arbeit dort abholen, so dass ich direkt vom Büro aus zu Sophie fahren konnte. Jetzt musste ich nur noch überlegen, was ich anziehen sollte. Normalerweise machte ich mir darüber morgens kaum Gedanken, ich nahm mir einfach das, was sauber war und nicht zu zerknittert. Heute wollte ich gut aussehen.

Ich zog eine beige Hose, ein schwarzes Button-down-Hemd und einen schwarzen Blazer an. Ich sah gut aus. Vielleicht zu gut. Sonst trug ich nie Blazer im Büro, für Maria könnte es ein Warnsignal darstellen. Außerdem entsprach es mir nicht, ich kam mir vor, als wollte ich unbedingt Eindruck schinden, dabei gab es dafür überhaupt keinen Grund, Sophie hatte längst Feuer gefangen.

Also lieber leger, aber auch nicht zu leger, das heißt Jeans und Button-down-Hemd. Darunter trug ich die Briefs, die ich seit Jahren in der Schublade mit meiner Unterwäsche aufbewahrte. Sie waren mir viel zu eng, aber ich fühlte mich sexy damit, und sie brachten mein Gemächt ordentlich zur Geltung.

Nachdem ich Jonah in der Schule abgesetzt hatte, ging ich ins Büro. Ich hatte absichtlich meinen Terminplan für den Tag ausgedünnt, weil ich viel zu überdreht war, um zu arbeiten. Ich versuchte, den Papierkram für den letzten

Verkauf wenigstens teilweise zu erledigen, wurde jedoch durch meine Phantasien von Sophie, wie sie sich vor mir auszog, und durch Details aus unserem Sex-Chat immer wieder abgelenkt.

Mein Glück musste man mir ansehen, denn Brian beugte sich über meine Arbeitsnische und sagte: »Gerade mal ein einziger Verkauf, und schon setzt du dich zur Ruhe?«

»Haha«, spielte ich mit, als wäre seine Bemerkung besonders witzig.

Und Andrew Wolf sagte etwas später zu mir: »Warum so schick? Hast du ein heißes Date?«

Mir war nicht bewusst, dass ein Button-down-Hemd allgemein als ausgehfein galt.

Mir trat der Schweiß auf die Stirn, aber ich ignorierte ihn und sagte: »Nein, nein, ich habe später noch eine Wohnungsbesichtigung mit einem Kunden.«

»Gut«, sagte Andrew. »Mir gefällt deine neue Einstellung. Mit frischem Hemd ins Büro, das beweist Professionalität. Aber werd nicht übermütig. Ruh dich nicht auf deinen Lorbeeren aus. Du hast eine Glückssträhne. Halt sie am Laufen.«

»Mach ich«, sagte ich.

Normalerweise hätte mich die unterschwellige Botschaft seiner Bemerkung genervt und mir den Tag verdorben, heute jedoch ließ mich diese Negativität kalt. Ich war so glänzend gelaunt, dass nichts mich runterziehen konnte. Heute traf ich mich mit Sophie – Fugitive Red – in Person. Es würde der beste Tag meines Lebens werden.

Um den Anschein eines normalen Alltags aufrechtzuerhalten, schickte ich Maria eine SMS, erinnerte sie daran, dass ich später zu einem A. A.-Meeting gehen würde und danach mit Freunden noch etwas essen, und dass sie bitte Jonah bei Leo abholen möchte.

Sie antwortete kurz: *OK*

Der Nachmittag zog sich hin. Während der Arbeit sah ich dauernd nach der Uhr unten rechts auf meinem Bildschirm. Obwohl wir erst um sechs verabredet waren, verließ ich schon um Viertel nach vier mein Büro.

Ihr Townhouse war in Kips Bay, etwa vierzig Häuserblocks von meinem Büro entfernt. U-Bahn oder Bus hätten mich bequem hingebracht, aber ich hatte viel Zeit und viel aufgestaute Energie, deswegen ging ich zu Fuß. Ich war so tief in meine Phantasien versunken – stellte mir vor, wie es sein würde, Sophie zum ersten Mal zu sehen, zu umarmen, zu küssen –, dass die Zeit sich auflöste und ich irgendwann in Midtown landete und mich kaum daran erinnerte, wie ich dort hingekommen war. Ich ging in eine Coffee Bar und sah mir auf YouTube und Spotify einige neue Rockbands an. Früher kannte ich mich aus in der Musikszene, hatte jedoch in den letzten paar Jahren den Anschluss verloren. Ich war scharf darauf, wieder Musik zu machen, diesmal richtig, Sophie vielleicht sogar vorzuschlagen, gemeinsam zu jammen. Ich stellte mir vor, ich würde mit Sophie für ein Wochenende irgendwo Upstate eine Hütte an einem See mieten und die Tage mit Musikmachen verbringen, mit Lachen und wildem Sex.

Ich ging weiter Richtung Downtown.

Um zehn vor sechs erreichte ich ihren Häuserblock in der 32nd Street. Ob Sophie wohl schon auf mich wartete? Wir hatten keine Handynummern ausgetauscht, ich konnte ihr also nicht simsen. Eine E-Mail-Adresse hatte ich auch nicht. Ich überlegte, ob ich ihr über Discreet Hookups schreiben sollte, entschied mich dann aber dagegen. Wir hatten eine gültige Verabredung, wozu also sollte ich ihr schreiben. Allerdings prüfte ich nach, ob sie mir eine Nachricht geschickt hatte, sollte sie den Plan aus irgendeinem Grund geändert haben. Es lag keine Nachricht vor, daher nahm ich an, dass es so weit war –, sie musste da sein.

Ich lief vorbei an einem Schulhof in der 32nd Street und näherte mich dem Townhouse. Ängstlich sah ich mich in alle Richtungen um, ob auch kein Bekannter zufällig vorbeikam. In New York war so ein Zufall relativ unwahrscheinlich, aber umschauen musste ich mich trotzdem.

Dann dachte ich plötzlich: *Was mache ich hier bloß?*

Minutenlang stand ich vollkommen verwirrt da, als wäre ich ohnmächtig geworden und würde gerade erst mein Bewusstsein wiedererlangen. Die Vorstellung, eine unschuldige, sichere Affäre anzufangen, war lächerlich. Ich war kein Schürzenjäger, ich war nicht Rob McEvoy. Ich konnte nicht einfach mal eben fremdgehen und meine Frau betrügen. Ich war kein guter Lügner. Wahrscheinlich ahnte Maria längst etwas, und wenn ich sie tatsächlich betrog, würde sie es sofort wissen. Eine Affäre würde meine Ehe nicht retten, eine Affäre würde meine Ehe zerstören.

Und sowieso, wie konnte ich ihr das antun, der Mutter meines Sohnes? Ich hatte meine Probleme mit ihr, gewiss, aber sie hatte immer zu mir gehalten, auch in meinen dunkelsten Zeiten. Und mit einer Affäre wollte ich es ihr jetzt vergelten?

Dann rief ich mir ins Gedächtnis zurück, wie eintönig

unsere Ehe war, wie unglücklich ich mich seit Jahren fühlte und wie belebend sich das Chatten mit Sophie angefühlt hatte. So gesehen, schien es verrückt, nicht fremdzugehen. Außerdem musste heute gar nicht unbedingt etwas passieren. Es war lediglich ein erstes Treffen, eigentlich nur ein Date. Ich konnte sie abchecken und, falls mir irgendetwas an der Situation komisch vorkam, immer noch abhauen. Wenn alles gutlief und wir am Ende doch Sex hatten, wäre auch das nicht unbedingt das Ende meiner Ehe. Es konnte ein einmaliger Ausrutscher bleiben, ein Seitensprung, und er könnte Maria und mich dazu zwingen, unsere Eheprobleme endlich anzugehen. Ich könnte mich meiner Ehe wieder bewusster zuwenden und Maria überzeugen, dass wir Beratung brauchten, oder zu dem Schluss kommen, dass ich alles Menschenmögliche unternommen hätte, um unsere Beziehung zu retten, aber jetzt meiner Wege gehen würde. So oder so, das Wichtigste war, die Kontrolle zu behalten. Ich bin Akteur meines Lebens, nicht Zuschauer.

Ich glaubte tatsächlich daran. Das heißt, vielleicht genau zehn Sekunden lang. Dann merkte ich, dass das Unsinn war.

Eine Affäre wäre ein Riesenfehler, den wollte ich nicht begehen. Ich musste mich wie ein erwachsener Mensch aufführen, nach Hause zu meiner Familie fahren und die Sache in Ordnung bringen, wie es sich gehörte. Aber einfach umkehren, ohne Sophie wenigstens eine Erklärung zu geben, ging auch nicht.

Ich lief weiter die Straße entlang, stolz, dass ich endlich die richtige Entscheidung getroffen hatte, und nahm zügig die Stufen zur Haustür des Townhouse. Ich würde mich bei Sophie entschuldigen, ihr sagen, es sei super gewesen, sie kennenzulernen, und falls sich unsere jeweiligen Ehen doch nicht wieder einrenken würden, würde ich sie gerne näher kennenlernen, im Moment jedoch wäre es das Richtige, die Sache zu beenden. Sie wäre enttäuscht, aber hätte Verständnis.

Ich hatte mich entschieden; es war eine logische Entscheidung, ich kam mir so reif vor. Warum hatte ich diese Offenbarung nicht schon vor einer Woche gehabt?

Wie abgesprochen, war die Tür nur angelehnt. Ich trat ein, hingerissen von der Pracht. Bei einem millionenschweren Townhouse durfte man schon mit einer hübschen Innenausstattung rechnen, doch nach meinem Chat mit Sophie hatte ich einen eher unkonventionellen künstlerischen Touch erwartet. Stattdessen erwartete mich hier absolute first class. Von dem großen Foyer führte eine gewundene Treppe nach oben. Nach den neuen Böden und Deckenleisten zu urteilen, war das Haus kürzlich renoviert worden.

»Hallo?«, sagte ich.

Ich drang weiter vor und roch ein Parfüm, ihr Parfüm, nahm ich an, und auf einmal war ich mir nicht mehr so sicher, dass ich ihr widerstehen konnte.

»Hallo?«

Keine Antwort.

Ich ging weiter durch das Erdgeschoss. Im Esszimmer stand ein eleganter Tisch, an dem locker zehn Personen Platz hatten, und die Küche war komplett renoviert, mit einer Insel in der Mitte, neuer Spüle und neuen Geräten. Mein Kollege Brian hatte letztes Jahr eine ähnliche Immobilie in Kips Bay für fast vier Millionen verkauft, und dieses

Haus befand sich in einem wesentlich besseren Zustand. Es könnte durchaus sechs und ein paar Zerquetschte, vielleicht sogar sieben Millionen einbringen.

Da Sophie auch nicht in der Küche war, ging mein Blick nach oben. Dort brannte Licht.

»Sophie? Bist du da, Sophie?«

Immer noch keine Antwort.

Während ich die Wendeltreppe hinaufstieg, wurde der Duft ihres Parfüms stärker, und ich wurde schwächer. Ich wusste, was als Nächstes geschehen würde. Ich würde das Schlafzimmer betreten, und da wäre sie und erwartete mich. Ich dachte zurück an unseren sexy Chat, die Sachen, die sie mit mir machen wollte. Ich würde versuchen, stark zu bleiben, nicht nachzugeben. Ich würde ihr alle Gründe erklären, warum eine Affäre keine gute Idee wäre, warum sie unser Leben versauen würde.

Und wenn ich doch nicht widerstand? Selbstbeherrschung war noch nie meine Stärke gewesen. Ich machte mir was vor.

Im ersten Stock verlief ein breiter Flur, dessen Dielen unter meinen Füßen knarrten. Ich kam an einem Badezimmer vorbei und einem Raum, der wie ein Gästezimmer aussah.

»Sophie?«

Ich setzte meinen Weg bis zum Ende des Flurs fort, wo sich ein weiterer Raum befand. Die Tür stand einen Spalt offen, Licht brannte.

Am Anfang meiner Musikerlaufbahn hatte ich unter schrecklichem Lampenfieber gelitten. Manchmal war die Angst so groß, dass ich mich nicht bewegen konnte, geschweige denn auftreten. Obwohl sich dieser Horror nie ganz gelegt hatte, gelang es mir doch, so damit umzugehen, dass ich meine Gigs einigermaßen absolvieren konnte.

Jetzt hatte ich das gleiche Gefühl. Ich hatte Atemnot, mein Puls raste, doch ich zwang mich durchzuhalten.

Ich betrat das Schlafzimmer, und tatsächlich, sie lag auf dem Bett. Mein Gott, eine Frau, die mir gefiel, mit der ich eine Verbindung hatte, wartete im Bett auf mich. Jetzt gab es kein Zurück mehr, dafür war ich zu weit gegangen.

Der Duft ihres Parfüms war so intensiv, so penetrant, dass ich im ersten Moment nichts anderes wahrnahm. Dann sah ich, dass ihr Mund schief war, ihr Kinn hing schlaff zur Seite, auch ihr Gesicht war seltsam verformt. Es war zu blass, und ihre Augen standen weit offen – und sie trug eine knallrote Krawatte.

Dann sah ich, dass sie die Krawatte eigentlich gar nicht trug.

Jemand hatte sie damit erdrosselt.

9

Ich starrte sie lange an, dreißig Sekunden, eine Minute, vielleicht noch länger. Die Zeit dehnte sich ins Unendliche. Alle Sicherheiten waren dahin. Ich stand wacklig auf den Beinen, als müsste ich an Deck eines schlingernden Bootes das Gleichgewicht halten.

Dann meinte ich zu erkennen, dass sich ihre Brust hob und senkte.

Ruckartig erwachte ich aus meiner Starre und versuchte es mit Mund-zu-Mund-Beatmung. Vor Jonahs Geburt hatte ich einen Erste-Hilfe-Kurs absolviert, doch jetzt, unter Stress, konnte ich mich an nichts mehr erinnern. Musste man fünfmal beatmen? Dreimal? Und wann musste man noch mal auf den Brustkorb drücken? Ihre Lippen waren sowieso steif und kalt, und was ich auch unternahm, es half nichts. Ich versuchte, die Krawatte ganz zu lösen, aber sie war fest verknotet. Nach den kalten und steifen Lippen zu urteilen, war ich wahrscheinlich einem Irrtum aufgesessen. Ihr Brustkorb hatte sich gar nicht bewegt, sie war schon vorher tot gewesen. Nach ein paar Beatmungsversuchen trat ich zurück. Ich zitterte.

Dann sah ich das Blut an meinen Händen.

Für Sekunden war ich verwirrt. Wo zum Teufel kam dieses Blut her? Dann sah ich etwas Blut an ihrem Kopf, neben dem Kissen. Ich musste das Blut bei meinem Erste-Hilfe-Versuch an die Hände bekommen haben.

Ich lief ins Badezimmer und spülte das Blut von den Händen und sah das rosa gefärbte Wasser spiralförmig in den Abfluss rinnen. Ich schrubbte mir auch die Hände, um den Parfümgeruch loszuwerden.

Dann trat ich hinaus auf den Flur. Sekunden verstrichen, vielleicht eine Minute, ich stand bloß da, regungslos, wahrscheinlich unter Schock. In dem Moment kam mir ein furchtbarer Gedanke: *Und wenn der Killer noch im Haus ist?*

Ich lauschte, hörte nichts, dann wurde mir klar, wie sinnlos das war. Falls sich noch jemand hier aufhielt – was sollte ich dann machen? Ihn in ein Gespräch verwickeln?

Ich rannte so schnell die Treppe hinunter, als wäre ich von oben heruntergesprungen. An der Haustür blieb ich stehen. *Du kannst nicht einfach weggehen.*

Eine Frau war getötet worden. Eine Frau, die ich *kannte*, war getötet worden. Es handelte sich hier um einen Tatort. Wenn ich weglief, käme das einer Fahrerflucht gleich. Obwohl unschuldig, wäre es, als hätte ich ein Verbrechen begangen. Außerdem hatte ich sicher Fingerabdrücke, Haare, Fasern und noch anderes im Haus, vielleicht sogar auf ihrem Körper, hinterlassen. Mein Speichel von der Reanimation war auf ihren Lippen. Und was war mit dem Blut? Wahrscheinlich klebte immer noch etwas an mir.

Ich konnte jetzt unmöglich weggehen. Ich musste das einzig Richtige tun und die Polizei rufen.

In der Vorhalle wählte ich mit noch immer zitternden Händen die Nummer 911 auf meinem Handy.

»Sie haben neun-eins-eins gewählt. Möchten Sie einen Notfall melden?«

Meine Lippen fingen an, sich zu bewegen, dann legte ich auf.

Von dem Moment an, als ich die Leiche sah, bis zu dem Moment, als ich die Stimme des Notrufs hörte, hatte ich nur reagiert und nicht wirklich *nachgedacht,* doch jetzt machte es »Klick« – und mir wurde klar, dass ich knietief in der Scheiße saß.

Die Frau, die ich online kennengelernt und mit der ich mich für ein Sex-Date verabredet hatte, war erdrosselt worden. Wenn die Polizei käme, würde ich verhört, vielleicht sogar *verdächtigt.* Dann würde Maria erfahren, dass ich die Frau online kontaktiert hatte – auf Discreet Hookups auch noch –, und die Hoffnung auf eine ›einvernehmliche Scheidung‹ könnte ich begraben. Ich hätte keine überzeugende Lüge parat, keine plausible Erklärung.

Obwohl eigentlich gar nichts passiert war – weder hatte ich die Frau getötet noch eine Affäre mit ihr angefangen –, würde Maria mir kein bisschen glauben. Sie würde die Scheidung verlangen und ich als Mordverdächtiger ganz sicher das Sorgerecht für Jonah verlieren.

Ich verfluchte mich für die Serie folgenschwerer Fehlentscheidungen, die mich bis hierher gebracht hatte. Ich hatte mir mein Leben versaut. Wieder mal.

Dann vernahm ich meine innere Stimme: *Lauf weg! Raus hier! Schnell!*

Aber ich konnte nicht weglaufen. Weglaufen hätte mich nur noch tiefer in die Scheiße geritten.

Bei Discreet Hookups lagen die Protokolle und Chat-

Transcripts meiner gesamten Kommunikation mit Sophie vor. Selbst wenn ich mein Account löschte und die Polizei keine Chat-Protokolle mehr fand, wäre ich nicht in Sicherheit. Sophie hatte mir gesagt, sie halte unsere Beziehung geheim, aber was, wenn das nicht stimmte? Wenn ihre besten Freundinnen über uns Bescheid wussten?

Ich rief erneut 911 an und sagte, so ruhig ich konnte: »Ich möchte eine tote Person melden«, und nannte die Adresse in der East 32nd Street.

»Wie ist die Person gestorben?«, fragte die Telefonistin.

»Ermordet.« Ich hatte solche Angst, dass mich fröstelte. »Das heißt, ich glaube, dass sie ermordet wurde. Genauer gesagt, erdrosselt. Oder vielleicht auch erschlagen.«

»Hilfe ist unterwegs.« Dann fragte sie: »Halten Sie sich noch im Haus auf?«

»Ja«, sagte ich.

»Ist jemand bei Ihnen?«

»Nein.«

»Können Sie nach draußen gehen?«

»Ja.«

Ich verließ das Townhouse.

»Ich möchte, dass Sie nach draußen gehen«, sagte die Telefonistin.

»Okay, ich bin jetzt draußen«, sagte ich.

Die kühle Herbstluft war der reinste Hohn, wie die Luft in einem Gefängnishof.

»Hilfe wird gleich da sein«, sagte die Telefonistin. »Können Sie am Apparat bleiben?«

»Ja.«

Während die Telefonistin weiter mit mir sprach und versuchte, mich zu beruhigen, begriff ich, dass Sophie tot war. Tot. Eigentlich hatte ich sie nicht gekannt, aber es fühlte sich so an, als hätte ich eine Freundin verloren. Vor meinem inneren Auge blitzten Bilder auf, die hellrote Krawatte um ihren Hals, das Blut an meinen Händen, ihre weit aufgerissenen Augen. Übelkeit stieg in mir auf, als würde ich ihre Leiche ein zweites Mal entdecken.

Wer hatte ihr das angetan? *Warum?*

Die Antwort auf die erste Frage war so offensichtlich, dass ich gleich hätte darauf kommen können, wenn mich die Sorge um meine eigene Situation nicht dermaßen eingenommen hätte.

Ihr Mann hatte sie getötet.

Ich stand noch unter Schock, war zerstreut, es fiel mir schwer, einen klaren Gedanken zu fassen; doch es war ihr Mann, es musste ihr Mann gewesen sein. Sie hatte mir geschrieben, dass er sie misshandelte, dass es seit längerem Probleme in ihrer Ehe gab. Außerdem, es war *immer* der Ehemann. Er musste ihr bis hierher gefolgt sein und …

Die Haustür, Mist. Sie war nur angelehnt gewesen, als ich kam. Ich hatte angenommen, dass Sophie sie so gelassen hatte, aber vielleicht war es auch anders: Ihr Mann hatte sich gewaltsam Eintritt verschafft, hatte seine Frau ins Schlafzimmer gezerrt, sie getötet und danach das Haus überstürzt verlassen, ohne die Tür zu schließen. Er musste wenige Minuten vor meinem Eintreffen gegangen sein, sonst hätte ich ihn gesehen.

Es sei denn …

Ich warf einen Blick zurück zum Haus. Die Vorhänge im Erdgeschoss waren zugezogen, ich konnte also nicht hineinsehen. Hielt er sich noch dort auf? Versteckte er sich irgendwo?

Dann hörte ich eine Sirene, die lauter wurde. Wenige Sekunden später bog ein Polizeiwagen in die 32nd Street ein und hielt vor dem Townhouse. Zwei Officer stiegen aus, ein junger, muskelbepackter Latino und eine untersetzte blonde Frau. Obwohl die ganze Sache absolut nichts Witziges an sich hatte, merkte ich, dass ich lachte, als die beiden auf mich zukamen. Ein nervöses Lachen, das Angst und Panik übertünchte, dennoch auf die Polizei an einem Tatort sicher nicht den besten Eindruck machte. Mein Gesichtsausdruck ließ sich leicht als ein irres selbstgefälliges Grinsen missdeuten.

»Wir haben eine Meldung über einen mutmaßlichen Mord bekommen«, sagte die Frau.

»Das war ich.« Scheiße, das wollte ich gar nicht sagen. »Ich meine, ich habe angerufen. Sie liegt dort, erster Stock.«

»Haben Sie die Leiche entdeckt?«, fragte der Latino.

Ich sah auf sein Namensschild: Jimenez. Die Frau hieß Riley.

»Ja«, sagte ich.

»Wer sind Sie?«, fragte Jimenez. »Ein Nachbar?«

»Freund«, sagte ich.

»Wohnt das Opfer in diesem Haus?«, sagte Riley.

»Ja«, sagte ich. »Ich meine, es ist ihr, äh … zweiter Wohnsitz.«

»Hält sich augenblicklich sonst noch jemand im Haus auf?«, fragte Jimenez.

»Vielleicht«, sagte ich. »Ich glaube nicht. Die Tür stand offen, als ich kam. Vielleicht ist er gegangen.«

»Er?«, sagte Jimenez.

»Ich glaube, dass ihr Mann sie getötet hat«, sagte ich.

Ich wusste, dass ich zu viel redete, aber ich war nervös und konnte nicht anders.

»Warum glauben Sie das?«, sagte er.

»Weil sie gesagt hat, dass er sie schlecht behandelt. Er hat sie geschlagen.«

»Wann hat sie Ihnen das gesagt?«

»Sie hat es mir nicht gesagt, nur angedeutet, und … es liegt einfach nahe, okay? Er ist ihr wahrscheinlich hierher gefolgt oder wusste, dass sie hier ist.«

»Hat sie Ihnen gesagt, dass ihr Mann hier sein wird?«

»Nein, es war nicht geplant, aber er ist trotzdem gekommen.«

Es wurde mir klar, dass ich keinerlei Beweise für diesen Verdacht hatte; es beruhte alles auf Spekulation.

Riley entfernte sich ein paar Schritte und sprach in ihr Funkgerät; ich verstand nicht, was sie sagte.

»Wie heißen Sie?«, fragte Jimenez.

»Jack«, sagte ich.

»Jack, und wie weiter?«

»Harper.«

Er notierte sich meinen Namen in einen kleinen Block.

»Und Sie haben die Leiche gefunden?«

»Ja«, sagte ich. »Ich … ich habe Erste Hilfe geleistet … sie war schon tot.«

»Sind Sie ganz sicher, dass sie tot war?«

»Ja«, sagte ich.

›*Bin* ich das wirklich?‹, dachte ich.

»Ich meine, ich glaube zumindest, dass sie tot war«, sagte

ich. »Das Blut habe ich erst bemerkt, nachdem ich versucht hatte, sie zu reanimieren. Deswegen habe ich es mir von den Händen gewaschen. Ich stand unter Schock, ich wollte es einfach loswerden, deswegen …«

»Sie haben das Blut abgewaschen, bevor Sie den Notruf gerufen haben?«

»Nein«, sagte ich. »Ich meine, ja. Wie gesagt, ich stand unter Schock.«

Er machte sich wieder Notizen, dann fragte er. »Woher kennen Sie das Opfer?«

»Wie gesagt, ich bin ein Freund.«

»Und Sie wollten nur mal bei ihr vorbeischauen und hallo sagen?«

»Nein, sie hat mich eingeladen.«

Obwohl ich die Wahrheit sagte, kam ich mir wie ein Lügner vor.

»Haben Sie da drin noch etwas anderes angefasst?«

»Etwas anderes?«, fragte ich.

»Außer sie.«

»Ich … ich weiß nicht … ich meine, ja, wahrscheinlich.«

»Sind Sie sich nicht sicher, oder ist es eher wahrscheinlich?«

»Wahrscheinlich.«

»Hat das Opfer hier gewohnt oder nicht?«, fragte er.

»Nein«, sagte ich. »Ich meine, ja. Es war ein zweiter Wohnsitz.«

Noch ein Polizeiwagen fuhr vor. Riley ging zu den Kollegen und sprach mit ihnen, einem älteren Schwarzen und einem Latino, jünger als Jimenez. Dann rief Riley Jimenez dazu, und die vier Polizisten steckten die Köpfe zusammen.

Etwa eine Minute später kam Jimenez auf mich zu und sagte: »Warten Sie bitte bei den anderen Beamten. Wir haben bestimmt noch einige Fragen an Sie.«

Mit gezogener Waffe betraten Jimenez und Riley das Haus. In der Zwischenzeit dachte ich mir eine Erklärung für mein Hiersein aus, die mir wenigstens die Chance auf ein Teilsorgerecht für Jonah ließ. Ich könnte sagen, Sophie wollte mir das Haus zeigen, weil sie überlegte, es zu veräußern, doch wenn die Polizei meine Transcripts bei Discreet Hookups entdeckte, wäre ich natürlich geliefert.

Ein Krankenwagen traf ein, und zwei Rettungssanitäter kamen zu uns herüber, wo ich mit den anderen Polizeibeamten wartete.

»Zwei Kollegen sind gerade im Haus«, erklärte der ältere Officer.

Nach ungefähr fünf Minuten kamen Jimenez und Riley wieder heraus. Riley sprach mit den Sanitätern, dann gingen sie hinein.

»Warum hat sie Sie eingeladen?«, wollte Jimenez von mir wissen.

Ich hörte heraus, dass er mich das schon mal gefragt hatte. Ich war abgelenkt gewesen, von meiner Panik und von Riley, die ich beobachtete.

»Wie meinen Sie das?«, fragte ich.

»Sind Sie ihr Freund oder was?«

»Oh, nein, das nicht. Aber ja, ich bin hergekommen, um mich mit ihr zu treffen.«

»Hat sie Sie hereingelassen?«

»Nein, natürlich nicht. Sie hat die Tür für mich offen stehen lassen.«

»Wieso?«

»Weil sie es mir so gesagt hat.«

»Wann hat sie Ihnen das gesagt?«

»Hören Sie, es ist eine komische Situation, okay?« Ich hatte große Angst davor, die Wahrheit zu sagen, aber es gab daran nichts zu beschönigen. »Ich … ich habe sie online kennengelernt.«

Meine Güte, jetzt fing ich auch noch an zu heulen. Ich konnte nicht anders, die Gefühle übermannten mich, der ganze Ekel vor mir selbst. Doch ich befürchtete, der Officer könnte es missverstehen. Wirkten die Tränen auf ihn wie Verzweiflung oder wie ein Schuldeingeständnis?

»Wo online?«, fragte er.

Ich antwortete nicht, versuchte erst, mich zusammenzureißen.

»Facebook? Twitter?«, sagte er.

»Auf Discreet Hookups«, murmelte ich.

»Was?«

Er hatte mich sehr wohl verstanden, wollte nur, dass ich es noch mal aussprach, vielleicht um mich zu demütigen.

»Discreet Hookups.«

»Was ist das? Eine Dating-Seite?«

»Ja«, sagte ich. »Ich meine, nein. Eigentlich nicht.«

»Moment, ich habe schon mal davon gehört«, sagte er. »Das ist doch so ein Portal für Seitensprünge, so was wie Ashley Madison.«

»Nein, so was ist es nicht«, sagte ich.

Erzähl mir nichts, besagte sein Blick. In seinen Augen war ich ein Dreckskerl, der seine Frau betrügt, und was immer ich auch sagte, er würde seine Meinung nicht ändern.

Ich versuchte es trotzdem. »Ich bin nicht auf die Seite gegangen, um zu betrügen. Das Ganze war nichts Ernstes, okay. Ich meine, wir haben uns kennengelernt, und … und wir haben beschlossen … uns zu treffen. Nur so, mehr nicht.«

»Nichts Ernstes?«, sagte er. »Eine Frau ist tot, und das soll nichts Ernstes sein?«

»So habe ich es nicht gemeint«, sagte ich. »Ich wollte sagen, wir haben nichts miteinander *gehabt*. Wir hatten keine Beziehung oder so.«

Ich sah Jimenez' Augen kurz abwärtswandern, offensichtlich hatte er den Ehering an meiner linken Hand bemerkt, dann trafen sich unsere Blicke wieder.

»Hören Sie, ich habe nichts mit dem Scheiß zu tun, ich schwöre bei meinem Leben«, sagte ich. »Und natürlich wäre es mir lieb, es würde niemand erfahren, dass ich hier bin.«

»Eins kann ich Ihnen versichern«, sagte Jimenez. »Wir wollen herausfinden, wer die Frau getötet hat. Ihre Ehe interessiert uns einen Scheiß.«

Ich hätte mir denken können, dass er so reagierte.

»Natürlich«, sagte ich. »Das verstehe ich sehr gut. Was hier geschehen ist, ist sicher wichtiger als alles, was mit mir zusammenhängt. Entschuldigen Sie, dass ich es überhaupt erwähnt habe. Ich bin nur gerade ziemlich durcheinander.«

Wenn es auch nur die geringste Chance gab zu verhindern, dass Maria von der Sache Wind bekam, dann musste ich der Polizei helfen, so gut es ging, und sie nicht gegen mich aufbringen.

»Wann haben Sie das Opfer zuletzt gesprochen?«, fragte Jimenez.

Ich musste einen Moment überlegen, dann sagte ich: »Persönlich nie. Es spielte sich alles online ab. Da hat sie mir auch von ihrem Mann erzählt. Mit dem sollten Sie sich mal unterhalten.«

»Warum? Was hat sie Ihnen über ihren Mann erzählt?«

»Sie sagte, sie stecke in einer schlechten Ehe.«

»Was soll das heißen? Wenn jeder Mann, der eine schlechte Ehe führt, seine Frau tötet, wären keine Frauen mehr übrig.«

»Es war eine von Gewalt und Missbrauch geprägte Ehe. Sie hatte Angst vor ihm. Ich kann Ihnen nur raten, knöpfen Sie sich ihren Mann vor.«

»Wie heißt er?«

»Das weiß ich nicht.«

»Haben Sie eine Adresse oder Telefonnummer?«

»Nein, aber überprüfen Sie ihr Handy. Da werden Sie sicher fündig.«

Er notierte sich wieder etwas in seinem Block und fragte dabei: »Erzählen Sie noch mal, wie Sie die Leiche gefunden haben, Mr. Harper.«

Obwohl ich noch unter Schock stand, gelang es mir, ihm haargenau zu schildern, was geschehen war, seit ich das Büro verlassen hatte, um mich mit Sophie zu treffen. Ich war sehr verbindlich und sachlich und berichtete detailliert. Ich war darauf angewiesen, dass sie Sophies Mann verhafteten, oder wer immer sie getötet hatte, so bald wie möglich. Falls es rasch zu einer Verhaftung käme, wäre die ganze Geschichte vielleicht schnell vom Tisch, und Maria würde nie herausfinden, dass ich darin verstrickt gewesen war. Ich betete, es möge keine langwierigen Ermittlungen geben und dass die Polizei mich nicht noch ein zweites Mal befragen müsse.

Während ich noch Jimenez' Fragen beantwortete, fuhren ein zweiter Krankenwagen und noch mehr Polizeiwagen vor. Unter anderem ein schicker schwarzer, wahrscheinlich ein Dodge Charger, aus dem ein junger Typ mit glattem Haar und Designeranzug stieg. Das musste ein Detective sein. Er kaute Kaugummi und trat wahnsinnig arrogant auf. Irgendwie erinnerte er mich an Rob McEvoy.

Ich erklärte gerade, dass ich sofort die Treppe heruntergerannt war und 911 angerufen hatte, als Jimenez mich mitten im Satz unterbrach. »Moment«, sagte er und ging zu dem Mann im Anzug. Er sprach mit ihm, und der Mann schaute ein paarmal in meine Richtung. Dann kam auch er auf mich zu und sagte: »Sie sind Jack Harper.«

Es klang wie eine Feststellung, und obwohl er mir in die Augen sah, hatte ich das Gefühl, dass er durch mich hindurchschaute.

»Das stimmt«, sagte ich.

»Und Sie haben das Opfer gevögelt«, sagte er.

Wieder keine Frage, und wieder sah ich Rob vor mir.

»Nein«, sagte ich. »So war es nicht.«

»Wie war es dann?«

»Das habe ich gerade Ihrem Kollegen geschildert, da –«

»Schildern Sie es noch mal.«

Ich hatte den Eindruck, dass ich verhört wurde. Meine Lippen bebten, und das Sprechen fiel mir schwer.

»Wir haben uns … online kennengelernt.«

»Was hatten Sie hier zu tun?« Er hatte bereits die Geduld verloren.

»Wir hatten uns hier verabredet, aber mehr wollte ich gar nicht. Ich schwöre bei Gott. Ich hatte mir vorgenommen, die ganze Sache abzublasen.«

Es schien ihm völlig egal, wahrscheinlich hörte er nicht mal mehr zu. »Wie sind Sie in das Haus hineingekommen?«

»Sie hat die Tür für mich offen stehen lassen. So hatten wir es ausgemacht.«

»Waren Sie vor ihr da?«

»Was? Nein. Sie war schon da. Ich sagte ja, sie war tot, als ich kam.«

Vielleicht bildete ich es mir nur ein, aber ich meinte, ein sarkastisches Lächeln in seinem Gesicht zu erkennen. Dann sagte er: »Würden Sie bitte mitkommen?«

»Wohin?«

»Würden Sie bitte mitkommen?« Er meinte es ernst.

Ich folgte ihm zu dem Charger, er öffnete die hintere Tür und bat mich einzusteigen.

»Warum?«, fragte ich, und er sagte: »Steigen Sie gefälligst ein.«

Als ich saß, schlug er die Tür zu und lief zurück zum Townhouse. Jetzt hatte ich richtig Schiss. Glaubte er wirklich, dass ich sie getötet hatte? Verrückt. Sollte ich ihn fragen oder vielmehr darauf bestehen, einen Anwalt anrufen zu dürfen? Aber einen Anwalt zu engagieren kostete Geld, und wie sollte ich das vor Maria verheimlichen? Ich hatte das Gefühl, dass alles zunehmend außer Kontrolle geriet, alles nur noch schlimmer wurde. Ich stellte mir schon die Szene zu Hause vor, Maria, die mich anschrie und verfluchte, Jonah, der sich vor Schreck in sein Zimmer verzog. Die Szene war so lebendig, als würde sie bereits passieren.

Entspann dich, sagte ich mir. *Entspann dich.*

Wahrscheinlich übertrieb ich, zog voreilige Schlüsse. Außerdem stand ich immer noch unter Schock, was die Wahrnehmung verzerrt. Vielleicht war das alles reine Routine. Seine Aufforderung, mich ins Auto zu setzen, hatte erst mal nichts zu bedeuten. Er war Polizeibeamter, er machte nur seine Arbeit. Ich hatte die Leiche entdeckt, natürlich musste er mich da als Verdächtigen betrachten. Sobald er mehr Informationen, alle Fakten zusammengetragen hatte, würde er mich nach Hause schicken, und damit wäre die Sache erledigt. Vielleicht würde er bereits in wenigen Minuten wiederkommen, mir noch ein paar Fragen stellen oder mitteilen, Sophies Mann sei verhaftet worden und es stünde mir frei zu gehen.

Kriminaltechniker und noch mehr Polizeibeamte kamen und gingen. Vor dem Haus hatten sich Nachbarn und Fernsehteams versammelt. Als die Rettungssanitäter die mit einem Tuch zugedeckte Leiche aus dem Haus trugen, traf mich das Grauen erneut mit voller Wucht. Der Anblick der um den Hals der armen Frau geschnürten roten Krawatte, der Kontrast zu ihrem blassen Gesicht, hatte sich bereits in mein Bewusstsein eingebrannt, und ich wusste, dass er mich lange Zeit, vielleicht für den Rest meines Lebens, verfolgen würde.

Ich schaute zu, wie der Krankenwagen mit der Leiche Richtung Second Avenue davonfuhr, bis er außer Sicht war. Detective Prick war wieder im Townhouse verschwunden. Wie lange hatte er sich dort aufgehalten? Mir kam es mindestens wie eine Stunde vor. Was machte er da bloß? Ermittelte er noch, oder wollte er es mir so schwer wie möglich machen? Vielleicht hatte er vor, mich die ganze Nacht warten zu lassen. Es war bereits fast acht Uhr. Wenn ich nach Mitternacht nach Hause käme, würde Maria Verdacht schöpfen oder mich fragen, wo ich so lange gesteckt habe. Ich musste mich unbedingt mit meinem Freund Roger von den AA absprechen, damit er meine zurechtgelegte Erklärung bestätigte. Ich könnte sagen, ein paar aus der Runde wären noch zu ihm gegangen, um sich einen Filme, anzusehen. Das schien plausibel. Aber was war, wenn Mister Prick mich auf eine Polizeiwache brachte? Durfte er mich legal nicht bis zu vierundzwanzig Stunden festhalten, oder sogar noch länger? Ich hatte keine Ahnung, wie die Gesetzeslage in so einem Fall war, und ich wollte auch keinen Anwalt zu Rate ziehen, um es herauszufinden. Ich wollte nur weg von hier, nach Hause, diesen Alptraum vergessen.

Gegen Viertel nach acht kam Mister Prick endlich aus dem Townhouse, tauschte sich kurz mit Jimenez und noch einem anderen Officer aus und ging dann wieder hinein, ohne auch nur in meine Richtung zu blicken.

Ein paar Minuten später, als Jimenez in Rufweite war, klopfte ich ans Fenster.

Er öffnete die Tür, und ich fragte: »Wie lange muss ich noch hierbleiben?«

»Bleiben Sie einfach, wo Sie sind, okay?«, sagte er.

Sie behandelten mich wie einen Kriminellen, so viel war mir jetzt klar. Mister Prick ging noch einige Male ins Haus und kam wieder heraus, ohne mich eines Blickes zu würdigen, als hätte er mich vergessen. Jimenez lief wieder an mir vorbei, stieg mit der Kollegin in den Streifenwagen, mit dem sie gekommen waren, und fuhr davon.

Es war neun Uhr, ich saß seit zwei Stunden in dem Auto. Ich musste unbedingt pinkeln. Gerade wollte ich einen anderen Beamten fragen, wie lange ich noch hier ausharren musste, als Mister Prick wieder auftauchte und auf mich zukam. Er machte die Tür auf und befahl: »Aussteigen.«

Ich stieg aus und sagte: »Ich begreife wirklich nicht, warum …«

»Schnauze!«, sagte er.

Zwei Beamte kamen herbei, und der ältere, grauhaarige, sagte: »Okay, gehen wir.«

»Wohin?« Mein Puls raste.

»Manhattan South, 35th Street«, sagte der andere Polizeibeamte. Er war jünger, hatte einen dicken Brooklyner Akzent.

Ich sah mich nach Detective Prick um, als könnte ich von ihm Unterstützung erwarten, doch er war schon weg, wahrscheinlich wieder im Haus.

»Das ist doch verrückt«, sagte ich. »Ich habe die Leiche entdeckt, mehr nicht.«

Mit den Armen gestikulierend, traf ich den Beamten versehentlich an der Schulter.

»Müssen wir Ihnen Handschellen anlegen?«, fragte der Jüngere der beiden.

Ich bemerkte, dass alle Nachbarn zusahen, wie ich abgeführt wurde. Aus Angst, jemand könnte mich erkennen, schlimmer noch, mich fotografieren oder filmen, drückte ich das Kinn auf die Brust und starrte zu Boden. Noch nie hatte ich mich so gedemütigt gefühlt.

Sie setzten mich auf die Rückbank des Streifenwagens und fuhren mich quer durch die City zur Polizeiwache in der 35th Street, unweit Eight Avenue. Ich hätte einen Anwalt anrufen können, besser gesagt, hätte einen Anwalt anrufen *müssen*, aber noch immer beschäftigte mich am meisten die Frage, welche Konsequenzen dies für meine Beziehung mit Maria haben würde. Wenn ich auf einen Anwalt warten musste, würde ich erst spät nach Hause kommen, vielleicht erst morgen. Wie sollte ich ihr das erklären? Ich wollte kein Drama, ich wollte, dass das hier aufhörte. Mit etwas Glück gäbe es bald eine Festnahme, und ich würde freigelassen. Mir war egal, ob ich für den Rest meines Lebens in einer unglücklichen Ehe gefangen blieb, ich wollte nur, dass die Polizei Sophies Mörder fand, und mein altes Leben zurückhaben.

Wie ein Mantra flüsterte ich vor mich hin: »Ruhig bleiben, ruhig bleiben, ruhig bleiben.«

Vielleicht flüsterte ich lauter als gedacht, denn der jüngere Beamte, der auf dem Beifahrersitz, drehte sich zu mir um und sah mich wütend an.

Auf der Wache durfte ich endlich auf die Toilette, danach brachten sie mich in einen Vernehmungsraum. Ich fragte, wie lange es dauern würde, und der ältere Beamte antwortete: »Ich würde es mir an Ihrer Stelle bequem machen.«

Dann ließen sie mich allein. In dem Raum befanden sich ein Tisch und zwei Stühle, sonst nichts. Ich saß etwa zwanzig Sekunden auf einem der Stühle, dann wurde ich unruhig und fing an, hin und her zu gehen. Scheiße, es war nach neun. Gut möglich, dass sie vorhatten, mich die ganze Nacht hierzubehalten. Vielleicht hatten sie ja Sophies Mann bereits gefunden. Sobald sie ihn hatten, würde es nicht lange dauern, bis sie dahintergekommen waren, dass er sie getötet hatte. Was hatte ich mir nur dabei gedacht, mich mitten in diesen Schlamassel zu begeben. Offenbar hatte sich Sophie in einer kritisch explosiven Situation mit ihrem Mann befunden. Jeder mit gesundem Menschenverstand wäre davongerannt, nur ich musste ihr direkt in die Arme laufen.

Es verging eine Stunde, niemand kam in den Raum, um mir wenigstens mitzuteilen, wie lange ich noch warten musste. Einmal öffnete ich die Tür und spähte hinaus auf den Flur. Ein Polizist sah mich und sagte: »Zurück ins Zimmer, bitte.«

Endlich, um halb elf, schlenderte Detective Prick herein. Kein Hallo, keine Entschuldigung, nicht mal Blickkontakt.

Diesmal beschloss ich, erst dann etwas zu sagen, wenn ich dazu aufgefordert wurde. Ich saß auf dem Stuhl gegenüber der Tür, und er befahl: »Setzen Sie sich auf den anderen Stuhl.«

Ich setzte mich um. Wieder musste ich dringend pinkeln, doch das war meine geringste Sorge. Der kleine Raum stank bereits nach seinem Rasierwasser.

»Erzählen Sie mir, was passiert ist«, sagte er. »Von Anfang an.«

»Warum werde ich verhört?«, fragte ich. »Ich habe nur ihre Leiche gefunden und die Polizei gerufen. Das war vorbildlich.«

Er grinste schief, als fände er das witzig. »Hören Sie, ich möchte nur wissen, was passiert ist. Bis jetzt sind Sie ein Zeuge, kein Verdächtiger.«

Bis jetzt. Was sollte das heißen?

»Gut«, sagte ich.

So ruhig ich konnte, schilderte ich ihm, was sich im Verlauf der vergangenen Tage ereignet hatte, von dem Augenblick an, an dem ich Sophie online kennengelernt hatte, bis hin zum Auffinden ihrer Leiche heute Abend in dem Townhouse. Mister Prick sah zwischendurch auf sein Handydisplay und gab irgendwas auf der Tastatur ein. Es schien so, als würde er sich Notizen machen, aber er hätte genauso gut seiner Freundin simsen können. Ich hingegen konzentrierte mich auf meine Stimmlage. Ich wollte unaufgeregt erscheinen, logisch, mitteilsam, und ich fand, dass ich meine Sache ausgezeichnet machte. Ich verstand überhaupt nicht, wie er mich als einen Verdächtigen betrachten konnte. Nachdem ich geendet hatte, erwartete ich, dass er mir im Anschluss noch einige Fragen stellte und mir dann sagte, ich könne gehen. Stattdessen unterbrach er mich rüde, als ich noch anfügte, dass ich den Notruf 911 angerufen hatte. »Haben Sie die Leiche berührt?«

»Ja, das habe ich dem Polizeibeamten schon gesagt. Als ich sie entdeckte, bin ich zu ihr gelaufen und habe versucht, sie wiederzubeleben. Ich machte Mund-zu-Mund-Beatmung, aber sie war schon tot. Ich habe mir alle Mühe gegeben, aber es war klar, dass sie tot war. Dann habe ich 911 angerufen.«

»Besitzen Sie eine rote Krawatte?«, fragte er.

»Was?«, sagte ich.

»Es ist eine einfache Frage. Ja oder nein.«

»Wenn Sie glauben, ich –«

»Ich habe Sie gefragt, ob Sie eine rote Krawatte besitzen.«

»Nein, ich besitze keine rote Krawatte, und ich hatte garantiert nicht –«

»Sind Sie sicher?«

Ob ich sicher war? Ich war so verängstigt, dass mir jede Sicherheit abhandengekommen war.

»Ich habe schon wieder den Eindruck, dass Sie mich verhören«, sagte ich.

»Wir beide wollen doch dasselbe«, sagte er. »In diesem Fall eine schnelle Festnahme. Je besser Sie kooperieren, umso eher kommen wir der Wahrheit näher.«

»Ich besitze eine Krawatte, die hauptsächlich rot ist«, sagte ich, »aber es war nicht die Krawatte um ihren Hals. Wenn Sie das glauben, dann liegen Sie …«

Er fiel mir ins Wort. »Ihrem Bericht zufolge hielten Sie sich nur kurz in dem Raum auf. Eine Minute? Noch kürzer? Sie sind in Panik geraten, das Adrenalin schoss über. Und dann wollen Sie mir erzählen, dass Sie sich die Krawatte genau angesehen haben?«

»Es war nicht meine Krawatte«, sagte ich fest.

»Es gab sogar vier Krawatten. Wir haben in der Handtasche des Opfers noch drei weitere Krawatten entdeckt.«

»Wenn sie drei Krawatten in ihrer Handtasche hatte, liegt dann nicht die Vermutung nahe, dass die vierte ihr auch gehört hat?«

»Jemand könnte die Krawatten dort hineingelegt haben«, sagte er.

»Ich habe nur diese eine Krawatte gesehen«, sagte ich.

»Ich habe nicht gesagt, *Sie*. Ich sagte *jemand*. Haben Sie eine Idee, warum sie zu einem Treffen mit Ihnen vier Krawatten mitgebracht hat?«

Ich erinnerte mich an unseren Chat über Bondage gestern Abend. »Ja, das ergibt schon einen Sinn.«

»Was ergibt einen Sinn?«

»Die Krawatten waren wahrscheinlich dafür gedacht ...«

Eigentlich wollte ich nicht näher darauf eingehen, wollte vermeiden, dass dieser Aspekt Bestandteil des offiziellen Berichts über den Fall wurde, wusste aber nicht, wie.

»Wofür gedacht?«, fragte er.

»Sie zu fesseln«, sagte ich, und ergänzte rasch: »Es war nicht meine Idee, es war ihre Idee, und wir hatten auch nicht vor, es wirklich zu *tun*. Wie ich schon sagte, ich hatte vor –«

»Nach Hause zu gehen, ich weiß.« Sein Ton triefte vor Sarkasmus.

»Was wollen Sie eigentlich«, sagte ich. »Mich befragen oder mich demütigen? Sie sollten sich ihren Mann vornehmen. Der hat das getan.«

»Es ist also ein Art Marotte von Ihnen«, sagte Mister Prick diesmal in nüchternem Ton. »Sie fesseln die Frauen, wenn Sie sie pimpern.«

»Es war *ihre* Idee, nicht meine.«

»Schleppen Sie auf diesen Seiten immer Mädchen ab?«

»Ich habe sie nicht abgeschleppt.«

»Als was würden Sie es dann bezeichnen, wenn man sich mit einer verheirateten Frau zum Gelegenheitssex trifft? Vielleicht gehören Sie zu den Männern, die ein Doppelleben führen, Mr. Harper. Außen normal, innen schwarz wie die Nacht. Sie mögen rauhen Sex. Nur manchmal, da geht es allzu rauh zu. Manchmal verlieren Sie die Kontrolle.«

»*Was?* Das ist doch abwegig.«

»Vielleicht stand sie nicht auf so was. Sie ist in Panik geraten, wollte weg, aber das konnten Sie nicht zulassen.

Sie haben sich eine Vase geschnappt und ihr damit auf den Kopf geschlagen. Vielleicht hatten Sie nicht vor, sie zu töten, aber nach dem Schlag war sie tot. Deswegen haben Sie ihr eine Krawatte um den Hals gebunden und –«

»Blödsinn!«

»– und haben 911 angerufen. Haben sich gedacht, Sie könnten es ihrem Mann anhängen.«

»Ich habe sie nicht getötet«, sagte ich. »Das ist die reine Wahrheit. Und ich lasse mich von Ihnen nicht dazu verleiten, etwas zu gestehen, was ich nicht getan habe.«

Ich musste mich beruhigen. Ich wusste, dass ich verzweifelt klang, defensiv und, ja, schuldig.

»Woher wissen Sie, dass sie ermordet wurde?«, fragte Mister Prick.

War das ernst gemeint?

»Wie meinen Sie das?«, fragte ich. »Ich sagte doch, ich habe ihre Leiche entdeckt.«

»Ich habe Ihnen nicht gesagt, dass sie ermordet wurde«, fuhr er fort. »Als Sie in den Raum kamen und sie auf dem Bett liegen sahen – warum haben Sie da gleich an Mord gedacht?«

»Sie hatte eine Krawatte um den Hals«, sagte ich. »Sie hat sich nicht selbst stranguliert. Und dann habe ich das Blut gesehen.«

»Sagten Sie nicht, Sie hätten das Blut später gesehen, nach dem Wiederbelebungsversuch?«

»Ja«, sagte ich. »Aber ich habe die Krawatte gesehen. Es schien so, als hätte sie ihr jemand umgebunden. Deswegen habe ich versucht, die Frau zu retten.«

»Haben Sie sich gestritten?«, fragte er. »Hat sie damit gedroht, Ihre Frau anzurufen? Sie ersparen sich eine Menge Ärger, wenn Sie mir gleich die ganze Wahrheit sagen. Wir werden nämlich mit den Betreibern der Seite, auf der Sie sich herumtreiben, reden …« Er verzog feixend den Mund und spuckte dann förmlich den Namen aus: »… *Discreet Hookups*. Wir werden jedes einzelne Wort, das Sie einander geschrieben haben, überprüfen.«

Fetzen unseres Sextings fielen mir ein, Sachen, die ich Sophie geschrieben hatte, dass ich sie festbinden wolle und ihr ins Gesicht schlagen. Sie hatte mich dazu angestiftet, aber dennoch, ich hatte sie geschrieben. Konnte die Polizei das wirklich als Beweis gegen mich verwenden?

»Haben Sie schon mit ihrem Mann gesprochen?«, fragte ich.

»Das werden wir«, sagte Mister Prick.

»Reden Sie lieber gleich mit ihm, statt Ihre Zeit mit mir zu verschwenden. Sie hat gesagt, sie stecke in einer gewalttätigen Ehe.«

»Sie hat Ihnen gesagt, sie lebe in einer gewalttätigen Ehe?«

»Sie hat mir gesagt, dass er sie schlägt. Ich konnte erkennen, dass sie Angst vor ihm hatte. Deswegen wollte ich ja auch das Ganze beenden. Ich wollte nicht in diese Geschichte hineingezogen werden.«

Das stimmte nicht ganz. Ich hatte gekniffen, weil ich meine eigene Ehe nicht vermasseln wollte; doch so hörte es sich überzeugender an.

»Sie hatten vor, mit ihr Schluss zu machen, sind aber trotzdem zu dem Townhouse gefahren, weil –«

»Weil ich eingesehen hatte, dass es keine gute Idee war«,

sagte ich. »Ich bin offen und ehrlich zu Ihnen, das schwöre ich. Reden Sie mit ihrem Mann. Vielleicht hat jemand beobachtet, wie er zusammen mit ihr das Townhouse betreten hat. Sie könnten diesen Fall in zwei Sekunden lösen, statt Ihre Zeit mit mir zu verschwenden.«

Plötzlich giftete er mich an: »Sie reden über Zeitverschwendung? Erzählen Sie mir ruhig, wie ich meine Arbeit zu erledigen habe, und Sie kriegen Ihre Zeitverschwendung gratis. Ich führe Sie einem Richter vor, und Sie kriegen eine Verwarnung wegen Behinderung der Ermittlungen.«

Ich wollte mich nicht mit ihm anlegen – ich wollte nach Hause. So ruhig und geduldig es eben ging, beantwortete ich alle seine Fragen, neue Fragen und Fragen, die ich bereits beantwortet hatte. Zuerst dachte ich, er wollte einfach seinem Namen gerecht werden und es mir so schwer wie möglich machen, nur so, weil es ihm Spaß machte. Doch dann wurden die Fragen routinemäßiger, und ich kam zu dem Schluss, dass er vielleicht doch nur seine Arbeit machte, versuchte, so gründlich wie möglich zu sein, und dass er mich nicht unbedingt für einen Verdächtigen hielt.

Um halb zwölf stand er auf und sagte: »Das wär's … vorerst.«

»Kann ich gehen?«, fragte ich.

Er verließ den Raum.

Es war ein Machtspielchen, eindeutig. Er kehrte nicht an seinen Schreibtisch zurück. Wahrscheinlich riss er draußen auf dem Flur mit seinen Kollegen Witze über ihre imaginären Footballteams oder was weiß ich.

Als er endlich wiederkam, eine Dreiviertelstunde später, sagte er: »Sie können jetzt gehen, aber ich brauche alle Ihre

Kontaktdaten. Und verlassen Sie nicht die Stadt. Halten Sie sich zur Verfügung.«

»Eins sollen Sie wissen«, sagte ich. »Dieser Abend war verheerend. Ich habe Sophie nie persönlich kennengelernt, aber ich hoffe, dass Sie den, der das getan hat, finden … schnell.«

Er starrte mich an, als wollte er durch mich hindurchschauen.

Dann gab er meine Informationen in sein Handy ein. »Oh, beinahe hätte ich es vergessen«, sagte er und übergab mir seine Visitenkarte. »Vielleicht ist Ihnen ja etwas entfallen, was Sie mir noch mitteilen wollen. Etwas, das sie gesagt hat, etwas, was Sie gesehen haben. Vielleicht wollen Sie auch einfach nur anrufen, um zu plaudern.« Er lachte breit, irgendwie gekünstelt, und sagte: »War mir ein echtes Vergnügen, Jack. Ich hoffe, Ihnen auch. Tut mir leid, aber einen Gutenachtkuss kriegen Sie heute nicht.«

Ich sah ihm hinterher, als er den Raum verließ.

Auf meinem Weg zum Ausgang der Polizeiwache las ich die Visitenkarte.

Mister Prick hieß Nick Barasco.

10

Vor der Wache bombardierten mich einige Reporter mit Fragen zu Sophie Ward.

»Tut mir leid«, sagte ich ohne stehen zu bleiben. »Ich weiß nichts.«

Ich entdeckte auch eine Fernsehkamera, konnte jedoch nicht erkennen, ob sie filmte oder nicht. Ich wich ihr aus, schaute weg, für den Fall.

In der Eight Avenue hielt ich ein Taxi an. Eine Viertelstunde später war ich zu Hause.

Es schien, als wäre ich Monate weg gewesen. Wenn alles glattlief und der Fall schnell aufgeklärt wurde, schwor ich, alles in meiner Macht Stehende zu tun, um meine Probleme mit Maria zu lösen. Wenn ich sie nicht zu einer Eheberatung überreden konnte, würde ich auf eigene Faust eine Therapie machen. Wahrscheinlich war in erster Linie ohnehin ich verantwortlich für unsere Eheprobleme. Die Schuld für mein Elend hatte ich schon immer bei anderen gesucht, Maria vielleicht sogar regelrecht verteufelt, sie zu meinem Gegner erklärt, während ich derjenige war, der Scheiße baute, nicht sie. Es braucht zwei, um eine Ehe zu ruinieren, schon deswegen musste ich zur Hälfte Verantwortung übernehmen. Es mochte zutreffen, dass sie unser Dilemma nicht gemeinsam angehen wollte und mit der

Drohung einer für mich unangenehmen Scheidung spielte, aber dafür gab es einen Grund. Und der Grund war ich – *mein* Verhalten. Sie war nicht die Einzige, die aus unserer Ehe ausgestiegen war – ich war auch ausgestiegen. Ich war distanzierter geworden, stärker mit Jonah und meiner Unzufriedenheit über meine beruflichen Entscheidungen beschäftigt. Ich hätte mich ins Zeug legen und unsere Ehe kitten können, aber ich tat es nicht. Tatsächlich war Maria eine tolle Mutter und mir seit Jahren eine Stütze. Sie hatte was Besseres verdient, als mit einem unzufriedenen Ehemann zusammenzuleben, der sich hinter ihrem Rücken davonstahl und sich auf einer Dating-Website für Seitensprünge mit einer Frau verabredete. Ich hatte ihr eine Menge zugemutet, und sie hatte stets zu mir gehalten, ich wollte nicht die nächste Runde in diesem Karussell einläuten.

Ich ging in Jonahs Zimmer, küsste ihn auf die Stirn und flüsterte: »Ich liebe dich über alles, mein Kleiner.« Dann machte ich mich bettfertig.

Maria schlief bereits, doch als ich mich neben sie legte, rührte sie sich. Sie drehte sich auf den Rücken und starrte mich sekundenlang an, wahrscheinlich, um sich zu orientieren, dann sagte sie: »Wo kommst du denn her?«

Ein Erinnerungsflash packte mich, wie ich Sophie die Mund-zu-Mund-Beatmung gab und ihre steifen kalten Lippen an meinen Lippen spürte. »AA«, sagte ich.

»So spät?«

»Wir sind was essen gegangen und haben anschließend noch bei Roger Netflix geguckt.«

Sie nahm mir die Erklärung ab, im Halbschlaf jedenfalls.

»Nacht«, murmelte sie und drehte sich wieder um.

Mir schwirrte der Kopf. Jedes Mal, wenn ich an Sophies weit aufgerissenen Augen und ihr hängendes Kinn dachte, die Fahrt in dem Streifenwagen und den Verhörraum, krampfte sich mir der Magen zusammen. Ich hoffte, dass die Polizei ihren Mann bereits festgenommen, oder ihn wenigstens zur Befragung abgeholt hatte. Solange mein Name aus allem herausgehalten wurde, war ich zufrieden.

Um drei Uhr früh lag ich immer noch wach, von Gedanken verfolgt.

Endlich dämmerte ich weg.

***

Als ich die Augen aufschlug, vernahm ich die Stimmen von Maria und Jonah im Wohnzimmer. Ich gab mich der Illusion hin, es wäre ein ganz normaler Samstagmorgen, ich würde Jonah das Frühstück machen – Pancakes oder French Toast –, danach würden wir Rad fahren oder im Carl-Schurz-Park Basketball spielen.

Dann holte mich die grausame Realität ein, und die alptraumhaften Ereignisse von gestern Abend standen wieder vor mir. Obwohl ich nur wenige Stunden geschlafen hatte, war ich nicht müde, was wahrscheinlich am Adrenalin lag. Ich sah nach draußen, es war düster, wolkig, regnerisch; hoffentlich kein schlechtes Omen.

Jonah hockte im Schneidersitz vor dem Fernseher und schaute Pokémon.

»Morgen«, sagte ich, und er erwiderte: »Hi, Daddy.«

Wie jeden Samstag.

Na gut, nicht ganz.

»Guten Morgen«, sagte Maria.

Sie klang irritiert, was nicht ungewöhnlich war. Aber noch etwas anderes hatte sich in ihren Ton eingeschlichen. Misstrauen? Vielleicht bildete ich es mir nur ein.

»Gibt es schon Kaffee?«, fragte ich.

»Gerade fertig«, sagte sie, ausdruckslos, wie ich fand. »Willst du eine Tasse?«

»Ja, sehr gerne«, sagte ich. »Danke.«

Ich setzte mich zu Jonah auf das Sofa, Maria brachte mir den Kaffee.

»Alles in Ordnung?«, fragte sie.

»Ja.« Hörte ich mich zu defensiv an? »Wieso?«

»Ich weiß nicht, du wirkst irgendwie sehr … zerstreut.«

»Ich bin einfach nur müde, das ist alles.«

»Um welche Zeit willst du los?«

»Wohin?« Ich hatte keine Ahnung.

»Wir wollen heute bei Steve und Kathy grillen, schon vergessen?«

Scheiße, daran hatte ich überhaupt nicht mehr gedacht. Steve und Kathy hatten uns nach Westchester eingeladen.

»Ja, richtig«, sagte ich. »Entschuldige. Ich bin etwas verpennt. Mein Gehirn arbeitet noch nicht richtig.«

»Also ich wäre in einer Stunde so weit. Sollen wir den Zug um elf Uhr nehmen?«

Sollte ich absagen? Ich durfte doch die Stadt nicht verlassen. Aber dann musste ich mir eine gute Entschuldigung für Maria ausdenken, sonst könnte es verdächtig wirken.

»Ich fühle mich ein bisschen angeschlagen heute«, sagte ich. »Vom langen Aufbleiben gestern.«

Sie schluckte und sagte: »Dann willst du also nicht hinfahren?«

»Ich weiß nicht. Ich überlege es mir noch. Mal sehen, wie es mir in ein paar Minuten geht.«

Maria ging durch den Flur in unser Schlafzimmer. Ich spürte, dass sie wütend auf mich war, und ich konnte es ihr nicht verdenken. Ich war in letzter Zeit so unnahbar gewesen, vergraben in meiner Welt.

Dann dachte ich: ›Wäre es nicht besser, jetzt sofort klar Schiff zu machen?‹ Ich könnte ihr offen und ehrlich erzählen, wie Rob McEvoy mich auf Discreet Hookups gebracht und wie ich mich eingeloggt hatte, nur um herauszufinden, wie sich das anfühlte, weil ich unzufrieden und frustriert über unser distanziertes Verhältnis war; dass ich mit einer Frau Kontakt aufgenommen hatte und neugierig geworden war, und wir uns daraufhin ausgetauscht hatten und meine Phantasie ein bisschen mit mir durchgegangen war. Aber mehr war es ja auch nicht – Phantasien, harmlose Phantasien. Am Ende hatte ich ja eingesehen, dass mir meine Ehe zu wichtig war, um sie zu riskieren. Mehr war schließlich nicht passiert, oder? Vielleicht würde sie das Ganze sogar als eine positive Erfahrung betrachten: Meine Dämonen hätten sich wieder erhoben, mich in Versuchung geführt, ich aber hätte widerstanden. Sie wäre stolz auf mich, würde es als Zeichen meines Fortschritts interpretieren auf meinem Weg zu einem neuen besseren Menschen.

Ich machte mir was vor.

Aber ich musste mich erklären, jedenfalls den Shitstorm andeuten, der auf uns zukommen würde, damit er sie nicht ganz unvorbereitet traf. Hatte ich eine andere Wahl?

Ich ging zu ihr ins Schlafzimmer. Sie zog sich aus, um gleich zu duschen, stand im Slip da. Mir fiel auf, wie schön sie war. Ihre Hüftkurven hatten mich früher schon immer angemacht, aber jetzt war ihr Rücken von den vielen Besuchen im Sportstudio in den vergangenen Jahren noch straffer geworden. Wann hatte ich ihr das letzte Mal gesagt, dass sie hübsch war? Hätte ich ihr öfter mal Komplimente gemacht, hätte sie mich vielleicht nicht so häufig zusammengeschissen, und wir hätten keine Eheprobleme gehabt. Ich sagte ja, alles war *meine* Schuld.

»Es gibt da etwas, über das wir reden müssen«, sagte ich.

»Okay«, sagte sie, da sie an meinem Ton erkannte, dass es sich um etwas Wichtiges handelte.

Ich zögerte, mir wurde bewusst, dass ich es bereuen könnte. Warum beichten, wenn ich es nicht nötig hatte. Sophies Mann war vielleicht längst verhaftet, und ich wäre raus aus der Sache. Außerdem: Würde ich Maria wirklich davon überzeugen können, dass ich gestern Abend nicht in der Absicht zu dem Townhouse gefahren war, mit Sophie zu schlafen, wenn ich nicht mal sicher war, ob ich es selbst glaubte?

Maria wartete noch immer auf meine Antwort.

»Ich wollte dir nur sagen, dass ich doch mitfahre zu Steve und Kathy.«

Sie schien verwirrt, als könne sie kaum glauben, dass ich deswegen ins Schlafzimmer gekommen war.

Ich ging in die Küche und machte French Toast. Jonah freute sich schon auf den Ausflug. Steve hatte zwei Söhne, und Tyler, der Jüngere, war ein Jahr älter als Jonah. Steve hatte ihm zu seinem letzten Geburtstag ein Trampolin geschenkt, und Jonah konnte es kaum erwarten, darauf herumzuturnen.

»Wie hoch kann ich wohl springen?«, fragte er.

»Vielleicht bis zum Mond«, sagte ich.

»Nein. So hoch nicht«, antwortete er. »Ich kann nur einen Meter hoch springen. Guck mal.«

Er führte es mir vor.

»Man kann nie wissen«, sagte ich. »Wenn du deine ganze Kraft hineinlegst und hoch hinauswillst …«

Das Frühstück mit Jonah war eine nette Abwechslung. Fast vergaß ich dabei meine Probleme, und dann kam mir der Gedanke, dass vielleicht genau *das* mein Problem war – ich war davon besessen, hatte mich verrückt gemacht deswegen. Wenn ich aufhörte, mir ständig Sorgen zu machen, würden vielleicht auch meine Probleme einfach verschwinden.

Die Strategie schien zu funktionieren. Unter der Dusche gewann ich die Zuversicht, dass sich schon alles finden würde, und beim Abtrocknen konnte ich mir einreden, die ganze Sache sei überstanden. Sophies Ehemann musste mittlerweile verhaftet sein, und mein Name würde nicht genannt. Mir war schon klar, dass ich mich in einem merkwürdigen Zustand der Verleugnung befand. Ich war nicht einmal entsetzt über Sophies Tod, wie es sich eigentlich gehört hätte, das alles würde mich erst irgendwann später voll erwischen.

Als ich aus der Dusche trat, machte Maria gerade Jonah fertig für die Fahrt, so dass ich, neben der Küche stehend, auf meinem Handy schnell die Lokalnachrichten aufrief.

Ich bekam weiche Knie, als ich die Zeile las:

Es war also doch kein böser Traum gewesen wie gehofft. Es war tatsächlich passiert.

Ich überflog die ersten Absätze, verlangsamte das Lesetempo erst, als ich zu den guten Nachrichten kam: Die Polizei hatte mit Sophies Mann gesprochen, Lawrence Ward, der in diesem Fall als Person von besonderem polizeilichen Interesse galt. Ich wurde nur am Rande erwähnt: ›Ein Online-Freund, Jack Harper, Manhattan, hat die Leiche Freitagabend gegen 18:00 Uhr gefunden und die Polizei benachrichtigt.‹

Ein Online-Freund.

Das konnte nur von Arschloch Detective Barasco stammen. Musste er der Zeitung meinen Namen nennen? Was war, wenn Maria oder ein Arbeitskollege ihn las? Der Name stand nicht an prominenter Stelle, trotzdem, er stand *da,* für alle Welt sichtbar.

Ich redete mir ein, ganz *so* schlimm sei es nicht, es hätte schlimmer kommen können. Während sich die Beschreibung in Andeutungen erging und Anrüchigkeit unterstellte, war von mir wenigstens nicht als Verdächtiger in dem Fall die Rede. Wenn alles gutlief, würde die Polizei Sophies Mann bald verhaften und es nicht mehr für nötig halten, in ihre Browser-Chronik zu schauen.

Ich suchte im Netz nach ›Lawrence Ward White Plains‹. Ich hatte keine Vorstellung von ihm, doch seine äußere Erscheinung überraschte mich dann doch. Er war grauhaarig, schlaksig, und er sah harmlos aus, nicht wie einer, der seine Frau schlug; andererseits mussten Missbrauchstäter ja auch nicht entsprechend aussehen. Er war der Finanzvorstand eines Pharmaunternehmens, was erklärte, warum er sich zwei Wohnsitze leisten konnte. In unseren Chats hatte mir Sophie ihren Familiennamen nie genannt, deswegen hatte ich sie bis jetzt nicht gegoogelt. Ich fand ihre Facebook-Seite, sah ihre Fotos. Das Foto auf der Seite von Discreet Hookups war auch da, sowie diverse andere, hauptsächlich von Wohltätigkeitsveranstaltungen und Promi-Gesellschaften. Sie schien mir nicht so, nun ja, witzig zu sein wie in unseren Chats, aber das hier war ja auch Facebook, deswegen war es nur folgerichtig, dass die Fotos zeigten, wer sie angeblich, und nicht, wer sie wirklich war. Ein Merkmal an ihr hatte jedoch eine nachhaltige Wirkung: ihre wasserblauen Augen. Sie waren so lebendig, so gefühlvoll. Es erschien mir unmöglich, dass Sophie für immer weg war …

Nachdem ich mich angezogen hatte, ging ich ins Wohnzimmer, setzte Jonah auf meine Schultern, und wir drehten uns im Kreis. Er lachte übermütig. Dann ging ich zu Maria, küsste sie auf den Mund und sagte: »Wir hatten es in letzter Zeit nicht leicht. Das tut mir leid. Ich liebe dich.«

Die Worte hörten sich merkwürdig an. Ich wusste nicht, wann ich sie ihr das letzte Mal gesagt hatte.

Verlegen sah sie mich an und sagte dann ohne jede Gefühlsregung: »Ich liebe dich auch.«

Sie erschien mir noch immer verwirrt, vielleicht sogar misstrauisch, doch ich hoffte, dass ich mir das alles nur einbildete.

***

Wir erwischten den Elf-Uhr-Zug von Harlem nach Katonah. Jonah spielte mit seinem Nintendo, Maria las auf ihrem Kindle, und ich schaute aus dem Fenster.

»Alles okay?«, fragte Maria.

Ich schreckte hoch. Es gelang mir nur mäßig, meine Gefühle zu verbergen.

»Ja«, sagte ich. »Meine Augen sind nur gereizt. Wahrscheinlich eine Allergie.«

Ich suchte die Toilette auf, nahm den Uringestank kaum wahr und heulte ein paar Minuten. Dann spritzte ich mir kaltes Wasser ins Gesicht und kehrte zurück zu Maria und Jonah.

»Wirklich alles okay?«, fragte Maria, ohne von ihrem E-Reader aufzublicken.

»Ja«, log ich. »Alles gut.«

***

Am Bahnhof von Katonah erwartete uns Steve neben seinem in zweiter Reihe geparkten SUV. Steve hatte schon immer Übergewicht, doch jetzt schien er noch dicker zu sein als beim letzten Mal vor etwa einem Jahr, und sein Haar war grauer und dünner. Das kannte ich bereits bei ihm; wenn ich ihn eine Zeitlang nicht gesehen hatte, fiel mir auf, dass er sich immer mehr gehenließ. Manche Menschen ziehen in Vororte, um dem Stress der Stadt zu entkommen und entspannter zu leben, doch nach Steves nachlässiger Erscheinung zu urteilen, war das Vorstadtleben mindestens so anstrengend.

»Hallo, wie geht's?«, sagte er. »Schön, dass ihr da seid.«

Er küsste Maria auf die Wange und knuddelte sie, mir reichte er seine kalte, schlaffe Hand.

Nachdem er Jonah abgeklatscht hatte, sagte er: »Tyler freut sich schon wahnsinnig auf dich. Wir haben jetzt ein Trampolin im Garten.«

»Toll«, sagte Jonah.

Wir stiegen in den SUV, Maria setzte sich nach vorne, neben Steve. Sie bestritten den größten Teil der Unterhaltung, tauschten sich über die Kinder aus und tratschten über gemeinsame Bekannte vom College. Jonah war längst wieder vertieft in sein Nintendo, und ich war abgelenkt von meinen verstörenden, paranoiden Gedanken.

Ich hatte nie verstanden, warum die Beziehung zwischen Steve und Maria gescheitert war. Maria hatte mir mal gestanden, es sei deswegen, »weil wir wussten, dass wir nicht füreinander geeignet waren«. Trotzdem gab es zwischen beiden immer ein starkes Gefühl der Verbundenheit. Ich hatte nie einen Grund zur Eifersucht, nur manchmal fragte ich mich, ob Steve nicht doch noch nach Maria schmachtete und neidisch auf mich und meine Ehe war. Er hatte sich nie in diese Richtung geäußert; es war eher mein Gefühl oder ein gelegentlicher Blick von ihm. Er mochte mich, schien mich aber gleichzeitig dauernd zu taxieren, ob ich Maria wirklich verdiente.

Als Maria und ich uns kennenlernten, waren Steve und Kathy bereits zusammen. Sie hatten einige Jahre in der Stadt gewohnt, in der West Side, wir waren zusammen ins Kino gegangen oder hatten uns gegenseitig nach Hause eingeladen und zusammen gegessen, während die Kinder miteinander spielten. Steve und ich freundeten uns schließlich auch an. Manchmal tranken wir zusammen Kaffee, oder er lud mich ein, ohne Maria, um sich gemeinsam ein Football- oder Basketballspiel im Fernsehen anzugucken. Mit Kathy allerdings, die immer herb und steif wirkte, waren weder Maria noch ich je richtig warm geworden.

Als ihr ältester Sohn Evan eingeschult werden sollte, zogen Steve und Kathy nach Westchester, ›wegen der Schulen‹. Diese Logik hatte mir nie eingeleuchtet, denn es gab ausgezeichnete Schulen in Manhattan, doch in diesem Fall kam wohl noch ein weiterer Grund hinzu: Kathy war in Westchester aufgewachsen, und das Stadtleben hatte ihr nie behagt.

Wir kamen nicht mehr so oft zusammen wie früher, was zum Teil an der Entfernung lag, aber auch daran, dass es schwierig war, unsere Arbeitszeiten und die Stundenpläne der Kinder zu koordinieren.

In South Salem bogen wir von der Hauptstraße in die Savage Lane, eine schmale kurvenreiche Landstraße. Steve und Kathy bewohnten mit ihren Kindern ein Haus aus den Achtzigern, mit vier Schlafzimmern. Zusammen mit dem knapp einen Hektar großen Grundstück hätte es auf dem Markt sicher seine sechshunderttausend Dollar erzielt. Immer wenn wir auf Besuch waren, wurde ich unwillkürlich neidisch auf den Platz, den sie zur Verfügung hatten. Allein das Wohnzimmer war praktisch so groß wie unsere ganze Wohnung, und um das Haus herum verlief eine Veranda mit Waldblick. Ich liebte das Stadtleben – es gab Dinge, auf die ich niemals verzichten wollte, doch Platzmangel war für Maria und mich ein Problem, vielleicht unser größtes. Wie hätte sich unsere Ehe entwickelt, wenn wir zusammen mit

Steve und Kathy aus der Stadt weggezogen wären? Hätten wir uns seltener gestritten, uns nicht auseinandergelebt, hätten wir weiterhin Sex? Hätte ich eine Online-Affäre mit einer Frau angefangen?

Wenn man Steve und Kathy als Anhaltspunkt nahm, dann hätte sich für Maria und mich mit einem Wohnortwechsel nicht viel verändert. Ich wusste, dass der Umzug sie finanziell überfordert hatte, seit einiger Zeit mussten sie auf ihr Erspartes zurückgreifen und Hilfe von Kathys Familie in Anspruch nehmen. Kathy kam aus reichem Haus, aber leicht dürfte es ihnen beiden nicht gefallen sein, mit Anfang vierzig noch von ihren Eltern unterstützt zu werden. All das musste ihre Ehe belasten, und wären sie nicht aus der Stadt weggezogen, wäre Steve vielleicht in Form geblieben und nicht so schnell ergraut.

Einen anderen Lebensweg einzuschlagen löst nicht unbedingt die alten Probleme, sondern führt manchmal nur zu neuen.

Jonah rannte gleich mit Evan und Tyler davon, um auf dem Trampolin zu hüpfen, und Steve und Kathy baten uns zu einer Tasse Kaffee auf die Veranda. Ich fing ein Gespräch mit Steve über seinen Job als Buchhalter an, seine Firma steckte mitten in einer Fusion. Ein paarmal schaute ich auf meinem Handy nach neuen Nachrichten, blieb aber so konzentriert wie möglich.

Kathy und Maria plauderten unterdessen über ihre Kinder. Die Verlegenheit zwischen ihnen hatte noch zugenommen, wie mir auffiel. Es gab lange Schweigepausen zwischendurch, und wenn Kathy Fragen stellte, antwortete Maria einsilbig, gefolgt von der nächsten Schweigepause. Während der Zugfahrt hatte sich Maria still und distanziert verhalten, sprach kaum mit mir oder Jonah. Im Gespräch mit Steve war sie wiederaufgelebt, aber was bedeutete das schon? Sie hatte sich schon immer gerne mit Steve unterhalten.

Ich litt schon unter Verfolgungswahn. Hatte Maria einen Verdacht, dass ich jemanden kennengelernt hatte, und sie hatte mich einfach noch nicht zur Rede gestellt? Es sähe Maria ähnlich, Gefühle in sich hineinzufressen, besonders Wut.

Später bat mich Steve in seinen Keller, um mir den Stand der Renovierung zu zeigen. Er hatte einen neuen Teppichboden verlegt, eine Tischtennisplatte aufgestellt.

Wir spielten Pingpong, ein paar Schmetterbälle, als er die Frage stellte: »Und, alles in Ordnung zwischen dir und Maria?«

Scheiße, war es *so* deutlich?

Ich versuchte, cool zu bleiben. »Ja, alles bestens.« Und dann, nach einer Verschnaufpause, fragte ich: »Warum?«

»Ich weiß nicht, mir ist eine gewisse Spannung zwischen euch aufgefallen.«

Ich betrachtete Steve zwar als einen guten Freund, doch Maria kannte er sehr viel länger als mich, und seine Loyalität galt ihr, nicht mir. Hatte Maria ihn beauftragt herauszufinden, was mit mir los war, um es ihr später berichten zu können? Ich hielt es für möglich, aber so oder so hätte ich kein gutes Gefühl dabei gehabt, mich ihm anzuvertrauen.

»Es geht uns ganz gut so weit«, sagte ich. »Wir machen nur gerade eine schwere Zeit durch.«

»Willkommen im Klub«, sagte er. »Kathy und ich gehen seit einem halben Jahr zu einer Eheberatung.«

Daher wehte also der Wind. Er hatte sich nach meiner Ehe erkundigt, um eine Entschuldigung zu haben, über seine zu reden.

»Das tut mir leid«, sagte ich.

»Muss es nicht«, sagte er. »Eigentlich ist es Kathy, die in letzter Zeit nicht glücklich ist. Wie du weißt, sind wir hierhergezogen, weil sie es so wollte. Sie ist kein Stadtmensch. Ich hätte nichts dagegen gehabt, wenn die Kinder in der Stadt aufgewachsen wären. Aber jetzt sagt sie, dass sie sich langweilt. Ich möchte, dass sie wieder anfängt zu arbeiten, die Kinder sind jetzt alt genug, aber das will sie auch nicht. Was soll ich machen?«

»Das ist hart«, sagte ich.

»Wie es halt so geht«, sagte Steve. »Es könnte klappen oder auch nicht, aber wenigstens weiß ich, dass wir alles versucht haben. Die Situation hätte sich auf Dauer sowieso zugespitzt, deswegen ist es gut, sich ihr zu stellen.«

Er legte einen feinen Rückhandstopp hin, so dass ich nach dem Ball ausholen musste, was ihm wiederum eine Vorlage für einen Schmetterball gab.

Als ich den Ball aufhob, sagte er: »Was ist mit euch? Wollt ihr zu einer Eheberatung?«

»Maria ist dagegen.«

Wir setzten unseren Schlagabtausch fort.

»Ja, das sieht Maria ähnlich«, sagte Steve. »Sie neigt nicht zur Nabelschau. Da kann man nichts machen. Du kannst einen Menschen nicht zu einer Therapie zwingen. Ein Bekannter aus meinem Country Club hat seine Frau praktisch in die Therapiesitzung geschleift, und sie hat sich mit Händen und Füßen gewehrt – es war die totale Katastrophe.

Man tut, was man kann, und wenn es alles nichts hilft, lässt man sich scheiden.«

»Aus deinem Mund hört es sich so einfach an«, sagte ich.

»Ich habe nie gesagt, dass es einfach ist. Aber was ist denn die Alternative? Eine schlechte Ehe für den Rest seines Lebens ist doch das Letzte, was man will.«

Hatte Maria ihm gesagt, wir führten eine schlechte Ehe?

»Ich würde nicht behaupten, dass wir eine *schlechte* Ehe führen«, sagte ich.

»Oh, so habe ich das nicht gemeint«, sagte er. »Ich meine eher eine schwierige Ehe, mit vielen Streitpunkten. Wie unser Therapeut so schön sagt: Eine gute Ehe braucht viel Arbeit, aber keine Schwerstarbeit. Wie auch immer, man sollte nur auf keinen Fall anfangen fremdzugehen.«

Ich hechtete nach einem Ball und verfehlte ihn.

»Willst du mal die Schläger wechseln?«, fragte er.

»Wenn ich den Ball nicht treffe, hilft mir das auch nicht weiter«, sagte ich.

Ich holte den Ball zwischen zwei Kartons hervor, wischte die Spinnweben von den Hosenbeinen, und wir spielten weiter. Ich wollte meine Paranoia nicht noch pflegen, aber es fiel mir schwer. War ich so leicht zu durchschauen? Schickte ich irgendwelche Signale aus? Stand mir ›Ehebrecher‹ auf die Stirn geschrieben? Hatte Steve die *NY Times* oder einen anderen Artikel über den Mord gelesen, oder sah ich Gespenster?

Ich gab mir Mühe, nicht zu defensiv zu klingen. »Wie kommst du darauf, dass ich fremdgehen könnte? Das würde mich schon interessieren.«

»Sage ich ja gar nicht«, wehrte er ab. »Ich will dich nur davor warnen, mehr nicht.«

»Bist du schon mal?«, fragte ich, um von mir abzulenken.

»Nein, und ich würde es auch niemals tun«, sagte er. »Ein paar Häuser weiter wohnte ein Paar. Die Frau hatte ihn betrogen, eine Affäre mit einem Teenager. Von wegen schlechte Entscheidungen. Dabei haben alle gedacht, der Mann würde sie mit der geschiedenen Frau betrügen, die früher unsere Nachbarin war. Wie auch immer, was ich damit sagen will: Betrügen ist nie eine gute Idee. Wenn es in einer Ehe Probleme gibt, bekommt es ihr immer besser, sich für den richtigen Weg zu entscheiden.«

Wo war Steve bloß letzte Woche gewesen, bevor ich mich auf Discreet Hookups einloggte?

»Ich betrüge meine Frau nicht«, sagte ich.

»Das hört man gern«, sagte Steve. »Wie wir beide wissen, kann Maria dickköpfig und eigensinnig sein, aber sie ist eine tolle Frau. Ich würde sie niemals gehen lassen, wenn sie meine Frau wäre. So viel weiß ich.«

Ich traf einen Ball mit der Schlägerkante, als er von der Wand abprallte.

»Genug Pingpong für heute«, sagte Steve. »Ich brauche noch ein Bier.«

Wir gingen nach oben. Kathy bereitete in der Küche einen Salat, durch das Fenster sah ich Maria mit ernstem, geschäftsmäßigem Gesichtsausdruck im Garten telefonieren. Sprach sie mit ihrem Cousin Michael, dem Scheidungsanwalt? Vielleicht hatte sie, während ich Pingpong spielte, den Artikel im Internet gelesen und herausgefunden, dass ich mich mit Sophie Ward eingelassen hatte.

»Alles okay, Jack?«

Aufgeschreckt fuhr ich herum; ich hatte Steve gar nicht hinter mir heraufkommen hören.

»Ja, alles gut«, sagte ich. »Ich genieße nur die Aussicht auf die Landschaft.«

Als Maria ihr Telefongespräch beendet hatte, ging ich nach draußen, um sie abzufangen, bevor sie zurück ins Haus kam.

»Hey«, sagte sie. »Wie war euer Pingpongspiel?«

Simple Frage, doch Maria erschien mir unaufmerksam.

»Gut«, sagte ich. »Mit wem hast du telefoniert?«

»Nur mit meinem Chef«, sagte sie. »Heute Morgen ist das System zusammengebrochen, aber wie es aussieht, läuft es wieder. Ist das Essen schon fertig? Ich habe einen Mordshunger.«

Den Nachmittag über wirkte Maria reserviert, und auch ich war nicht ganz bei mir. Minutenlang war alles gut, dann setzte wieder die Paranoia ein, und ich glaubte fest, Steve und Maria, sogar Kathy würden wissende, wertende Blicke in meine Richtung werfen. Vor meinem inneren Auge tauchte das Bild der um Sophies Hals gebundenen roten Krawatte auf, ihr schiefer Mund, und aufs Neue durchlebte ich den Horror. Am schlimmsten war, dass ich keine Möglichkeit hatte zu trauern. Ich konnte nicht einfach anfangen zu heulen oder jemandem erzählen, warum ich so unruhig war. Vorausgesetzt, der Polizei würde schnell eine Festnahme gelingen, müsste ich mich wieder in Therapie begeben, um diese Last loszuwerden, andernfalls würde ich sie mein Leben lang mit mir herumschleppen.

Nach dem Mittagessen saßen wir zusammen und machten Small Talk, hauptsächlich über die Kinder. Keiner sagte viel, und es war schwierig, das Gespräch aufrechtzuerhalten. Ich fragte Steve, ob er uns zum Bahnhof bringen könnte, damit wir noch den Zug um 16:31 Uhr nach Manhattan erwischten. Eigentlich war geplant, erst abends zurückzufahren, aber die Atmosphäre war so verkrampft, dass weder Steve noch Kathy besonders enttäuscht über den früheren Aufbruch schienen.

»Okay«, sagte Steve und ging schnurstracks zur Garderobe, um sich den Mantel anzuziehen. »Aber wir müssen uns beeilen, wenn ihr den Zug noch kriegen wollt.«

Während der Zugfahrt blieb Maria kalt und distanziert. Jonah war ganz vertieft in sein Pokémon-Manga, deswegen sagte ich mit gedämpfter Stimme zu Maria: »Bist du sauer auf mich?«

»Nein, wie kommst du darauf?«

»Du verhältst dich schon den ganzen Tag so komisch, deswegen frage ich mich, ob du wirklich sauer bist oder ob ich mir das nur einbilde.«

Sie hielt meinem Blick sekundenlang stand, dann sagte sie: »Es geht immer nur um dich, ja?«, und sah weg.

Sie hatte schon öfter im Streit solche kryptisch-melodramatischen Bemerkungen gemacht. Nur wusste ich dieses Mal nicht, worüber wir eigentlich stritten.

»Habe ich etwas gesagt, das ich besser nicht hätte sagen sollen? Habe ich dich gekränkt? Wenn ja, dann sag es mir, damit ich mich entschuldigen kann.«

»Ich möchte nicht darüber reden.«

»Woher soll ich wissen, was los ist, wenn du nicht darüber reden willst?«

Die restliche Fahrt über sprachen wir kaum, Jonah wurde quengelig und stinkig, so dass Maria und ich die meiste Zeit mit ihm beschäftigt waren.

Von der 125th Street nahmen wir ein Taxi nach Downtown. Maria war immer noch verärgert und vermied jeden Augenkontakt. Sie hatte schon einmal so reagiert, wie ich mich jetzt erinnerte. Es war in der Zeit meiner schlimmsten Trinkerei, als sie mich damit konfrontierte und sagte, wenn ich mir keine Hilfe holte, würde sie mich verlassen und dafür sorgen, dass ich Jonah nie wiedersähe. Vor Schreck war ich daraufhin zu den A. A. gegangen. Ich fürchtete, dass sie mich jetzt, wenn wir nach Hause kämen, vor ein ähnliches Ultimatum stellen würde – sie würde mich beschuldigen, eine Affäre angefangen zu haben, und mir drohen, mich zu verlassen und Jonah mitzunehmen. Ich würde alles abstreiten. Zwar hatte ich diesen ganzen Schwindel satt und wollte von nun an ehrlich sein, andererseits wollte ich nicht riskieren, dass sie explodierte und mir wieder mit Scheidung drohte.

Beim Betreten des Hauses hätte ich mir gleich denken können, dass etwas nicht stimmte. Robert, unser Doorman, sah mich unverwandt an, als ich Hi sagte, erwiderte den Gruß aber nicht wie üblich.

In der verspiegelten Wand gegenüber dem Aufzug sah ich, warum.

11

Schon Sehnsucht nach mir gehabt?«, fragte mich Detective Barasco grinsend.

Vor Schreck antwortete ich nicht, konnte kaum klar denken. Nur eins war mir sofort klar: ›Das war's. Das ist das Ende deiner Ehe.‹

»Wollen Sie mich nicht Ihrer Familie vorstellen?«, fragte er dreist. »Aber das kann ich auch selbst machen.« Er streckte Maria die Hand entgegen. »Nick Barasco, NYPD.«

Ich schwöre, er schaute ihr in die Augen, als wollte er sie anbaggern.

Während er noch ihre Hand schüttelte, sagte er lächelnd zu Jonah: »Und du, mein Kleiner. Wie heißt du?«

Jonah antwortete nicht und versteckte sich schüchtern hinter Maria.

»Ich weiß, heute ist auch nicht mein Tag«, sagte Barasco. Dann wandte er sich an mich: »Haben Sie ein paar Minuten Zeit?«

Ich musste mir irgendeine Erklärung für Maria einfallen lassen, warum ein Detective der New Yorker Polizei mich sprechen wollte, aber ich war viel zu durcheinander.

Ich zögerte, da fragte Maria bereits: »Was soll das, bitte?«

Barasco setzte zu einer Antwort an, doch ich unterbrach

ihn. »Bei einem potentiellen Kunden hat es einen Zwischenfall gegeben.«

Unter Druck war es die beste Lüge, die mir einfiel.

»Wirklich?«, fragte Maria. »Was für ein Zwischenfall?«

»Es ist etwas kompliziert«, sagte ich. »Geh doch mit Jonah schon mal nach oben und warte da auf mich.«

Barasco, der sadistische Hund, amüsierte sich prächtig über meine verzweifelten Versuche, meine Ehe zu retten.

»Du hast mir nichts davon erzählt«, sagte Maria.

»Ich habe es vergessen«, sagte ich. »Jonah ist müde, geht nach oben.«

»Irgendwann müssen Sie ihr die Wahrheit sagen, Mr. Harper.«

»Wahrheit? Worüber?«, fragte Maria.

»Es ist nichts«, sagte ich.

»Gestern Abend hat es einen Mord gegeben«, sagte Barasco.

»Ein Mord?« Maria war entsetzt.

»Was ist Mord?«, fragte Jonah.

»Wir sollten unser Gespräch lieber oben fortführen«, sagte Barasco. »Außerdem müsste ich mal auf Ihr Klo.«

Im Aufzug sprach Barasco kein Wort. Ich spürte Marias starren Blick, doch meine ganze Aufmerksamkeit gehörte Jonah. »Wenn wir zu Hause sind«, sagte ich, »möchte ich, dass du gleich in dein Zimmer gehst und deine Hausaufgaben machst.«

»Aber ich habe Hunger«, sagte er.

»Essen gibt es später. Zuerst machst du deine Hausaufgaben.«

Auf unserer Etage angekommen, stiegen Maria und

Jonah zuerst aus, dann sagte Barasco mit ausgestreckter Hand: »Nach Ihnen«, und ich trat vor ihm auf den Flur. Wie ich diesen Kerl hasste! Er war wie ein Bulle alten Typs, der erst entscheidet, wer der Schuldige ist, und dann anfängt, Beweismittel zusammenzutragen, statt andersherum. Und ich überlegte immer noch, was ich Maria sagen sollte, wie ich ihr das alles erklären konnte.

Als wir die Wohnung betraten, sah ich kurz zu ihr. Sie schäumte vor Wut, kniff die Augen zusammen, ihre Nasenflügel bebten.

»Warum kann ich nicht jetzt was essen?«, fragte Jonah.

»Deswegen nicht«, sagte Maria und brachte Jonah, der weiterhin protestierte, in sein Zimmer.

»Darf ich?«, sagte Barasco mit Blick auf die Badezimmertür.

»Bitte, nur zu«, sagte ich.

Während er auf der Toilette war, versuchte ich angestrengt, meine Gedanken zu sammeln, mir einen Plan zurechtzulegen.

Nach ein paar Minuten kam Barasco wieder aus dem Badezimmer, und mich wehte ein grässlicher Gestank an.

»Tut mir leid, es gab indische Küche in der Mittagspause«, sagte er.

Es klang nicht zerknirscht, eher stolz.

Mit gedämpfter Stimme sagte ich: »Müssen wir das hier vor der ganzen Familie verhandeln? Warum fahren wir nicht zur Polizeiwache?«

»Hören Sie«, sagte er. »Ich weiß, Sie haben Angst, Ihre Frau könnte dahinterkommen, dass Sie rumficken –«

»Ich ficke nicht rum.«

»Sorry, eine Frau online kennenlernen und sich telefonisch zum Sex verabreden, das nenne ich rumficken.«

»Was ist los?« Maria war ins Zimmer gekommen.

»Nichts«, sagte ich.

»Was heißt, nichts?« Maria wandte sich Barasco zu. »Warum wollen Sie mit meinem Mann wegen eines Mordes sprechen?«

»Gestern Abend wurde eine Frau ermordet«, sagte Barasco. »Sophie Ward …«

»Ich kann das erklären, okay?«, stammelte ich. »Es hört sich schlimm an, aber es ist nicht so schlimm, wie es sich anhört, denn es ist nichts passiert.«

»Was ist los?« Maria funkelte mich an.

»Nichts«, sagte ich. »Gar nichts.«

»Kanntest du die Frau, die getötet wurde? Stacie …«

»Sophie«, korrigierte Barasco.

»Es war nur eine Freundschaft«, sagte ich.

»Eine *Freundschaft*?« Maria klang zornig und verwirrt.

»Sie haben sicher viel zu besprechen, wenn ich wieder weg bin«, sagte Barasco. »Aber im Moment habe ich keine Zeit für solche Liebesdramen.« Er grinste über seinen blöden Witz, dann sah er zu Maria, die noch immer mich anschaute. »Vielleicht wäre es besser, Sie gehen mit Ihrem Sohn irgendwo anders hin und kommen später zurück, dann können Sie das in Ruhe besprechen.«

»Was war das für eine Freundin?«, fragte Maria. »Woher kennst du sie?«

Dermaßen überrumpelt, zögerte ich und stellte mich dumm: »Was?«

»Wer ist Sophie?«, fragte sie.

Ich konnte nicht lügen, nicht in Anwesenheit von Barasco.

»Ich habe sie online kennengelernt«, sagte ich.

»Online?«, sagte sie. »Also Facebook?«

»Nein, äh … auf einer anderen Website.«

»Was für eine Website?«

Während der schlimmsten Phasen meiner Trunksucht habe ich viele Sachen gemacht, die ich bis an mein Lebensende bereuen werde. Ich habe Arbeitgeber beleidigt, mich in Bars mit anderen geprügelt und war in jeder Hinsicht ein totales Arschloch. Aber nie habe ich mich elender gefühlt, mich mehr geschämt als in diesem Moment: »Discreet Hookups.«

»Discreet Hookups?« Sie klang schockiert, gedemütigt und wütend.

»Falls der Name nicht für sich spricht – es ist eine Seite für Seitensprünge«, teilte Barasco ihr mit.

»Ich habe dich nie betrogen«, sagte ich zu Maria.

»Ich …« Sie musste sich festhalten. »Ich fasse es nicht.«

»Wirklich, Sie müssen dieses Gespräch später führen«, sagte Barasco hämisch grinsend. »Im Moment möchte ich nur –«

»Ich will die Wahrheit wissen«, sagte Maria. »Hast du mich betrogen oder nicht?«

»Nein«, sagte ich und sah ihr dabei fest in die Augen, ohne zu blinzeln. »Ich schwöre, ich habe sie nicht einmal persönlich gesprochen. Es war ein Flirt, mehr nicht. Mehr ist nicht dran.«

Maria funkelte mich weiterhin an.

»Ich muss Ihnen ein paar Fragen stellen, Mr. Harper«, sagte Barasco.

»Was für Fragen?«, fragte Maria.

»Er hat die Leiche entdeckt«, sagte Barasco. »Er war …« Er sah mich an, fuhr dann fort: »Sagen wir es so, er pflegte in den Tagen vor ihrem Tod eine gewisse Beziehung zu ihr.«

»Ich pflegte keine Beziehung zu ihr.«

Er überhörte meinen Einwand und sagte zu Maria: »Er ist mindestens ein wichtiger Zeuge in diesem Fall, vielleicht sogar der wichtigste.«

»Mindestens?«, sagte ich. »Wie soll ich das verstehen?«

»Verstehen Sie es, wie Sie wollen.«

»Ich habe Ihnen gestern alles gesagt, was ich weiß, jedes weitere Gespräch mit mir ist reine Zeitverschwendung. Außerdem habe ich in den Nachrichten gelesen, dass Sie ihren Ehemann vorgeladen haben. Dann haben Sie doch, wen Sie suchen.«

»Wir haben Lawrence Ward heute Morgen freigelassen.«

»Was?« Ich konnte es nicht glauben. »Warum?«

»Wir hatten nichts in der Hand, um ihn weiter festzuhalten.«

»Sie hatten nichts, um ihn festzuhalten? Er hat seine Frau getötet.«

»Er hat ein Alibi. Zu dem Zeitpunkt, als seine Frau ermordet wurde, war er bei einer Arbeitsbesprechung in Stamford.«

»Woher wissen Sie das?«

»Wir haben Zeugen, die für ihn ausgesagt haben.«

»Die Zeugen lügen«, sagte ich. »Sie hatte Angst vor ihrem Mann. Er hat sie getötet. Er war es.«

»Mr. Harper. Ich würde vorschlagen, dass Sie –«

»Sie müssen ihn noch mal befragen«, sagte ich. »Sein Alibi ist für 'n Arsch.«

»Mommy, ich habe Hunger.«

Jonah war aus seinem Zimmer gekommen.

»Willst du nicht was essen gehen mit ihm?« schlug ich Maria vor. »Ich werde allein mit der Sache hier fertig.«

Maria sah mich hasserfüllt an, als wollte sie mich warnen, dass sie noch nicht fertig mit mir war, dann sagte sie zu Jonah: »Zieh dir deine Jacke an, wir gehen was essen.«

»Warum?«, sagte Jonah.

»Du sollst dir deine Scheißjacke anziehen«, sagte Maria.

»Fluch nicht vor ihm«, sagte ich.

»Du hast mir gar nichts zu sagen, Scheißkerl«, herrschte sie mich an. »Verdammter Betrüger.«

Ich schloss die Augen und fragte mich: ›Wie konnte das geschehen? Wie konnte es so weit kommen?‹

Als sie weg waren, ging ich auf Barasco los. »Was fällt Ihnen ein, an einem Samstag in meine Wohnung zu platzen, hier Stunk zu machen, meinen Sohn zu traumatisieren, und das alles ohne jeden Grund? Das ist absurd. Ich habe alles richtig gemacht. Ich habe die Leiche entdeckt, ich habe die Polizei gerufen. Sagen Sie mir, was ich falsch gemacht habe.«

Er wartete ein paar Takte ab, dann beugte er sich vor und drohte: »Legen Sie sich nicht mit mir an, sonst lege ich mich mit Ihnen an, dass Ihnen Hören und Sehen vergeht.«

»Was?«

Er holte Stift und Notizbuch hervor.

»Wo waren Sie heute den ganzen Tag?«

»In Westchester.«

»Ich habe Ihnen gesagt, dass Sie die Stadt nicht verlassen dürfen, und Sie hauen einfach ab.«

»Ich bin nicht abgehauen. Ich war bei einem Freund zum Grillen.«

»Ich habe Ihnen gesagt, dass Sie die Stadt nicht verlassen dürfen.«

»Westchester ist in New York, es gehört zur Stadt. Außerdem habe ich gedacht, dass der Fall gelöst ist. Sie hatten ihren Mann festgenommen. Das habe ich in den Nachrichten gesehen.«

»New York heißt New York *City*, Manhattan. Wenn ich Ihnen sage, Sie dürfen die Stadt nicht verlassen, und Sie verlassen die Stadt, dann heißt das, Sie hauen ab. Wissen Sie, dass ich Sie dafür verhaften kann?«

Während er mich mit seinem Blick niederzuringen versuchte, wurde mir klar: Mit einem New Yorker Polizisten zu streiten, der mich ohnehin in Verdacht hatte, würde meine Situation nicht verbessern.

»Hören Sie«, sagte ich. »Wenn ich mich schuldig fühlen würde, hätte ich mir längst einen Anwalt genommen. Aber ich will mir keinen Anwalt nehmen und die Sache in die Länge ziehen. Ich bin bereit, Ihnen alles, was ich weiß, zu sagen, wenn Sie mir versprechen, so gut wie möglich meine Privatsphäre zu respektieren.«

»Ihre Privatsphäre interessiert mich nicht die Bohne.«

Jetzt hörte er sich wie Maria an. Vielleicht war *ich* das Problem, nicht sie.

Ich schlug einen ruhigeren, diplomatischeren Ton an. »Was wollen Sie mich also fragen? Ich habe Ihnen gestern

Abend, als Sie mich bis ein Uhr festgehalten haben, alles erzählt.«

»Setzen Sie sich«, sagte er.

Er ließ sich auf dem Sofa nieder, ich setzte mich, ungern, auf das Zweiersofa neben ihm.

»Reden wir über Discreet Hookups.«

»Worüber?«

»Ich habe Ihre Chatprotokolle bei Sophie gesucht«, sagte er. »Wir haben nichts gefunden, weder auf Sophies Handy noch auf ihrem Laptop oder einem anderen Gerät. Würden Sie sie mir zur Verfügung stellen, oder soll ich mir dafür eine richterliche Vollmacht holen?«

Panik. Ich dachte an die Sachen, die ich Sophie geschrieben hatte, dass ich völlig eingenommen von ihr gewesen war und dass es nun alles ins Bild passte. Wenn er auf die Chatprotokolle stieß und sie Maria zeigte, dann würde aus meiner Alptraum-Ehe die reinste Hölle.

»Die habe ich gelöscht«, sagte ich. »Wahrscheinlich hat sie sie auch gelöscht.«

»Warum haben Sie sie gelöscht? Ach ja, Sie sind ja fremdgegangen.«

»Ich bin nicht fremdgegangen … Ich habe geflirtet.«

Er verdrehte die Augen. »Haben Sie außer über Discreet Hookups noch über andere Kanäle mit Sophie Ward kommuniziert?«

»Nein«, sagte ich. »Ich hatte nicht mal ihre E-Mail-Adresse, und Telefonnummern haben wir auch nicht ausgetauscht.«

»Ist okay, wenn Sie nicht zusammenarbeiten wollen«, sagte er. »Ich besorge mir eine richterliche Vollmacht. Informationen gehen heutzutage nicht mehr verloren.«

Wahrscheinlich hatte er recht, es ließen sich bestimmt Spuren oder sonst was auf meinem Laptop finden. Sollte ich meinen Laptop oder die Festplatte lieber zerstören? Aber wie würde sich das machen?

»Wofür brauchen Sie die Protokolle?«, fragte ich.

»Ja, richtig«, übertrieb er seinen Sarkasmus. »Sie wurde ja nur getötet, und ich bin ein Detective, der in dem Mordfall ermittelt, aber die Protokolle einzusehen, dafür gibt es natürlich nicht den geringsten Anlass.«

»Sie wollen mir nur schaden«, sagte ich, »meiner Ehe schaden, weil Sie glauben, ich würde Informationen oder so zurückhalten. Aber das tue ich nicht. Ich bin absolut ehrlich und kooperativ. Ich will nur sagen … wenn Sie das machen, zeige ich Sie an. Das ist illegal.«

Ich hatte keine Ahnung, ob sein Vorgehen illegal war oder nicht. Barasco schien jedenfalls nicht sonderlich beeindruckt.

»Warum haben Sie mir nicht gesagt, dass Sie den Notruf zweimal angerufen haben?«

»Ich habe nicht zweimal angerufen«, sagte ich. »Ich habe …« Dann fiel es mir wieder ein: Nach dem ersten Mal hatte ich wieder aufgelegt, weil ich mir überlegen wollte, wie mit der Situation umzugehen war. »Ach, ja«, sagte ich. »Ich habe tatsächlich zweimal angerufen. Beim ersten Mal wurde die Verbindung unterbrochen.«

»Wie viel, meinen Sie, hat Sophie Ward gewogen?«

»Gewogen?«

»Ja«, sagte er.

»Keine Ahnung.« Worauf wollte er hinaus?

»Raten Sie mal«, sagte er.

»Ich weiß es nicht«, sagte ich. »Vielleicht sechzig, fünfundsechzig Kilo. Aber warum –«

»Sie haben sie hochgehoben, nicht?«

»Wie meinen Sie das?«

»Sie haben sie vom Flur ins Bett getragen, nicht?«

»Ich habe sie nirgendwo hingetragen«, sagte ich. »Als ich sie fand, lag sie im Bett.«

»Sagen Sie die Wahrheit«, fragte er, »oder haben Sie nicht doch etwas vergessen, so wie Sie vergessen haben, dass Sie den Notruf zweimal angerufen haben?«

»Wenn es Ihnen darum geht«, sagte ich. »Wenn Sie mir vorwerfen, ich hätte –«

»Ich will wissen, was gestern passiert ist, erzählen Sie mir keinen Scheiß.«

»Ich habe Ihnen gesagt, was passiert ist.« Ich bemerkte, dass ich praktisch schrie, und das würde mich auch nicht weiterbringen. Etwas ruhiger fuhr ich fort. »Haben Sie noch keine DNA-Probe? Sie wurde erdrosselt, oder? Dann müssen sich Hautpartikel unter ihren Fingernägeln befinden. Also DNA. Das passiert doch, wenn Menschen stranguliert werden, oder?«

»Sagen Sie es mir.«

»Haben Sie ihre Fingernägel untersucht oder nicht?«, fragte ich.

Er ignorierte meine Frage. »Wenn Sie sich so gut auskennen, sollten Sie vielleicht Detective werden, und ich verkaufe Immobilien … Es hätte uns weitergeholfen, wenn sie stranguliert worden wäre, aber das war gar nicht die Todesursache.«

Er wartete auf meine Reaktion.

»Verstehe ich nicht«, sagte ich. »Als ich hinkam, war die Krawatte um ihren Hals gebunden.«

»Wir glauben, dass sie an einer Kopfverletzung gestorben ist«, sagte er.

»Ich weiß nicht, wovon Sie sprechen«, sagte ich und merkte, wie gekünstelt sich das anhörte. Ich gab mir solche Mühe, natürlich zu erscheinen, dass alles, was ich sagte, verlogen klang, als hätte ich etwas zu verbergen.

»Im Flur unten finden sich Schäden an der Wand«, sagte er und beobachtete mich dabei genau. »Wir glauben, dass sie an die Wand geschleudert wurde oder mit Wucht dagegen geprallt ist. Und dann wurde sie nach oben getragen.«

Jetzt begriff ich, warum er mich nach ihrem Gewicht gefragt hatte; er hatte gehofft, ich würde mich verplappern.

»Verstehen Sie doch«, sagte ich. »Er hat versucht, es so aussehen zu lassen, als hätte ich sie getötet.«

»Wer?«

»Ihr Mann«, sagte ich. »Irgendwie hat er spitzgekriegt, dass ich Sophie in ihrem Haus in der 32nd Street treffen wollte, deswegen hat er jemanden beauftragt, einen Berufskiller, ihr in die Stadt zu folgen. Vielleicht hatte der Mann den Auftrag, uns beide zu töten, und ich kam nur zu spät. Wie dem auch sei, jedenfalls hat der Killer Sophie unten getötet und dann vielleicht ihren Mann angerufen und gefragt: ›Was soll ich machen? Sie liegt tot unten im Flur.‹ Und ihr Ehemann hat vielleicht geantwortet: ›Bringen Sie sie nach oben ins Schlafzimmer. Es muss so aussehen, als hätte der Mann es getan, mit dem sie sich trifft.‹ Ich habe keinen blassen Schimmer, was tatsächlich vorgefallen ist, okay? Ich will damit nur sagen, dass es mir bei einigem

Nachdenken plausibel erscheint. Der Auftragskiller hat sie nach oben getragen und ihr die Krawatte um den Hals gebunden. Dann ist er gegangen, vermutlich wenige Minuten bevor ich kam.«

Ich dachte, dass ich sehr überzeugend rüberkäme und meine Theorie einigermaßen Sinn ergebe, doch Barasco war skeptisch.

»Sehr beeindruckend«, sagte er. »Ich gucke auch gerne Polizeifilme. Aber nur damit Sie Bescheid wissen: Wir haben nichts gefunden, was diese These des durchgedrehten, manisch Eifersüchtigen stützt. Wir haben ihn gestern Abend vorgeladen, denn wenn eine Frau getötet wurde, muss man sich immer zuerst ihren Mann vornehmen. Aber Lawrence Ward ist ein angesehener Mensch, ein Geschäftsführer.«

»Er hat sie geschlagen.«

»Das sagt niemand außer Ihnen.«

»Es steht in unseren Chats.«

»Die Chats, die wir auf ihren Geräten nicht gefunden haben und die Sie gelöscht haben?«

»Ich schwöre, ich habe das nicht erfunden.«

»Ihr Mann hat keine Vorstrafen wegen häuslicher Gewalt, keine Kontaktverbote.«

»Sie hatte Angst«, sagte ich. »Aber sie hat ihre Angst verborgen.«

»Oder sie hat gelogen.«

»Nein. *Er* lügt«, sagte ich. »Und wenn jemand einmal lügt, dann lügt er vielleicht immer.«

»Nach Aussage von Freunden und Nachbarn gab es in letzter Zeit keine Spannungen zwischen den beiden. Wir haben mit ihren Familienangehörigen gesprochen, ihrem

Bruder und ihrer Schwester, und niemand hat je von irgendwelchen Konflikten gehört.«

»Dann hat sie nicht mit ihnen darüber gesprochen. Es heißt ja auch, dass man nie wissen kann, was wirklich in einer Ehe so vorgeht. Aber sie hatte große Angst vor ihrem Mann. Sie hat nicht gelogen. Warum sollte sie lügen?«

»Nur mal so als Vermutung: Sie könnte behauptet haben, in ihrer Ehe stünde es schlecht, um Sie zu ködern. Hätten Sie immer noch gern mit ihr gefickt, wenn sie gesagt hätte, ihr Mann sei ein Heiliger?«

»Nein.« Ich schüttelte den Kopf. »So war es nicht. Es war echte Sorge, echte Angst.«

»Sehe ich das richtig?«, sagte Barasco. »Ihrem Bruder und ihrer Schwester gegenüber verschweigt sie, dass ihr Mann sie schlägt, aber Ihnen, einem Wildfremden aus dem Internet, vertraut sie es an.«

»Es gab eine Verbundenheit zwischen uns«, sagte ich. »Ich weiß, es klingt abwegig, weil wir uns nie kennengelernt haben. Aber ich glaube, sie fühlte sich bei mir sicher, oder wenigstens so gut aufgehoben, dass sie mit mir darüber sprechen konnte, eben wegen unserer Verbundenheit.«

»Ihre Verbundenheit«, äffte Barasco mich nach. Dann fuhr er fort: »Ich möchte Sie ungern als leichtgläubig bezeichnen, Mr. Harper, aber ich sage es trotzdem – Sie sind leichtgläubig. Sie lernen online irgendeine Braut kennen, sie sagt, sie will mit Männern rummachen, und Sie glauben, dass sie die *Wahrheit* sagt.«

»Sie war nicht ›irgendeine Braut‹«, sagte ich. »Sie war eine liebenswürdige, aufrichtige Frau, und ja, ich habe ihr geglaubt.«

»So wie Sie ihr auch geglaubt haben, es sei ihr erstes Online-Date mit einem Mann?«

»Ja, ich glaube, es war ihr erstes Mal«, sagte ich. »Wenn sie mich hätte belügen wollen, warum dann nicht gleich in jeder Hinsicht? Warum hat sie mir ihren wirklichen Namen genannt?«

Zum ersten Mal hatte ich den Eindruck, dass Barasco mir wenigstens zuhörte, auch wenn er nicht alles glaubte.

»Eins kann ich Ihnen versichern«, sagte ich. »Was ihren Mann betrifft, hat sie nicht gelogen. Das war echt.«

»Hat Sophie noch andere Männer erwähnt, die sie über Discreet Hookups kennengelernt hat?«

»Nein.«

»Sie glauben also wirklich, dass Sie der Erste waren, ja? Sie könnte genauso gut eine notorische Betrügerin gewesen sein und sich noch mit anderen Männern getroffen haben.«

Hatte er recht? Hatte es noch andere Männer gegeben? Vielleicht war ich überhaupt nichts Besonderes für sie gewesen, nur eine weitere Eroberung.

»Spielt das eine Rolle?«, fragte ich.

»Vielleicht hatte sie einen anderen Mann kennengelernt, der eifersüchtig geworden ist oder besitzergreifend«, sagte er. »Wenn Sie abstreiten, dass Sie sie getötet haben, dann muss es ja jemand anders gewesen sein, oder?«

»Entschuldigung, ja, das ist natürlich wichtig«, sagte ich. »Aber von anderen Männern war nicht die Rede.«

»Hat sie sonst noch jemanden erwähnt, vor dem sie Angst hatte? Der sie in irgendeiner Weise bedroht hat?«

»Nein, außer ihrem Mann hat sie sonst niemanden erwähnt, vor dem sie Angst hatte.«

»Ihr Mann hat ein Alibi, deswegen müssen wir nach anderen Erklärungen suchen. Verstehen Sie jetzt, was ich meine?«

»Woher wollen Sie wissen, ob er nicht jemanden beauftragt hat, sie zu töten?«, sagte ich. »Einen gedungenen Mörder. Ermitteln Sie in diese Richtung?«

»Wir ermitteln in alle Richtungen, Mr. Harper.«

Die nächste halbe Stunde über fuhr Barasco mit seiner Vernehmung fort, wärmte hauptsächlich Fragen auf, die er bereits gestern oder heute gestellt hatte. Vielleicht erhoffte er sich einen Versprecher oder gar neue Informationen. Ich blieb so geduldig wie möglich, redete mir immer wieder ein, das alles sei nur Routine; wahrscheinlich vernahm er alle seine Zeugen ausgiebig, und nur weil er mich wie einen Mordverdächtigen behandelte, hieß das noch lange nicht, dass ich ein Mörder war.

Ich gab mir alle Mühe, das zu glauben.

Als er schließlich merkte, dass ich nichts Neues mehr für ihn hatte, steckte er sein Notizbuch in die Innentasche seiner Jacke. »Das wäre dann erst mal alles«, sagte er. »Die Ermittlungen gehen natürlich weiter. Wahrscheinlich werde ich Sie später oder morgen noch mal sprechen müssen.«

»In Ordnung«, sagte ich. »Aber eins sage ich Ihnen, es war ihr Mann.«

»Wenn er es war, dann finden wir es heraus. Mit Mord kommt niemand davon, Mr. Harper, schon gar nicht bei mir.«

Er hielt meinem Blick ganze fünf Sekunden stand, wie eine Warnung, dann verließ er die Wohnung.

12

Als Maria und Jonah vom Essen zurückkamen, sprach Maria nicht mit mir, ja nahm meine Anwesenheit kaum wahr, während sie damit beschäftigt war, Jonah ins Bett zu bringen.

Ich wusste, dass es in ihr brodelte. Es war nur eine Frage der Zeit, wann sie explodierte.

Jonah putzte sich die Zähne, und Maria war in Jonahs Zimmer, schlug die Bettdecke zurück.

»Bevor du etwas sagst: Es tut mir leid«, entschuldigte ich mich. »Wir hatten in letzter Zeit Probleme, ich weiß, aber das rechtfertigt in keiner Weise, was ich dir hier zumute.«

Ohne mich anzusehen, schleuderte sie mir entgegen: »Darüber reden wir später.«

Ich willigte ein, denn es würde sicher ein heftiges lautes Gespräch werden, das wir besser führen sollten, wenn Jonah schlief.

Jonah war, Gott sei Dank, wie meistens gut gelaunt. Er quasselte aufgeregt über das Geburtstagsfest seines Freundes Andrew in Chelsea Piers und schien, wenigstens heute Abend, unempfindlich gegenüber der Spannung zwischen seinen Eltern.

Um halb neun schaute ich noch mal nach ihm, er schlief. Maria hatte sich in unser Schlafzimmer zurückgezogen und die Tür zugemacht. Als ich eintrat, saß sie am Fuß des Bettes und telefonierte. Sie blickte zu mir auf, und ich sah die Wut in ihrem Gesicht. Ich holte tief Luft, sammelte Kraft. Wir hatten schon einige schwere Auseinandersetzungen in unserer Ehe gehabt, und ich wusste, dass diese auch so eine werden würde. Aber ich war bereit, alles zu tun, um Maria davon zu überzeugen, dass ich ein guter Ehemann sein konnte und dass sie mich nicht aufgeben sollte.

»Ich muss Schluss machen«, sagte sie zu ihrem Gesprächspartner, nach ihrem Ton zu urteilen, wahrscheinlich einer ihrer alten College-Freundinnen, Anne oder Tasha.

Ich nutzte die Gelegenheit, als Erster das Wort zu ergreifen: »Du bist im Moment sehr wütend auf mich und willst nicht zur Eheberatung. Aber du sollst wissen, dass ich alles tue, um diese Sache wiedergutzumachen. Ich lösche meine Accounts bei Facebook und Instagram, ich verschicke keine E-Mails mehr, ohne dass du sie vorher liest, und ich gehe nie mehr online. Ich möchte nur eine Chance bekommen, dein Vertrauen zurückzugewinnen, mehr nicht. Sag mir, was ich tun soll, und ich tue es.«

»Ich glaube nicht, dass das möglich ist«, sagte sie.

»Was soll nicht möglich sein?«, sagte ich. »Ich tue wirklich alles, um …«

»Ich möchte, dass du ausziehst.«

Das war neu, anders als bei den letzten Malen, als sie, nur um der Wirkung willen, damit gedroht hatte, mich zu verlassen. Es lag eine Unnachgiebigkeit, eine Endgültigkeit und eine Kälte in ihrer Stimme, als hätte sie eine Entscheidung getroffen, und nichts könnte ihre Meinung ändern.

Obwohl mir der Ernst der Lage durchaus bewusst war,

tat ich so, als wollte ich das nicht anerkennen. »Jetzt komm schon, lass uns darüber reden. Es gibt keinen Grund …«

»Es ist vorbei«, sagte sie. »Es gibt nichts mehr zu bereden.«

Sie sah mich nicht an. Sie biss sich auf die Unterlippe, starrte die Kommode an.

»Ich weiß, dass du jetzt sauer bist …«

»Ich möchte nicht darüber reden«, sagte sie. »Ich will, dass du verschwindest.«

»Warum?«, sagte ich. »Ich habe nichts getan …«

»Hör auf damit, bitte!«, schrie sie. »Hör endlich auf!«

Man konnte unmöglich mit ihr verhandeln, wenn sie dermaßen aufgebracht war, deswegen sagte ich: »Gut, dann reden wir später oder morgen früh weiter.«

»Wir reden über gar nichts mehr«, sagte sie. »Ich bin fertig mit dir. Du Lügner und Betrüger. Ich bin fertig mit dir, du Scheißkerl.«

»So kommen wir nicht weiter.«

»Blödsinn!«, schrie sie. »Blödsinn, Blödsinn, Blödsinn!«

»Ich habe dir die Wahrheit gesagt.«

»Die Wahrheit«, spottete sie. »Wir wissen ja, was das bedeutet, wenn sie aus deinem Mund kommt.«

Das war eine Stichelei, eine Anspielung auf meine Vergangenheit, die Lügen, die ich ihr erzählt hatte, als ich noch trank.

»Ich weiß, dass ich schon früher Mist gebaut habe«, sagte ich. »Aber diesmal ist es anders.«

»Ach, ja?« Sie lächelte gekünstelt. »Du gehst auf eine Dating-Website, und ich soll dir glauben, dass du dich verändert hast, dass du ein neuer Mensch bist?«

»Ich habe es nur mal ausprobiert«, sagte ich. »Das entschuldigt nichts, ich weiß, aber wir hatten Probleme in unserer Ehe, und ich wusste nicht, wie ich sie lösen sollte, deswegen –«

»Du hast eine Frau aus dem Internet abgeschleppt, und am Ende ist sie tot.«

»Ich habe sie nicht abgeschleppt«, sagte ich. »Es war nur ein Flirt, und ich weiß, dass auch das schlimm ist.«

»Und wenn der Detective mir die Chats zeigt«, sagte Maria, »bekomme ich nur einen harmlosen Flirt zu sehen, ja?«

Mir fiel wieder ein, was Sophie und ich uns geschrieben hatten. »Es sieht schlimmer aus. Viel schlimmer. Aber manchmal trügt der Schein.«

Sie starrte mich an, als wollte sie in mein Gehirn schauen.

Dann sagte sie: »Warum soll ich dir überhaupt noch irgendwas glauben? Woher soll ich wissen, dass du mich in diesem Moment nicht anlügst? Woher soll ich wissen, dass du die Frau *nicht* umgebracht hast?«

Das tat weh, so wie man es wohl erwarten kann, wenn einen die eigene Frau des Mordes beschuldigt.

Ich sah sie unverwandt an. »Du weißt, dass ich es nicht war.«

Sie erwiderte meinen Blick nicht.

»Raus!«, sagte sie.

»Lass uns später darüber reden«, sagte ich. »Wenn wir uns etwas beruhigt haben.«

»Scheiß auf später! Ich will, dass du aus der Wohnung verschwindest. Aus unserem Leben!«

»*Unserem* Leben? Was soll das heißen?«

Ich wusste natürlich genau, was das heißen sollte.

Sie drehte sich um, ging ins Wohnzimmer.

Ich folgte ihr. »Ich kann dich nicht kontrollieren, aber wenn du gedacht hast, ich würde Jonah einfach so im Stich lassen, dann musst du verrückt sein.«

»Hau ab«, sagte sie. »Mach, dass du rauskommst!«

»Dann sag mir bitte, warum du ›uns‹ gesagt hast.«

»Darüber soll ich nicht mit dir sprechen«, sagte sie.

»Was hat denn das schon wieder zu bedeuten?« Ich hielt inne, weil mir klar wurde, worauf sie hinauswollte, mit allen Konsequenzen. »Jetzt verstehe ich«, sagte ich. »Du hast mit deinem Cousin Michael telefoniert.«

»Und wenn schon.«

»Was hast du gemacht? Hast du ihn angerufen, als ihr draußen wart? Ach du Scheiße, hat Jonah etwa mitgehört?«

»Jonah hat gar nichts gehört«, sagte sie. »Es waren alles nur Andeutungen.«

»Ich fasse es nicht«, sagte ich. »Warum? Warum machst du so etwas? Was ist los mit dir?«

Sie lachte, irgendwie selbstzufrieden, so als bekäme sie jetzt ihre Rache.

Dann machte ich einen schweren Fehler. Ich war so frustriert, dass ich die Faust ballte. Ich wollte sie nicht schlagen, natürlich nicht. Es war ein Reflex, weil sie mich wahnsinnig geärgert hatte und weil ich mich deswegen so hilflos fühlte.

Ich senkte die Faust umgehend, aber zu spät. Sie hatte es gesehen.

»Und du willst dich verändert haben«, sagte sie, stolzierte theatralisch ins Badezimmer, knallte die Tür zu und schloss sich ein.

Ich war noch immer wütend auf mich, aber es war ja nicht *alles* bloß meine Schuld. Wem der Verlust des Kindes drohte, neigte dazu, die Kontrolle zu verlieren.

Jetzt hätte ich wahnsinnig gerne was getrunken. Früher dachte ich immer, Alkohol würde mich entspannen. Welcher Alkoholiker glaubt das nicht? Die Wirklichkeit, dass ich mich nämlich in ein aggressives Arschloch verwandelte, sobald ich betrunken war, bedachte ich nie, wenn ich nach einem Glas Alkohol lechzte. Ich ließ mich auf dem Sofa nieder und machte meine Übungen, dynamische Tiefenatmung und kreative Visualisierung, und tatsächlich, nach wenigen Minuten war ich entspannt und musste dafür nicht zur Flasche greifen.

Eigentlich war ich ganz froh, dass Maria ins Badezimmer gegangen war. Wir beide hatten einen ziemlich stressigen Tag hinter uns. Es wäre auf jeden Fall besser, morgen, ausgeruhter und nicht mehr so emotional, darüber zu sprechen, wie es mit unserer Ehe weitergehen sollte.

Als sie aus dem Bad kam, fiel mir auf, dass sie ihr Handy dabeihatte, was mich nervös machte. Hatte sie ihrem Cousin Michael geschrieben? Wohlweislich sagte ich nichts. Sie ging ins Schlafzimmer und machte die Tür zu. Statt ihr zu folgen, beschloss ich, die Nacht auf der Schlafcouch zu verbringen.

Ich schaltete den Fernseher ein – Jimmy Kimmel interviewte Justin Timberlake. Ich konnte ihre zufriedenen Gesichter nicht ertragen. Es fiel mir schwer, mich zu konzentrieren, und nachdem ich mich noch durch die Sender gezappt hatte, löschte ich das Licht.

Die Wohnung war dunkel, abgesehen von dem schwachen orangefarbenen Schein einer Straßenlampe. Während ich so dalag und an die Decke starrte, schwirrte mir der Kopf. Ich grübelte über alles Mögliche, Sophies hervortretenden Augen, meine kaputte Ehe, die Vernehmung durch Barasco – lauter angenehme Dinge. Ab jetzt brauchte ich einen Anwalt, aber wie sollte ich es schaffen, einen Anwalt zu engagieren? Ich wollte keine Tausende von Dollars verbrennen. Maria und ich hatten ein gemeinsames Bankkonto, wenn ich also einen Scheidungsanwalt bestellte, würde sie es mitkriegen. Ihr Anlass zu geben für noch mehr Feindseligkeit gegen mich, wollte ich auf jeden Fall vermeiden.

Dann fing ich an zu weinen. Durch die polizeilichen Ermittlungen und das Drama zu Hause war ich so abgelenkt gewesen, dass ich keine Gelegenheit gefunden hatte, um Sophie zu trauern. Ich kannte sie kaum – war es erst eine Woche her, zehn Tage? –, doch irgendwie hing ich an ihr. Ich fühlte mich, als hätte ich eine Verwandte verloren oder eine beste Freundin.

Ich dachte daran, was ich alles gemacht hatte, um mein Leben gegen die Wand zu fahren. Ich weinte und weinte, bis ich endlich wie betäubt einschlief.

***

»Daddy! Bist du schon wach, Daddy?«

Ich schlug die Augen auf und sah das Schönste auf der Welt – Jonahs lachendes Gesicht.

Ich küsste ihn auf die Stirn und kam mir in dem Moment wie der glücklichste Mensch in Manhattan vor. »Ich stehe sofort auf«, sagte ich.

»Hast du die ganze Nacht hier geschlafen?«, fragte er erstaunt. Diese Achtjährigen. Wenn man doch auch so leicht zu beeindrucken wäre.

»Ja«, sagte ich.

»Warum hast du nicht bei Mommy geschlafen?«

Ich wollte das Thema wechseln und sagte: »Und warum bist du schon so früh auf?« Ich sah auf die Uhr auf der Kabelbox. »Es ist ja noch nicht mal acht Uhr.«

»Weiß auch nicht«, sagte er, und dann, als wäre ihm soeben die tollste Idee der Welt gekommen: »Willst du *NBA 2K* spielen?«

Man muss sie einfach bewundern, die Energie von Kindern.

»Jetzt gleich?«, sagte ich. »Kann ich erst noch meinen Kaffee trinken?«

»Bitteeee«, sagte er in dem suggestiven Ton, den alle Kinder beherrschen und worauf man unmöglich mit nein antworten kann. »Das haben wir schon so lange nicht mehr gespielt. Bitteeee!«

»Okay«, knickte ich ein.

»Juhu«, sagte er. »Auch nur drei Spiele.«

»Drei Spiele?«, sagte ich.

»Okay, zwei Spiele.«

»Ein Spiel.«

»Drei Spiele.«

»Zwei Spiele.«

»Abgemacht«, sagte er.

Ich lachte. Der Junge war der geborene Verhandler; ich hoffte nur, dass er nicht ins Immobiliengeschäft einstieg.

Als er die Spiele lud, fiel mir siedend heiß ein, dass ja

heute *Sonntag* war. Scheiße. Ich hatte heute Morgen zwei Termine für offene Besichtigungen, und ich war völlig unvorbereitet.

Ich schnappte mir das Handy und schickte E-Mails und SMS an potentielle Käufer. Für die Zwei-Zimmer-Wohnung in der 74th, Nähe York fielen mir auf Anhieb vier Interessenten ein, auch welche für das Studio in der 89th zwischen Third und Lexington Avenue, aber ich wusste, dass ich einige Leute vergaß. Die berufliche Energie der letzten Tage war verflogen, ich war durcheinander und fühlte mich wieder schlecht in Form. Mir blieben nur noch fünfzehn Minuten bis zur ersten Besichtigung.

»Wir müssen unser Spiel verschieben«, sagte ich zu Jonah.

Ich zog die Klamotten an, die ich schon gestern getragen und in einem Haufen auf einen Stuhl gelegt hatte.

»Daaad!«

Er wollte Schuldgefühle in mir wecken, und an jedem anderen Tag hätte es funktioniert.

»Es tut mir leid«, sagte ich. »Wenn ich später wiederkomme, spielen wir drei Spiele. Versprochen.«

»Aber du hast gesagt, jetzt.«

»Ich kann jetzt nicht«, sagte ich, hob leicht die Stimme, ganz unbeabsichtigt.

Er warf die Xbox-Fernbedienung auf den Teppich, mit solcher Wucht, dass sie hochschnellte.

»Hey!«, rief ich.

Er rannte in sein Zimmer.

»Jetzt komm schon«, sagte ich.

Maria kam aus dem Schlafzimmer, mit aufgerissenen Augen, wutentbrannt, streitsüchtig.

»Warum schreist du Jonah an?«

»Er hat die Fernbedienung auf den Boden geworfen, und ich habe ihn nicht angeschrien, ich bin nur etwas deutlich geworden.«

»Hast du jetzt *völlig* die Beherrschung verloren?«, sagte sie.

Und wieder würgte sie mir einen rein, verdrehte alles, so dass am Ende *ich* als derjenige mit dem Aggressionsproblem dastand.

»Lass gut sein, okay«, sagte ich.

»Gut, nichts lieber als das.« Sie zeigte mir ein irres, sarkastisches Grinsen. »Genau das habe ich vor.«

Deutete sie wieder die Scheidung an? Ich war in Eile und hatte keine Lust, ihre kryptischen Drohungen zu enträtseln.

»Okay, wie auch immer«, sagte ich, nur um einen Schlusspunkt zu setzen.

Sie ging zurück ins Schlafzimmer.

Ich zog mich fertig an, schlüpfte in die Schuhe und verließ die Wohnung. Es war gut, mal eine Weile rauszukommen. So gestresst wie wir waren, hätten Maria und ich sowieso kein sinnvolles Gespräch führen können.

Als ich an dem Haus in der 74th Street ankam, wartete ein junges angespanntes Pärchen im Foyer. Die besorgt blickende Frau hielt Seiten aus dem Immobilienteil der NY *Times* in der Hand.

»Entschuldigung. Ich musste erst noch zu einem Vertragstermin Downtown«, sagte ich, ganz der erfolgreiche Wohnungsmakler, der selbst sonntagsfrüh rastlos seinen Geschäften nachgeht.

Während der Fahrt mit Dan und Jen im Aufzug spulte ich den üblichen Sermon über die Vorzüge des Hauses ab, Dachterrasse, Fahrradraum, Waschmaschinenraum, und ergänzte, die Wohnung sei ›neu auf dem Markt‹, obwohl sie tatsächlich bereits seit drei Monaten leer stand.

»Wirklich?«, sagte Jen. »Ich dachte, ich hätte die Anzeige schon vor ein paar Wochen gesehen, aber da waren wir gerade weg und konnten die Räume nicht besichtigen.«

Mist, schon vergeigt.

»Oh, Entschuldigung«, sagte ich. »Ich meinte, *ziemlich* neu. Aber bisher hat sie praktisch kaum jemand gesehen.«

Sie schienen nicht überzeugt, und ich verzweifelte bereits.

In der Wohnung gab ich mir alle Mühe, gute Laune zu verbreiten, schwärmte von der Geräumigkeit und dass man ein zweites Schlafzimmer gewinnen könnte, wenn man im Wohnzimmer eine Wand einzog.

»Das werden wir brauchen«, sagte Jen. »Ich bin schwanger.«

»Meinen Glückwunsch«, sagte ich. Ich war überrascht, denn man sah noch gar nichts.

»Es ist erst in fünf Monaten so weit«, sagte sie, »aber ein zweites Schlafzimmer brauchen wir auf jeden Fall.«

Das war mein Anknüpfungspunkt. Ich erwähnte, dass ich selbst Vater war und dass mein Sohn in der Upper East Side zur Schule ging. Das schuf sofort eine Verbindung zwischen uns, und ich beantwortete all ihre Fragen über die Schule und die Spielplätze in der Umgebung. Dann folgte mein kleiner Vortrag, dass die Hausverwaltung sehr entgegenkommend sei, was Zwischenwände betraf, und die Wohnung dafür wie geschaffen, denn die abgetrennte Kammer hätte ein eigenes Fenster sowie Heizung und Aircondition. Den beiden schien die Wohnung auch wirklich zu gefallen, sie überlegten, wo sie ihre Möbel hinstellen und wie sie die Wände dekorieren sollten, immer ein positives Zeichen. Dan stellte einige Fragen zu den Hausfinanzen, die ich zu seiner Zufriedenheit beantwortete. Ich war zuversichtlich, dass das Gespräch in ein Angebot ihrerseits münden würde, und ich rechnete mir schon meine Provision aus – vielleicht zehntausend, nach Abzug des Anteils für das Maklerbüro –, als Dan noch mal ins Badezimmer ging und Jen hereinbat, um etwas zu besprechen.

Sie beratschlagten einige Minuten in gedämpftem Tonfall, und ich wurde schon paranoid, befürchtete, dass ihnen Bedenken gekommen waren.

Als sie schließlich wieder hervorkamen, sagte ich: »Wollen Sie sich noch den Fahrradraum im Keller ansehen? Ich weiß ja nicht, ob Sie Radfahrer sind, aber es ist viel Platz da unten.«

»Ist schon okay«, sagte Dan. »Hätten Sie eine Visitenkarte für uns?«

Ich ahnte die Absage und gab ihm meine Geschäftskarte. Irgendetwas musste ihnen aufgestoßen sein.

»Was meinen Sie?«, versuchte ich meinen Optimismus wiederzubeleben.

»Wir haben Bedenken, dass das Badezimmer zu klein sein könnte«, sagte Jen. »Besonders, wenn das Baby da ist und so.«

»Oh«, sagte ich. »Eigentlich ist das Bad für eine Zwei-Zimmer-Wohnung sogar überdurchschnittlich groß.«

»Es ist kleiner als das Bad in dem Studioapartment, in dem wir jetzt wohnen, und mit einem Baby wird es ganz unmöglich. Wegen der alten Duschtür können wir keine Babybadewanne aufstellen.«

Dan stand schon an der Wohnungstür, tippte in sein Handy und war bereit zu gehen.

Ich wusste, dass ich sie für diese Wohnung nicht gewinnen würde, aber ich versuchte es trotzdem. »Wenn Sie die Duschtür gegen einen Vorhang austauschen, sieht das Badezimmer gleich viel größer aus.«

»Vielen Dank. Wir überlegen es uns«, sagte Jen.

Das bedeutete nein.

»Ich habe noch andere Angebote, einige tolle Wohnungen in diesem Viertel«, sagte ich. »Ich kann sie Ihnen gerne zeigen, wenn Sie heute Nachmittag Zeit haben.«

In Wirklichkeit hatte ich gar keine anderen, speziell für sie geeigneten Wohnungen mehr im Angebot, aber irgendwas würde mir schon einfallen. Es war sowieso egal, weil Dan bereits im Hausflur stand und den Aufzug bestellte. Irgendwas an mir war ihm sauer aufgestoßen, wahrscheinlich meine Aufdringlichkeit, mein Übereifer.

»Wir haben nachher noch einige Termine«, sagte Jen. »Aber wenn Sie mir die Links schicken würden, wäre ich Ihnen sehr dankbar.«

Sie gingen, und ich hatte das Gefühl, dass ich sie nie wiedersehen würde.

Die Ausstrahlung positiver Energie beim Verkauf von Immobilien ist besonders wichtig, und der Mordverdacht gegen mich hatte die Situation nicht gerade verbessert. Eine optimistische Haltung hätte das Badezimmer auch nicht größer gemacht oder den Verkauf unter Dach und Fach gebracht, doch jetzt stand ich mir selbst im Weg.

Die anschließende offene Wohnungsbesichtigung hätte ich mir schenken können. Zwei Stunden harrte ich in der Wohnung aus, neun Leute kamen vorbei. Niemand zeigte echtes Interesse, die meisten waren ›professionelle Wohnungsbesichtiger‹, die ich von früheren Terminen wiedererkannte. Sie gingen jeden Sonntag zu solchen Besichtigungen, gaben sich als ernsthaft interessierte Käufer aus, aber eigentlich wollten sie nur gucken. Keine Ahnung, was sie sich davon versprachen, in ihrer Freizeit Wohnungen zu besichtigen, aber Sucht kann bekanntlich verschiedene Formen annehmen.

Kurz vor zwölf ging ich zu Fuß Uptown zu der anderen offenen Wohnungsbesichtigung in der 89th Street. Sie lockte mehr Leute an und brachte mehr Kontakte, trotzdem fühlte ich mich noch immer nicht auf der Höhe. Ich war nicht ich selbst – ich war ein Schauspieler, der Jack Harper verkörperte und diesen angeblichen Jack Harper beobachtete, der seine Angst und seine Verzweiflung hinter einem bemüht entspannten und aufgeräumten Auftreten verbarg und doch kläglich scheiterte.

Der wolkenverhangene Vormittag war in einen sonnigen, aber kühlen Nachmittag übergegangen, trockene Blätter wirbelten auf dem Gehsteig wie in einem Minitornado. Ich schaute auf meinem Handy nach, hoffte auf die Nachricht, dass Lawrence Ward festgenommen worden war. Wie in einer Rückblende sah ich wieder Sophies Leiche, die rote Krawatte um ihren Hals. Vor einem mexikanischen Restaurant, in dem die Gäste gerade ihren Brunch genossen, fing ich an zu weinen. Während die Tränen nur so strömten, dachte ich daran, wie sehr ich mich mit ihr verbunden gefühlt und wie glücklich sie mich gemacht hatte. Jetzt war sie für immer fort, und vielleicht waren auch diese Glücksgefühle für immer weg.

Vor lauter Verzweiflung, unter dem Druck, endlich eine Wohnung zu verkaufen, und meiner Trauer über Sophie hatte ich ganz vergessen, etwas zu essen. Jetzt, da Sophie nicht mehr da war, hatte ich auch keinen Grund mehr, mich in Form zu bringen. Ich suchte die nächste Shake Shack in der 86th Street auf und bestellte Cheeseburger, Pommes und einen Schokoladenshake. Die Frau nahm meine Bestellung entgegen und zog meine Chase-Bankkarte durch den Scanner.

»Entschuldigen Sie, die Karte konnte nicht eingelesen werden«, sagte sie. »Haben Sie noch eine andere?«

»Was?«, tat ich überrascht, um meine Scham zu verbergen, so wie es jeder machen würde, dessen Karte nicht akzeptiert wurde. »Das kann nicht sein. Ich habe sie eben noch benutzt.«

Das stimmte gar nicht, wie mir sofort bewusst wurde. Ich hatte die Karte seit gestern nicht mehr gebraucht.

»Sie funktioniert nicht«, sagte die Frau. »Haben Sie noch eine andere oder nicht?«

Hinter mir war eine Schlange von etwa zwanzig Leuten. Ich nahm meine Visa-Card aus meinem Portemonnaie und zog sie durch das Gerät.

»Auch nicht«, sagte die Frau.

»Was soll das?«, sagte ich. »Vielleicht ist was mit Ihrer Maschine nicht in Ordnung.«

»Das Gerät funktioniert einwandfrei.«

Ich versuchte meine AmEx, die ebenfalls nicht akzeptiert wurde.

»Das ist doch absurd«, sagte ich.

»Die Leute warten, Sir.«

Ich trat aus der Schlange und ging nach draußen. Eine einzelne Karte, die nicht funktionierte, das kam schon mal vor, aber gleich drei? Ich ahnte bereits, was da los war, mochte es aber noch nicht so recht glauben.

Ich rief bei der Chase Manhattan an und wurde zur Betrugsabteilung weitergeleitet.

»Hi«, grüßte ich den Mann am anderen Ende der Leitung. »Ich glaube, irgendwas stimmt nicht mit meinem Konto.«

Ich gab ihm die nötige Information, dann sagte er: »Ihr Konto weist einen Nullsaldo auf.«

Mein erster Gedanke: Detective Barasco steckt dahinter. Aber das ergab einfach keinen Sinn.

Mein zweiter Gedanke: Maria.

Das ergab schon mehr Sinn, aber würde sie mir wirklich die Konten sperren?

Als ich mich unserem Haus näherte und die Übertragungswagen und die Horde Reporter sah, war mir klar: Das Beste würde erst noch kommen.

Es waren vielleicht zehn Reporter, und als sie mich entdeckten, kamen sie angerannt und riefen mir Fragen über Sophie zu. Ich war viel zu überrumpelt, um alle zu verstehen, doch ich hörte einzelne Wörter heraus, ›Person von polizeilichem Interesse‹, ›Mord‹ und ›Verdächtiger‹.

»Entschuldigen Sie, lassen Sie mich bitte durch«, sagte ich. »Entschuldigen Sie, entschuldigen Sie, entschuldigen Sie.«

Schließlich schaffte ich es bis ins Foyer, doch ein paar Reporter waren mir gefolgt.

Einer, ein blonder Mann, fragte mich: »Wann haben Sie Sophie Ward kennengelernt, Mr. Harper?«

Die andere Person war eine dunkelhaarige Frau. »Wie lange lebten Sie schon in einer offenen Beziehung?«

Ich drehte mich um und schrie sie an: »Ich beantworte keine Fragen, also lassen Sie mich in Ruhe, verdammte Scheiße!«

Meine Stimme dröhnte, war lauter als beabsichtigt. Es musste sich regelrecht irre anhören.

Nach einer kurzen Pause sagte die Frau: »Haben Sie Probleme mit Aggressionsbewältigung, Mr. Harper?«

Kopfschüttelnd ging ich zum Aufzug, als Robert, unser Doorman, sich mir in den Weg stellte. »Tut mir leid«, sagte er. »Ich darf Sie nicht durchlassen.«

»Wie bitte?«, sagte ich. »Was reden Sie da?«

»Der Schlüsseldienst hat eben das Schloss an Ihrer Tür ausgetauscht.«

»Was?« Ich wartete ein paar Takte. »Ist das Ihr Ernst?«

»Ich fand das auch merkwürdig, an einem Sonntagmorgen, deswegen habe ich Ihre Frau angerufen. Sie sagte, ich dürfe Sie nicht mehr in die Wohnung lassen.«

»Das gibt es doch gar nicht«, sagte ich. »Es ist meine Wohnung.«

»Sie sagt, sie sei Hauptmieterin. Mein Chef hat das bestätigt. Was soll ich Ihnen sagen. Ich weiß auch nicht. Vielleicht können Sie sie anrufen, um das mit ihr zu klären.«

»Sie können mich nicht davon abhalten, nach oben zu gehen.«

»Zwingen Sie mich nicht, die Polizei zu rufen«, sagte Robert. »Ich freue mich auf einen ruhigen Sonntag. Ich will keinen Ärger.«

Die Reporter hatten mitgehört und machten sich eifrig Notizen.

»He, Sie beide, verschwinden Sie«, sagte ich, als wollte ich zwei scharfe Hunde verscheuchen. »Verschwinden Sie, habe ich gesagt.«

Um etwas mehr Ruhe zu haben, ging ich in den Bereich der Eingangshalle, wo die Briefkästen hingen, und rief in der Wohnung an. Ich wurde gleich zu Voice Mail weitergeleitet. Ich versuchte, Maria auf ihrem Handy zu erreichen – ebenfalls Voice Mail –, doch diesmal hinterließ ich eine Nachricht.

»Ich weiß nicht, was hier abgeht«, sagte ich, »aber so kommen wir nicht weiter. Wir haben ein Kind, also sei vernünftig, ich habe nichts verbrochen. Ich weiß nicht, was du dir zusammenreimst, aber ich hatte keinen Sex mit der Frau …« Wieder bekamen die Reporter große Ohren, und ich rief: »Verschwinden Sie. Sofort.« Sie verzogen sich. Ins Telefon sagte ich noch: »Ruf mich zurück.«

Ich legte auf und schickte ihr eine SMS: *Habe dir eine Nachricht hinterlassen, wir müssen reden.*

Ich wartete ab, starrte auf das Handy, keine Antwort.

Ich schickte eine zweite SMS: *Du hältst mich von Jonah fern. Das kannst du nicht machen!*

Nach einigen Minuten hatte sie immer noch nicht reagiert. »Scheiß drauf«, sagte ich und stieg in einen der Aufzüge.

Robert, der mit den Reportern an seinem Pult stand,

sah mich und eilte herbei. »Das können Sie nicht machen«, sagte er, aber die Tür hatte sich bereits geschlossen.

Im zwölften Geschoss ging ich zu unserer Wohnung, sah das neue Schloss und versuchte erst gar nicht, es mit meinem Schlüssel zu öffnen. Ich drückte ein paarmal die Klingel und schlug gegen die Tür.

»Mach auf, Maria! Mach bitte auf!« Ich schlug wieder gegen die Tür. »Bitte, ich will nur mit dir reden, okay? Ich bin nicht sauer. Ich will nur, dass wir vernünftig miteinander reden.«

Dann hörte ich Jonah. »Warum willst du Daddy nicht reinlassen?«

Marias Antwort konnte ich nicht verstehen.

»Maria, verdammt noch mal«, sagte ich. »Mach die Tür auf. Mach sofort die Tür auf!«

Ich verlor die Kontrolle. Nicht mit meinem Sohn sprechen zu dürfen und zu hören, dass er Angst hatte, brachte mich aus der Fassung. Ich versuchte, die Tür mit der Schulter voraus einzurammen. Im Film sah es immer so einfach aus, in Wirklichkeit schien es unmöglich. Die Tür blieb heil, aber meine Schulter war lädiert. Das hielt mich nicht davon ab, es erneut zu probieren … wieder und wieder. Ich weiß nicht mehr, wie oft ich gegen die Tür rannte, was ich dabei schrie oder wie lange es dauerte. Irgendwann kamen einige Nachbarn aus ihren Wohnungen, auch Linda, eine ältere Frau, die neben uns wohnte. Sie wollte mich beruhigen, mich überreden aufzugeben, doch wenn ich mir einmal etwas in den Kopf gesetzt habe, kann mich nichts mehr davon abhalten.

»He, beruhigen Sie sich! Ich sagte, beruhigen Sie sich.«

Nichts konnte mich abhalten? Na gut, ein Polizist der NYPD vielleicht. Sogar zwei – der Stärkere der beiden legte mir Handschellen an.

Erst als die beiden mich durch den Flur stießen und ich sah, wie sich Linda, als ich mich näherte, in geduckter Haltung in ihre Wohnung zurückzog, traf mich die Wirklichkeit des Geschehens mit voller Wucht, und mir wurde klar, dass ich wieder mal einen riesigen Fehler gemacht hatte.

13

Ich sitze auf der Rückbank eines Streifenwagens.

Immer wieder sagte ich mir diesen Satz im Geist vor, versuchte, ihn ganz zu erfassen, doch die Wiederholung machte es nicht besser. Was hatte ich hier zu suchen? Wie war ich hierhergekommen? Die Folge der Ereignisse, die zu diesem vielleicht dunkelsten Moment meines Lebens geführt hatte, spulte sich in meinem Kopf wie ein Film im Zeitraffer ab, was jedoch alles noch konfuser machte. Ich zerfloss vor Selbstmitleid, aber am meisten tat es mir um Jonah leid. Er hatte mir immer nähergestanden als Maria, mittlerweile war er bestimmt völlig verängstigt und verwirrt. Ich war nicht nur sein Vater, ich war auch seine Vertrauensperson, sein Held, sein bester Freund. Ich musste unbedingt mit ihm sprechen, ihm versichern, dass ich wohlauf war und dass alles gut ausgehen würde.

»Ich habe nichts Verbotenes getan«, sagte ich. »Ich habe versucht, in meine Wohnung zu kommen. Ist das ein Verbrechen?«

Im Aufzug und auch als ich aus dem Haus abgeführt wurde, hatte ich mich bereits mit einem ähnlichen Einwand an die Polizeibeamten gewandt, doch sie ignorierten mich geflissentlich.

»Ich muss mit meinem Sohn sprechen«, sagte ich. »Einen Anruf hat man doch frei, oder? Ich telefoniere auch von meinem Handy aus. Ich bitte Sie.«

»Sie können Ihre Anrufe auf der Polizeiwache machen«, sagte der korpulente Beamte auf dem Beifahrersitz, ein Latino.

»Haben Sie Kinder?«, fragte ich. »Wenn ja, versetzen Sie sich in meine Lage. Verdammt, zeigen Sie ein bisschen Mitgefühl. Mein Sohn ist gerade zu Hause, er hat Angst. Ich wollte nur meinen Sohn sehen, ihm sagen, dass alles okay ist.«

Nichts.

»Hey!«, rief ich etwas lauter, weil ich dachte, dass sie mich durch die Glasscheibe vielleicht nicht hören konnten. »Hallo? Ich rede mit Ihnen.«

»Klappe dahinten! Arschloch!«, sagte der Latino.

Ein zweites Mal zu explodieren würde nichts bringen. Ich sagte mir, dass ich nichts Verbotenes getan hatte, jedenfalls kein Schwerverbrechen begangen. Wir waren in New York City, nicht in Thailand, es gab eine Grenze, wie lange man von der Polizei festgehalten werden durfte. In ein paar Stunden, höchstens, wäre ich wieder frei. Bis dahin wäre Maria hoffentlich zur Vernunft gekommen. Im Moment war sie aufgebracht, fühlte sich hintergangen, doch wenn sie erst mal begriff, dass ich nichts getan hatte, würde sie mich nicht für immer aussperren.

Sie brachten mich zum 19. Revier in der 67th Street. Ich war schon mal da gewesen, vor Jahren, als Maria und ich beraubt worden waren und Anzeige erstatteten.

Diesmal lag die Sache anders.

Die Polizeibeamten führten mich in den hinteren Teil

der Wache. Ich fragte wieder, ob ich telefonieren könne, doch die Polizeibeamten blieben auch diesmal stumm.

Egal, dachte ich nur.

Wahrscheinlich reine Routine. Sie würden mich eine Weile festhalten, dann laufen lassen. Bis dahin hätte Maria sich beruhigt, würde mich in die Wohnung lassen, damit ich Jonah sehen konnte, und wir würden uns daranmachen, unsere Ehe in Ordnung zu bringen, oder uns in aller Freundschaft trennen.

Dann brachte mich ein Beamter in einen Raum mit dem Türschild »Erkennungsdienst«. Am Schreibtisch saß eine kräftige Blonde.

»Wow, was soll das denn?«, fragte ich den Beamten, der mich hergebracht hatte.

Er antwortete nicht.

Ich stellte der blonden Beamtin die gleiche Frage.

»Sie werden erkennungsdienstlich behandelt«, sagte sie.

»Warum?«, sagte ich. »Ich habe nichts getan.«

»Widerstand gegen Festnahme.«

»Das ist doch lächerlich. Ich wollte nach Hause, meinen Sohn sehen. Ist das ein Verbrechen?«

Die Frau nickte gespielt mitfühlend, als hätte sie bisher noch von jedem, den sie erkennungsdienstlich behandeln musste, ähnlichen Protest zu hören bekommen und als ob nichts, aber auch gar nichts sie umstimmen könne. Getrieben von einer nervösen Energie und purer Angst, bat ich sie weiter, mir wenigstens zuzuhören und mich bitte nach Hause zu meinem Sohn gehen zu lassen.

Natürlich funktionierte das nicht.

Alle meine persönlichen Gegenstände wurden registriert, einschließlich Portemonnaie, Handy und die nun nutzlosen Wohnungsschlüssel.

Dafür bekam ich eine Quittung.

Nachdem mir die Fingerabdrücke abgenommen worden waren, führte mich der Beamte, der mich hergebracht hatte, wieder hinaus.

»Was kommt als Nächstes?«, fragte ich ihn.

Er antwortete nicht, brachte mich nur zu einer Arrestzelle, in der schon ein anderer Häftling saß – ein verwahrloster Kerl, den Kopf gesenkt, die Beine gespreizt.

Und dann, zu meiner Rechten, im Hauptbereich der Polizeiwache, entdeckte ich ein bekanntes Gesicht, Detective Barasco.

Er sah mich mit seinem üblichen schiefen Grinsen an. Ich wusste nicht, was dieses Grinsen zu bedeuten hatte, ob es sein natürlicher Gesichtsausdruck war oder ob er es nur für mich reserviert hatte, ich wusste nur eins: Ich brauchte einen Anwalt.

***

Barasco fing wieder mit seiner Vernehmung an, doch diesmal verweigerte ich die Aussage ohne Beisein eines Anwalts. Allein die Forderung nach einem Anwalt gab mir moralischen Aufwind, und ich gab mich der Illusion hin, die Kontrolle über die Situation wiedererlangt zu haben und kein Opfer zu sein.

»Gut«, sagte Barasco, »Sie können einen Anwalt engagieren. Wir nehmen Sie nur so lange in Gewahrsam, bis er hier ist.«

Die Drohung mit dem Gewahrsam sollte mich nötigen, ohne anwaltlichen Beistand mit ihm zu sprechen, doch viel bedenklicher fand ich das Wort »engagieren«.

»Ich weiß nicht, welchen Anwalt ich nehmen soll«, sagte ich.

»Oh, Sie haben wohl einen ganzen Stab von Anwälten, so wie O. J., was?« Wieder dieses sarkastische Grinsen.

»Im Ernst«, sagte ich. »Haben Sie eine Liste oder so?«

»Es ist nicht so wie die freie Arztwahl bei der Fürsorge«, sagte Barasco. »Wenn Sie nicht schon einen Anwalt kennen, soll Ihnen doch ein Freund oder ein Familienmitglied einen empfehlen. Natürlich bleibt Ihnen immer noch die Möglichkeit, Pflichtverteidigung zu beantragen.«

Eine Pflichtverteidigung war kostenfrei, und ohne Zugang zu meinem Bankkonto war die kostenfreie Alternative genau das Richtige für mich.

»Gut«, sagte ich. »Dann möchte ich einen Pflichtverteidiger.«

»Wie Sie wünschen«, sagte Barasco beinahe schadenfroh. »Aber heute ist Sonntag, vor morgen früh können Sie da niemanden erreichen.«

»Bis dahin lassen Sie mich also frei?«

»Das hätten Sie wohl gern.«

»Na gut, was soll ich so lange machen?«

»Auf Ihren Anwalt warten.«

»Hier?«

»Nein, dafür sind die hier nicht ausgestattet. Die reichen Sie weiter an den zentralen Erkennungsdienst.«

»Das ist doch ein Witz«, sagte ich. »Ich bin kein Krimineller.«

»Sie wollten einen Anwalt«, sagte er. »Klingt so, als hielten Sie sich für einen Kriminellen.«

Ich hatte das Gefühl, dass er mich manipulierte, vielleicht, weil er mich *tatsächlich* manipulierte. Er wollte mich zum Reden bringen, ohne Anwalt, mich dazu bewegen, auf mein Recht zu verzichten, in der Annahme, ich würde alles tun, sogar lieber mich selbst des Mordes bezichtigen, als auch nur eine einzige Nacht im Gefängnis zu verbringen.

»Kein Problem«, sagte ich. »Bringen Sie mich, wohin Sie wollen.«

***

Sie brachten mich zur zentralen Erfassungsstelle nach Chinatown.

Nach einer kurzen medizinischen Untersuchung wurde ich in eine große Haftzelle mit etwa zehn anderen Gefangenen geführt. Abgesehen von der Demütigung wäre das nicht weiter schlimm gewesen, wenn unter ihnen nicht ein ungepflegter, nach Fäkalien riechender, offenbar drogenkranker Mann gewesen wäre. Ich versuchte, mich von ihm fernzuhalten, was in einem knapp zwanzig Quadratmeter großen Raum nicht so einfach war. Irgendwann brachte mir jemand etwas zu essen, ein American-Cheese-Sandwich aus halb vergammeltem Weißbrot. Selbst bei größtem Hunger hätte ich es nicht angerührt.

Ich rechnete mit Schikanen, wie man es aus Hollywood Filmen kennt, doch alle Insassen waren erschöpft, und sie ließen mich in Ruhe. Als befänden wir uns alle auf einer langen nächtlichen Busfahrt.

Schlafen konnte ich trotzdem nicht.

Hollywood irrt. Man hat drei Anrufe frei, nicht einen.

Am nächsten Morgen rief ich zu Hause an und bekam wieder nur den AB. Ich versuchte, Maria auf dem Handy zu erreichen, auch hier nur der AB, aber diesmal legte ich nicht auf. Sie musste zu Hause sein, Jonah fertig machen für die Schule, sie ignorierte meine Anrufe.

»Ich bin's«, sagte ich. »Ich wollte euch beiden nur sagen, dass ich euch sehr liebhabe. Maria, das ist doch albern. Verzeih, dass du wegen mir so viel durchmachen musstest, all den Schmerz. Wir müssen das klären. Dazu ist ein Gespräch nötig – in aller Ruhe.«

Mein dritter Anruf ging an das Maklerbüro, aber ich erwischte, wie erwartet, nur Andrew Wolfs AB.

Mit der ruhigsten entspanntesten Stimme, zu der ich fähig war, sagte ich: »Hey, Andrew, ich bin es, Jack. Ich muss mich heute um eine, äh, persönliche Angelegenheit kümmern. Eine Familiensache. Die offenen Wohnungsbesichtigungen am Sonntag sind gut gelaufen, ein paar heiße Kandidaten darunter. Wir sehen uns morgen in aller Frische. Bis dann. Tschüss.«

Tschüss? Das war ein bisschen übertrieben, aber ich war froh, dass ich es hinter mich gebracht hatte. Jetzt musste ich nur noch raus aus dieser Hölle.

***

Gegen Mittag stand ich noch immer ohne Anwalt da. Ich war erschöpft und hatte einen Mordshunger – das Essen aber war so ungenießbar, wie man sich das vorstellte –, und fast war ich bereit, ohne anwaltlichen Beistand mit Barasco zu reden, sollte das bedeuten, dass ich eher hier herauskäme.

Gegen drei Uhr kam endlich ein schlanker junger schwarzer Typ im Anzug auf den Wachmann zu, der aussah wie fünfundzwanzig, höchstens.

Während er mit dem Wachmann sprach, dachte ich: ›Das kann unmöglich mein Anwalt sein.‹ Dann schloss der Wachmann die Zelle auf und sagte zu dem Typ: »Da ist er.«

»Marcus Freemont, Ihr Pflichtverteidiger. Wie geht es Ihnen?«

Er reichte mir die Hand, und wir begrüßten uns.

Der Wachmann führte Freemont und mich in einen getrennten Raum, wo wir ungestört reden konnten. In dem Raum befanden sich ein Schreibtisch und zwei Stühle, sonst nichts.

»Und Sie sind ganz sicher, dass Sie wegen mir hier sind?«, fragte ich.

»Sie sind doch Jack Harper, oder?«

»Ja.«

»Dann bin ich nicht *wegen Ihnen* hier, sondern für *Sie* da. Als anwaltliche Vertretung. Entschuldigen Sie, Mann, ich hatte heute Morgen schon einen Haufen Fälle … Möchten Sie sich nicht setzen?«

Ich setzte mich auf einen Stuhl, er nahm auf dem anderen hinter dem Schreibtisch Platz.

Er öffnete seine Aktentasche und holte einen iPad heraus. »Entschuldigen Sie die Verspätung. Ich wurde im Gericht aufgehalten und bin dann so schnell wie möglich hergeeilt.«

»Wann komme ich hier raus?«

»So bald wie möglich«, sagte er. »Wie gefällt Ihnen das als Antwort aus dem Mund eines Anwalts?«

»Darf ich Ihnen eine Frage stellen?«

»Haben Sie soeben getan.«

Er lachte, ich nicht.

»Wie alt sind Sie?«

Er blickte von seinem iPad auf. »Dreiunddreißig. Warum?«

»Oh«, sagte ich. »Sie sehen jünger aus.«

»Das höre ich oft«, sagte er. »Gute Gene. Meine Mutter stammt aus Jamaika. Sie könnte meine Schwester sein, dem Aussehen nach.«

Netter Typ, aber ich war nicht in Stimmung zum Plaudern.

»Hatten Sie schon mit ähnlichen Fällen zu tun?«

»Hängt ganz davon ab, was für einen Fall Sie meinen.«

»Weswegen ich hier bin«, sagte ich. »Widerstand gegen Festnahme.«

»Ja, da kann ich Ihnen helfen«, sagte er. »Ich glaube nicht, dass die Polizei Sie hier viel länger festhalten wird. Der Mordfall ist eine andere Sache.«

»Ich habe sie nicht getötet. Ich habe die Leiche entdeckt.«

»Meine Worte. Wenn Sie wegen Mordes verhaftet werden oder bei Verhören auf anwaltliche Vertretung angewiesen sind, rate ich Ihnen dringend, nicht auf mich zu zählen. Ich will ehrlich zu Ihnen sein. Ich habe zu viele Fälle auf meinem Schreibtisch, um mir diesen auch noch aufzuhalsen. Und einen dilettantischen Anwalt können Sie nicht brauchen. Wenn Sie Namen haben wollen, dann kann ich Ihnen eine Liste mit New Yorker Anwälten per E-Mail schicken. Sie sind nicht billig, aber sie sind gut. Bis dahin würde ich meinen Mund halten. Hat man Sie schon verhört?«

»Ja, gestern Abend, und heute auch.«

Er schüttelte den Kopf. »Das war vermutlich ein Fehler.«

»Ich dachte, ich sei Zeuge, kein Verdächtiger«, sagte ich.

»Schon verstanden«, sagte er. »Machen Sie den Fehler nur nicht ein zweites Mal.« Er sah wieder auf sein iPad. »Reden wir über das, was gestern passiert ist.«

Während ich ihm berichtete, was in meinem Haus geschehen war, machte er sich Notizen. Jedenfalls dachte ich das, aber er hätte auch tweeten können.

Aber er musste mir tatsächlich aufmerksam zugehört haben, denn als ich mit meiner Schilderung geendet hatte, sagte er: »Soweit ich verstehe, ist kein Officer und auch sonst niemand verletzt worden. Ist das richtig?«

»Ja«, sagte ich.

»Dann scheint mir der Vorwurf ›Widerstand gegen Festnahme‹ an den Haaren herbeigezogen«, sagte er. »Da Sie keine Vorstrafen haben, bin ich mir ziemlich sicher, dass man die Anklage fallenlässt.«

Er musste meine besorgte Miene gesehen haben.

»Was ist?«, sagte er.

»Sie sollten eins wissen.«

»So etwas höre ich gar nicht gerne, aber trotzdem lieber von Ihnen als von denen.«

Ich machte eine Pause, überlegte, wie ich ihm das erklären sollte.

Dann entschied ich mich dafür: »Es hat mit meinem Strafregister zu tun.«

»Sie sind also doch vorbestraft.«

»Genau genommen … ja.«

»Genau genommen ja, hört sich nach einem Ja an.«

»Es war keine große Sache«, sagte ich. »Ich habe früher getrunken, und da gab es einen Zwischenfall … sehr lange her.«

»Wie lange?«

»Acht Jahre. Eigentlich sieben. Ich war in einem Club Downtown und geriet in eine Schlägerei. Das heißt, keine Schlägerei, es war eine Auseinandersetzung. Ich habe nicht angefangen. Ich war nur vor Ort und musste mich verteidigen.«

»Haben Sie jemanden geschlagen?«

»Gestoßen – den Manager des Clubs. Na ja, so hat man es mir wenigstens erzählt. Ich hatte ein Blackout und konnte mich an das Geschehen nicht mehr richtig erinnern. Es gab widersprüchliche Berichte. Die meisten Leute haben ausgesagt, es sei reine Selbstverteidigung gewesen. Der Mann ist gestürzt, aber es war nichts Schlimmes. Kleinere Knochenbrüche, eine Wunde musste genäht werden. Jedenfalls wurde ich festgenommen.«

»Wie lautete der Vorwurf?«

»Körperverletzung. Mein damaliger Anwalt konnte erreichen, dass die Anklage reduziert wurde, und ich musste nicht ins Gefängnis. Wie gesagt, ich war betrunken. Das ist keine Entschuldigung, dennoch … Hören Sie, was gestern passiert ist, ist grotesk. Ich habe mich der Festnahme nicht widersetzt, ich wollte nach Hause.«

»Alles klar. Ich sage nur, dass die Vorstrafe die Sache verkompliziert. Die Polizei weiß sicher davon oder *wird* es noch erfahren. Allerdings sind sieben oder acht Jahre eine lange Zeit, das ist ein Pluspunkt. Vorausgesetzt, es stimmt, was Sie mir gesagt haben, und die frühere Anklage wurde reduziert, dann glaube ich nicht, dass man Sie wegen Widerstands gegen eine Festnahme noch länger hierbehalten wird, besonders, wenn dieser Vorwurf, wie Sie sagen, frei erfunden ist. Aber Sie bekommen einen Gerichtstermin, und es wird schwierig, die Polizei dazu zu bringen, die Anklage fallenzulassen, es sei denn, sie wollen das von sich aus. Durchaus möglich, dass wir das durchfechten müssen.«

»Egal«, sagte ich. »Ich tue alles, was Sie mir sagen. Ich möchte nur raus hier und meinen Sohn wiedersehen.«

Er tippte in sein iPad, machte sich wahrscheinlich wieder Notizen. »Sie sagten, Sie hätten früher getrunken.«

»Ja, stimmt.«

»Sind Sie …«

»Bei AA, ja.«

»Was immer Sie tun, erwähnen Sie das unter gar keinen Umständen. Es wird nur gegen Sie ausgelegt.«

Ich wusste genau, was er meinte. Ein Freund bei den AA hatte mir mal geraten, bei einer Verkehrskontrolle niemals anzugeben, dass man regelmäßig die AA-Treffen besuchte, da dies die Polizei nur zu der Annahme verleitete, man habe wieder getrunken oder sei jedenfalls nicht ganz zurechnungsfähig.

»Ich werde schweigen wie ein Grab«, sagte ich.

Nachdem Freemont mich noch aufgefordert hatte, das Reden ihm zu überlassen, rief er den Wachmann, der uns in einen kargen Raum führte, ebenfalls mit Schreibtisch und zwei Stühlen ausgestattet, ähnlich dem in der Polizeiwache Downtown, wo ich vorgestern gewesen war.

»Der Detective ist ein Arsch«, sagte ich.

»Barasco?«, sagte Freemont. »Den kenne ich nicht.«

»Sie werden schon sehen«, sagte ich. »Erst mal wird er uns warten lassen. Ein Machtspielchen.«

Wie aufs Stichwort kam lächelnd Barasco herein.

Freemont sah mich an: *Irrtum.*

»Von mir die Rede?«, sagte Barasco.

Gerade wollte ich antworten, da legte Freemont eine Hand auf meinen Arm, um mich zum Schweigen zu bringen.

»Ich bin Mr. Harpers Anwalt.«

»Ich weiß, wer Sie sind«, sagte Barasco immer noch lächelnd.

Barasco blieb stehen, es gab keine freien Stühle mehr, und er hielt eine Mappe in der Hand.

»Wenn es was zu lachen gibt, klären Sie mich auf«, sagte Freemont. »Lachen würde mir guttun.«

»Erst gestern hat Ihr Mandant gesagt, nur Schuldige bräuchten einen Anwalt, und heute, siehe da, hat er einen.« Dann wandte er sich grinsend an mich. »Sie sehen ein bisschen mitgenommen aus. Haben Sie vergessen, sich heute zu rasieren?«

Wieder spürte ich Freemonts beschwichtigende Hand.

»Mein Mandant nimmt nur sein Recht auf anwaltlichen Beistand wahr.«

»Allerdings, er nimmt sein Recht wahr und handelt sich von Tag zu Tag mehr Ärger ein.«

»Ich habe sie nicht –« Diesmal schnitt ich mir selbst das Wort ab.

»Angesichts der Tatsache, dass mein Mandant nie eine Strafe für irgendeine Tat verbüßt hat und dass heute niemand verletzt wurde, vor allem kein Polizist, fordern wir, dass die Anschuldigungen umgehend fallengelassen werden.«

Mit seinem dämlichen Grinsen, das ich nicht mehr sehen konnte, sagte Barasco: »Schauen Sie doch erst mal, was ich gerade in die Hände bekommen habe.«

Er schleuderte die Mappe auf den Tisch.

»Was ist das?«, fragte ich ihn.

»Lesen Sie selbst.«

Ich schlug die Mappe auf, in der ein Stapel von etwa zwanzig Blättern lag. Ich überflog das erste:

FUGITIVE RED Hey, Rock God! Hörst du gerne Musik? Ich bin einsam heute Abend. Willst du chatten?

NYCROCKGOD2 Hey, sry, musste erst noch registrieren. Ja, liebe auch Musik.

FUGITIVE RED Hiii

FUGITIVE RED schön, von dir zu hören :) :)

NYCROCKGOD2 Hey! Liest man bestimmt öfter, aber ich mache das hier zum ersten Mal:) :)

»Woher haben Sie das?«, giftete ich Barasco an.

»Was ist das?« Freemont war verwirrt.

»Das Chatprotokoll der Affäre Ihres Mandanten«, sagte Barasco hämisch.

»Ich habe meine Frau nicht betrogen«, sagte ich.

»Das können Sie nicht leugnen«, sagte Barasco. »Sie halten den Beweis in Händen.«

»Sie haben meine Frage nicht beantwortet«, sagte ich. »Woher haben Sie das?«

»Von Discreet Hookups«, sagte Barasco. »Es ist ein vollständiges Protokoll aller Ihrer Interaktionen mit – wie war doch gleich ihr Online-Name? – ach ja, Fugitive Red.«

»Sie Scheißkerl«, sagte ich, in den Seiten blätternd.

Es war alles da, schwarz auf weiß.

»Am interessantesten und, ganz ehrlich, am relevantesten, ist die Stelle, wo Sie davon sprechen, wie Sie sie fesseln und schlagen wollten.«

»Das ist aus dem Zusammenhang gerissen«, sagte ich.

»Das Opfer in diesem Fall wurde gefesselt und geschlagen«, sagte Barasco. »Mehr Zusammenhang geht nicht.«

»Geben Sie meinem Mandanten und mir die Möglichkeit, das erst zu besprechen, dann können wir weiter darüber reden«, sagte Freemont.

»Ich glaube, Ihr Mandant weiß sehr genau, was dort drinsteht«, sagte Barasco.

»Sie hat mich dazu aufgefordert, solche Dinge zu schreiben«, wehrte ich mich.

»Ach ja? Womöglich gezwungen, was?«

»Man liest es heraus. Sie hat mich genötigt, dazu angestiftet. Wir haben uns gegenseitig hochgeschaukelt, mehr nicht.«

Er entriss mir die Blätter und suchte eine bestimmte Seite. »Sie haben ihr geschrieben, hier steht es – ›Kann's kaum erwarten dich zu fesseln und dir eine Ohrfeige zu verpassen‹.«

»Sie hat sich gewünscht, dass ich das sage.«

»Sie hat es so gewollt, ja?«

»Mein Mandant wird sich dazu nicht mehr äußern. Punkt«, mischte sich Freemont wieder ein.

Panik setzte ein. Ich dachte schon, ich würde ohnmächtig.

»Sie haben das doch nicht etwa meiner Frau gezeigt, oder?«, sagte ich.

»Und wenn schon«, sagte Barasco.

Ich stand auf, Barasco gegenüber. »Sie verdammtes Arschloch! Sie wollen doch nur mein Leben zerstören, Sie sadistischer Kerl!«

Meine Speichelflüssigkeit spritzte Barasco ins Gesicht, aber er schien es gar nicht zu bemerken, oder es war ihm egal.

Freemont war ebenfalls aufgestanden und ging zwischen uns.

Er packte mich am Handgelenk. »Beruhigen Sie sich. Ich sagte, Sie sollen sich beruhigen.«

»Ja«, sagte Barasco. »Dann muss ich mich wohl *gründlich* geirrt haben mit meiner Einschätzung, Sie könnten zu Gewaltausbrüchen neigen. Wie konnte ich nur auf so eine Schnapsidee kommen? Sie geben mir dazu überhaupt keinen Anlass.«

»Setzen Sie sich«, sagte Freemont zu mir.

Ich war noch immer geladen, aber gab klein bei.

»Gut, wenn Sie nicht über die Protokolle reden wollen, reden wir nicht über die Protokolle«, sagte Barasco. »Reden wir über die andere Sache, die Ihr Mandant uns verheimlicht hat, den Vorwurf der Körperverletzung.«

Ich konnte mich nicht zurückhalten. »Ich habe nichts verheimlicht –«

Doch Freemont schnitt mir das Wort ab. »Der Fall liegt

Jahre zurück und steht mit diesem hier in keinem Zusammenhang.«

»Ich finde, da gibt es sehr wohl einen Zusammenhang«, sagte Barasco.

»Wir reden hier über Widerstand gegen eine Festnahme«, sagte Freemont. »Ich stelle den Antrag, dass Sie diesen Vorwurf fallenlassen.«

»Das lässt sich machen, falls Ihr Mandant bei den Mordermittlungen mit uns kooperiert, Betonung auf *falls*.« Barasco sah mich an und sagte: »Ich habe ein bisschen mit Ihrer Frau geplaudert. Sie hat gerade ein Kontaktverbot gegen Sie erwirkt.«

War das gelogen? Wollte Barasco mich nur aus dem Konzept bringen? Schwer zu sagen.

»Ich will nur meinen Sohn wiedersehen«, sagte ich. »Er muss furchtbare Ängste ausstehen.«

»Viel Glück dabei«, sagte Barasco. »Wenn Ihre Frau die Scheidung einreicht, wird ihr das Sorgerecht zugesprochen, und Sie, bei Ihrem Verhalten, bekommen vielleicht nicht mal eine Besuchserlaubnis. Ach ja, und Ihre Nachbarn werden nach diesem Vorfall wohl auch ihre Meinung geändert haben, wer der Verrückte in Ihrer Ehe ist.«

Während ich immer noch den Verdacht hatte, dass Barasco nur Scheiß erzählte, war die Vorstellung, ich dürfte meinen Sohn nicht mehr sehen, doch zu erschreckend. Am liebsten hätte ich mich über den Tisch gebeugt und Barasco die Fresse poliert. Ich *sah* schon, wie ich ihn mit Fäusten traktierte.

Es gelang mir, cool zu bleiben, mich nicht zu rühren.

»Haben Sie eine spezifische Frage an meinen Mandanten in Bezug auf den Vorwurf des Widerstands gegen seine Festnahme?«, fragte Freemont.

»Ja, tatsächlich.« Barasco sah mich an. »Was haben Sie zu Ihrer Frau gesagt, dass sie daraufhin das Türschloss austauschen wollte? Haben Sie ihr gedroht?«

»Niemals«, sagte ich.

»Sie stellt das anders dar.«

Freemont unterbrach ihn. »Was genau meint seine Frau, soll mein Mandant gesagt haben?«

»Er hat gesagt, er würde sie krankenhausreif schlagen.«

Hatte Maria Detective Barasco wirklich belogen? Das konnte ich mir nicht vorstellen. Eher konnte ich mir vorstellen, dass Barasco log, um mich zu drängen, mich selbst zu belasten.

»Ich kann nicht erkennen, inwiefern das auch nur das Geringste mit dem aktuellen Vorwurf zu tun hat«, sagte Freemont. »Mein Mandant hatte das Recht, seine Wohnung aufzusuchen. Es gab keine einstweilige Verfügung oder ein Verbot, die Wohnung zu betreten. Er war überrascht, dass er nicht hineinkonnte, und rief laut, um seine Frau auf sich aufmerksam zu machen.«

»Er hämmerte gegen die Tür, stiftete Unruhe«, sagte Barasco.

»Er fürchtete um die Sicherheit seines Sohnes«, sagte Freemont. »Er hat versucht, in seine Wohnung zu gelangen, was in keinem Zusammenhang mit dem Vorwurf des Widerstands gegen seine Festnahme steht. Hat die Polizei irgendwelche Verletzungen registriert?«

»Haben Sie heute was getrunken?«, wandte sich Barasco an mich.

»Noch eine irrelevante Frage«, sagte Freemont.

»Da bin ich anderer Meinung«, sagte Barasco. »Wir haben es hier mit einem Muster zu tun. Er ist schon vorher in betrunkenem Zustand gewalttätig geworden. Vielleicht war er auch betrunken, als er Sophie Ward ermordet hat.«

»Ich habe sie nicht ermordet«, sagte ich.

Freemont sah mich an, als wollte er mich anschreien: *Halten Sie die Klappe!* Dann sagte er zu Barasco: »Was den gestrigen Vorfall betrifft: Wenn der Officer, der meinen Mandanten festgenommen hat, den Verdacht hegte, dass er getrunken hatte – warum wurde dann kein Alkoholtest gemacht?«

Gute Frage. Für einen Pflichtverteidiger. Freemont verstand sein Handwerk. Ich hätte auch Pech haben können.

»Vielleicht haben Sie am Freitag ja auch getrunken«, sagte Barasco zu mir. »War es so? Haben Sie vor Ihrem Date getrunken?«

Bevor ich etwas erwidern konnte, sagte Freemont: »Mein Mandant wird keine weiteren Fragen zum Mordfall Sophie Ward beantworten.«

»Befürchten Sie, er könnte seine Geschichte nicht aufrechterhalten?«

»Können wir bitte bei der Sache bleiben«, sagte Freemont.

Nachdem er mich sekundenlang wütend angestarrt hatte, ohne ein Wort zu sagen, stand Barasco auf und ging.

»Danke«, sagte ich zu Freemont. »Das war –«

»Nicht nötig«, sagte Freemont.

Ein Wachmann kam und brachte mich zurück in die Arrestzelle.

Etwa eine halbe Stunde später kehrte er zurück. »Harper.«

Beschwingt folgte ich ihm in den Eingangsbereich der Polizeiwache, wo Freemont auf mich wartete. Nachdem ich den nötigen Papierkram erledigt hatte und mir meine persönlichen Sachen ausgehändigt worden waren, verließen Freemont und ich das Gebäude. Die versmogte Stadtluft war mir noch nie so frisch vorgekommen.

»Vielen herzlichen Dank«, sagte ich.

Wir gingen von der Bayard Street zur Canal Street, vorbei an thailändischen und chinesischen Restaurants und Kautionsbüros mit Neonschildern, ›Bail Bonds‹.

»Sie hatten recht.« Freemont war wieder ganz sachlich. »Detective Barasco hat es auf Sie abgesehen.«

»Er ist eben ein Arschloch.«

»Er macht nur seine Arbeit«, sagte er. »Und das heißt in diesem Fall, ein Arschloch zu sein. Ich habe das Gefühl, dass Sie noch mal von ihm hören werden. Wenn Sie verhaftet werden, empfehle ich Ihnen dringend, einen guten Strafverteidiger zu beauftragen, jemand, der mit solchen Fällen vertraut ist.«

»Aber ich bin absolut unschuldig.«

»Selbst wenn er nur Indizienbeweise hat, könnte er versuchen, Anklage gegen Sie zu erheben«, sagte Freemont.

»Warum? Nur um mir eins auszuwischen?«

»Versetzen Sie sich in seine Lage«, sagte er. »In dem Viertel, Kips Bay, passieren nicht viele Morde. Und mal ehrlich, Sophie war eine Weiße, und das Leben von Weißen zählt mehr, wenn es um Mord geht. Er steht unter wahnsinnigem Druck, eine Festnahme vorzuweisen – schnell.«

»Ich habe sie nicht getötet«, sagte ich. »Ich schwöre bei meinem Leben.«

Der Geruch von Frittiertem überall erinnerte mich daran, dass ich Hunger hatte.

»Wo kommen Sie heute Abend unter?«, fragte Freemont.

»Wie spät ist es?« Ich hatte mein Handy noch nicht eingeschaltet.

»Kurz nach zehn.«

»Ich weiß nicht.«

»Was immer Sie vorhaben, kehren Sie auf keinen Fall in Ihre Wohnung zurück.«

»Glauben Sie, dass Barasco die Wahrheit gesagt hat? Dass meine Frau ein Kontaktverbot erwirkt hat?«

»Ja, sehr wahrscheinlich. Aber ich werde das später nachprüfen.«

Ich musste unbedingt Maria sprechen, sie zur Vernunft bringen.

Als könnte er Gedanken lesen, sagte Freemont: »Nehmen Sie auf keinen Fall Kontakt zu ihr auf. Und auch nicht zu Ihrem Sohn.«

»Ich muss ihn anrufen.«

»Tun Sie das nicht. Wenn Sie nicht im Gefängnis landen wollen, dann hören Sie auf mich, Mann. Rufen Sie Ihren Sohn nicht an, schicken Sie keine SMS, lassen Sie sich nicht in seiner Schule blicken. Halten Sie sich von Ihrer Familie fern. Wenn sich die Lage beruhigt hat, kümmern wir uns um all diese Fragen, aber vorerst gilt meine Hauptsorge, dass Sie nicht ins Gefängnis kommen.«

»Aber mein Sohn braucht mich.«

»Das kann ich nachvollziehen«, sagte Freemont. »Ich

liebe meinen Sohn ebenfalls. Aber wenn Sie im Gefängnis sitzen, hat er rein gar nichts von Ihnen, deswegen mein Rat: Verlieren Sie nicht aus den Augen, worum es hier geht. Haben Sie mich verstanden?«

Ich konnte verstehen, dass Maria wütend auf mich war und sich verraten vorkam, aber sie musste nicht auch noch Jonah in die Sache hineinziehen. Sie wusste, dass ich ein guter Vater war.

»Das alles sollte mich nicht wundern«, sagte ich. »Deswegen habe ich es ja getan.« Mir wurde bewusst, wie sich das anhören musste. »Nicht *es* in dem Sinn … ich meine, warum ich mich überhaupt im Internet umgeschaut habe. Ich meine, warum ich auf diese Internetseite gegangen bin und Sophie kennengelernt habe.«

»Verstehe«, sagte Freemont.

Wie schon zuvor hatte ich auch jetzt das miese Gefühl, dass er mir kein Wort glaubte.

»Kann ich Sie um einen Gefallen bitten?«, sagte ich. »Ich habe kein Geld, und ich muss mir eine MetroCard und etwas zu essen kaufen. Ich zahle es zurück, das verspreche ich Ihnen.«

Er öffnete sein Portemonnaie. »Reichen dreißig?«

»Ja«, sagte ich. »Danke.«

Er gab mir das Geld. »Wo wollen Sie jetzt hin?«

»Ich komme wahrscheinlich bei einem Freund unter«, log ich.

In Wahrheit wusste ich überhaupt nicht, wohin. Ich hatte keine Verwandten in der Stadt, nur viele Freunde und Bekannte bei den A. A., aber die hatten Familie, und denen wollte ich keine Umstände machen.

»Cool. Sagen Sie Bescheid, wo Sie gelandet sind.« Er gab mir seine Visitenkarte. »Ich versuche, Sie morgen Vormittag zu erreichen, dann können wir uns verabreden, vielleicht in meinem Büro Downtown, so gegen Mittag.«

»Ich muss morgen arbeiten«, sagte ich. »Ich kenne meinen Terminplan noch nicht.«

»Okay, rufen Sie an, wenn Sie mehr wissen, dann machen wir eine Zeit aus.«

Wir gaben uns die Hand, mein Händedruck war fester als seiner.

»Nochmals danke«, sagte ich. »Für alles.«

»Viel Glück«, sagte er.

Auf der Canal Street stieg er in ein Taxi und rauschte davon.

Ich suchte das nächstbeste Restaurant auf und bestellte Speckklöße und Shrimp Lo Mein zum Mitnehmen. Auf dem Gehsteig davor schlang ich das Essen hinunter, ohne es vorher richtig zu kauen. Als das geballte Fett und das Natrium in meinem Magen ankamen, fiel mir wieder mein Gelöbnis ein, mich gesünder zu ernähren und meinen Körper für eine wilde Affäre mit Sophie in Form zu bringen. Das kam mir jetzt alles wie ein Traum vor. Ein Traum, der sich in einen Alptraum verwandelt hatte.

Ich aß auf und warf die Verpackung weg. Auf dem Weg ins Niemandsland, zwischen Chinatown, Little Italy und SoHo, packte mich plötzlich Panik. Wo sollte ich hin? Ich war praktisch obdachlos. Mein Puls raste, ich hatte Atemnot. Ich redete mir ein, ich würde schon keinen Herzinfarkt kriegen, es sei nur die Angst, aber beruhigen tat mich das auch nicht. Ich musste mit Jonah sprechen, ein letztes

Mal seine Stimme hören, ihm sagen, dass ich ihn liebte. Ich nahm mein Handy, tippte HOME ein, und in dem Moment, als die Verbindung hergestellt war, legte ich auf.

Dein letztes Stündlein hat noch nicht geschlagen, versuchte ich, mich zu beruhigen. Ich kniete mich in den Windfang eines Juweliergeschäfts, atmete regelmäßig ein und aus, bis die Panikattacke abflaute.

Ich musste Freemont recht geben, dass es keine gute Idee war, heute Abend nach Hause zu fahren, aber was sollte ich sonst tun? Auf der Straße schlafen? Die ganze Nacht in der U-Bahn hin- und herfahren?

Ich lechzte nach einem Drink, und ich dachte: ›Mach doch einfach‹. Mir fiel kein einziges Argument dagegen ein. Was hatte ich noch zu verlieren? Kurz vorher war ich an einer Kellerbar vorbeigekommen, und ich lief die paar Häuserblocks zurück.

Es war eine kleine Bar, ein Tresen, drei Hocker. Auf einem saß ein zotteliger, schwermütig aussehender Mann, nuckelte an einem Pint und glotzte auf den in eine Ecke geklemmten Fernsehbildschirm, auf dem ein Hockeyspiel übertragen wurde. Der junge Barkeeper, ein Schlaks mit langem, dunklem Hipsterbart, fragte mich: »Was darf es sein?«

»Eine Diet Coke mit Rum.«

Früher mein Lieblingsdrink. Seit Jahren hatte ich ihn nicht mehr bestellt, aber die Worte kamen mir ganz natürlich über die Lippen, als hätte ich nie damit aufgehört.

Während ich dem Barkeeper bei der Zubereitung des Drinks zuschaute, meinte ich, den Rum förmlich zu riechen. Wir Alkoholiker haben eine feine Nase für den Duft von Fusel – aber aus drei Metern Entfernung? Und den ersten Schluck konnte ich bereits schmecken. Schon spürte ich, wie der Alkohol auf meiner Zunge scheinbar im Nu ins Gehirn schoss. Der Rausch der Entspannung und Erleichterung setzte ein. *Ahhh.* Trinken war die reinste Flucht, allein der Gedanke ans Trinken war wie Urlaub von der Wirklichkeit. Warum hatte ich überhaupt damit aufgehört? Um meine Ehe zu retten? Als hätte das irgendetwas geholfen. Ehe in Anführungszeichen. Hätte ich weitergetrunken, hätte es in den vergangenen sieben Jahren vielleicht nicht so viele Konflikte mit Maria gegeben. Ich hätte ein Ventil für meine Ängste gehabt und wäre angenehm beduselt durchs Leben gegangen.

Der Barkeeper stellte das Glas vor mich hin. »Das macht neun Dollar. Wollen Sie einen Deckel?«

Jonah war der Erste, bei dem ich mich entschuldigte, nachdem ich angefangen hatte, zu den Anonymen Alkoholikern zu gehen. Obwohl er damals erst zwei Jahre alt war, kniete ich mich neben seine Wiege und sagte ihm, wie leid es mir täte und dass er mir eines Tages hoffentlich verzeihen würde.

Jetzt wollte ich mir den nächsten Grund für eine Entschuldigung antrinken.

»Sir? Wollen Sie einen Deckel?«

Ich hatte wie hypnotisiert auf das Glas gestarrt.

»Ich zahle gleich«, sagte ich.

Ich legte einen Zehndollarschein auf den Tresen und rührte den Drink nicht an.

Ich rannte nach draußen, als würde ich vor einer explodierenden Granate fliehen. Erst drei, vier Straßen weiter fühlte ich mich einigermaßen sicher.

Auf dem Podium bei AA-Meetings sage ich den Leuten gern, dass man manchmal auf sich selber setzen muss, um sein Leben zu verändern. Genau das musste ich jetzt auch tun. Ich hatte einen schwachen Moment, war aber so hellsichtig gewesen, den Teufel zu erkennen. Barascos lächerliche Schikanen gegen mich mussten ein Ende haben, und Lawrence Ward musste verhaftet werden. Warum dauerte das so lange? Hatte Freemont recht? Hatte Barasco irgendeinen Beweis, den er gegen mich verwenden wollte?

Ich wollte Jonah wiedersehen. Ich wollte ihn in den Arm nehmen, mit ihm lachen und unser Blätterfangen spielen und ihm beibringen, wie man Gitarre spielt.

Ich hatte keine Lust, länger zu warten, bis die Polizei den Killer fand.

Es wurde Zeit, dass ich mein Leben wieder in den Griff bekam.

14

Vor einigen Jahren hatte ich bei einem AA-Meeting in der St. Monica's Church auf der Upper East Side die Sponsorschaft für Anthony Sorrentino übernommen, einem ehemaligen Polizisten. Seine Drogenabhängigkeit hatte ihn den Dienst bei der Polizei gekostet, und sein Leben war in eine Abwärtsspirale geraten. Er fing an zu dealen, flog auf und saß sechs Jahre in Sing Sing. Im Gefängnis fand er zu Gott und wurde clean, und er *blieb* clean, auch nach seiner Entlassung, im Gegensatz zu vielen anderen Abhängigen. Bei den AA verstanden wir uns sehr gut – wenigstens am Anfang. Er bat mich, sein Sponsor zu werden, und ich stand ihm in einigen Krisen bei, doch er war ein komplizierter Mensch. Unsere Zerwürfnisse kamen immer wie aus heiterem Himmel, scheinbar grundlos. Heute die dicksten Freunde – wir treffen uns auf einen Kaffee und unterhalten uns über Gott und die Welt –, redete er beim nächsten Mal kein Wort mit mir, vermied sogar Blickkontakt. Wenn ich versuchte herauszufinden, was los war, schnauzte er mich an, beschimpfte oder ignorierte mich, je nach Laune. Nachdem etwas Zeit vergangen war, kam er dann regelmäßig nach einem Meeting wieder auf mich zu und umarmte mich, als wäre ich sein bester Kumpel. Wir alle haben unsere Dämonen, aber Anthonys waren schlimmer als die meisten.

Meine Sponsorschaft für Anthony war zu Ende, ich hatte ihn seit einigen Monaten nicht mehr gesehen. Keine Ahnung, wie er zu mir stand, ob ich Freund oder Feind war, aber die Gerüchteküche der A. A. besagte, dass er als Privatdetektiv arbeitete. Es war nicht üblich, einen ehemaligen Gesponserten um Hilfe zu bitten, aber mir fiel keine bessere Alternative ein.

Ich ging die etwas ruhigere Hester Street entlang und rief Anthony von meinem Handy aus an. Besetzt. Dann erinnerte ich mich, dass er auch eine Festnetznummer hatte, ohne Anklopffunktion. Ich versuchte es noch ein paarmal, schließlich kam ich durch.

»Hallo, Anthony«, sagte ich. »Ich bin's, Jack. Jack Harper.«

Entweder war es seine Erfahrung als ehemaliger Polizist oder als genesender Süchtiger – er musste die Verzweiflung aus meiner Stimme herausgehört haben.

»Ich weiß, wer dran ist, ich habe für dich eine Anruferkennung eingerichtet. Was ist los, Jack?«

»Ich brauche deine Hilfe«, sagte ich.

Ich musste einen guten Tag erwischt haben, denn er sagte: »Worauf wartest du noch? Beweg deinen Arsch her.«

***

Anthony wohnte in Long Island City in Queens, eine U-Bahn-Station hinter Manhattan, von Chinatown eine halbe Stunde Fahrt. Ich war schon häufiger in seiner Wohnung gewesen, meistens, wenn er eine Krise durchmachte und meine Hilfe benötigte. Jetzt waren die Rollen vertauscht. Ich schämte mich nicht, denn als Süchtiger würde er verstehen, wie schnell sich Schicksale manchmal wenden konnten.

In Long Island City herrschte seit einigen Jahren eine rege Bautätigkeit. Einige Straßenzüge erkannte ich kaum wieder, in jedem Block waren etliche neue Gebäude in die Höhe geschossen. Vor Jahren, als Maria mit Jonah schwanger war und wir noch reichlich Erspartes besaßen, hatten wir überlegt, uns hier eine Wohnung zu kaufen. Wäre es anders gekommen, wenn wir hierhergezogen wären? Wir hätten uns eine billige Zwei-Zimmer-Wohnung gesucht, sie renoviert und, wenn der Immobilienmarkt angezogen hätte, wieder abgestoßen und dabei vielleicht hunderttausend Gewinn gemacht. Das Geld hätten wir als Anzahlung für eine größere Wohnung, eine richtige Drei-Zimmer-Wohnung genutzt. Oder wir hätten zwischendurch noch eine zweite Wohnung renoviert und mit Gewinn verkauft und erst dann eine noch größere gesucht. Eigenrenovierte Wohnungen mit Gewinn zu verkaufen ist nicht immer einfach, aber mit meinem Durchblick als Immobilienmakler hätten wir es gestemmt. Maria war damals gegen einen Umzug, sie wollte nicht aus Manhattan weg, und am Ende blieben wir dort. Das jahrelange Zusammenleben auf engem Raum hatte definitiv einen nachteiligen Effekt auf unsere Ehe gehabt. Auch der finanzielle Druck war belastend. In einem anderen Universum wären Jack und Maria vielleicht nicht so oft aneinandergeraten, wären nicht so verbittert wie heute, wären vertrauter miteinander umgegangen und hätten weiter Sex gehabt. Eine einzige Entscheidung, der Umzug nach Queens, und alles wäre vielleicht anders gekommen.

Anthony wohnte in einem der wenigen älteren Häuser des Viertels, das noch stand, obwohl es abbruchreif war. Ein schmales, etwas vernachlässigtes fünfgeschossiges Mietshaus, eingequetscht zwischen zwei neuen, noch im Bau befindlichen Häusern. Offenbar war der Eigentümer nicht bereit gewesen, an die Bauunternehmer zu verkaufen.

Ich klingelte, und ohne die Gegensprechanlage zu betätigen öffnete Anthony mir die Tür. Drinnen sah es nicht besser aus als außen. Während ich die Treppe hochstapfte, sah ich hier und da Mäusedreck, und auf einem Absatz krabbelte eine Kakerlake vorbei.

Anthony, graue Sweatpants, ärmelloses Unterhemd, erwartete mich im Hausflur vor seiner Wohnungstür im dritten Stock. Er hatte einen dickeren Bauch als beim letzten Mal, musste gut acht bis zehn Kilo zugenommen haben.

»Hey«, sagte er und drückte mich zur Begrüßung an sich. Ja, ich hatte eindeutig einen guten Tag erwischt.

»Danke, dass ich so kurzfristig kommen konnte«, sagte ich.

»Du weißt, Buddy. Für dich tue ich alles.«

Ich dachte an die vielen Male, als mich Anthony wie den letzten Dreck behandelt hatte, und sagte: »Klar, weiß ich doch.«

Ich folgte ihm in die Wohnung, die sehr klein war, höchstens vierzig Quadratmeter, Schlafzimmer, Kochnische, Frühstückstresen. Bei meinen früheren Besuchen war die Wohnung stets unordentlich gewesen, schmutziges Geschirr stapelte sich auf dem Tisch und dem Tresen, Wäsche und Zeitungen lagen verstreut auf dem Boden; jetzt war alles sauber und aufgeräumt. Auf dem schlichten quadratischen Tisch stand nur ein Ast eines Zierbambus in einer schlanken Vase.

»Was gibt's? Du kannst mir alles erzählen«, sagte Anthony. »Kaffee?«

Er zeigte auf seine Kaffeemaschine.

»Ja«, sagte ich.

»Ich habe keinen koffeinfreien da. Ist koffeinhaltiger auch okay?«

»Immer«, sagte ich.

Er ging zum Kaffeekochen in die Küche. »Setz dich. Fühl dich wie zu Hause.«

Ich blieb stehen.

»Danke noch mal, dass ich so schnell kommen konnte«, sagte ich.

»Du siehst scheiße aus.«

Ich war nicht gekränkt. Ich mochte Anthonys direkte Art.

»So fühle ich mich auch«, sagte ich.

Er musste das Zittern in meiner Stimme bemerkt haben. »Dann lass hören. Was ist los, Jack?«

Ich kämpfte mit den Tränen. »Ich hätte beinahe was getrunken.«

»Kommt vor«, sagte er. »Aber du hast nicht getrunken. Das ist das Wichtigste. Du hast dich selbst davor bewahrt.«

»Knapp«, sagte ich.

Eine Träne benetzte meine Oberlippe. Anthony reichte mir kein Taschentuch oder sagte nicht ›Tut mir leid‹ oder etwas ähnlich Klischeehaftes. Das gefiel mir. Ich brauchte kein Mitleid oder das Versprechen, dass schon alles gut werde. Ich brauchte Hilfe.

Nachdem ich mich wieder gefangen hatte, schilderte ich ihm, wie ich Sophie im Internet kennengelernt hatte, bis hin zu dem Moment, als ich ihre Leiche fand. Ich war offen und ehrlich, auch was meine Fehlentscheidungen betraf, weil ich bei alldem wusste, dass er als ehemaliger Süchtiger mein Verhalten akzeptieren und es nicht werten würde.

Als ich ihm von der aggressiven Befragung durch Barasco erzählte, unterbrach er mich.

»Ich kenne Nick Barasco noch aus meiner Zeit im Polizeidienst.« Anthony klang bitter. »Es wundert mich nicht, dass er so mit dir umspringt. Er führt sich immer auf, als würde er der nächste Polizeichef werden, dabei ist er nicht einmal ein guter Detective.«

»Danke«, sagte ich. »Ich bin froh, dass ich mit meiner Einschätzung nicht allein dastehe. Ich dachte schon, ich sei verrückt.«

Anthony hatte eine Tasse Kaffee vor mich hingestellt und setzte sich mir gegenüber an den Küchentisch.

»Und was ist jetzt?«, fragte er.

In nüchternem Ton fasste ich den Rest zusammen, dass Maria mich aus der Wohnung gesperrt hatte und ich die Nacht im Gefängnis verbringen musste. Ich schämte mich deswegen nicht, schon weil Anthony ein ehemaliger Knacki war.

Als ich mit meiner Geschichte zu Ende war, schien er, wie erwartet, wenig beeindruckt. »Wenn du duschen willst«, sagte er, »oder hier pennen willst: Mi Sofa, tu Sofa.«

»Danke«, sagte ich. »Das wär super.«

»Aber zuerst möchte ich, dass du mir in die Augen schaust«, sagte er.

Ich sah ihn an.

»Hast du sie umgebracht?«

»Nein«, sagte ich.

»Du hast weggeguckt, als du ›nein‹ gesagt hast.«

Das hatte ich nicht gemerkt.

Diesmal achtete ich darauf, dass ich ihm direkt in die Augen sah, als ich sagte: »Nein, natürlich war ich es nicht. Ich bitte dich.«

»Ich glaube dir«, sagte er. »Ich kenne mich aus mit Kriminellen, und du bist keiner.«

»Ich wünschte, Nick Barasco würde das auch so sehen.«

»Als Exbulle kann ich es nur vermuten, aber vielleicht denkt er, dass du etwas weißt oder jemanden deckst«, sagte Anthony. »Es ist nur so eine vage Idee, ich kenne ja die Details nicht. Aber für mich sieht es ganz so aus, als bediente er sich der Einschüchterungstaktik, die man heute gerne anwendet. Man kann eben heutzutage seine Zeugen nicht mehr einfach so in einem Hinterzimmer schlagen oder ihnen einen Besenstiel in den Arsch stecken. Was macht man stattdessen? Man droht ihnen, man habe angeblich Beweise.«

»Es gibt keinen Beweis, weil ich nichts getan habe«, sagte ich.

»Du hast versucht, sie wiederzubeleben«, sagte er. »Also deine DNA am Tatort hinterlassen. Und du hast sie im Internet kennengelernt, das gibt dem Ganzen was Anrüchiges. Du verstehst, wie ich das meine.«

»Ihr Mann hat sie umgebracht«, sagte ich. »Garantiert.«

»Die werden ihren Mann schon gründlich in die Mangel nehmen. Das passiert immer, wenn eine verheiratete Frau getötet wird. Aber du sagst, er habe ein Alibi.«

»So hat es Barasco dargestellt.«

»Glaubst du, dass er dich verarscht?«

»Vielleicht. Aber falls er keins hat – warum verhaften sie ihn dann nicht? Das verstehe ich nicht.«

»Gute Frage«, sagte Anthony. »Entweder stimmt es, und er hat tatsächlich ein hieb- und stichfestes Alibi, oder sie denken, dass sein Alibi nicht wasserdicht ist. Barasco glaubt wahrscheinlich, er müsste dich nur ordentlich unter Druck setzen, irgendwann würdest du mit was herausrücken, was seinen Verdacht erhärtet. Aber meiner Erfahrung nach ist es immer sinnlos, sich in die Gehirnwindungen eines Detectives hineinzuversetzen, weil man nie weiß, wie sie ticken. Deswegen raten Anwälte einem immer, erst mal den Mund nicht aufzumachen.«

»Ja«, sagte ich. »Ich brauche einen besseren Anwalt. Aber ich kann mir keinen leisten. Deswegen dachte ich, dass vielleicht –«

»Selbstverständlich helfe ich dir«, sagte Anthony. »Brauchst gar nicht erst zu fragen.«

»Wirklich?« Ich war überrascht. So wie es gerade für mich lief, hatte ich eher damit gerechnet, dass er mir sagte, er habe viel um die Ohren oder könne mir nicht weiterhelfen.

»Nach allem, was du für mich getan hast?«, sagte er. »Wenn du nicht gewesen wärst, würde ich heute immer noch einsitzen oder wäre längst unter der Erde.«

»Du übertreibst.«

»Glaube ich nicht. Du bist ein anständiger Kerl, Jack.«

Wieder war ich froh, dass ich Anthony an einem guten Tag erwischt hatte. Er hätte mich auch abblitzen lassen können.

»Danke, Mann«, sagte ich. »Vielen Dank.«

»Du brauchst dich nicht zu bedanken. Ich arbeite gerade an ein paar Fällen, und ich weiß, wie man verdeckt ermittelt. Zuerst nehme ich mir mal den Ehemann vor. Wie hieß der noch mal?«

»Lawrence Ward. Er wohnt in White Plains.«

»White Plains kenne ich«, sagte Anthony. »Mein Onkel hatte da eine Gartenbaufirma. Das war mein erster Job, als ich noch auf der Highschool war. Hast du seine Adresse?«

»Nein. Ich weiß nur, dass er bei einem Pharmaunternehmen in Stamford arbeitet.«

»Mehr Information brauche ich vorerst nicht«, sagte Anthony.

»Was soll ich jetzt machen?«, fragte ich ihn.

Anthony musterte mich. »Ganz ehrlich?«

Ich nickte.

»Duschen«, sagte er. »Du stinkst zum Himmel.«

***

Als ich zurück ins Wohnzimmer kam, ohne Gefängnisschmiere, ein Handtuch um die Hüfte, saß Anthony schon an seinem iPad und suchte mit Google Earth das Haus von Lawrence Ward.

»Soundview Avenue«, sagte er. »Hübsches Viertel. Der Mann muss ganz schön Schotter haben.«

Er saß am Esstisch und zog sich seine Sneakers an, als wäre er auf dem Sprung.

»Die Wards sind auf jeden Fall gut betucht«, sagte ich.

»Wer besitzt schon ein Townhouse in der City und dazu noch eine große Villa in White Plains?«

»Er hätte es sich also auch leisten können, jemanden zu engagieren, der seine Frau kaltmacht.«

»Daran habe ich auch schon gedacht«, sagte ich. »Das würde sein Alibi erklären.«

»Das wird die Polizei ganz sicher überprüfen«, sagte er. »Die Frage ist nur: Warum hat sie bisher noch nichts gegen ihn in der Hand? Wenn du mich fragst: Sein Alibi ist ein Scheiß.«

»Der Detective sagt, es sei wasserdicht.«

»Ja, derselbe Detective, der dich dafür drankriegen will. Diese Tricks kenne ich. Detectives sind die größten Quatschköpfe, vor allem, wenn sie unter Druck stehen, Festnahmen vorzuweisen.«

»Du glaubst also, dass ihr Mann es war?«

»Ich urteile hier rein nach Gefühl – aber ja, das glaube ich. Die Art, wie er sie umgebracht hat, mit der Krawatte, das sieht nach einem Mord aus Eifersucht aus.«

»Aber sie ist nicht durch die Erdrosselung gestorben«, sagte ich.

»Ja, richtig, aber warum bindet er ihr die Krawatte um den Hals, als sie schon tot ist? War doch gar nicht nötig. Irgendwas ist faul an der Sache, und ich rede jetzt nicht von der Krawatte. Es ist irgendwas Sexuelles. Man fragt sich: *Warum gebraucht er nicht seine Hände?* Du hast doch gesagt, sie habe die Krawatten mitgebracht, oder? Dann war es vielleicht gar nicht seine Absicht, nur eine günstige Gelegenheit. Er sieht die Krawatte, entscheidet, seine Frau zu erdrosseln. Vielleicht hält er das für clever – will verhindern, dass sie sich wehrt und dass seine DNA unter ihre Fingernägel kommt. Es ist ein Versuch, seine Spuren zu verwischen. Andererseits, falls es ein Auftragsmord war, wollte der Killer es vielleicht wie ein Verbrechen aus Leidenschaft aussehen lassen. Der Mann wusste, dass sie sich im Internet herumtrieb, ihn betrog, und deswegen …«

»Sie hat ihn nicht betrogen«, sagte ich.

»Aber sie hatte es vor«, sagte er. »Deswegen war sie da, oder? Woher willst du wissen, dass du der einzige Mann warst?«

»Das hat mich der Detective auch gefragt.«

»In dem Punkt hat er möglicherweise recht. Vielleicht hatte sie eine ganze Reihe von Affären. Ihr Mann ist dahintergekommen, beauftragt einen Killer und sagt ihm, es solle nach einem Mord aus Eifersucht aussehen. Je länger ich darüber nachdenke, desto naheliegender erscheint mir diese Variante.«

Anthony holte seine Lederjacke aus dem Garderobenschrank neben der Wohnungstür.

»Wo willst du hin?«, fragte ich.

»Ich arbeite an einem Fall in den Heights.«

»So spät noch?«

»Eine Observation«, sagte er. »Der Mann, den ich beschatte, kellnert in einer Bar, deswegen muss ich mich bis in die Nacht rumtreiben. Aber von da sind es nur zwanzig Minuten bis White Plains. So spät ist da kaum Verkehr, ich könnte also gleich mal am Haus der Wards vorbeifahren. Und ich setze mich mit meinen alten Kumpels im Morddezernat in Verbindung – die werden mir sagen, wie weit die Polizei mit ihren Ermittlungen im Fall Sophie Ward gekommen ist. Wenn es Zeugen gibt, will ich sie sprechen … Und du kannst dich hier häuslich einrichten – im Kühlschrank steht Roastbeef, und ich habe frisches Brot gekauft. Du bist bestimmt hundemüde. Du hast in der Arrestzelle kein Auge zugetan, was?«

»Ja, ich bin total geschafft«, sagte ich. »Es gibt nur noch ein kleines Problem. Ich habe keine sauberen Klamotten für morgen.«

»Richtig, Kleidung«, sagte er und ging ins Schlafzimmer. »Meine Sachen sind wahrscheinlich alle zu groß für dich, aber du kannst dir jedes T-Shirt aus der untersten Schublade nehmen. Unterwäsche und Strümpfe – also ich weiß nicht, ob du welche von mir tragen willst, es sei denn, du bist gegen alles geimpft. Wasch doch deine Sachen und trockne sie mit dem Fön, der ist im Garderobenschrank.«

Er kam zurück aus dem Schlafzimmer und gab mir eine ausgebleichte Jeans.

»Auf der Kommode liegt ein Schlüsselbund für dich. Der silberne Schlüssel ist für die Haustür, der goldene für die Wohnungstür. Geld brauchst du sicher auch, oder?«

»Ich kann kein Geld von dir annehmen«, sagte ich.

»Du hast mir auch schon mal was geliehen.«

»Wirklich?«

»Weißt du nicht mehr? Als du anfingst, mich zu sponsern. Ich war arbeitslos und schlief bei meinem Freund Tommy auf Staten Island auf der Couch. Du hast mir fünfhundert Dollar geliehen.«

Jetzt fiel es mir wieder ein. Ein paar Wochen später hatte er mir das Geld zurückgezahlt.

»Ja, stimmt«, sagte ich. »Das hatte ich ganz vergessen.«

»Ich nicht«, sagte Anthony. »Du warst damals für mich da, jetzt bin ich für dich da. Das nennt man Loyalität. Du bist ein guter Mensch, Jack, einer der besten, die ich kenne. Gute Menschen haben Loyalität verdient.«

Er nahm Geld aus seinem Portemonnaie.

»Hier sind hundertvierzig Dollar«, sagte er. »Mehr habe ich im Moment nicht, aber nimm es nur. Ich komme später an einem Geldautomaten vorbei. Du kriegst von mir, so viel du brauchst, und du zahlst es mir zurück, wann immer du dazu in der Lage bist.«

»Ganz ehrlich«, sagte ich. »Ich weiß nicht, wann das sein wird.«

»Egal.« Er grinste breit. »Was soll ich sonst mit meinem Geld anfangen? Etwa Heroin kaufen?«

Ich musste schmunzeln. »Danke, Mann. Ich schulde dir einen großen Gefallen.«

»So wie ich das sehe«, sagte er, »hast du mir den bereits getan.«

Als er gegangen war, rief ich wieder zu Hause an und bekam die gleiche Nachricht wie vorher, der Anruf könne nicht durchgestellt werden. Maria war wütend auf mich, und sie hatte alles Recht dazu, aber wäre die Situation umgekehrt, hätte ich meine Gefühle beiseitegeschoben und ihr wenigstens mitgeteilt, dass mit Jonah alles in Ordnung war. Hier ging es nicht um mich und Maria – es ging um Jonah. Unsere Ehe war nicht mehr zu retten, das war klar. Aber mich in dieser von Rachegelüsten gekennzeichneten Trennungsphase zu verletzen, bedeutete nur, auch Jonah zu verletzen. Ich hoffte, das würde sie einsehen.

Seit Anthony sich bereit erklärt hatte, mir zu helfen,

ging es mir in vieler Hinsicht besser. Ich war nicht mehr allein, ich hatte einen Mitspieler. Tiefpunkte in meinem Leben hatte ich schon einige hinter mir und mich jedes Mal wieder hochgerappelt. So würde es auch diesmal sein. Wie ich manchmal auf dem Podium bei AA sagte: »Das Tolle an einem Tiefpunkt ist ja, dass es danach nur noch aufwärtsgeht.«

Amen.

15

Als ich die Augen aufschlug, war ich im ersten Moment verwirrt. Zuerst dachte ich, ich läge auf dem Sofa in unserer Wohnung in Manhattan und Jonah schliefe ein paar Meter hinter der dünnen Trennwand in seinem Bett. Dann meldete sich die Wirklichkeit zurück, und mir fiel wieder ein, dass ich mich in Anthonys Wohnung in Queens befand.

Draußen war es dunkel, doch ich war hellwach. Mit Anthonys Ladegerät hatte ich über Nacht mein Handy aufgeladen. Ich sah auf das Display, 6:33 Uhr.

Auf dem Weg zum Klo warf ich kurz einen Blick in Anthonys Zimmer, aber er war nicht da, das Bett noch immer unberührt. Keine Frage, der Mann brannte für seine Sache. Ich war stolz auf ihn – er hatte viel durchgemacht, mit seinen Dämonen gerungen, aber er hatte überlebt. Mehr noch, er arbeitete hart, baute sich sein Private-Investigations-Business auf. Zugegeben, ich war auch stolz auf die Rolle, die ich dabei gespielt hatte, ihn wieder auf Kurs zu bringen. So wie mein eigenes Leben gerade verlief, war es ganz schön, wenigstens in einer Hinsicht ein gutes Gefühl zu haben.

Ich wusch meine Socken und meine Unterwäsche und trocknete sie mit dem Fön, dann zog ich mir die geborgten Kleider an. Die Jeans war zu weit, aber mein Gürtel hielt sie zusammen. Auch die meisten T-Shirts aus dem Schrank waren zu groß, deswegen suchte ich in der Kommode nach einem. In den drei oberen Schubladen lagen keine, blieb noch die unterste. Ich fand etwas Passendes, und als ich die Shirts herausholte, entdeckte ich die Spritzen.

Es waren vier, auf dem Boden der Schublade. Als ehemaliger Suchtkranker hätte ich seinen Bullshit durchschauen sollen, aber ich wollte meine positive Einstellung nicht aufgeben. Vielleicht nahm er ja keinen Stoff mehr, vielleicht waren es übriggebliebene Utensilien aus seiner Vergangenheit, oder er hatte sie einem anderen, den er gerade sponserte, abgenommen. Leider vermochte ich nicht genug Selbstverleugnung aufzubringen, um auch nur eine dieser Erklärungen zu glauben. Ich kam mir irgendwie blöd vor, dass ich ihm vertraut hatte, aber ich rief mir in Erinnerung, dass ich keine bessere Alternative hatte. Selbst wenn er wieder Drogen nahm, konnte er dennoch in der Lage sein, mir zu helfen. Ich konnte nur hoffen.

Ich fand schließlich ein schlichtes schwarzes Buttondown-Hemd, das ungefähr meiner Größe entsprach, und betrachtete mich damit im Badezimmerspiegel. Ich hatte einen Dreitagebart, die Augenringe waren dunkler als sonst, aber alles in allem fand ich mich ganz manierlich.

Während ich ein Sandwich mit Roastbeef und Senf verschlang, suchte ich im Internet auf meinem Handy nach Neuigkeiten im Fall Sophie. Hoffentlich hatte die Polizei endlich jemanden verhaftet. Maria würde mich wieder aufnehmen, und der Alptraum hätte ein Ende.

Ich konnte keine Nachricht über eine Festnahme finden, allerdings, viel schlimmer, einiges über mich.

Ich war nicht die Hauptmeldung, aber mehrere lokale Portale berichteten, dass ich am Sonntag festgenommen worden sei und mich der Festnahme widersetzt habe. Auch dass ich im Zusammenhang mit dem Tod von Sophie Ward vernommen worden sei und ihre Leiche entdeckt hätte. Die *Spectrum News* zitierten Detective Barasco mit den Worten: »Jack Harper bleibt eine Person von besonderem polizeilichen Interesse.«

Ich versuchte, es positiv zu sehen. »Von besonderem polizeilichen Interesse« klang immerhin besser als Mordverdächtiger. Sobald Anthony ein bisschen Dreck aufgewühlt hatte und Lawrence Ward angeklagt war, wäre ich voll und ganz rehabilitiert.

Vielleicht war ich zu optimistisch, aber mich wegen dieser Meldungen runterziehen zu lassen, würde mich auch nicht schneller aus dem Schlamassel herausbringen. Wenn man sich Gutes wünscht, hilft es manchmal, sich so zu verhalten, als wäre das Gute bereits eingetreten. Wie heißt es bei den Lebensberatern so schön: ›Tu so, dann ist es so. Erschaff dir deine eigene Wirklichkeit.‹

Eine neue Wirklichkeit – genau das, was ich brauchte.

Ich verließ Anthonys Wohnung, redete mir gut zu, schon bald hätte ich mein Leben zurück, es wäre nur noch eine Frage der Zeit.

Ich gab mir alle Mühe, daran zu glauben.

***

Es sollte ein ganz normaler Dienstag werden, das war mein fester Entschluss. Ich würde ins Büro gehen, mich in die

Arbeit vertiefen, Kundenkontakte pflegen, Interessenten vielleicht ein paar Wohnungen zeigen. Einige Stunden Urlaub von meinen Problemen würden mir guttun.

Ich fuhr mit der U-Bahn in die City. Beim Betreten des Büros spürte ich sofort, dass etwas faul war. Brian und Claire würdigten mich keines Blickes. Normalerweise sagte wenigstens einer hallo, doch diesmal starrten beide auf ihre Bildschirme, als wäre ich Luft.

»Was ist denn hier los?«, sagte ich.

Ich hoffte, der eisige Empfang hatte nicht den vermuteten Grund, nämlich den, dass sie die Artikel über mich gelesen hatten.

Ich sah auf meinen Schreibtisch, der leer gefegt war. Meine Unterlagen, meine Akten, mein PC, alles weg.

»Was soll das?«, sagte ich.

Brian und Claire klebten an ihren Bildschirmen.

»Seid nicht albern«, sagte ich. »Ihr arbeitet doch gar nicht. Also was geht hier ab? Brian, was soll das? Jetzt komm schon, Claire, sag was. Sprich mit mir.«

»Verlass sofort das Gebäude, Jack.«

Ich drehte mich um, Andrew Wolf war aus seinem Büro gekommen, ganz in Schwarz, schwarze Hose, schwarze Schuhe, schwarzes Button-down-Hemd. Er funkelte mich an wie ein Henker.

»Was ist los?«, fragte ich. »Warum hast du meine Sachen weggeräumt?«

»Weil du hier nicht mehr arbeitest.«

Seine Stimme klang emotionslos. Er hatte eine Entscheidung getroffen, und ich konnte nichts ausrichten, um seine Meinung zu ändern.

Ich versuchte es trotzdem. »Du machst einen großen Fehler. Wenn ich vielleicht kurz erklären –«

»Bitte geh, Jack, auf der Stelle.«

»Moment«, sagte ich. »Ich weiß, was du denkst. Aber da liegst du falsch.«

»Ausstehende Provisionen überweise ich dir auf dein Konto. Und jetzt geh, sonst rufe ich die Polizei.«

Ich konnte es mir nicht leisten, ein zweites Mal verhaftet zu werden. Selbst wenn die Polizei nur vorbeikäme, um eine weitere Strafanzeige gegen mich zu prüfen, und Barasco das rausfand, würde das zu nichts Gutem führen.

»Okay, entspann dich, ich mache euch hier keine Szene«, sagte ich. »Du bist beunruhigt, klar, aber nur damit du es weißt, die Sache hat noch eine andere Seite. Das Wichtigste ist, ich bin unschuldig, ich habe nichts Unrechtmäßiges getan.«

»Deine Anstellung ist beendet«, sagte Andrew. »Da gibt es nichts zu diskutieren.«

»Das habe ich verstanden, und ich gehe«, sagte ich. »Aber kannst du mir wenigstens sagen, was los ist? Wir kennen uns jetzt schon lange. Fünf Jahre? Sechs? Da habe ich doch wohl eine Erklärung verdient.«

Das schien etwas in ihm anzusprechen. Oder er wollte einfach nur sagen, was immer er sagen musste, um mich loszuwerden.

»Gestern ist ein Detective vorbeigekommen, der mir die Situation geschildert hat.«

»Der hat es auf mich abgesehen«, sagte ich. »Ich weiß nicht, warum, aber so ist es.«

»Jack …«

»Hat er dir auch gesagt, dass ich überhaupt *nichts* getan habe? Dass ich nur eine Person von besonderem polizeilichen Interesse bin? Dass ich –«

»Er hat mir gesagt, deine Frau habe ein Kontaktverbot gegen dich erwirkt.«

»Das stimmt nicht«, sagte ich. »Siehst du. Er erfindet einfach Sachen.« Ich wandte mich an unser Publikum, Brian und Claire. »Na los, sagt ihm, dass ihr mir glaubt. Ich arbeite seit Jahren jeden Tag mit euch zusammen, ihr wisst, was ich für ein Mensch bin. Erst gestern Abend hat ein Freund zu mir gesagt, was für ein toller Typ ich bin, dass ich ihm geholfen habe, als er am Boden war und keiner zu ihm gehalten hat. Hat das denn gar keine Bedeutung? Da braucht nur irgendein selbstverliebter Bulle zu kommen und euch Lügen über mich aufzutischen, und ihr glaubt ihm? Zählt denn unsere gemeinsame Geschichte *überhaupt nicht*?«

Mir war klar, dass ich schwadronierte. Ich kämpfte darum, sie überhaupt irgendwie zu erreichen.

Andrew hielt den Telefonhörer ans Ohr. »Ich rufe die Polizei, Jack.«

»Leute, ihr wisst, dass ich kein Killer bin«, rief ich in den Raum hinein. »Das ist doch absurd.«

»Es klingelt«, sagte Andrew.

Brian und Claire sahen mich nicht an.

»Na gut, wie ihr wollt«, sagte ich und stürmte hinaus auf die Straße.

»Arschloch!«, schrie ich und trat gegen den nächstbesten Gegenstand, eine Mülltonne.

Ich lief umher und verfluchte Andrew als charakterlosen Scheißkerl und reichen Kotzbrocken. Dann fiel mir auf, dass mich die Leute ängstlich und angewidert ansahen und mir aus dem Weg gingen, so wie ich früher den vor sich hin brabbelnden Irren in unserem Viertel aus dem Weg gegangen war.

Ich setzte mich draußen vor das Starbucks in der 85th Street Ecke First Avenue, und während ich mich allmählich beruhigte, wurde mir klar, dass zwar diese Tiraden neu waren, mein Verhalten jedoch nicht, nämlich anderen die Schuld für meine Probleme zu geben. Andrew hatte mich gefeuert, aber hatte Andrew mich genötigt, auf die Seite von Discreet Hookups zu gehen? Auch Rob McEvoy hatte mich nicht dazu gezwungen. Ich war derjenige, der die schlechten Entscheidungen getroffen hatte. Ich war derjenige, der Scheiße gebaut hatte. Aber natürlich war es viel einfacher, die Wut rauszulassen, als in sich zu gehen. Das war meine verhängnisvolle Schwäche.

Wenigstens wusste ich jetzt, dass ich ein Problem hatte. Ganz so schlimm konnte es um mich also nicht bestellt sein. Ich gab mir redlich Mühe, meinen Scheiß geregelt zu kriegen und dabei nicht in die Falle zu tappen, allzu streng mit mir zu sein. Sich selbst die Schuld zu geben konnte genauso destruktiv sein, wie anderen die Schuld zu geben. Das musste ich mir nachsehen.

Außerdem bestand immer die Möglichkeit, dass meine Wahrnehmung verzerrt war. Stress hat manchmal diese Wirkung auf Menschen.

Vielleicht war mein Leben gar nicht so verkackt, wie es schien. Vielleicht war das nur ein Gefühl. Immerhin arbeitete Anthony jetzt für mich.

Ich schrieb ihm gleich eine SMS: *Hey, was geht ab?*

Er schrieb sofort zurück. *Alles klar? Passt die Jeans?*

Die Antwort stimmte mich nicht gerade zuversichtlich. Ich steckte in Schwierigkeiten, war von ihm abhängig, und er fragte mich nach der Jeans? Ich hoffte, er nahm die Sache ernst, und ich hatte ihn nicht falsch eingeschätzt. Ich hatte meine Familie, meine Wohnung, mein Geld und jetzt auch noch meine Arbeit verloren – und ich verließ mich auf einen Hardcore-Drogenabhängigen, einen Exknaki, um mir aus der Patsche zu helfen?

Ich schrieb: *Toll. Gibt's was Neues?*

Wieder antwortete er umgehend: *Bin gerade an was Großem dran. Melde mich später.*

Was sollte ich damit anfangen? Bedeutete ›was Großes‹ eine Wendung in dem Fall? Zumindest klang es nicht so wie unter Heroineinfluss geschrieben. Zu diesem Zeitpunkt hätte ich jede Ermunterung gebraucht, die ich kriegen konnte.

Ich stand auf und lief weiter, als ich merkte, dass ich nur ein paar Straßen von Jonahs Schule entfernt war. Halb zehn, Maria musste ihn vor einer Stunde abgeliefert haben. Ich konnte zur Schule gehen, ihn kurz sehen, ihn begrüßen und ihm sagen, dass es mir gutging.

Ohne das Für und Wider abzuwägen, ging ich los.

Ich kannte die Wachfrau, Florence, sehr gut, eigentlich seit Jonah den Kindergarten der Schule besuchte.

Ich betrat das Schulgebäude, erklomm die paar Treppenstufen und stand vor ihrem Tisch. Florence war eine kräftige Schwarze um die fünfzig. Auch wenn sie meistens gutgelaunt lachte, strahlte sie doch etwas Unerbittliches aus; mit ihr wollte man sich nicht anlegen.

»Hi, Florence. Wie geht es?«

»Muss ja«, sagte sie. Vor ihr lag aufgeschlagen irgendeine Boulevardzeitung. »Bin heute Morgen aufgewacht, das ist doch schon mal was, oder?«

»Da geht es mir doch gleich besser«, sagte ich.

Auch wenn das nicht wahnsinnig witzig war, lachte sie.

»Ich muss zu meinem Sohn, er hat sein Pausenbrot vergessen.«

Ich klopfte auf die Jackentasche.

»Alles klar«, sagte sie. »Schönen Tag noch.«

»Ebenfalls.«

Nachdem ich mich im Hauptbüro angemeldet hatte, begab ich mich zu Jonahs Klassenzimmer im ersten Stock. Ich wollte ihm nur sagen, dass ich ihn liebe, ihn fest an mich drücken und wieder gehen. Fünf Minuten würde ich mich in der Schule aufhalten, höchstens.

Der Flur war leer, nur ein Mädchen begegnete mir, die sich an ihren Erlaubnisschein klammerte, wahrscheinlich auf dem Weg zur Toilette.

»Hi«, sagte ich.

Sie schaute weg, vielleicht fiel ihr die elterliche Ermahnung ein, nicht mit Fremden zu reden.

Entweder das, oder sie hatte einfach ein schlechtes Gefühl bei meinem Anblick.

Durch das Türfenster schaute ich in Jonahs Klassenzimmer.

Seine Lehrerin, Lauren, Mitte zwanzig, blond und schwanger, sah mich. Sie schien irritiert, fast panisch. Warum nur? Oder war sie lediglich überrascht? Wenn ja, warum dann die Panik?

Ich lächelte, deutete dann mit einem Blick auf die Schüler an, dass ich Jonah sprechen wollte. Sie blieb vor der Klasse stehen, wie ein im Scheinwerferlicht aufgeschrecktes Reh, als überlegte sie, was sie machen sollte.

Ich musste sie sprechen, ihr erklären, warum ich hier war, und als ich das Klassenzimmer betrat, eilte sie herbei und hinderte mich daran, die Tür ganz zu öffnen und einzutreten.

»Sie dürfen hier nicht rein, Mr. Harper.«

»Ich muss nur kurz Jonah etwas sagen.«

»Bitte gehen Sie.«

Ich entdeckte Jonah, er saß an einem Pult, winkte mir zu. Es tat so gut, sein Gesicht zu sehen. Nur zwei Tage hatte ich ihn nicht gesehen, es kam mir vor, als wären es Jahre.

Ich bedeutete ihm, zu mir zu kommen.

»Mr. Harper, Sie müssen sofort gehen«, sagte Lauren.

Jonah kam zu mir. Nach allem, was ich in den letzten achtundvierzig Stunden durchgemacht hatte, war es wunderbar, ihn anzuschauen.

»Hey, mein Junge«, sagte ich, drückte ihn an mich und hob ihn etwas hoch.

Lauren, panisch, als wäre ich ein Amokläufer, sagte zu einem anderen Jungen: »Lauf los, und hol Ms. Wong, sofort. Nimm die hintere Tür.«

Der Junge flitzte aus dem Klassenzimmer, und mir fiel auf, dass alle anderen Kinder verängstigt aussahen.

»Was ist denn los?«, sagte ich. »Ist doch alles gut«, wandte ich mich an die Klasse. »Ich möchte nur für ein paar Minuten mit Jonah sprechen, mehr nicht.«

»Mom hat gesagt, ich darf nicht mit dir sprechen«, sagte Jonah.

Die ganze Klasse, auch Lauren, hatte mitgehört. Ich schämte mich, fühlte mich sogar gedemütigt.

Ich bückte mich zu Jonah hinunter und flüsterte ihm ins Ohr. »Mom ist nur gerade wütend, das ist okay. Manchmal werden Menschen einfach wütend. Ich bin nur hergekommen, um dir zu sagen, dass ich dich liebe und dass alles wieder gut wird.«

Ich schaute Jonah in die Augen und sah, dass er weinte. Er zitterte sogar ein bisschen.

»Na komm, hör auf«, flüsterte ich. »Ich bin's doch, dein Daddy. Ich hab dich lieb.«

»Ich habe dich auch lieb«, brachte er noch hervor, dann fing er richtig an zu heulen.

Schlagartig wurde mir klar, dass sich durch meinen Besuch in der Schule die Situation nicht verbessert hatte, im Gegenteil, ich hatte alles nur noch schlimmer gemacht.

»Halten Sie sich von dem Kind fern.«

Ich blickte über die Schulter und sah, dass Florence und die Schuldirektorin Ms. Wong das Klassenzimmer betreten hatten. Es war nicht die leutselige Florence von vorhin, es war die zornige Wachfrau, die mich, wenn es sein musste, zur Sau gemacht hätte.

Jonah weinte immer noch. Scheiße, warum löste alles Positive, das ich anzustoßen versuchte, immer einen totalen Shitstorm aus?

»Keine Angst, ist schon gut«, sagte ich zu Jonah.

»Weg da!« Florence packte mich mit einem Klammergriff am Handgelenk und riss mich ruckartig fort, so dass ich stolperte.

Lauren ging zu Jonah und versuchte, ihn zu beruhigen.

»Okay, ich gehe. Sie können mich loslassen«, sagte ich zu Florence.

»Und ob Sie gehen. Sofort«, sagte Florence und zerrte mich in den Flur.

»Ist okay«, sagte ich zu Jonah, aber ich glaube nicht, dass er mich hörte.

»Entschuldigen Sie«, sagte ich zu Florence. »Es war ein Missverständnis. Sie können mich loslassen. Ich gehe sofort.«

Sie ließ mich los.

»Es hat mir niemand gesagt, dass Sie die Schule nicht betreten dürfen.«

»Mir auch nicht«, sagte ich.

»Ich könnte Sie in den Knast bringen, ist Ihnen das klar?«

Keine Ahnung, ob das stimmte, aber ich wollte auch nicht, dass die Schule Maria benachrichtigte. Denn falls Maria die Sache so darstellte, als hätte ich versucht, Jonah zu entführen, würde ich definitiv wieder im Gefängnis landen und so schnell nicht wieder herauskommen.

»Entschuldigen Sie«, wiederholte ich. »Ich gehe, und ich komme auch nicht wieder, das verspreche ich Ihnen. Tut mir leid, wenn ich Sie in eine unangenehme Situation gebracht habe.«

»Verschwinden Sie einfach«, sagte sie.

Ich trat auf die Straße und fühlte mich energetisch aufgeladen. Das Risiko hatte sich gelohnt. Jonah war glücklich, als er mich sah, jedenfalls im ersten Moment. Erst nach Laurens harscher Reaktion, die ihn verwirrte, hatte er angefangen zu weinen.

Auf dem Weg zur U-Bahn-Station Lexington Avenue

malte ich mir die Zukunft aus. Bald würde wieder Normalität einkehren, ich bekäme eine zweite Chance, und diesmal würde ich nicht die Fehler machen, die ich vorher gemacht hatte. In Zukunft würde ich die positiven Dinge in meinem Leben nicht für selbstverständlich halten. In meiner Ehe und in der Arbeit trat ich auf der Stelle, doch die schönen Momente im Leben wollte ich ab jetzt als Geschenk betrachten. Ich würde mir einen neuen Job suchen, im Bereich Immobilien oder etwas, was mit Musik zu tun hatte. Ich wollte schon immer Musik unterrichten. Ja, vielleicht sollte ich Lehrer werden, mit Kindern arbeiten.

Ich checkte mein Handy, hoffte, dass Anthony mir geschrieben hatte. Als ich anrief, erwischte ich wieder nur seinen AB.

»Hey, Anthony, ich bin's, Jack … es ist so gegen zehn Uhr, wollte mich nur mal melden, fragen, was die große Neuigkeit ist. Hoffentlich was Gutes. Bis gleich.«

Vor der U-Bahn-Station 77th Street wartete ich auf seine Antwort. Manchmal hatte ich in der Bahn keinen Empfang, und ich wollte nichts verpassen.

Zwanzig Minuten gingen vorbei, und die einzige SMS, die ich bekam, war von einem Klienten, Exklient musste ich jetzt wohl besser sagen, ob ich ihm neue Studioapartments zeigen könne.

Ich antwortete: *Danke für Ihr Interesse. Ich wechsle gerade in ein neues Maklerbüro. Viel Glück bei Ihrer Suche!*

Dann schrieb ich Anthony: *Bin Unterwegs, bis gleich,* und setzte mich in die Bahn nach Queens.

***

Ich betrat Anthonys Wohnung mit einem »Hallo?«

Keine Antwort.

Alle Lichter waren aus, die Wohnung befand sich im selben Zustand, wie ich sie verlassen hatte. Eine rasche Durchsuchung schien zu bestätigen, dass Anthony zwischendurch nicht zu Hause gewesen war.

Ich sah wieder auf meinem Handy nach, noch immer keine Nachricht auf dem AB oder eine Antwort auf meine SMS.

Langsam verlor ich die Geduld. Was war los mit dem Kerl? Er wusste doch, dass ich wahnsinnig gespannt war, geradezu verzweifelt, an einem Tiefpunkt meines Lebens, und dann ließ er mich so hängen.

Ich schrieb ihm erneut: *Hey.*

Immer noch nichts. Ich hätte ihn noch mal anrufen können, aber was würde das bringen? Eine weitere Nachricht auf seiner Mailbox würde seine Reaktionszeit nicht verringern.

In dem Moment fielen mir die roten Streifen auf dem Fußboden auf, und wie in einer Rückblende stand wieder das Townhouse vor meinen Augen, der Moment, als ich Sophies Leiche entdeckte. ›Das ist unmöglich‹, sagte ich mir. ›Das kann nicht sein. Nicht schon wieder.‹

Ich wollte es nicht wahrhaben und dachte: ›Wie kommt denn der Ketchup auf den Boden?‹ Damit endete der Zirkus, und Panik erfasste mich.

»Scheiße, verdammte Scheiße. Nein, nein, nein!«

Es musste eine einfache Erklärung hierfür geben, das heißt, eine Erklärung, die jenseits der offensichtlichen lag.

Von dieser geringen Hoffnung getrieben, folgte ich der Blutspur ins Badezimmer.

Er lag auf dem Bauch, in einer dunkelroten Blutlache. Im unteren Rücken steckte ein Fleischermesser.

Instinktiv wollte ich das Messer herausziehen, um meinen Freund zu retten. Doch bevor ich den Griff packte, hielt ich inne.

War ich von allen guten Geistern verlassen?

Wollte ich nach Lawrence und Sophie Wards Townhouse jetzt den nächsten Tatort kontaminieren? Ich zuckte vor der Leiche zurück, verließ das Badezimmer, hatte aber trotzdem ein Problem. Ich war in die Lache getreten und hatte eine Blutspur vom Badezimmer in die Küche hinterlassen.

So viel zum Thema ›Kontaminierung eines Tatorts‹. Ich konnte ganz einfach die Wahrheit sagen, Barasco mitteilen, ich hätte eine Wohnung betreten und – zum zweiten Mal in dieser Woche – eine Leiche entdeckt. Das käme natürlich sehr gut an. Ich würde ihm sagen, dass mir jemand eine Falle stellen wollte, und Barasco hätte auch gleich ein Motiv parat gehabt, warum ich Anthony töten wollte – ein Streit um irgendetwas –, und schon hätte ich ein Verfahren wegen Doppelmordes am Hals. Nach der Entdeckung von Sophies Leiche hatte ich es mit Ehrlichkeit probiert, und wo hatte es mich hingebracht?

Mit feuchten Papiertüchern säuberte ich die Wohnung, so gut es ging, konzentrierte mich dabei zuerst auf die Bereiche, die ich berührt hatte, den Türgriff und das Schloss der Wohnungstür, dann auf Dinge, die ich nicht berührt hatte, wie zum Beispiel den Tisch und den Tresen in der Küche. An meinen Schuhsohlen entdeckte ich zwar kein Blut, putzte aber auch sie ab, danach scheuerte ich den

Boden, von der Wohnungstür bis zum Badezimmer. Die Tücher stopfte ich in einen Plastikbeutel, den ich unter der Spüle fand. Ich wischte alles ab, was ich angefasst hatte, doch aus den einschlägigen TV-Shows wusste ich natürlich, dass es so gut wie unmöglich war, einen Tatort vollständig zu reinigen. Irgendwo gäbe es Spuren von mir, ein Haar, Fasern von meiner Kleidung. Wenn die Kriminaltechniker die Spuren entdeckten, konnte ich immer noch behaupten, dass selbstverständlich meine DNA in der Wohnung zu finden sei, schließlich hätte ich mich dort aufgehalten. Schwieriger zu erklären wäre es, wenn ich Spuren auf Anthonys Leiche hinterlassen hätte oder die Kriminaltechniker Reste meiner blutigen Schuhabdrücke finden würden.

Es klingelte an der Haustür.

Die Klingel war nicht besonders laut – wahrscheinlich so laut wie jede normale Klingel – für mich war es ein ohrenbetäubender Lärm.

Ich versuchte, nicht wieder in Panik zu verfallen. Kinder und Paketboten klingelten häufig an mehrstöckigen Gebäuden, das war nur einer der großen Vorteile der Häuser mit Doorman. Außerdem war es nur die Gegensprechanlage an der Haustür, nicht die Klingel an der Wohnungstür.

Wieder klingelte es, länger diesmal, jemand drückte den Klingelknopf und hielt ihn gedrückt. Nachdem der Summer ein drittes Mal losgegangen war, herrschte eine Weile Ruhe.

In der Annahme, die Person sei gegangen, feuchtete ich das nächste Papiertuch an, kniete mich und wischte den Küchenboden. In dem zerknüllten Papier zeigten sich hier und da rosa Flecken, was meine Befürchtung bestätigte, es könnte doch immer noch Blut auf dem Boden sein.

Ich rutschte auf allen vieren, als ich plötzlich im Hausflur Schritte vernahm – jemand kam die Treppe hinauf. Jetzt erfasste mich wirklich Panik.

Trotzdem, es musste ja nicht heißen, dass die Person zu Anthony wollte. Ein Paketbote oder ein Besucher für einen anderen Mieter hatte einfach zufällig eine Klingel gedrückt, um ins Haus zu gelangen.

Die Schritte wurden lauter, die Person erreichte den Treppenabsatz vor der Wohnungstür.

Es klingelte.

Erneut schreckte mich der Lärm auf, doch ich verhielt mich lautlos. Ich rührte mich nicht, wagte kaum zu atmen, da mich nicht mal ein Meter von der Person draußen im Hausflur trennte.

Wieder klingelte es, mehrmals, dann eine Stimme: »Anthony? Bist du zu Hause?«

Eine Frauenstimme mit einem dicken Brooklyner, vielleicht auch Staten-Island-Akzent – ›Anthony‹ hörte sich an wie ›Ant'nee‹. War es Anthonys Freundin? Vor Jahren war er mal verheiratet gewesen, von einer neuen Frau in seinem Leben war bisher nicht die Rede gewesen.

»Anthony, bist du da?«

Sie klingelte wieder, dann klopfte sie an die Tür. Falls auf der Etage noch andere Mieter zu Hause waren, würden sie den Lärm auf jeden Fall hören.

»Ich sehe Licht unter der Tür«, sagte sie. »Ich weiß, dass du da bist.«

Seit wann galt ein Lichtspalt unter der Tür als Beweis,

dass jemand zu Hause war? Es gab viele Menschen, die immer eine Lampe brennen ließen.

»Was ist nun?«, sagte sie. »Mach auf. Ich komme sowieso rein.«

Was sollte das heißen? Konnte sie sich von einem Nachbarn den Wohnungsschlüssel besorgen?

Ich wäre besser dran, wenn ich sie hereinließ, überlegte ich. »Eine Sekunde«, sagte ich, stopfte das Papiertuch, das ich gerade in Gebrauch hatte, in den Plastikbeutel und verstaute den Beutel unter der Küchenspüle. »Einen Moment, muss mir nur eben was anziehen.«

Ich schloss die Badezimmertür und öffnete schließlich die Wohnungstür.

Die Frau hatte eine dunkle Haut, vielleicht indische Vorfahren, schulterlanges schwarzes Haar und trug Jeans, Nike-Schuhe und einen blauen Hoodie. Sie war stämmig, mit breiten Schultern.

»Wer sind Sie?« Sie sah mich verdutzt an.

»Nur ein … äh, Freund«, sagte ich.

Mein Zögern muss sehr verdächtig geklungen haben, ich hoffte nur, dass sie es nicht bemerkt hatte.

Jack, bitte, konzentrier dich.

»Ist Anthony zu Hause?«, fragte sie.

»Nein«, sagte ich. »Kann ich Ihnen irgendwie helfen?«

»Wissen Sie, wann er wiederkommt?«

»Nein. Das weiß ich leider nicht.«

»Wer sind Sie?« Es hörte sich fordernd an, misstrauisch.

»Ein Freund«, sagte ich.

»Name?«

Jetzt wurde es merkwürdig offiziell.

»Würden Sie mir bitte Ihren Namen nennen?«, sagte ich.

Sie sah an mir vorbei in die Wohnung. »Wohnen Sie jetzt hier?«

»Entschuldigen Sie bitte, aber wer sind Sie?«, fragte ich.

»Er hat mir nicht gesagt, dass er mit jemandem zusammenwohnt, deswegen hoffe ich zu seinem Guten, dass es nicht so ist. Das wäre ein grober Verstoß.«

»Ich habe keine Ahnung, wovon Sie reden.«

Stirnrunzelnd sah sie mich einige Sekunden an, dann fasste sie in ihre Tasche.

In meinem Wahn dachte ich im ersten Moment an eine Waffe und muss wohl vor Schreck zurückgewichen sein.

Dann hielt sie mir einen Ausweis hin. »Officer Singh. Darf ich bitte hereinkommen?«

Meine ganze positive Einstellung von vorhin war verflogen. Wie konnte ich nur jemals auf den Gedanken kommen, mein Leben sei an der Wende zum Besseren? Aber das war typisch. Wie sollte ich auch ohne Anfälle von Optimismus meine Fehler wiederholen?

16

Ich war am Arsch.

Ein Durchschnittsmensch würde in dieser Wohnung wohl keine Blutspuren oder andere Indizien für einen Mord mehr finden, aber ein Bulle?

»Klar«, brachte ich hervor. »Kommen Sie.«

Ich trat zur Seite und ließ sie herein.

Im ersten Moment hatte ich den irren Gedanken: ›Bring sie doch einfach um‹. Natürlich hatte ich nicht ernsthaft die Absicht, sie zu töten, doch für eine Sekunde schien es die einzige Möglichkeit zu vermeiden, dass ich den Rest des Lebens hinter Gittern verbrachte.

Ich schloss die Tür.

Sie sah sich um, was mein Gefühl, dass Unheil drohte, noch verstärkte, und fragte dann: »Wo ist Anthony?«

»Anthony?«, wiederholte ich. Ich hatte den Namen klar und deutlich verstanden, war bloß in Gedanken.

»Ja, Anthony«, sagte sie.

Warum wollte sie Anthony sprechen? War es möglich, dass das hier überhaupt nichts mit mir zu tun hatte?

»Er ist gerade nicht zu Hause«, sagte ich und musste gegen das Bild in meinem Kopf von der ausblutenden Leiche auf dem Badezimmerboden ankämpfen.

»Und wer sind Sie?«, fragte sie.

»Jack. Jack Harper.«

Ich hatte Angst, sie könnte die Verbindung herstellen, dass ich der Jack Harper war, der im Mordfall Sophie Ward eine Person von besonderem polizeilichen Interesse darstellte. Andererseits wollte ich aber auch nicht lügen.

»Einen Freund mit dem Namen Jack Harper hat er mir gegenüber nie erwähnt«, sagte sie.

»Ich bin sein Sponsor«, sagte ich. »Das heißt, sein ehemaliger Sponsor.«

»Wie lange wohnen Sie schon hier?«

Sie hatte die Verbindung nicht hergestellt, und wenn doch, ließ sie es nicht durchblicken.

»Ich wohne nicht hier«, sagte ich.

Ihr Blick fiel auf das Sofa, auf dem ich mein Kissen und die zusammengefaltete Decke liegengelassen hatte.

»Ich bin gestern Abend hier aufgekreuzt, ja«, sagte ich. »Aber ich *wohne* nicht hier. Worum geht es überhaupt? Hat Anthony irgendwas verbrochen?«

»Ja, unseren Termin nicht eingehalten. Wir wollten uns eigentlich heute Morgen in einem Diner in Sunnyside treffen, aber er ist nicht erschienen.«

»Oh«, sagte ich. »Ich weiß nur, dass er gestern Abend an einem Fall dran war.«

»Das spielt für mich keine Rolle«, sagte sie. »Er sollte sich um neun Uhr melden, aber er war nicht da. Wann haben Sie ihn das letzte Mal gesprochen?«

»Heute Morgen. Gegen halb zehn.«

»Hat er erwähnt, dass er mit mir verabredet war?«

»Genauer gesagt, habe ich ihn gar nicht gesprochen. Wir haben getextet. Immer nur kurz. Er hat nicht viel gesagt.«

»Hat er gesagt, wo er ist?«

»Nein.«

»Mistkerl«, sagte Singh. »Das ist möglicherweise noch ein weiterer Verstoß. Der Mann spielt gern mit dem Feuer.«

»Entschuldigen Sie, aber ich verstehe immer noch nicht«, sagte ich. »Verletzung? Was meinen Sie damit?«

»Ich bin Anthonys Bewährungshelferin.«

Anthony hatte eine elektronische Fußfessel getragen, als ich ihn kennenlernte, aber ich hatte gedacht, die Bewährungszeit sei vorbei.

»Ist er noch auf Bewährung?«, fragte ich.

»Noch siebzehn Monate«, sagte Singh. »Er muss regelmäßig vorstellig werden. Ich könnte ihn hierfür belangen, wenn Sie also wissen, wo er sich aufhält oder so, dann geben Sie es lieber gleich zu.«

»Ich schwöre, ich habe keine Ahnung«, sagte ich. »Ich wünschte, ich wüsste mehr.«

Sie sah auf ihr Handy, dann traf mich ihr Blick.

»Was ist das für ein Fall, an dem er arbeitet?«

Ich sah keinen Sinn darin, ihr das zu sagen. Vielleicht lag es an meiner Paranoia, doch nach meiner Erfahrung mit Barasco wollte ich nichts möglicherweise Belastendes von mir geben.

»Ich weiß es nicht«, sagte ich, »aber er rechnete damit, die ganze Nacht außer Haus zu sein.«

»Und wo?«

»Er hat von einem Fall in Washington Heights gesprochen, an dem er gerade arbeitet.«

»Ein Fall.« Es klang sarkastisch. Dann fragte sie: »Sind in der Wohnung Drogen vorhanden?«

»Drogen?«

»Ja, Heroin«, sagte sie. »Gibt es hier Heroin?«

Ich wollte ihr nicht sagen, dass ich Nadeln in der Kommodenschublade entdeckt hatte, weil das nur eine Durchsuchung der ganzen Wohnung zur Folge gehabt hätte, einschließlich Badezimmer.

»Nein«, sagte ich. »Ich meine, keine Ahnung, aber ich glaube nicht.«

»Und wenn ich jetzt nachprüfe, dann stellt sich auch nicht heraus, dass Sie sein Drogenhändler sind?«

»Was? Nein. Ich bin kein Drogenhändler. Ich bin Immobilienmakler.«

»Wo arbeiten Sie?«

»Im Moment arbeite ich nicht«, sagte ich. »Ich wechsle gerade die Stelle.«

Sie sah mich an, als würde ich ihr den letzten Mist erzählen.

»Warum glauben Sie, dass es hier Heroin gibt?«, fragte ich sie.

»Ich habe den Verdacht, dass Anthony wieder Drogen nimmt«, sagte sie.

»Wirklich?«, tat ich überrascht.

»Ja. Wirklich«, sagte sie. »Bisher hat er noch keinen Termin versäumt, vielleicht hat er sich irgendwo zugedröhnt. Vielleicht ist er in den Heights, da fährt er manchmal hin, um sich Stoff zu beschaffen.«

Ich kam mir wie ein Idiot vor, weil ich alles geglaubt hatte, was Anthony mir erzählt hatte. »Ich weiß nicht, wo er steckt, aber sobald ich von ihm höre, sage ich ihm, er soll sich bei Ihnen melden.«

»Ja, ich bitte darum«, sagte sie, und nach einem weiteren langen misstrauischen Blick: »Schönen Tag noch.«

Als sie weg war, wollte ich mit dem Putzen fortfahren, aber dann dachte ich: *Wozu?* Wenn die Leiche entdeckt wurde, würde Officer Singh melden, dass ich mich in der Wohnung aufgehalten hatte, es hatte gar keinen Sinn, meine Spuren weiter zu verwischen. Ich musste einfach nur so schnell wie möglich von hier verschwinden.

Mein Handy klingelte, das Display zeigte eine mir unbekannte Nummer an. Normalerweise wurden solche Nummern bei mir gleich an den AB weitergeleitet, doch ich war so abgelenkt, dass ich ohne nachzudenken ranging.

»Hallo?«

»Mr. Harper?«

»Wer ist da bitte?«

»Ich bin's, Marcus Freemont. Ihr Anwalt.«

»Hey.«

Ich betete, dass er gute Nachrichten für mich hatte.

»Es gibt eine neue Entwicklung.«

Entwicklung, das klang überhaupt nicht gut.

»Okay«, sagte ich.

»Haben Sie schon einen neuen Strafverteidiger?«

»Was ist los?« Mir graute vor dem, was kommen würde; ein vertrautes Gefühl.

»Detective Barasco will Sie noch mal vorladen«, sagte er.

»So ein Scheiß! Warum?«

»Beruhigen Sie sich, es ist keine Katastrophe. Das heißt, nicht unbedingt. Anscheinend hat er neue Beweise.«

»Das ist doch verrückt. Wofür Beweise? Ich habe nichts getan.«

»Wo sind Sie gerade?«

Ich zögerte, beschloss dann, ihm auf keinen Fall mitzuteilen, wo ich mich aufhielt. Damit die Bullen die Wohnung stürmten? Schließlich wollte ich nicht wieder ins Gefängnis.

»Ich bin draußen«, sagte ich.

»Wo draußen?«

»Spazieren.«

»Ich meine, wo sind Sie untergekommen?«

»Was für Beweise? Sagen Sie mir, was los ist.«

»Es wäre besser, wenn wir uns treffen könnten. Zum Beispiel in meinem Büro.«

Damit er Barasco verraten konnte, dass ich bei ihm war? Keine gute Idee.

»Sagen Sie es mir doch einfach, oder ich lege auf«, sagte ich.

»Okay, keine Panik, aber man hat DNA gefunden. *Ihre* DNA auf dem Opfer.«

»Klar haben sie die gefunden«, sagte ich. »Ich habe Mund-zu-Mund-Beatmung gemacht. Ist das alles?«

»Hören Sie, ich weiß nur das, was er mir vor fünf Minuten gesagt hat«, antwortete er. »Ich weiß nicht, woher die DNA stammt oder worauf er sich im Besonderen bezieht.«

»Es kann nur von der Mund-zu-Mund-Beatmung kommen!«, schrie ich.

»Beruhigen Sie sich doch«, sagte Freemont.

»Sie rufen mich an und sagen mir, die Bullen wollen mich wegen etwas, was ich nicht getan habe, vorladen. Und dann soll ich mich entspannen? Ich habe heute meine Arbeit verloren, alles klar? Und vielleicht habe ich auch meine Familie verloren. Und Sie? Was haben Sie verloren?«

Ich schrie so laut, dass sich meine Stimme überschlug.

Freemont blieb ruhig. »Detective Barasco hat auch gesagt, Sie hätten versucht, Ihren Sohn aus der Schule zu entführen.«

Diese Scheißschule. Die Direktorin musste Maria angerufen haben, vielleicht auch gleich die Polizei.

»Ich habe nicht versucht, meinen Sohn zu entführen«, sagte ich. »Ich habe versucht, ihn in den Arm zu nehmen.«

»Ich hatte Ihnen dringend empfohlen, sich von ihm fernzuhalten.«

»Ich habe ihn nur in den Arm genommen.«

Ich hörte, dass er tief durchatmete. Ich stellte ihn mir vor, wie er die Augen schloss, krampfhaft versuchte, sich nicht aufzuregen.

»Haben Sie einen Strafverteidiger engagiert oder nicht?«, fragte er schließlich.

»Ich habe Ihnen gesagt, dass ich mir keinen Anwalt leisten kann. Ich brauche Zeit. Können Sie mir Zeit kaufen?«

»So läuft das nicht, Mr. Harper.«

»Was läuft nicht so?«

»Wenn die Polizei einen Haftbefehl gegen Sie hat, können Sie nicht einfach –«

»Haftbefehl? Wer spricht hier von Haftbefehl?«

»Niemand.«

»Doch, Sie. Warum?«

»Weil ich vermute, dass es sein nächster Schritt sein wird, deswegen. Wahrscheinlich beschafft er sich gerade einen Haftbefehl, oder er versucht es.«

»Dann halten Sie ihn davon ab«, sagte ich. »Das ist Ihr Job. Sie sind immer noch mein Anwalt.«

»Ich kann nichts für Sie –« Er unterbrach sich selbst, dann sagte er: »Vielleicht kann Ihnen ein Freund oder ein Angehöriger der Familie Geld für einen guten Verteidiger leihen.«

»Wie Sie wissen, komme ich nicht an mein Geld ran.«

»Können Sie mir sagen, wo Sie zurzeit wohnen?«

»Wenn Sie mich nicht vertreten wollen, sage ich Ihnen gar nichts.«

»Ich habe gar nicht gesagt, dass ich Sie nicht vertrete, Mann. Ich bin nur ehrlich zu Ihnen. Ich sage Ihnen, was ich auch meinem Bruder sagen würde, wenn er in der gleichen Situation wäre.«

»Sie würden Ihrem eigenen Bruder raten, sich zu stellen, auch wenn Sie wüssten, dass er unschuldig ist?«

»Ja«, sagte er. »Allerdings.«

»Sie labern nur Scheiße«, sagte ich. »Oder Sie glauben nicht, dass ich unschuldig bin.«

Wieder hörte ich ihn tief durchatmen.

»Ich treffe mich mit Ihnen, okay?«, sagte er. »Kommen Sie zu der Wache in Manhattan South, 23rd Street. Es sieht in solchen Fällen wie diesem besser aus, wenn man sich stellt und die Polizei einen nicht holen muss. Und wer weiß? Vielleicht haben sie auch gar keinen Haftbefehl, vielleicht stellt es sich als großer Bluff heraus. Aber das werden wir erst erfahren, wenn wir da sind und –«

Ich beendete das Gespräch.

Als er zurückrief, leitete ich den Anruf an den AB weiter. Dann ging ich ins Menü und blockierte die Nummer.

Nie wieder würde ich mit Nick Barasco einen Verhörraum betreten und mich seinem Schwall von Scheiße aussetzen.

Ich lief aus der Wohnung, aus dem Haus, ich hatte nur noch eine Möglichkeit, danach wäre ich mit meinem Latein am Ende.

Ich hätte ein Zip Car gemietet oder Uber gerufen, doch ohne Kreditkarte war da nichts zu machen. Ich winkte einem Taxi.

»White Plains«, sagte ich. »So schnell Sie können.«

17

»Ich fahre nicht nach White Plains«, sagte der Mann am Steuer. Natürlich fuhr er dorthin. Aber welcher Taxifahrer wollte schon *freiwillig* nach Westchester County?

»Dazu sind Sie verpflichtet«, sagte ich.

»Nein, ich muss nur die fünf Boroughs bedienen«, sagte er. »Steigen Sie aus.«

»Das ist ein Notfall«, sagte ich.

Niemals würde ich aussteigen. Es war schwer genug, ein Taxi aufzutreiben, und der nächste Fahrer hatte vielleicht die gleiche Einstellung.

»Sie bekommen auch ein gutes Trinkgeld.«

»Tut mir leid, aber ich fahre nicht –«

»Wie teuer wäre die Fahrt ungefähr?«

»Hören Sie, bitte steigen Sie –«

»Ich zahle Ihnen das Doppelte.«

»Es würde mindestens sechzig Dollar kosten.«

»Hier sind hundertzwanzig.«

Ich zeigte ihm die Scheine. Von dem Geld, das Anthony mir gegeben hatte, würden mir nur noch siebenundzwanzig Dollar bleiben, für eine Zugfahrkarte zurück in die Stadt reichte es. Wovon ich danach mein Essen bezahlen, vor allem, wo ich heute Abend schlafen sollte – keine Ahnung –, darum würde ich mich später kümmern.

»Na gut«, sagte der Fahrer. »Los geht's.«

Ich hatte keinen Plan, jedenfalls keinen ausgereiften, aber ich musste irgendwas unternehmen, um meinen Namen reinzuwaschen, die ganze Sache aus meinem Leben zu verbannen. Ich würde zu Lawrence Wards Haus fahren, die Sprachaufzeichnung auf meinem Handy einschalten, ihn irgendwie zu einem Geständnis bringen und die Aufnahme der Polizei vorspielen. Die Idee war riskant, vielleicht verrückt, aber was hatte ich zu diesem Zeitpunkt noch zu verlieren? Alles, was mir wichtig war, hatte ich bereits verloren. War es besser, darauf zu warten, bis Barasco mich vorlud, und mich darauf zu verlassen, dass mein sagenhafter Anwalt mich gegen jedwede Anschuldigung des Detectives verteidigte?

In White Plains kamen wir an Häusern vorbei – regelrechten Anwesen –, die sicher ihre fünf Millionen oder mehr wert waren. Schließlich hielten wir vor Lawrence Wards Haus, nicht das schönste im ganzen Viertel, aber fast. Es war ein moderner Bau, mit fünf, sechs Zimmern, auf einem halben Hektar Land, und es sah sogar noch schöner aus als auf Google Earth.

Nachdem ich den Fahrer bezahlt hatte, der sich eindeutig dafür schämte, dass er sich für ein Trinkgeld hatte ködern lassen, ging ich den gepflasterten Fußweg entlang, der zu einer Ziegeltreppe und dem Haupteingang des Hauses führte. Ein grauhaariger Mann, der vor dem Haus Blätter zusammenharkte, sah kurz zu mir herüber und setzte dann seine Arbeit fort.

Auf halbem Weg blieb ich stehen, öffnete die Sprachaufzeichnungs-App auf meinem Handy und drückte auf Aufnahme. Keine Ahnung, wie ich Lawrence Ward ansprechen oder ihn zu einem Geständnis bringen sollte, ich würde diesen Ort aber nicht verlassen, ohne wenigstens *etwas* gegen ihn in der Hand zu haben.

Ich stieg die Stufen zur Haustür empor, klingelte und wartete. Ich hörte keine sich nähernden Schritte. Gut möglich, dass Ward nicht zu Hause war. Warum war mir dieser Gedanke nicht früher gekommen? Denn falls er Anthony umgebracht hatte, wäre er anschließend wohl eher woanders hingegangen als nach Hause, vielleicht zurück in sein Büro.

Ich klingelte ein zweites Mal, und wieder sah ich wie in einer Rückblende das Townhouse in Manhattan vor mir, eine Minute bevor ich die Leiche von Sophie Ward entdeckte. Hätte ich die Zeit zurückdrehen und jenen Abend noch einmal erleben können, hätte ich das Haus niemals betreten. Ich wäre nach Hause gefahren, wo ich hingehörte, zu meiner Frau und meinem Sohn.

Vielleicht war es eine miserable Idee, Lawrence Ward zur Rede zu stellen. Mein Instinkt sagte mir, es wäre besser, aus seinen Fehlern zu lernen, wieder zu gehen, besser noch, wegzurennen.

Aber wann hatte ich je auf meinen Instinkt gehört? Außerdem war es bereits zu spät für eine Umkehr. Ich vernahm Schritte, die sich näherten, im nächsten Moment wurde auch schon die Tür geöffnet.

Nach dem Foto im Internet hatte ich mir Lawrence Ward als einen düsteren, athletischen Typ vorgestellt. Stattdessen stand ich einem drahtigen Kerl gegenüber, etwa meine Größe, mit einem akkurat getrimmten, dunklen Bart.

»Guten Tag. Kann ich Ihnen helfen?«, sagte er.

Er hörte sich auch nicht so an wie erwartet. Seine Stimme klang schrill, weinerlich.

»Lawrence Ward?«, sagte ich.

Dann kniff er die Augen zusammen. »Moment, jetzt erkenne ich Sie. *Sie* sind es. Jack Harper.«

Ich musterte seine Kleidung – dunkle Jeans und ein über der Hose getragenes graues Oberhemd –, ob irgendwelche Anzeichen für eine Bluttat zu sehen waren, rote Flecken am Ärmel oder Ähnliches. Nichts. Natürlich konnte er längst geduscht und sich umgezogen haben, genug Zeit hätte er gehabt.

»Ich weiß, dass Sie Ihre Frau und meinen Freund getötet oder den Auftrag dazu gegeben haben.«

»Arschloch«, sagte er und versuchte, die Tür zu schließen.

Ich trat einen Schritt vor, blockierte mit dem Fuß die Tür und zwängte mich durch den Spalt hindurch. Noch immer hatte ich keinen richtigen Plan, doch sobald man sich erst mal mit Gewalt Zugang in ein Haus verschafft hat, gibt es kein Zurück mehr.

Die Eingangshalle war so groß wie meine ganze Wohnung, dahinter wand sich eine elegant geschwungene Treppe ins obere Stockwerk.

Lawrence wich vor mir zurück ins Wohnzimmer und zückte sein Handy. »Ich rufe die Polizei.«

»Nur zu«, sagte ich. »Dann können Sie ihr ja gleich alles gestehen.«

»Nein«, sagte er. »Die Polizei soll Sie festnehmen. Sie sind in mein Haus eingedrungen.«

Das würde sich nicht gut machen in meiner Akte. Ich

brauchte ein Geständnis, irgendetwas, was ihn in den beiden Mordfällen belastete.

»Rufen Sie ruhig an«, sagte ich. »Ich warte hier, dann können wir es beide der Polizei erzählen.«

Als mutmaßlicher Mörder hatte ich natürlich nicht vor, mit der Polizei zu plaudern, aber ich wollte Lawrence auch auf die Probe stellen.

Nachdem er ein paar Takte darüber nachgedacht hatte, machte er urplötzlich auf dem Absatz kehrt und lief in die riesige Profiküche. Auf dem Tresen stand ein Block mit Messern. Er schnappte sich das größte.

Er drehte sich herum und kam mit ausgetreckter Hand, in der er das Messer wie ein Schwert hielt, auf mich zu.

»Interessante Wahl«, sagte ich. »Zumal ich gerade Anthonys Leiche mit einem Messer im Rücken gefunden habe.«

»Sie haben ja keine Ahnung, worauf Sie sich einlassen«, sagte er.

War das schon ein Geständnis? Hörte sich ganz danach an, aber ich brauchte mehr.

Ehe ich ihn dazu bringen konnte, stürzte er sich mit dem Messer auf mich. Wäre ich nicht im letzten Moment zurückgewichen, hätte er mir in die Brust gestochen.

»Hey«, sagte ich, »Was soll der –«

Wieder holte er aus, streifte diesmal meinen Arm.

Ich hätte schreien können: ›Wie konnte es so weit kommen?‹ Noch vor wenigen Wochen war ich ein ganz normaler Dad und Immobilienmakler, der auf der Upper East Side wohnte und sich nach der Schule mit seinem Sohn auf Spielplätzen herumtrieb. Jetzt kämpfte ich gegen einen durchgeknallten Killer um mein Leben.

Als er mich ein drittes Mal mit dem Messer attackierte, packte ich ihn am Gelenk der Hand, mit der er den Griff umklammert hielt. Er war wesentlich kräftiger, als er aussah, und man konnte sich gut vorstellen, dass er Sophie und Anthony getötet hatte. Eine kalte, böse Entschlossenheit war in seinen Augen, niemals würde er mich hier lebend herauskommen lassen. Meine einzige Chance bestand darin, die Klinge abzulenken und ihn zu überwältigen.

Er war unerbittlich. Ich drückte seinen Arm so fest ich konnte, um ihn von mir fernzuhalten, aber es gelang mir nicht. Die Messerspitze stand wenige Zentimeter vor meiner Schlagader. Wenn ich nur eine einzige Sekunde nachgab, würde die Klinge in meinen Hals schießen.

Ich dachte an Jonah. Er sollte nicht ohne Vater aufwachsen. Ich wollte für ihn da sein.

Vielleicht halfen mir diese Gedanken dabei, meine Kräfte zu bündeln, denn ich spürte, dass Wards Griff um das Messer erlahmte. Klirrend fiel es zu Boden.

Als Ward sich nach dem Messer bückte, griff ich ihn an, und wir gingen zu Boden. Ich hatte die Beherrschung verloren, impulsiv gehandelt. Er versuchte, mich abzuschütteln, doch gleich hatte ich mich wieder in der Gewalt, und es gelang mir, ihn auf den Rücken zu drehen. Ich schlug ihm ins Gesicht und hörte ein Knirschen. Wieder und wieder schlug ich zu, mit beiden Fäusten. Für einen Moment stand ich neben mir und beobachtete, wie Jack Harper Lawrence Ward die Fresse polierte. Es war lange her, dass Jack Harper sich geprügelt hatte, und Jack Harper musste sich eingestehen, dass es etwas Belebendes hatte, etwas Befreiendes.

Meine Hände krallten sich um Wards Kehle, und ich

musste schon eine ganze Weile zugedrückt haben, denn sein Gesicht verfärbte sich rotviolett. Er schien kaum noch zu atmen. Dennoch hörte ich nicht auf zuzudrücken. Dieses Arschloch hat mich meine Ehe gekostet, sagte ich mir, meinen Job, unter Umständen sogar das Sorgerecht für meinen Sohn, und ich brauchte immer nur weiterzudrücken, nicht nachzulassen, und all mein Schmerz würde weggehen.

Als mir klar wurde, dass ich die Kehle eines Toten zudrückte, ließ ich los.

Meine Wut hatte sich in Panik verwandelt.

Lawrence Wards Augen standen offen und blickten starr. Tot. Mausetot.

»Scheiße. Scheiße, Scheiße, Scheiße, Scheiße!«

Ich sprang auf und lief hin und her wie ein eingesperrtes Tier. Was sollte ich machen. Weglaufen? Die Leiche verstecken? Die Polizei rufen? Alle drei Optionen kamen nicht in Frage, besonders die letzte. Wie sollte ich der Polizei erklären, was passiert war? Selbst wenn ich sie davon überzeugen konnte, dass ich nach White Plains gefahren war, um Ward ein Geständnis zu entlocken – würde sie mir glauben, dass er mich angegriffen hatte, bevor ich ihn erwürgt hatte? Höchstwahrscheinlich nicht. Schlimmer noch, ich besaß nicht einmal ein Geständnis von Ward. Die einzige, und auch nur mäßig belastende Bemerkung von ihm war: *›Sie haben keine Ahnung, auf was Sie sich einlassen.‹* In der Tonaufnahme würde es sich anhören, als wäre ich ins Haus eingebrochen und hätte ihn angegriffen.

Ich versuchte, mich zu konzentrieren. Ich hatte das Gefühl, als ob der Raum schwankte, und meine Gedanken drehten sich im Kreis.

Ich musste raus hier, doch zuerst galt es, meine Spuren zu verwischen. Auf dem Küchentresen stand eine Rolle Papiertücher. Ich knüllte mehrere zu einem Ballen zusammen, befeuchtete ihn und wischte damit die Türklinke und den Boden um Lawrences Leiche herum ab. Ich versuchte, die Leiche dabei nicht anzusehen, hielt mir deswegen die Hand vors Gesicht. Warum hatte ich dabei ein Déjà-vu-Erlebnis? Tatortreinigung wurde zu einer schlechten Angewohnheit von mir.

Dann fiel mir das Blut an meinem Arm auf, wo Lawrence mich mit dem Messer erwischt hatte. Es war keine tiefe Wunde, aber sie sah aus, als wäre Blut herausgetropft. Na toll, jetzt hatte ich also auch noch mein Blut hinterlassen, Haare und wer weiß was noch.

Gerade hatte ich angefangen, den Parkettboden nach Blutstropfen abzusuchen, da hörte ich eine Polizeisirene. War es Zufall, ein Polizeiwagen, der hier im Viertel irgendwo hinfuhr? Oder hatte jemand die Polizei wegen *mir* gerufen? Der Nachbar, wie mir plötzlich einfiel. Er musste beobachtet haben, wie ich mir gewaltsam Zugang ins Haus verschafft hatte.

Ich schreckte zurück, geriet ins Taumeln, achtete darauf, nur ja nichts zu berühren. Als hätte das noch etwas geändert. Ich verließ das Haus und lief zum Gehweg. Die Sirene wurde lauter. Weil ich nicht auffallen wollte, rannte ich nicht, sondern ging so schnell wie möglich, mit gesenktem Kopf. An der nächsten Kreuzung bog ich nach rechts. Ich wusste nur, dass es hier nach Downtown White Plains ging, doch ein richtiges Ziel hatte ich nicht, ich wollte nur weg.

An der nächsten Kreuzung warf ich einen Blick über die

Schulter und sah den Polizeiwagen in die Straße von Lawrence Ward einbiegen. In der Ferne hörte ich eine zweite Sirene. Das konnte nun wirklich kein Zufall mehr sein.

Scheiß auf Gehen – ich rannte, so schnell ich konnte, schneller, als ich je in meinem Leben gerannt war. Ich wollte nur noch weg, mich so weit wie möglich von dem Haus entfernen. Ich redete mir ein, dass ich mir die Geschichte mit dem neugierigen Nachbarn nur eingebildet hatte, die Polizei konnte aus vielen Gründen dort hingefahren sein. Beruhigung verschaffte mir das nicht. Selbst wenn mich niemand beobachtet hatte, würde die Polizei jede Menge belastende Beweise finden, angefangen bei meinem Blut. Und wenn der Nachbar mich nicht wiedererkannte, gäbe es einen anderen, der mich garantiert wiedererkennen würde – der Taxifahrer. Sollte er von dem Leichenfund in White Plains erfahren, würde er sich erinnern, dass er mich vor dem Haus abgesetzt hatte. Es war schlimmer als Sophies Mordfall – diesmal gäbe es viel mehr Beweise, die gegen mich sprachen. Ich hätte sogar ein Motiv für den Mord an Lawrence Ward, da ich Barasco seit Tagen damit im Ohr lag, dass Ward verantwortlich für Sophies Tod war. Barasco würde ohne weiteres eine Geschichte aus dem Hut zaubern, ich sei aus Rache nach White Plains gefahren.

Ganz aus der Puste geraten, ging ich in normalem Schritttempo weiter. Hier oben hatte ich keine Chance; wenn die örtliche Polizei nicht längst nach mir suchte, dann wäre es bald so weit.

Ich musste zurück in die City – in der Menge würde ich mich sicherer fühlen.

Laut Google Maps war die Bahnstation White Plains

Metro North gut einen Kilometer von meinem Standort entfernt. Ich rannte bis zur nächsten Kreuzung, verfiel aber wieder in ein langsameres Gehen, als der Krankenwagen, den ich bereits gehört hatte, vorbeiraste. Danach abwechselnd gehen, rennen, joggen. Es war der längste Kilometer, den ich je zurückgelegt hatte. Endlich sah ich vor mir die Stromleitungen der Bahngleise, kurz darauf die Bahnstation, die wie ein Industriebau aus Beton aussah.

In der Bahnhofshalle hing ein Fahrplan aus – der nächste Zug kam in zwölf Minuten. Besser, als eine Stunde zu warten, doch leider war die Zeit nicht auf meiner Seite.

Mit Bargeld kaufte ich am Fahrkartenautomaten eine einfache Fahrkarte zur Grand Central Station. Jetzt blieben mir nur noch zwanzig Dollar, aber das war egal. Wahrscheinlich hatte die Polizei vor zehn, fünfzehn Minuten die Leiche entdeckt. Falls jemand ihnen einen Hinweis gegeben hatte, oder sie mich verdächtigten, weil ich ohnehin eine Person von Interesse für sie war, dann käme es zu einer – wie nannte die Polizei das doch gleich? – Fahndungsausschreibung. Und als Erstes würde sie die Bahnstation überprüfen.

Obwohl sich nur wenige Personen im Warteraum aufhielten, fühlte ich mich dort unwohl. Bei meinem Zustand der inneren Unruhe fürchtete ich aufzufallen.

Also ging ich zum Bahnsteig, in den Bereich, wo das Ende des Zuges halten würde und wo niemand wartete.

Noch acht Minuten, bis der Zug eintraf. Allmählich stieg meine Zuversicht, dass ich es doch zurück in die Stadt schaffen würde.

Bis ich den Mann von der Bahnpolizei sah.

Er war dieselbe Treppe hinaufgestiegen wie ich.

Untersetzt, dichtes graues Haar, Schnauzer. In der Mitte des Bahnsteigs blieb er stehen und drehte sich zu mir um. Er schien mich unmittelbar anzusehen, schlenderte dann den Bahnsteig entlang in meine Richtung.

Ausweichen war unmöglich, es gab keinen Ausgang an diesem Ende des Bahnsteigs, ich hatte mich selbst in die Enge getrieben. Ich konnte auf die Gleise springen, doch wenn mich der Mann von der Bahnpolizei wirklich erkannt hatte, würde ich nicht weit kommen.

Ich blieb einfach stehen, starrte auf mein Handy, als wäre ich vollkommen vertieft in das Display. Meine einzige Hoffnung war, dass er nicht wusste, wer ich war, und aus einem ganz anderen Grund auf mich zukam.

Ich hörte seine Schritte, dann sah ich ihn aus dem Augenwinkel.

»Er hat Verspätung.«

Seine Stimme schreckte mich auf, ich versuchte trotzdem, normal zu reagieren, unbeeindruckt.

»Wie bitte?«, sagte ich.

»Der Zug«, sagte er. »Eine Signalstörung in Fordham. Staut sich alles.«

»Oh. So ein Pech.«

Ich starrte weiter auf mein Handydisplay, hoffte, dass er mich in Ruhe ließ.

»Wohnen Sie in der Stadt?«, fragte er.

Er schien tatsächlich nicht zu wissen, wer ich war, mein Glück also, dass ich einen gesprächigen Mann von der Bahnpolizei kennenlernen durfte.

»Ja.« Meine einsilbigen Antworten würden ihm schon

die subtile Botschaft vermitteln, dass ich nicht scharf auf eine Unterhaltung war.

»Ich bin in der Bronx aufgewachsen«, sagte er. »Zwei Häuserblocks vom Yankee Stadion. Das Viertel hat sich ganz schön verändert, Mann. Damals, außerhalb der Saison, war das eine Geisterstadt. Heute gibt es Bars mit Happy Hour und allem Schnickschnack.«

Ich sagte nichts, hoffte weiter, er würde gehen, tat so, als wäre ich mit dem Schreiben einer E-Mail beschäftigt.

»Sind Sie Yankees- oder Mets-Fan?«, fragte er.

War das sein Ernst?

»Entschuldigung, ich muss gerade eine wichtige Mail schreiben«, sagte ich.

»Wow.« Es klang beleidigt. »Sie müssen nicht gleich unhöflich werden. Ich dachte, ich sage Ihnen das mit der Verspätung nur, weil es Sie vielleicht interessiert.«

»Wie groß ist denn die Verspätung?«

»Jetzt sind Sie auf einmal freundlich.« Er hörte sich an wie ein enttäuschter Lehrer. »Eben war es noch eine halbe Stunde, aber sie haben die Störung behoben. Also vielleicht nur fünf bis zehn Minuten.«

»Danke«, sagte ich.

Er murmelte irgendetwas vor sich hin, ich verstand nur das Wort ›unfreundlich‹ und ging weg.

Ich sah die Bahngleise entlang, Richtung Norden, ob in der Ferne die Lichter eines sich nähernden Zuges zu erkennen waren, doch kein Zug weit und breit. Wenigstens war ich den Bahnpolizisten los, doch meine Situation hatte das keineswegs verbessert. Wenn er einen Fahndungsaufruf erhielt, würde er sich an mich und meine Unfreundlichkeit erinnern.

Während ich auf mein Handy glotzte, fiel mir ein, dass ich gleich mal nach mir googeln konnte, ob ich schon als mutmaßlicher Mörder gehandelt wurde. Die Suche ergab nichts, aber beruhigen tat mich das nicht. Es würde seine Zeit dauern, bis Lawrence Wards Tod es in die Nachrichten schaffte.

Lawrence Wards Tod.

Ich war so überstürzt aus dem Haus gerannt, dass mir gar nicht richtig klargeworden war, was ich getan hatte.

Ich hatte ihn getötet. Mit den bloßen Händen.

Es war mir nichts anderes übriggeblieben. Hätte ich ihn nicht getötet, hätte er mich getötet. Nur, würde eine Geschworenenjury das auch so sehen? Ich war zu ihm gefahren, und ich hatte ein starkes Motiv, ihn umzubringen. Vielleicht konnte ich Argumente liefern, und vielleicht würden die Kriminaltechniker meine Sicht unterstützen. Aber mit einem Pflichtverteidiger als meine Vertretung war das eher unwahrscheinlich. Und der Mord an Sophie Ward? Allein schon deswegen wäre ich noch nicht aus dem Schneider, besonders, weil der Mann, der beweisen konnte, dass ich Sophie nicht getötet hatte, nun selbst tot war.

Dann kam mir ein Gedanke, bei dem mir regelrecht schauderte. Wenn nun Lawrence Ward gar nicht der Mörder war? Wenn er weder seine Frau noch Anthony getötet hatte? Wenn die Indizien in Anthonys Wohnung auf einen anderen Täter hinwiesen? Ich hätte einen Unschuldigen umgebracht.

Das Positive an Panik: Die Zeit vergeht wie im Flug. In der Ferne war ein Zug stadteinwärts aufgetaucht, und wenige Minuten später lief er in den Bahnhof ein.

Ich bestieg einen fast leeren Wagen und hatte drei Sitze für mich allein. Als der Zug anfuhr, sah ich aus dem schmutzigen Fenster auf die öde Industrielandschaft, und meine Gedanken kreisten um die Ereignisse der letzten Tage, angefangen bei dem Mittagessen mit Rob, über Discreet Hookups und meinem Date mit Sophie bis hin zu dem ersten Mordverdacht gegen mich und jetzt möglicherweise einem zweiten.

»Das ist doch verrückt«, sagte ich.

Immerhin war mir bewusst, dass ich laut vor mich hin redete, was nur heißen konnte, dass ich nicht verrückt war.

Oder doch nicht?

Ich hatte schon häufiger in meinem Leben das Gefühl gehabt, verrückt zu sein. Es war meistens mit Trinken verbunden, aber konnte man immer dem Alkohol die Schuld geben? Jeder, der eine Entzugstherapie macht, weiß, dass Alkohol nur das Symptom ist.

Ich hatte Lawrence Ward getötet, also hatte ich Anthony und Sophie vielleicht auch getötet und es einfach nur ausgeblendet. Zwei Leichen zu entdecken schien vielleicht doch kein Zufall zu sein. Es war ganz bestimmt *kein* Zufall. Vielleicht wollte mir gar keiner etwas anhängen, und zwar deswegen nicht, weil ich der einzige Killer war.

Das war so logisch wie alle meine anderen Theorien. Die ganze Zeit hatte ich mir eingeredet, Barasco führe eine Art Vendetta gegen mich, aber vielleicht hatte er sich aus gutem Grund auf mich eingeschossen. Ich hätte mich als Detective für diesen Fall auch auf mich eingeschossen. Ich war schon mal wegen Körperverletzung verhaftet worden, war mehrmals gewalttätig geworden und hatte mich nicht an einer, nicht an zwei, sondern an *drei* Tatorten eines Mordes aufgehalten. Vielleicht hatte Sophie damit gedroht, sie würde Maria verraten, dass ich sie über Discreet Hookups kennengelernt hatte, und ich hatte sie deswegen angegriffen und ermordet. So ergäbe alles einen Sinn. Es würde erklären, warum ihr Blut an mir haftete und warum ich Barasco hatte überzeugen wollen, Lawrence Ward sei der Killer. Was wiederum mir das Motiv für den Mord an Lawrence geliefert hätte, damit die Polizei sein Alibi für den ersten Mord nicht mehr überprüfen konnte. Es war keine Notwehr, wie ich mir eingeredet hatte. Ich hatte ihn mit der Absicht ermordet, einem Auftragskiller die Schuld zu geben.

Ich fing an, die Kontrolle über mich zu verlieren – so wie früher. Ich musste mich wieder in den Griff bekommen.

Ich holte tief Luft, versuchte, mich zu konzentrieren.

2. Schritt. Wir kamen zu dem Glauben, dass eine Macht, größer als wir selbst, uns unsere geistige Gesundheit wiedergeben kann.

»Komm schon, lieber Gott, wenn du uns Menschen wirklich die geistige Gesundheit wiedergeben kannst, dann gib sie mir wieder.«

Nur weil ich manchmal verrückte Dinge machte, hieß das noch lange nicht, dass ich wirklich verrückt *war*. Ich war nüchtern, ich war Vater, ich war ein guter Mensch. Ich hatte einige Fehler begangen, ja, aber ich war auf dem richtigen Weg, und nichts von alledem hatte sich geändert, als ich Sophie Ward kennenlernte.

Aber stimmte das auch, oder war mein Glaube, dass ich nicht verrückt war, wieder nur eine Rechtfertigung? Ich hatte schon immer meisterhaft verstanden, mein schlechtes Benehmen zu rechtfertigen; falls ich also *tatsächlich* mehrere Menschen angegriffen und getötet hatte – warum würde ich es vor mir selbst zugeben? Ich hatte früher schon Blackouts gehabt, größere und kleinere Gedächtnislücken, diesmal konnte es wieder so gewesen sein. Früher waren die Blackouts stets im Zusammenhang mit dem Trinken aufgetreten, doch war Alkohol der eigentliche Grund? Vielleicht hatte ich einfach weitergetrunken und mich die ganze Zeit in einem wahnhaften Zustand der Verleugnung befunden.

»Hey.«

»Was?«, schrie ich beinahe.

Der Schaffner, ein korpulenter Mann, wartete darauf, dass ich ihm meine Fahrkarte zeigte.

»Oh, Entschuldigung«, murmelte ich und fasste in meine Hosentasche.

»Alles in Ordnung, Kumpel?«

»Ja, ja. Sie haben mich nur, äh, erschreckt.«

Ich gab ihm meinen Fahrschein, und er steckte einen zweiten in den Tickethalter über den Sitz vor mir.

Er sah mich lange an, dann ging er und ließ sich den Fahrschein eines anderen Reisenden hinter mir zeigen.

Ich kam mir immer noch verrückt vor, aber das bedeutete nicht, dass ich verrückt *war*. Ich war einfach nur gefangen in meiner labyrinthischen Grübelei, und bisher hatte ich noch immer den Ausgang gefunden.

Ich musste nur weitersuchen.

***

Meine Karte war bis Grand Central gültig, aber ich stieg schon in Harlem aus. Ich wurde unruhig im Zug, fühlte mich in der Falle, ein Ziel hatte ich sowieso nicht. Ich brauchte nur frische Luft, etwas Bewegung.

Ich schlenderte die belebte 125th Street entlang, wo ich mich anonymer und sicherer fühlte als in White Plains. Niemand würdigte mich auch nur eines Blickes, ich hätte unsichtbar sein können. Stadtmenschen waren so eingenommen von ihren kleinen Dramen, dass sich niemand um meine scherte – das redete ich mir jedenfalls ein.

Ich bog in die Lexington Avenue und rief die Lokalnachrichten auf meinem Handy auf, um zu sehen, ob es was Neues über mich gab.

Es gab was Neues, ein paar Artikel, alle mit dem gleichen Inhalt.

Ich las die Titelzeile: TOTER IN WHITE PLAINS, VERDÄCHTIGER AUF FREIEM FUSS.

Es gab nur einen Absatz, in dem von mir im Mordfall Sophie Ward als einer Person von polizeilichem Interesse die Rede war, die jetzt auch wegen Mordes an Lawrence Ward gesucht wurde.

Die Nachricht erschreckte mich – nicht wegen mir, ich wusste ja, dass die Polizei mich suchte – vielmehr wegen Maria und Jonah. Was würden sie denken, wenn sie das lasen? Maria sähe nur bestätigt, was sie ohnehin befürchtete. Ich wusste nicht, was sie Jonah erzählt hatte, doch er ahnte sicher, dass ich etwas Schlimmes verbrochen haben musste, was der Schule als Rechtfertigung gedient hatte, mir den Kontakt mit ihm zu verbieten. Wenn ihn jedoch diese Nachricht erreichte, würde er mit dem Gedanken aufwachsen, sein Dad wäre ein Killer, und wer weiß, vielleicht hatte er ja recht.

Ich überquerte die Straße langsamen Schrittes, wie benommen, ich hatte nicht mehr viel Zeit. Der Bahnpolizist in White Plains konnte bezeugen, dass ich zurück in die Stadt gefahren war, und auch der Schaffner hatte mich gesehen. Eine Rückkehr in Anthonys Wohnung kam nicht in Frage, Officer Singh wusste Bescheid.

Welchen Weg ich auch einschlug, alle entpuppten sich als Sackgasse. Meine Situation was ausweglos, ich saß fest.

Wirklich?

Es gab einen Ausweg aus dem Labyrinth, immer schon. Es war mein Ausweg aus Problemen, seit ich mit vierzehn mein erstes Glas Alkohol getrunken hatte. Alkohol war nie der Grund für meine Probleme gewesen, immer nur der bequemste Fluchtweg.

Und wie der Zufall so spielte, war an der nächsten Kreuzung ein Spirituosengeschäft. Ich ging hinein, griff mir eine Flasche Bushmills aus dem Regal und zahlte. Danach war mein Geld fast aufgebraucht.

Da mir die strengen Regeln für den öffentlichen Konsum von Alkohol in New York City bekannt waren, ging ich um die Ecke und tauchte in eine kleine Gasse ein. Ich öffnete die Flasche und trank, so viel ich konnte, bis mir die Kehle brannte und ich nach Luft rang. Das Trinken kam mir wie die natürlichste Sache der Welt vor, als hätte ich nie damit aufgehört, hatte ich ja vielleicht auch nicht. Die vielen Stunden bei den AA – all die tränenreichen Ansprachen an meinen Jahrestagen –, alles Bullshit. Dass ich mit dem Trinken aufgehört hätte, war nur eine weitere Lüge, an die ich mich geklammert hatte.

***

»He, Arschloch … He, Arschloch.«

Ich öffnete die Augen und registrierte nur allmählich, dass ich mit gespreizten Beinen in einem überdachten Hauseingang lag. Ein Mann stieß mit der Tür gegen meinen Hinterkopf.

»Ja, ja, ist ja gut«, lallte ich.

Ich rutschte etwas zur Seite, dass er gerade so durch den Türspalt passte. Ein Latino in den Sechzigern.

»Wenn du nicht verschwunden bist, bevor ich wieder da bin, hole ich die Polizei«, sagte er. »Scheiß Penner, immer versperren sie mir den Eingang.«

Der Mann trat auf die Straße und brüllte mich weiter an, aber ich verstand kein Wort.

Ich hatte keine Ahnung, wo ich mich befand, noch, wie ich hierhergekommen war. Ich erinnerte mich an die kleine Gasse, in der ich den Whiskey gekippt hatte, danach wurde alles schwarz.

Mich erfasste Selbstmitleid, das Gefühl, versagt zu haben, eine tödliche Mischung. Ich hatte wieder getrunken. Ich hatte mich betrunken. All die Zeit, all die Energie, all der Aufwand, den ich betrieben hatte, um dem Alkohol zu widerstehen – sechs Jahre und über fünf Monate, um genau zu sein –, waren mit einer einzigen schlechten Entscheidung hinweggefegt worden.

Ich kämpfte mit mir und rappelte mich hoch. Ich war

noch immer betrunken, oder sicherlich angetrunken, und hatte eine Whiskeyfahne. Ich hatte nur mein Handy, Portemonnaie und die Wohnungsschlüssel dabei, sonst nichts. Ich musste nach Hause, Abendessen mit Maria und Jonah, und Jonah morgen fertigmachen für die Schule.

Dann spürte ich den Schock, die plötzliche leichte Benommenheit, wenn man eine niederschmetternde Nachricht bekommt. Mir fiel wieder ein, dass ich keine Familie mehr hatte und dass ich wegen zweifachen Mordes gesucht wurde. Ich weinte – nein, ich schluchzte. So hatte ich nicht mehr geweint, seit mein Hund gestorben war, als ich elf Jahre alt war. Diesmal war es schlimmer, viel, viel schlimmer. Ich hatte meine Familie verloren, Frau und Sohn, und die Gründe dafür erschienen mir absurd, falsch, als wären es nicht meine Gründe. Es waren die Gründe eines anderen Jack Harper, der eine Zeitlang meinen Körper bewohnt hatte; doch jetzt war der echte Jack Harper wieder da, und ich wollte mein kleines, beschissenes jämmerliches Leben zurück. Vielleicht hatte ich Angst davor gehabt, mich fest zu binden, weil ich meinte, mir stünde mehr zu, doch falls ich zurückkonnte, würde ich mich nicht beklagen, weil ich dann wüsste, dass sich durch dramatische Veränderungen die Dinge durchaus zum Besseren wenden konnten – aber auch zum Schlimmeren, sehr viel Schlimmeren…

Leider waren wir hier nicht im Film *Ist das Leben nicht schön?* Ich konnte nicht umkehren und frühere Entscheidungen revidieren. Meine Fehler waren unwiderruflich, und nichts würde mich retten.

Auf der Straße, dachte ich, würde ich doch wohl etwas wiedererkennen, aber so war es nicht, außer, dass ich mich irgendwo in Manhattan befinden musste. Dann machte es klick, und ich wusste, dass ich in Spanish Harlem war. Wie klein die Welt doch ist.

Die Straßenlampen waren noch nicht eingeschaltet, aber es wurde allmählich dunkler. Während ich den Block entlang auf die nächste Kreuzung zuging, sah ich auf die Uhr, 17:38 Uhr. Anscheinend hatte ich nur ein bis zwei Stunden »verpasst«, aber es war trotzdem erschreckend. Nicht allein das Blackout nach dem Alkohol, sondern dass die Erfahrung mir so vertraut war. Vielleicht hatte ich all die Jahre getrunken und war ohnmächtig geworden und fing erst jetzt an, mir gegenüber ehrlich zu sein.

Jetzt sah ich auch die Straßenschilder, 117th Street, Madison Avenue, nicht weit entfernt von der Gasse, wo ich getrunken hatte. Ich hatte den Whiskey gekauft, um vor der Wirklichkeit zu fliehen, doch wie immer währte es nicht lange genug. Damit musste man wohl rechnen; wenn die Flucht dauerhaft wäre, gäbe es keine Alkoholiker.

Leider konnte ich mir keine zweite Flucht leisten; ich konnte mir ja nicht einmal etwas zu essen kaufen. Und wenn ich in ein Obdachlosenheim ging, oder mich für eine kostenlose Mahlzeit in einer Kirche anstellte, würde es nicht lange dauern, bis mich jemand erkannt hätte.

Auf dem College hatte ich mal einem Freund gegenüber erwähnt – nachdem ein anderer Freund von einem Unigebäude in den Tod gesprungen war –, dass ich mich niemals umbringen könnte, weil ich immer einen Grund fände, für den es sich zu leben lohnte. Das war eine Lüge gewesen, denn als ich jetzt meine Gründe auflisten wollte, fiel mir kein einziger ein. Nicht einmal Jonah war ein zwingender

Grund für mich weiterzuleben; eigentlich war er ein Grund, den Tod zu suchen. Welcher Sohn möchte schon mit dem Stigma aufwachsen, einen lebenslänglich Verurteilten zum Vater zu haben? Ich könnte unmöglich positiven Einfluss auf sein Leben nehmen, ich wäre eine Bürde. Aber wenn ich heute Abend sterben würde – ach, wenn ich sterben würde! –, müsste er zwar immer noch ohne Vater aufwachsen und mit dem Stigma meines Verbrechens leben. Doch irgendwann würde man mich vergessen, und Maria, eine attraktive Frau, würde jemand anderen kennenlernen. Für Jonah gäbe es immer noch Hoffnung auf ein glückliches normales Leben, nur gehörte ich dann nicht mehr dazu.

Doch ehe ich meinem Leben ein Ende setzte, musste ich Jonah noch etwas Gutes tun. Etwas, das ihn mit mir versöhnen und mich in ein besseres Licht rücken würde. Eigentlich trug ich die Idee schon seit einigen Tagen mit mir herum, seit der Nacht im Gefängnis. Es würde nicht so einfach werden, die Idee in die Tat umzusetzen, aber es wäre einen Versuch wert.

Im Gehen wählte ich die Nummer in Kalifornien. Rob McEvoy ging vor dem ersten Klingeln ran und sagte mit seiner weichen öligen Stimme: »Hey, Brother.«

Ich hatte mir vorher nicht überlegt, was ich sagen würde, geschweige denn, dafür geprobt. Ich musste improvisieren.

»Wir müssen reden«, sagte ich.

»Sorry, dass ich mich nicht gemeldet habe«, sagte er. »Wollte dich nicht sitzenlassen, aber das Leben spielt gerade verrückt.«

Sein Leben spielt verrückt?

»Das interessiert mich einen Dreck«, sagte ich.

»Wow.« Er war betroffen. »Habe ich irgendwas Falsches gesagt?«

»Allerdings. Schon vergessen?«

»Was denn vergessen? Alles okay bei dir, Mann?«

»Nein, überhaupt nicht. Nichts ist okay. Gar nichts.«

»Wenn es um die Wohnung geht, dann habe ich dir schon gesagt, dass es mit leidtut. Das Leben ist dazwischengekommen. Nicht, dass ich kein Interesse mehr hätte. Absolut nicht. Es ist nur so, dass –«

»Die Wohnung ist mir scheißegal«, sagte ich. »Und du bist mir auch scheißegal, du Lügner, Betrüger, Arschloch.«

Er war nie ein echter Freund gewesen, und jetzt, da wir nicht mehr zusammen in einer Band spielten und er auch kein potentieller Kunde mehr war, musste ich kein Blatt mehr vor den Mund nehmen. Ich konnte ihm alles an den Kopf werfen, musste ihm nicht in den Arsch kriechen und so tun, als wäre er mir sympathisch.

»Hör zu, Mann, ich weiß nicht, was bei dir abgeht, ob das ein schlechter Witz ist oder was, aber ich muss jetzt –«

»Du wirst tun, was ich dir sage!«

»Was fällt dir ein!«

Ich hörte Autohupen im Hintergrund.

»Wo steckst du?«, fragte ich.

»Manhattan«, sagte er.

Er war hier in der Stadt!

»Wo in Manhattan?«

»Midtown«, sagte er. »Ich wollte dich anrufen, dass ich wieder in der City bin, aber wie gesagt, das Leben spielt gerade verrückt. Zurück in L. A. neulich, ist irgendwie alles aus dem Ruder gelaufen. Das musste ich erst mal bewältigen, dann noch der riesige Deal, der kurz vor dem Abschluss steht … Jedenfalls bin ich jetzt auf dem Weg zu einem Meeting. Kann ich dich später zurückrufen?«

Alles klar. Er wollte mich abwimmeln.

»Nein«, sagte ich. »Nicht später. Wir treffen uns jetzt sofort.«

»Ich habe doch gerade gesagt, dass ich –«

»Dein Meeting ist mir scheißegal. Ist dir dein Leben wichtiger als das Meeting?«

»Ich schmeiß dich jetzt aus der Leitung.«

»Mach nur. Ich zerstöre dein Leben, so wie du mein Leben zerstört hast.«

Das war gut, ich war stolz auf diesen spontanen Einfall.

»Jack, Mann, was ist los? Warum redest du so einen Scheiß?«

»Wir treffen uns jetzt sofort.«

»Ich bin unterwegs ins Soho House, treffe mich dort auf einen Drink mit einem Topmusiker und seinem Manager. Das kann ich nicht einfach –«

»Du triffst dich jetzt mit mir, oder du siehst deine Frau und deine Kinder nie wieder. Deine Entscheidung.«

Ich hörte mich an wie der Bösewicht aus einem James-Bond-Film, doch mein Ton hatte überhaupt nichts Scherzhaftes. Ich war auf einem Höhenflug.

»Jack, Dude. Was redest du da?«

Ich hörte die Angst in seiner Stimme heraus. Er kapierte allmählich, dass ich keinen Spaß machte.

Ich hielt den Druck aufrecht. »Du hast mich genau verstanden, Scheißwichser.«

»Jetzt hör mal zu. Ich weiß nicht, was los ist, aber chill erst mal. Bist du zu Hause? Kann deine Frau dir helfen?«

»Ich habe keine Frau mehr«, sagte ich. »Und wenn ich deine Frau anrufe und ihr alles sage, was ich über dich und Discreet Hookups weiß, jede Wette, dann hast du auch keine mehr.«

Lange Pause. Ich hörte nur weiter Autos hupen in der Leitung. Meine Drohungen zeigten Wirkung.

»Was ist los mit dir, Jack?«, fragte er. »Soll das ein Witz sein? Willst du mich verarschen?«

»Wenn ich auflege, ist dein Leben vorbei, Rob.«

»Jack, was soll –«

»Eins.«

»Jack, warum soll –«

»Zwei.«

»Okay, okay. Ich treffe mich mit dir. Beruhige dich.«

»Ich schicke dir Anweisungen«, sagte ich und legte auf.

Endlich fühlte ich mich wie ein Sieger.

18

Ich schickte Rob eine SMS, er solle zu Starbucks in die 96th Street, Lexington Avenue kommen. Ich wartete neben dem Eingang. Als er erschien, fiel mir sofort auf, dass das nicht der leutselige Rob unserer letzten Begegnung vor einigen Wochen war, stattdessen ein ziemlich genervter, zu Tode erschrockener Rob.

Ein wundervoller Anblick.

Er schaute sich um, als hätte er mich nicht gleich erkannt, obwohl ich drei Meter vor ihm stand, an den Tresen vor dem Fenster gelehnt, und ihn unmittelbar ansah. Dann fiel sein Blick auf mich, und er schien überrascht, geradezu bestürzt, sicher über meine äußere Erscheinung. Wahrscheinlich sah ich ziemlich fertig aus, eben wie jemand, der gerade durch die Hölle gegangen ist.

Sonst wirkte er wie immer, aalglatt und schleimig. Er trug teure Jeans, wahrscheinlich Diesel, ein über der Hose hängendes schwarzes Button-down-Hemd, Designer-Sakko und glänzende Schuhe. Geschniegelt und geputzt, sauber und arrogant. Alles an ihm stieß mich ab.

Er kam auf mich zu. Dicht neben uns standen noch zwei andere Leute, ein langhaariger Mann, der in seinen Laptop tippte, und eine Frau, die in ihr Handy plapperte.

»Bitte«, presste er atemlos hervor. »Sag mir, dass das alles ein Witz ist. Du bist stinksauer, weil ich bei der Wohnung gekniffen habe. Darum geht es, oder?«

»Gib mir zwanzig Dollar«, sagte ich.

»Wie bitte?«

»Du hast mich verstanden. Zwanzig Dollar. Sofort.«

Der Mann am Laptop sah zu uns herüber. Rob, scheinbar erleichtert darüber, dass er mich mit zwanzig Dollar loswerden würde – denkste! –, öffnete sein Portemonnaie und gab mir einen Zwanzigdollarschein.

Ich stellte mich an und kaufte ein Truthahn-Sandwich, zwei Muffins und zwei Tüten Nussmischung. Es war mir egal, was ich kaufte; ich hatte einen Bärenhunger und brauchte was zu essen.

Als ich mich wieder Rob zuwandte, mampfte ich bereits einen Muffin und konnte nicht schnell genug kauen. Mein Kinn war voller Krümel, aber egal.

»Was ist los mit dir, Jack? Willst du nicht lieber mit irgendjemandem reden, oder so?«

»Einem Psychodoktor?«, schrie ich. »Glaubst du, ich hätte einen Psychodoktor nötig?«

Die Leute, einschließlich der Laptop-Typ, blickten neugierig zu mir herüber.

Aus Angst, dass mich einer der Gäste erkannte und die Polizei rief, ehe ich meine Sache durchgezogen hatte, sagte ich: »Los, gehen wir. Auf den Spielplatz gegenüber.«

»Warum?«, fragte Rob.

»Geh schon.«

Ich war mit Jonah im Laufe der Jahre viele Male auf diesen Spielplatz gegangen. Er liebte den künstlichen Wasserlauf, der die Flüsse der Welt darstellen sollte. Wir suchten

Zweige und veranstalteten Wettrennen, derjenige, dessen Zweig als Erster das Ende des Wasserlaufs erreichte, hatte gewonnen.

Jetzt war der Spielplatz leer und dunkel, nur die Straßenlampen auf der 96th Street und der Lexington Avenue spendeten Licht. Ich setzte mich auf eine Bank, dieselbe Bank, auf der ich früher gesessen hatte, als Jonah noch klein war und ich ihn nicht aus den Augen ließ. Diese schönen Erinnerungen an meine Zeit als Hausmann standen in scharfem Widerspruch zu meinem jetzigen Zustand und erschienen mir wie Hohn.

»Kannst du mir jetzt endlich mal verraten, was hier läuft?«, sagte Rob. »Ich habe keine Ahnung, warum ich hier sitze, warum ich dich auf einem Spielplatz mit Muffins füttere, wenn ich eigentlich in einem Meeting einen millionenschweren Lizenzvertrag aushandeln müsste.«

»Wie gut, dass du Geld in Aussicht hast«, sagte ich. »Du wirst es brauchen.«

»Was soll das heißen?« Rob verzog das Gesicht, als ihm meine Fahne entgegenwehte.

»Bist du *betrunken*?«, fragte er.

»War«, sagte ich.

»Ich dachte, du hättest aufgehört.«

Nachdem ich den nächsten Bissen vom Muffin hinuntergeschluckt hatte, sagte ich: »Es geht hier um dich, nicht um mich.«

»Was willst du von mir, Jack?«

»Zweihunderttausend Dollar.«

Er sah mich an, als hätte ich einen schlechten Scherz gemacht.

»Im Ernst jetzt, was willst du von –«

»Ich meine es ernst. Zweihunderttausend Dollar wären meine Provision gewesen, wenn du die Wohnung gekauft hättest. Und du kannst noch von Glück sagen, so günstig davonzukommen, nach allem, was du angerichtet hast.«

Zweihunderttausend war horrend übertrieben, aber das wusste Rob natürlich nicht.

»Was habe ich denn getan?«, sagte Rob. »Außer dass ich kein Gebot auf die Wohnung abgegeben habe.«

»Du hast mir von Discreet Hookups erzählt«, sagte ich.

Er schwieg, nahm das Gesagte auf und versuchte, sich einen Reim darauf zu machen.

»Und?«, sagte er schließlich.

»Discreet Hookups hat mein Leben ruiniert, und jetzt ruiniere ich deins. Es sei denn, du zahlst.«

»Wow. Jetzt mach mal halblang«, sagte er. »Darum geht es also? Du warst auf der Internetseite von Discreet Hookups.«

»Ja«, sagte ich.

»Warum?«, fragte er.

Ich suchte nach Gründen – Eheprobleme, allgemeine Unsicherheit, Midlife-Crisis, Abenteuer –, doch keiner schien mein Handeln ausreichend zu erklären.

»Wenn du mir nicht davon erzählt hättest, wäre ich nie auf die Seite gegangen«, gab ich zur Antwort. »Ich würde immer noch in meiner Wohnung leben, zusammen mit meinem Sohn, den ich über alles liebe. Ach ja, und meine Ehe wäre nicht vorbei, und ich hätte Zugriff auf mein Konto.«

»Ist das so was wie ein Dummejungenstreich?«, sagte er. »Haben dich die Typen aus der alten Band dazu verleitet?«

Er sah sich um, als hoffte er, dass Tommy, unser Drummer, hinter einem Baum hervorspringen würde.

»Was das Geld angeht«, sagte ich, »schicke ich dir die Daten per SMS, du kannst mir die Summe dann auf mein Konto überweisen, sobald ich weg bin.«

»Du musst den Verstand verloren haben«, sagte er.

»Du hast recht, wahrscheinlich habe ich den Verstand verloren«, sagte ich und dachte an mein Blackout von vorhin. »Aber was hat das hiermit zu tun?«

»Warum sollte ich dir auch nur einen einzigen Cent geben?«, sagte er.

»Damit deine Frau nicht herausfindet, dass der Dreckskerl, mit dem sie seit Jahren verheiratet ist, sie betrügt.«

»Das würdest du doch meiner Frau niemals sagen.«

»Ach nein?«

Er spürte, dass ich es ernst meinte.

»Hör zu, Mann«, sagte er. »Ich weiß nicht, was die Internetseite mit dir gemacht hat, und wenn du meinst, ich sei dafür verantwortlich, dann sage ich dir, sorry, tut mir leid, was ich getan oder gesagt habe, okay? Aber ich bitte um Nachsicht. Mein Leben ist schon kompliziert genug, Mann. Die Kacke war am Dampfen neulich bei meiner Rückkehr nach Los Angeles. Eine Frau, mit der ich ein paarmal rumgemacht habe, eine Kellnerin aus dem Swingers, ist bei mir zu Hause aufgekreuzt – du kannst dir vorstellen, wie das ankam. Du hattest recht, Bro – ich habe die ganze Zeit mit dem Feuer gespielt. Wie konnte ich nur so verblendet sein. Na ja, jedenfalls habe ich es mit meinem Healer durchgesprochen und beschlossen, sie auszuzahlen, solange ich noch die Zügel in der Hand habe. Ich habe mir gedacht, okay, ich hatte meinen Spaß, habe mich ausgetobt, jetzt kann ich den Fokus wieder auf meine Familie richten. Meine Frau und ich hatten ein langes Gespräch. Es war sagenhaft, wir waren total offen zueinander wie lange nicht mehr. Als hätten wir all die Jahre zuvor nur miteinander geplaudert und jetzt endlich mal ernsthaft miteinander gesprochen. Wir gehen jetzt zur Eheberatung, versuchen, unser Ding zu klären. Die erste Sitzung findet statt, sobald ich wieder zu Hause bin. Noch ein Drama in meinem Leben kann ich also momentan am allerwenigsten gebrauchen.«

Er wollte sich anbiedern, meine Sympathie wecken. Er war eben eine Drama-Queen, schon damals in unserer gemeinsamen Zeit in der Band. Wenn er unzufrieden war mit der Liedauswahl oder es einen anderen Konflikt gab, ließ er sich über sein gerade aktuelles Drama aus und versuchte damit, die Situation zu manipulieren.

Das würde dieses Mal nicht funktionieren.

»Deine Ehe ist also gerettet«, sagte ich vorgeblich ruhig.

»Das haben wir uns vorgenommen«, sagte er. »Ich hatte sowieso nie die Absicht auszusteigen, wie du weißt. Und meine Frau, Gott segne sie, versteht das. Sie weiß, wie anstrengend Monogamie ist, deswegen ist sie bereit, sich meine Seite anzuhören. Aber ich bin immer noch scharf auf die Wohnung. Meine Frau und ich wollen sie gemeinsam nutzen. Es wird uns guttun, du weißt schon, zweiter Frühling und so. Eines Tages geben wir sie vielleicht an eines unserer Kinder weiter. Mein Mädchen will auf die NYU, es kann sein, dass sie hierbleibt. Ich will damit sagen, dass du deine Provision noch kriegst, alles klar. Wenn nicht für diese Wohnung, dann für eine andere. Und ich für meinen Teil bin bereit zu vergessen, was heute passiert ist.«

Dass Robs Ehe weiterbestehen würde, dass er nichts verlieren würde, diese Vorstellung bestärkte nur meinen Entschluss, ihm ordentlich eins reinzuwürgen.

»Ich kenne ihre Nummer«, sagte ich.

»Wessen Nummer?«, fragte er verwirrt.

»Die Nummer deiner Frau Julianne«, sagte ich. »Sie steht auf Facebook. Ich habe sie schon in meinem Handy gespeichert.«

Ich zeigte ihm das Display mit der Telefonnummer seiner Frau, die ich eingegeben hatte, während ich bei Starbucks gewartet hatte.

»Warum machst du das?«, fragte er.

»Aus Rache«, sagte ich.

»Rache? Ich habe dir doch gar nichts getan.« Er hielt inne, kniff die Augen zusammen. »Moment. Was ist dir bei Discreet Hookups passiert?«

»Das erfährst du noch früh genug aus den Nachrichten.«

»Aus den *Nachrichten*?«

»Noch mal zu den Zweihunderttausend«, sagte ich. »Wahrscheinlich ist eine telegraphische Geldüberweisung am besten. Ich gebe dir fünfzehn Minuten Zeit für die Überweisung, wenn ich gegangen bin. Es gibt immer eine Verzögerung, ehe der Betrag auf dem Konto erscheint, aber du kannst mich ins CC setzen, wenn du deiner Bank den Auftrag erteilst. Wenn ich deine Nachricht nicht innerhalb einer Viertelstunde erhalte, rufe ich deine Frau an, dann kannst du deinen zweiten Frühling vergessen. Du meinst, deine Frau hätte Verständnis? Wollen wir doch mal sehen, wie groß ihr

Verständnis ist, wenn sie erfährt, wie oft du dich auf der Seite von D-Ho rumgetrieben hast. Du kannst von Glück sagen, wenn deine Kinder dann überhaupt noch mit dir reden wollen. Falls es einen Gott gibt – und ich glaube daran –, dann landest du auf der Straße und pennst in Hauseingängen.«

»Zwei Dinge«, sagte Rob. »Erstens habe ich keinen blassen Schimmer, wovon du redest. Zweitens, ich werde dir das Geld auf gar keinen Fall überweisen.«

»Dann kannst du dich von deiner Familie verabschieden«, sagte ich.

Ich stand auf, und er packte mich am Handgelenk.

»Ich habe keine Zweihunderttausend zu Hause rumliegen«, sagte er.

»Wenn du zwei Millionen für ein Absteigequartier in New York hinblättern kannst, kannst du dir auch die zehn Prozent für mich leisten. Meine *verdienten* zehn Prozent.«

Ich sah die Panik in seinen Augen.

Er hielt noch immer mein Handgelenk umklammert. »Jetzt kapier ich«, sagte er. »Eine Zeitlang war ich irritiert, weil es mich total überrascht hat. Doch jetzt wird es mir klar. Es geht hier um Neid, oder? Du bist neidisch. Nicht weil ich mehr Talent hatte – du warst auch talentiert –, aber du konntest dich nicht von deinem Traum verabschieden so wie ich. Ich habe mich weiterentwickelt, während du einer Phantasie hinterhergejagt bist, aus dir würde eines Tages ein Rockstar. Typen wie dich treffe ich andauernd – Scheißträumer, die jedes Risiko scheuen. Du wirst nicht damit fertig, dass ich es geschafft habe und du nicht. Und die einzige Lösung, die deinem kranken Hirn einfällt: mir den Erfolg zu nehmen.«

»Ich hatte Erfolg«, sagte ich. »Ich habe Geld verdient.«

»Ja, als Studiomusiker, so wie die anderen Möchtegernstars. Muss ganz schön scheiße sein, sich von der Musikindustrie verarscht zu fühlen, wenn erfolgreiche Leute wie ich absahnen, was eigentlich dir zusteht. Hast du deswegen deine Frau betrogen? Weil du dich so leer gefühlt hast? Weil du nichts zu bieten hast außer blöden Wohnungen, die du verkaufen musst? Bestimmt gibst du deiner Frau die Schuld, aber schuld bist allein du.«

Ich riss meinen Arm aus seiner Umklammerung. »Ich werde meine E-Mails checken.«

Als ich den Schlossriegel des Kindertürchens zur Seite schob und den Spielplatz verließ, schrie er hinter mir her: »Du bist ein Scheiß-Loser, Jack! Ein Loser!«

›Heute Abend nicht‹, sagte ich mir.

Ich hatte kein schlechtes Gewissen wegen Rob, aber recht hatte er natürlich. Ich machte ihn zum Sündenbock für meine Probleme, so wie ich mein ganzes Leben lang andere zu Sündenböcken gemacht hatte. Meine Eltern, Maria, Promoter und Manager, die mir keine ›faire Chance‹ gegeben hatten. Er hatte mich nicht dazu gezwungen, die Seite von Discreet Hookups anzuklicken, er hatte mich nicht mal dazu ermuntert. Es war ganz allein meine Entscheidung gewesen. Wenn ich mein eigener Coach wäre, würde ich mir raten, Verantwortung für mein Verhalten zu übernehmen.

»Scheiß drauf«, sagte ich laut vor mich hin, als ich die Treppe hinunter zur U-Bahn-Station 96th Street, Lexington Avenue hinunterlief.

Rob hatte mein Leben nicht direkt ruiniert, trotzdem war er kein guter Mensch. Er wusste, dass ich empfindlich war, dass meine Ehe nicht gutlief, und er hatte mir Ideen in den Kopf gesetzt. Er war wie so viele Süchtige, die ich kannte – er brachte Menschen dazu, so tief zu sinken, wie sie sich innerlich fühlten. Er selbst fühlte sich leer, und er wollte, dass auch ich mich leer fühlte. Er hatte es verdient, alles zu verlieren, er hatte es verdient zu leiden. Hier ging es nicht um Rache, es ging um Gerechtigkeit.

Ich sah nach, ob auch kein Polizeibeamter oder Angestellter der Transportgesellschaft auf dem Bahnsteig patroullierte, dann sprang ich über das Drehkreuz.

Ich wartete auf den Zug, sah schon die Lichter im Tunnel, spürte den Windzug, lange würde es also nicht mehr dauern.

Keine Ahnung, ob Rob das Geld tatsächlich überweisen würde. Er schien einigermaßen panisch, als ich ging, aber alles hing davon ab, wie viel ihm seine Ehe bedeutete. So oder so, ich hatte das Gefühl, richtig gehandelt zu haben. Wenn er das Geld rausrückte, konnten sich Jonah und Maria damit ein schönes Leben machen. Falls er das Geld nicht überwies, könnte ich mit dem ruhigen Gewissen sterben, dass ich wenigstens versucht hatte, meiner Familie etwas Gutes zu tun.

Der Lärm des herannahenden Zuges wurde lauter, die Scheinwerfer leuchteten grell wie die Augen eines Ungeheuers.

Ich freute mich auf den Tod. Er wäre ganz sicher eine Erlösung von der beschissenen Show, in die sich mein Leben verwandelt hatte. Ich wollte nur noch, dass das Leid ein Ende hatte. Ich wollte Frieden, Dunkelheit.

Ich beugte die Knie, um gleich in die Ewigkeit abzutauchen, spürte schon den herrlichen Aufprall, den erlösenden Stillstand meines Gedankenkarussells, als mich plötzlich jemand packte und mich auf den Betonfußboden niederdrückte. Der Zug raste vorbei.

»Keine Sorge, ich hab Sie, ich hab Sie«, sagte der große Mann.

Ich hörte eine Frau sagen: »Mein Gott, ich rufe sofort den Notarzt.«

Andere schrien laut.

Ich versuchte aufzustehen, doch der Mann ließ nicht locker, und dann traf mich urplötzlich die schlimme Erkenntnis.

Ich war am Leben.

19

Irgendwas mussten sie mir gespritzt haben, denn ich hatte aufgehört zu schreien, starrte an die Decke des Krankenwagens und versuchte, mich auf das einzustellen, was mich als Nächstes erwartete.

Als sie mich aus dem Krankenwagen in ein Gebäude trugen, konnte ich gerade noch das Schild erkennen: BELLEVUE

Hätte ich mir denken können. Wo sonst würden sie einen Mann hinbringen, der vor einen Zug springen wollte?

Man führte mich in ein kleines Krankenhauszimmer, in dem sich ein Bett, ein Tisch, zwei Stühle und einige medizinische Geräte befanden. Man ließ mich nicht allein. Ein Helfer, vielleicht eine Art Wachmann, blieb die ganze Zeit über im Raum, offensichtlich um zu verhindern, dass ich einen zweiten Suizidversuch unternahm.

Schwestern und Ärzte führten verschiedene körperliche Untersuchungen durch, danach stellte mir eine Fachärztin für Psychiatrie, eine grauhaarige Frau namens Dr. Lindsay, einige Fragen, hauptsächlich zu meiner allgemeinen seelischen Verfassung.

»Fühlen Sie sich manchmal hilflos?«

»Nein.«

»Fühlen Sie sich manchmal allein und einsam?«

»Nein.«

»Haben Sie manchmal das Gefühl, dass Sie keine Kontrolle über die Entscheidungen haben, die Sie treffen?«

»Nie.«

Sie und auch die anderen Ärzte machten nur ihre Arbeit, das war mir klar, aber ich wollte unter gar keinen Umständen für verrückt erklärt werden. Wenn das geschah, würde ich auf unbestimmte Zeit als potentieller Selbstmörder unter Beobachtung gestellt.

Warum war ich nicht eine Sekunde eher gesprungen? Dann wäre ich jetzt ein für alle Mal weg vom Fenster. Ich hatte keine Zeitung oder Online-News gelesen, doch mein Retter wurde wahrscheinlich als Held gefeiert. Er dachte, er hätte eine gute Tat vollbracht, einem Menschen das Leben gerettet.

Wenn er wüsste!

Obwohl ich mich dank des Medikaments, das sie mir verabreicht hatten, schon ruhiger fühlte, plante ich immer noch, vor einen Zug zu springen, mir die Pulsadern aufzuschneiden oder bei der nächsten Gelegenheit eine Überdosis zu nehmen.

Sollte ich im Gefängnis landen, würde ich mich eben da umbringen.

Bisher hatte niemand etwas von polizeilichen Ermittlungen erwähnt, aber sie kannten meinen Namen und mussten wissen, dass ich unter Mordverdacht stand. Vielleicht wollten sie mir keine Angst machen, oder Barasco hatte sie angewiesen, die Mordfälle nicht anzusprechen.

Dann stellte Dr. Lindsay die Frage, auf die sie hingearbeitet hatte.

»Warum haben Sie versucht, sich umzubringen, Mr. Harper?«

»Ich wollte mich nicht umbringen«, sagte ich.

Sie hatte alle meine Antworten in ein iPad eingegeben. Auch diese gab sie ein und sagte dann: »Zeugen haben bestätigt, dass Sie vor einen ankommenden Zug springen wollten.«

»Sie irren sich«, sagte ich.

»Aber mehrere Leute haben berichtet, sie hätten gesehen, dass Sie drauf und dran waren –«

»Ich schwöre, ich habe nicht den Wunsch, mich umzubringen. Ich liebe mein Leben.«

Sie trug meine Antwort ein, dann sagte sie: »Vielen Dank für Ihre Mitwirkung, Mr. Harper. Sie können sich jetzt ausruhen.«

Als sie aufstand, um zu gehen, fragte ich sie: »Wie lange muss ich hierbleiben?«

Schon an der Tür, drehte sie sich um und sagte: »Das liegt nicht in meiner Entscheidungsgewalt.«

Ich spürte, dass das gelogen war.

»Sie können mich nicht länger als vierundzwanzig Stunden hierbehalten«, sagte ich. »So schreibt es das Gesetz vor, nicht wahr?«

»Ruhen Sie sich aus, Mr. Harper«, sagte sie und ging aus dem Zimmer.

Der Helfer blieb da. Er hieß Cuvis. In der Hoffnung, ihn als Verbündeten zu gewinnen oder wenigstens Auskunft von ihm zu bekommen, versuchte ich, Kontakt mit ihm aufzunehmen. Doch er wollte nicht mit mir sprechen, es sei denn über Körperfunktionen. Ich fragte ihn, ob ich mein Handy wiederhaben könne – meine persönliche Habe war mir abgenommen worden –, und er antwortete lediglich, das müsse ich mit den Ärzten besprechen. Mir fiel auf, dass sich keine scharfen Gegenstände in meiner Nähe befanden – kein Stift, kein Messer, nicht mal ein Plastikmesser bekam ich zum Abendessen dazugelegt. Ich überlegte, ob ich mir die Plastikgabel in die Kehle stechen sollte, doch das würde mich nicht umbringen, außerdem beobachtete mich Cuvis beim Essen.

Er folgte mir sogar auf die Toilette.

»Wollen Sie mir wirklich beim Scheißen zusehen?«, fragte ich.

»Ja, genau das will ich.« Betont sachlicher Ton. Selbstmörder zu bewachen war eindeutig seine Berufung.

Ich versuchte es, doch unter Beobachtung war ich viel zu angespannt.

Zurück im Zimmer meinte ich: »Stimmt wohl, was man so sagt, dass Gras nicht schneller wächst, wenn man zusieht.«

Meine Güte, nicht mal ein Schmunzeln konnte ich dem Mann entlocken.

***

Die Luft war abgestanden, es stank ekelerregend nach Desinfektionsmitteln, gewürzt mit Fäkalien. Das Essen gestern Abend war eine Mischung aus mittelmäßiger Bordverpflegung und den TV-Dinners, die meine Mutter mir früher als Kind »zubereitete«. Ich hätte nichts gegen eine Verlegung ins Gefängnis gehabt – Hauptsache ich kam aus dem Bellevue Hospital heraus.

Weitere Schwestern und Ärzte suchten mich auf. Auch bei ihnen fragte ich nach, wann ich gehen dürfte, doch alle antworteten ausweichend. Schließlich sagte ein Arzt, ich könne meine Situation mit Dr. Lindsay besprechen.

Als diese wiederkam, stellte ich meine Frage erneut. »Also, was ist hier eigentlich los? Werde ich heute noch entlassen oder nicht?«

»Ein Detective der Polizei möchte Sie sprechen«, sagte sie.

»Nick Barasco?«

»Ja. Wissen Sie, warum er Sie sprechen will?«

»Ich leide nicht unter Gedächtnisverlust. Ich bin nur erstaunt, dass er nicht schon früher gekommen ist.«

»Er will Sie sprechen, seit Sie hier eingeliefert wurden.«

Ihr Blick verhärtete sich, während sie meine Reaktion abwartete.

»Oh, ich verstehe«, sagte ich. »Sie wollten erst sicherstellen, dass ich zurechnungsfähig bin. Also, ich bin absolut zurechnungsfähig. Sie können ihn jederzeit hereinschicken.«

»Ich empfehle Ihnen dringend, sich zuerst mit Ihrem Anwalt zu beraten«, sagte sie. »Der Detective hat einen Anwalt erwähnt, der Sie schon mal vertreten hat.« Dr. Lindsay sah auf ihr iPad. »Marcus Freemont.«

»Er ist nicht mein Anwalt«, sagte ich.

»Sie sollten jemanden haben, der –«

»Ich kann mich selbst vertreten.«

»Ich glaube, es geht hier nicht um *Vertretung*, sondern eher um Beratung. Ich finde, Sie sollten sich unbedingt mit jemandem besprechen, bevor Sie –«

»Was haben Sie bisher über mich herausgefunden?«, fragte ich sie. »Glauben Sie, dass ich verrückt bin? Darauf läuft es doch hinaus, oder? Reden Sie nicht um den heißen Brei herum. Wie lautet Ihre Diagnose, Doktor Lindsay? Nun sagen Sie schon.«

»Sie befinden sich in einem Zustand extremer Erregung«, sagte sie.

»Das ist kein medizinischer Fachjargon. Sind Sie überhaupt Ärztin?«

Ihr Gesicht blieb versteinert.

»Sehen Sie«, sagte ich. »Sie sind diejenige, die meine Fragen nicht beantwortet, Sie verstecken sich hinter Ihrem Psychogelaber und glauben, *ich* sei verrückt?«

Ich war völlig überdreht, ohne Hemmungen, wahrscheinlich eine Nebenwirkung des Medikaments, mit dem sie mich vollgepumpt hatten.

Ich sah Cuvis nicht an, wusste aber, dass er auf der Hut war, damit ich nicht auf die Psychiaterin losging.

»Ich glaube, dass Sie unter starkem Stress stehen«, sagte sie, »und der manifestiert sich als –«

»Sie haben meine Frage nicht beantwortet«, sagte ich. »Bin ich verrückt oder nicht?«

»Es ist meine Aufgabe, Sie zu beurteilen, Mr. Harper, und nicht –«

»Ich weiß, was Ihre Scheißaufgabe ist.«

Cuvis eilte herbei, schickte sich an, Dr. Lindsay aus dem Zimmer zu begleiten, doch sie machte ihm ein Zeichen, er solle sich zurückhalten.

»Um eine Ihrer vorherigen Fragen zu beantworten«, setzte sie an, »Sie werden entlassen, wenn ich es für angebracht halte und wenn die Polizei es für ungefährlich hält. Es gibt keinen festen Zeitplan, aber sich im Verlauf des Prozesses kooperativ zu zeigen ist sicher keine schlechte Idee.«

Na toll, sie hörte sich an wie Schwester Rachel aus *Einer flog übers Kuckucksnest*.

»Gut. Ich tue alles, was Sie *vorschlagen*«, sagte ich sarkastisch mit Betonung auf ›vorschlagen‹. »Wenn Sie möchten, dass ich Freemont anrufe, rufe ich Freemont an. Heißt das, dass ich mein Handy wiederbekomme?«

»*Wir* nehmen Kontakt mit ihm auf«, sagte sie.

Sie verließ den Raum, Cuvis ließ mich nicht aus den Augen.

***

Ich wusste, wie sie vorgehen würden. Sie würden mich hierbehalten, bis sie genügend Beweise zusammenhatten, um mich für verrückt zu erklären und einweisen zu können, vielleicht lebenslänglich. Warum hatte mich der Mann auf dem U-Bahnsteig aber auch unbedingt retten müssen? New York ist voller Arschlöcher; mein Pech, dass mir der einzige gute Mensch über den Weg laufen musste.

Dr. Lindsay kam zurück und stellte viele Fragen, die sie mir schon bei ihrer ersten Visite gestellt hatte. Offenbar gehörte das zu ihrem ausgeklügelten Plan, mich in den Wahnsinn zu treiben. Ich behielt die Geduld, aber wie lange kann man das ertragen, wenn einem immer und immer wieder die gleichen Fragen gestellt werden. Schließlich hob ich meine Stimme – ich wurde nicht laut, hob nur ganz leicht meine Stimme –, und sie tippte etwas in ihr iPad.

Ihr Plan war so effektiv, dass ich mich schließlich selbst fragte, ob ich verrückt war. Vielleicht war der Gedanke, dass ich nicht verrückt war und sie mir nur einreden wollten, ich sei verrückt, ein Ausdruck meiner Verrücktheit.

Die konnten einen echt verrückt machen.

Ich saß an dem Tisch und stocherte wieder in einem köstlichen TV-Dinner, als Freemont ins Zimmer trat. Er sah mich an wie ein enttäuschter Vater, den man gerufen hatte, weil sein Junge ins Büro des Schuldirektors bestellt worden war.

»So sieht man sich wieder«, sagte er.

»Hallo«, sagte ich. »Ich würde Sie ja gerne einladen, aber Sie stehen sicher nicht auf recycelten Truthahn.«

Meinen Versuch, mit einem Witz das Eis zu brechen, ignorierte er, sah zu Cuvis, der mit ungerührter Miene in einer Ecke saß, und sagte: »Würden Sie bitte draußen warten.«

»Ja, aber die Tür muss offen bleiben«, sagte Cuvis.

Freemont nahm sich Cuvis' Stuhl. »Es wäre viel einfacher gewesen, Sie hätten sich gleich gestellt, wie ich Ihnen geraten hatte.«

»Ich möchte ein Geständnis ablegen«, sagte ich.

»Ein Geständnis, ja?«

»Genau«, sagte ich. »Ich habe erst Sophie Ward getötet und danach Anthony Sorrentino und Lawrence Ward. Ich bin ein kaltblütiger Mörder. Wie heißt es doch gleich? Mörder sind immer die, von denen man es am wenigsten erwartet. Der freundliche Herr, der jeden Tag zur Arbeit geht. Der Ehemann und Vater. So einer bin ich. Außen der nette Kerl, böse innen drinnen. Aber mich wollte ich nicht umbringen. Ich will nicht auf Unzurechnungsfähigkeit plädieren, weil ich nicht verrückt bin.«

Eine schnelle Verurteilung mit Todesstrafe, das wäre das beste Szenario für mich. Unwahrscheinlich in New York, aber einen Versuch wert. Andernfalls würde ich mich bei der nächstbesten Gelegenheit in meiner Zelle umbringen. So sah er aus, mein Plan.

»Einverstanden«, sagte Freemont.

»Womit?«

»Dass Sie nicht verrückt sind. Ich habe eben mit Dr. Lindsay gesprochen. Sie sagt, sie könne keine Anzeichen für eine Geisteskrankheit bei Ihnen erkennen, Sie würden nur Spielchen treiben mit sich. Das sind ihre Worte, nicht meine. Sie fühlen sich schuldig, deswegen wollen Sie Verantwortung übernehmen. Aber ich bin gekommen, um Ihnen mitzuteilen, dass Sie das nun alles hinter sich lassen können. Ich glaube, Sie sind aus der Sache raus.«

»Das verstehe ich nicht«, sagte ich. »Wie meinen Sie das?«

»Die Polizei hat den Gesuchten gefunden, er ist tot. Sie weiß, dass Lawrence Ward Anthony Sorrentino ermordet hat. Übrigens, wenn Sie schon einen Privatdetektiv engagieren, sollten Sie das unbedingt Ihrem Anwalt mitteilen.«

»Ich habe ihn nicht engagiert. Er ist ein alter Freund von der AA«

»Und *das* kann natürlich unmöglich schiefgehen«, sagte Freemont sarkastisch.

»Moment«, sagte ich. »Woher weiß die Polizei, dass Ward –«

»Ihn ermordet hat? Zeugen haben Ward beim Verlassen

des Hauses beobachtet. Außerdem durch die DNA auf der Leiche, auf Wards Leiche.«

»Und der Mörder von Lawrence Ward?«, sagte ich. »Oder glaubt die Polizei, dass er Selbstmord begangen hat?«

»Nein. Die Polizei weiß, dass Sie ihn getötet haben.«

»Wieso bin ich dann aus der Sache raus, wie Sie sagen?«

»Sie müssen der Polizei genau schildern, was in dem Haus vorgefallen ist und warum Sie überhaupt zu ihm gefahren sind, aber die Polizei geht von Notwehr aus.«

»Ja? Wieso?«

»Es gibt Videoaufzeichnungen, das hilft natürlich. Ward hatte Überwachungskameras in seinem Haus installiert. Sie müssen allerdings erklären, warum Sie ihn erdrosselt haben. Auf dem Video sieht es so aus, als hätten Sie in einem bestimmten Moment von ihm ablassen können, aber Sie tun es nicht. Dafür müssen Sie sich eine gute Erklärung einfallen lassen. Sie sind in Panik geraten, ein Adrenalinschub, irgendwas in die Richtung. Das sollte nicht schwierig sein, denn schließlich hatte er ja ein Messer. Sie wurden angegriffen und mussten sich zur Wehr setzen. Da die Polizei nun weiß, dass Lawrence Ward ihren AA-Freund Anthony Sorrentino getötet hat, erwarte ich keine unlösbaren Probleme mehr. Mit anderen Worten, die Polizei scheint nicht allzu sehr zu bedauern, dass Ward aus dem Rennen ist. Es ist nicht so, dass Sie einen unschuldigen Menschen ermordet haben. Sie haben einen Mörder beseitigt.«

Ich versuchte, alles sacken zu lassen und zu verstehen, was das zu bedeuten hatte.

»Und Sophie Wards Mörder?«, fragte ich. »Bevor Anthony und Lawrence Ward getötet wurden, wollten Sie, dass ich mich stelle. Die Polizei stünde bereit, mich zu verhaften.«

»Ich habe nie gesagt, dass sie Sie *verhaften* wird«, sagte Freemont. »Sie sollten diese Dinge klären, bevor Sie meine Telefonnummer blockieren. Sie waren eine Person von besonderem polizeilichen Interesse, ja, aber ich glaube nicht, dass die Polizei genug Verdachtsmomente hat, um Anklage gegen Sie zu erheben. Außerdem, jetzt, da feststeht, dass Ward Anthony getötet hat, ist es mehr als wahrscheinlich, dass er auch seine Frau auf dem Gewissen hat. Sein Alibi ist vielleicht doch nicht so hieb- und stichfest – die Polizei ermittelt bereits. Wie auch immer. Sehr wahrscheinlich stand Anthony kurz davor, die Wahrheit herauszufinden, deswegen musste Ward ihn ausschalten. So weit die Arbeitshypothese der Polizei. Solange es keine neuen Erkenntnisse gibt, die Sie in ein anderes Licht rücken, sind Sie raus.«

»Entschuldigen Sie, dass ich Ihre Nummer gesperrt habe«, sagte ich. »Dann wird man mir also nichts vorwerfen?«

»Falls die Vernehmung so läuft, wie ich hoffe, nein. Sie können also mit Ihren Spielchen aufhören, okay? Seien Sie einfach nur ehrlich gegenüber den Ärzten, gegenüber sich selbst und vor allem gegenüber mir. Nach Ihrer Behandlung kommen Sie hier raus. Ich verstehe nicht, warum Sie sich nicht freuen! Sie sollten glücklich sein.«

»Glücklich.« Ich ließ das Wort nachklingen. »Ich bin im Bellevue. Ich habe alles verloren. Wenn ich hier rauskomme, habe ich nicht mal Geld für die U-Bahn. Ich kann nirgendwo hin. Ich bin obdachlos. Ich muss auf der Straße betteln. Und Sie erzählen mir was von Glück?«

Es klang ein bisschen melodramatisch – dennoch, es kam der Wahrheit ziemlich nahe.

»Ich weiß, es ist hart«, sagte Freemont. »Aber Sie kommen wieder auf die Beine. Sie sind smart und tatkräftig. Sie erwähnten, Sie gehen zu den AA? Bestimmt können Sie fürs Erste bei einem Freund auf dem Sofa schlafen, bis Sie Ihr Leben wieder auf die Reihe bekommen haben.«

»Ja, das hat beim letzten Mal auch gut funktioniert.«

Freemont lachte gequält über meinen morbiden Humor und meinte dann: »Wissen Sie was? Ich habe ein Gästezimmer zu Hause in Brooklyn, Kensington. Wenn Sie nichts finden, können Sie solange bei uns unterkommen, bis Sie was haben.«

»Das müssen Sie nicht tun.«

»Ich weiß.«

Ich war gerührt, aber ich wollte mir vor ihm keine Blöße geben.

»Schauen Sie, Jack«, sagte er. »Sie kümmern sich darum, sich ein neues Leben aufzubauen, Schritt für Schritt. Zuerst holen wir Sie hier heraus, waschen Ihren Namen rein, und dann kümmern Sie sich um Ihre anderen Belange. Aber Sie sollten froh sein – das ist eine gute Entwicklung. Es geht bergauf, das verspreche ich Ihnen.«

Mir war nicht klar, wieso meine Entlassung aus dem Bellevue als freier Mann mein Leben verbessern sollte. Ich sah nur einen einzigen positiven Aspekt an der Situation.

Wenn ich rauskam, hätte ich eine neue Gelegenheit, mich umzubringen.

***

Später teilte mir Cuvis mit, es sei noch ein anderer Besucher für mich da. Wahrscheinlich Barasco, dachte ich, der mir wenigstens einen der drei Morde anlasten würde.

»Schicken Sie ihn herein«, sagte ich.

»Es handelt sich um eine Sie«, sagte Cuvis.

Dr. Lindsay, war mein nächster Gedanke, die weiter meinen Geisteszustand überprüfen wollte.

Stattdessen betrat Maria das Zimmer.

Ich hätte nicht gedacht, sie je wiederzusehen, außer vielleicht vor einem Scheidungsrichter. Sie blieb neben der Tür stehen, mit einer ausdruckslosen Miene, die ich als kalt empfand. War sie gekommen, um mir zu sagen, was für ein Arschloch ich war, und dass sie sich von mir scheiden lassen wollte, um dann mit Jonah in einen anderen Bundesstaat oder gar ein anderes Land zu ziehen?

Ich verschränkte die Arme vor der Brust. »Ich weiß, dass du mich hasst, aber trotzdem danke, dass du gekommen bist. Es bedeutet mir viel.«

Sie sah aus, als würde sie versuchen, durch mich hindurchzusehen. Ich kannte diesen Blick an ihr – ihren Todesblick. Meistens legte sie dann mit einer Tirade los, und die, die gleich folgen würde, wäre die schlimmste von allen. Sie hatte mich aus der Wohnung gesperrt und ein Kontaktverbot gegen mich erwirkt, als sie glaubte, ich hätte jemanden umgebracht. Was würde sie jetzt tun?

Wenigstens befanden wir uns in einem Krankenhaus, ihrem zu erwartenden Wutausbruch waren also natürliche Grenzen gesetzt.

»Ich nehme an, du hast gehört, was geschehen ist«, fügte ich noch an. »Ich habe verrückte Tage hinter mir.«

»Wie geht es dir?«, fragte sie.

Sie klang nicht wütend, aber vielleicht war das ja nur die Ruhe vor dem Sturm.

Ich wollte dem Schlag zuvorkommen. »Hör zu«, sagte ich, »es tut mir leid. Ich kann mir vorstellen, dass du wütend auf mich bist, ich kann es dir nicht verübeln. Ich an deiner Stelle wäre auch wütend auf mich. Ich hoffe nur, dass wir jetzt beide zuerst an Jonah denken und ihm nicht noch mehr zumuten als bisher schon. Wie geht es ihm?«

Sie richtete weiter ihren zweideutigen Blick auf mich, dann sagte sie: »Es geht ihm gut. Du fehlst ihm.«

Sie verhielt sich immer noch einigermaßen anständig. Ich wusste nicht warum, ob es nur eine List war, aber ich wollte mich darüber freuen, solange es anhielt.

»Er fehlt mir auch. Wo ist er jetzt gerade?«

»In der Schule. Die Babysitterin holt ihn ab.«

»Wie macht er sich?«

»Er mag seine Lehrerin sehr. Sein Lesen wird besser.«

»Gut. Ich wusste, dass er es schafft. Er ist ein kluges Kerlchen. Das hat er von dir.«

Sie schien nicht mal sonderlich verärgert, doch ich blieb vorsichtig, rechnete jeden Moment mit ihrer Attacke.

»Ich weiß, dass du mich hasst«, sagte ich. »Wenn du mir ein letztes Mal ordentlich die Meinung sagen willst, dann bitte, aber mach es kurz, ja? Ich habe in letzter Zeit genug durchgemacht.«

»Wie meinst du das?«

»Du bist doch nur hier, um mich anzuschreien«, sagte ich. »Mir zu sagen, was für ein Stück Scheiße ich bin. Bringen wir es also hinter uns.«

»Ich bin nicht wütend auf dich, Jack.«

Das musste ich erst verdauen. »Nein?«

»Nein«, sagte sie. »Ich freue mich sogar, dich zu sehen.«

»Wirklich?« Ich glaubte ihr nicht.

»Ja«, sagte sie. »Du musst dich auch für nichts entschuldigen.«

»Aber nach allem, was ich dir –«

»Nein, es war meine Schuld«, sagte sie. »Ich habe überreagiert. Ich hatte sogar Angst, du würdest mich nicht sehen wollen, wenn ich dir vorher Bescheid gesagt hätte.«

»Ich würde dich nicht sehen wollen?«

»Gründe hättest du genug. Ich habe dich aus der Wohnung ausgeschlossen, deine Kreditkarte gesperrt und für deine Festnahme gesorgt.«

»Ich meine, außer alldem«, fragte ich sie lachend, um es als Witz zu tarnen, obwohl ich an der ganzen Geschichte absolut nichts witzig fand.

»Ich war verletzt«, sagte sie. »Der Detective hatte erwähnt, dass du auf dieser Website warst, dass du mich vielleicht betrogen hast, aber wie gesagt … Ich habe voreilige Schlüsse gezogen, das war falsch, und es traf nicht nur dich, auch Jonah. Ich habe nicht nachgedacht. Es tut mir leid.«

Mir fiel auf, dass sich Maria, seit wir uns kannten, noch nie entschuldigt hatte. ›Es tut mir leid‹ gehörte einfach nicht zu ihrem Wortschatz.

»Ich habe dich nicht betrogen«, sagte ich. »Ich habe geflirtet. Ich will mein Verhalten nicht entschuldigen. Ich weiß, dass ich falsch gehandelt habe. Es war eine einmalige Sache. Ich habe mich hineinziehen lassen, ich habe einen Fehler gemacht. Ich weiß nicht, ob du es schon gehört hast, aber ich werde wahrscheinlich entlassen, ohne dass Anklage erhoben wird. Ich möchte eine Therapie anfangen, mir Rat holen, alles tun, um herauszufinden, was mit mir los ist.«

»Ich weiß, dass du entlassen wirst«, sagte sie. »Und ich will dir helfen.«

»Was?« Ich hatte sie genau verstanden, aber ich wollte es noch mal hören.

»Ich möchte dir helfen.« Sie ging ein paar Schritte auf mich zu und blieb stehen. »Ich bin nicht ganz über die Sache hinweg, das nicht, aber du bist immer noch der Vater meines Kindes, und ich will dir vertrauen. Ich habe mit meinem Cousin Michael gesprochen, er hat den Kontakt zu einem hervorragenden Strafverteidiger hergestellt. Es ist doch absurd, dass du immer noch diesen Pflichtverteidiger hast.«

»Er hat mir bisher gute Dienste erwiesen.«

»Du musst ihm kündigen. Du wirst Michaels Kontakt nutzen, der wird sich um alles Weitere kümmern. Falls dir nichts zur Last gelegt wird, und sie behalten dich trotzdem hier, gehen wir dagegen vor. Michael sagt, dass sie dich hier nicht gegen deinen Willen festhalten dürfen. Hast du seit deiner Einlieferung schon mit der Polizei gesprochen?«

»Seitdem nicht«, sagte ich.

»Gut«, sagte sie. »Ohne einen guten Anwalt sollte man nichts sagen.«

»Warum tust du das alles für mich?«, fragte ich.

Sie sah mich fragend an. »Wie meinst du das?«

»Warum bist du so freundlich?«, wiederholte ich. »Ich meine, ich habe dir und Jonah Schreckliches angetan. Ich bin die Ursache des ganzen Übels.«

»Nein«, sagte sie. Sie kam auf mich zu und nahm meine

Hand. »Wir hatten so manche Probleme im Laufe der Jahre, das ist mir klar, aber dass es so hart für dich kommt, wollte ich nicht, das hast du auf keinen Fall verdient. Ich habe einfach panisch reagiert, als Detective Barasco mir von der Website erzählt hat. Ich hatte mit dem Schlimmsten gerechnet, aber welche Frau hätte das nicht. Ich kenne dich, Jack. Ich weiß, dass du kein schlechter Mensch bist und dass du ein toller Vater bist. Eins steht fest: Wir brauchen mehr Offenheit und Ehrlichkeit in unserer Ehe. Ich bin bisher gegen eine Eheberatung gewesen, aber vielleicht ist das doch keine schlechte Idee.« Ihre Augen waren glasig. »Ich will, dass du zurückkommst, Jack. *Wir* wollen, dass du zurückkommst.«

Obwohl alles, was sie sagte, aufrichtig klang, traute ich dem Ganzen immer noch nicht. Ich dachte, ich hätte sie für immer verloren.

Sie trat noch näher. Ich dachte schon, sie würde mich küssen, doch stattdessen wich sie zurück und sagte: »Wir unterhalten uns später weiter.«

Sie ging, und ich sah ihr hinterher.

***

Ein paar Stunden später betrat eine Frau um die fünfzig mit kurzen braunen Locken, in einem biederen, unvorteilhaften marineblauen Wollkleid mein Zimmer. »Mr. Harper?«, sagte sie.

»Ja«, sagte ich. »Und Sie sind?«

»Rachel Goldman. Ich bin Strafverteidigerin. Michael Brant hat mich gebeten, Kontakt mit Ihnen aufzunehmen.«

»Ja, richtig«, sagte ich. »Danke, dass Sie sich herbemüht haben, aber ich glaube nicht, dass das nötig ist, ich habe einen Anwalt.«

»Es ist ein schwerer Fehler, in einem Fall wie diesem einen Pflichtverteidiger zu nehmen«, sagte Rachel. »Ein Ausrutscher, und Sie landen im Gefängnis, unter Umständen für den Rest Ihres Lebens.«

Ich ahnte, dass sie recht haben könnte und ich Freemont kündigen sollte. »Na gut, ich bin ganz Ohr.«

Sie zog einen Stuhl heran und bat mich, ihr zu schildern, was seit meiner Online-Bekanntschaft mit Sophie Ward passiert war. Ab und zu unterbrach sie mich, um Unklarheiten zu klären, danach durfte ich fortfahren. Obwohl mit wenig Humor und noch weniger Mitgefühl ausgestattet als Freemont, verfügte sie wohl über sehr viel mehr Erfahrung.

Als ich anfing, ihr von dem Geschehen in dem Haus in White Plains zu erzählen, unterbrach sie mich. »Hat Lawrence Ward sich irgendwie zu dem Mord an seiner Frau geäußert?«

»Sie meinen, ob er gestanden hat?«

Sie nickte.

»Nein«, sagte ich. »Das heißt, nicht richtig. Er hat gesagt: ›Sie wissen nicht, auf was Sie sich einlassen.‹ Ist das ein Geständnis?«

»Mehr hat er nicht gesagt?«, fragte sie.

»Nein«, sagte ich.

»Sicher?«

»Ich habe sogar alles aufgenommen.«

»Wirklich?« Sie schien überrascht.

»Ja«, sagte ich. »Ich hatte auf ein Geständnis gehofft, leider vergebens.«

»Das ist ja großartig«, sagte sie. »Die Aufnahme muss ich mir genau anhören. Bis dahin rate ich Ihnen, lieber nicht preiszugeben, worüber Sie beide konkret gesprochen haben, damit es nicht zu Widersprüchen kommt.«

»Verstanden«, sagte ich.

»Wenn ich weiter für Sie tätig sein soll, müssen Sie Ihren Anwalt benachrichtigen, dass Sie seine Dienste nicht mehr benötigen.«

Mit Rachels Handy rief ich Freemont an und erklärte ihm die Situation. Er schien nicht gerade schwer erschüttert.

»Ist bestimmt sinnvoll«, sagte er. »Ich an Ihrer Stelle würde es auch so machen. Viel Glück. Das meine ich ernst.«

Ein paar Minuten später traf Barasco ein.

»Hey, Rachel«, sagte er.

»Nick«, grüßte Rachel ihn.

»Sie kennen sich?«, fragte ich.

»Wir sind uns schon mal über den Weg gelaufen«, sagte Barasco. »Deshalb, nur so, aus Neugier, wie können Sie sich ihre Dienste leisten?«

»Mein Mandant wird diese Frage nicht beantworten«, sagte Rachel.

»Immer schön seine Flanken schützen, was?«, bemerkte Barasco. »Die Frau scheint Ihr Geld wert zu sein.«

Barasco fragte mich, wo ich mich an dem Tag, an dem Anthony und Lawrence getötet wurden, aufgehalten hatte. Seine Fragen waren direkt, ohne die Feindseligkeit in seinen früheren Verhören. Ich antwortete, ich sei mit einem Taxi nach White Plains gefahren, und erklärte ihm, was zwischen Ward und mir vorgefallen war.

»Sie wussten, dass ein Haftbefehl gegen Sie vorlag, als Sie nach White Plains fuhren«, sagte Barasco. »Stimmt das?«

»Nein, das wusste ich nicht«, sagte ich. »Ich hatte nicht vor zu flüchten. Ich wollte einfach nur meinen Namen reinwaschen und meinen Sohn wiedersehen.«

»Was geschah im Haus von Lawrence Ward?«

Rachel unterbrach: »Mr. Harper hat eine Aufnahme des Geschehens, die ich auch noch nicht gehört habe.«

Barasco sah mich an. »Eine Aufnahme?«

»Ich hatte auf ein Geständnis von ihm gehofft«, sagte ich.

»Die Aufnahme würde ich auch gerne hören«, sagte Barasco. »Aber wie Sie wissen, haben wir Videoaufnahmen von dem Geschehen. Wir wissen, dass er mit einem Messer auf Sie losgegangen ist, und Sie ihn aus Notwehr getötet haben.«

»Das stimmt«, sagte ich.

»Warum sind Sie nicht im Haus geblieben und haben auf die Polizei gewartet?«

Ich sah kurz zu Rachel, die nickte.

»Ich bin in Panik geraten«, sagte ich. »Nach all dem, was in New York passiert war, befürchtete ich, man würde mich jetzt auch hier wegen Mordes beschuldigen, nur weil ich am Tatort war.«

»Verständlich«, sagte er. »Was geschah dann?«

Ich schilderte die Fahrt mit dem Zug zurück in die Stadt, ließ aber aus, dass ich mich zwischendurch betrunken hatte. Bei meinem nächsten AA-Meeting würde ich ausführlich darüber reden.

Über mein Treffen mit Rob McEvoy verlor ich natürlich auch kein Wort. Er erwähnte es mit keiner Silbe, anscheinend wusste er nichts davon, oder es war ihm nicht wichtig genug.

»Und die Sache in der U-Bahn?«, fragte er. »Hatten Sie vor, sich vor den Zug zu werfen?«

Ich hatte den Stress satt, ständig zu lügen.

»Ja«, sagte ich.

»Warum?«

»Weil ich alles verloren hatte«, sagte ich. »Es gab für mich keinen Grund mehr weiterzuleben.«

»Haben Sie das Gefühl jetzt auch noch?«

Mit dem Gedanken im Hinterkopf, dass ich schon sehr bald, falls alles gut lief, Jonah wiedersehen würde, sagte ich: »Nein. Nein. Jetzt nicht mehr. Ich möchte weiterleben. Ich habe keine Selbstmordgedanken mehr.«

Er stellte noch mehr Fragen, was mir in dem Haus in White Plains aufgefallen war, und ich antwortete offen und ehrlich. Es war viel einfacher, ehrlich zu sein, als sich Lügen auszudenken.

»Wir müssen noch Ihre Aufnahme aus Wards Haus in White Plains auswerten«, sagte er, »und was den Mord an Sophie Ward betrifft, sind Sie noch nicht aus dem Schneider.«

»Gibt es neue Beweise, die meinen Mandanten mit dem Mord an Sophie Ward in Verbindung bringen?«, fragte Rachel.

»Nein, im Moment nicht«, gab Barasco zu.

»Sie geben Bescheid, falls sich etwas ändert«, sagte Rachel.

Die Frau gefiel mir.

Barasco ging.

Ich schickte Rachel die Audiodatei, dann verließ auch sie den Raum.

Eine halbe Stunde später kehrte sie mit einem verschließbaren Plastikbeutel in der Hand zurück. »Gute Nachrichten. Sie sind entlassen. Hier sind Ihre persönlichen Gegenstände.«

Ich prüfte den Beutelinhalt, Portemonnaie, Handy, Schlüssel und etwas Kleingeld.

»Ich habe mir die Aufnahme angehört und sie auch Barasco vorgespielt. Er ist beeindruckt. Beweisen, dass Lawrence Ward seine Frau umgebracht hat, kann er zwar immer noch nicht, aber er hat auch nicht vor, Ihnen den Mord anzulasten.«

Rachel und ich gingen den Flur entlang zu den Aufzügen. Dem Bellevue den Rücken zu kehren, nachdem ich mich schon damit abgefunden hatte, möglicherweise für den Rest des Lebens in dieser Anstalt verwahrt zu werden, hatte etwas Unwirkliches.

Dr. Lindsay verließ gerade ihr Büro. Sie lächelte und winkte mir mit erhobener Hand kurz zum Abschied, als wäre ich ein Schulkamerad am letzten Schultag vor dem Sommer.

›Ich wünsche dir schöne Ferien, Jack. Wir sehen uns im Herbst wieder.‹

»Wir sind hier nicht in der Schule«, sagte ich.

»Was meinen Sie?«, fragte Rachel.

Ich hatte nicht gemerkt, dass ich laut gesprochen hatte.

»Ach, nichts.«

Wir betraten die Aufzugkabine.

Als sich unten in der Eingangshalle die Tür wieder öffnete, stand Maria vor mir.

Obwohl ihr Lächeln aufrichtig schien, fiel es mir schwer, ihr ganz zu vertrauen. War das alles nur ein Spiel für sie? War sie auf Vergeltung aus? Wollte sie mich zurück in den Hafen der Ehe locken, um mich dann auf demütigende Weise fallenzulassen? Ich würde es schon bald herausfinden.

Wortlos ging ich zu ihr, und gemeinsam verließen wir das Bellevue.

20

Während der Taxifahrt unterhielten wir uns nur oberflächlich, hauptsächlich über Jonah, sonst schwiegen wir.

Als wir uns unserem Haus näherten, fragte Maria: »Hast du deine Bankkarte dabei?«

Ich wollte sie gerade daran erinnern, dass die Karte nicht funktionierte, da sagte sie: »Ich habe sie reaktiviert.«

Ich bezahlte den Taxifahrer, und wir gingen ins Haus.

Ich merkte, wie unangenehm es Robert war, mich wiederzusehen, nachdem er mich das letzte Mal so unfreundlich behandelt hatte, doch ich war viel zu gut gelaunt, um nachtragend zu sein.

»Robert«, sagte ich. »Wie geht es Ihnen?«

»Danke, gut.« Er klang erleichtert. »Und selbst?«

»Ein gutes Gefühl, wieder zu Hause zu sein«, sagte ich.

Bevor wir das Bellevue verließen, hatte Maria mir gesagt, dass Jonah in der Obhut von Carly war, der sechzehnjährigen Babysitterin, die wir manchmal engagierten und die mit ihren Eltern im selben Haus wohnte. Vor lauter Vorfreude, ihn zu sehen, schlug mein Puls höher.

Vor der Wohnungstür suchte ich nach dem Schlüssel.

»Die passen nicht mehr«, sagte Maria. »Aber du kriegst gleich neue von mir.«

Als Maria den Schlüssel ins Schloss steckte, hörte ich Jonah sagen: »Ist das Daddy? Ist das wirklich Daddy?«

Es erinnerte mich an die Zeit, als er drei oder vier Jahre alt war und mir immer, wenn ich abends von der Arbeit nach Hause kam, in die offenen Arme lief, und ich ihn hochhob und an mich drückte.

Die Tür öffnete sich, und er rief: »Daddy! Daddy!«, und rannte auf mich zu.

Ich hob ihn hoch, was nicht mehr ganz so einfach war wie früher, doch das fiel mir kaum auf. Dabei stieß sein Kopf beinahe an die Zimmerdecke, während er vor überschwenglicher Freude lachte.

Mir fiel auf, dass Maria sich abgewandt hatte und sich anscheinend Tränen aus den Augen wischte.

»Er war den ganzen Abend schon aufgeregt«, sagte Carly.

»Aufgeregt warst du, ja?«, sagte ich und sah zu ihm hinauf in sein rundes, noch babyhaftes Gesicht.

»Ja«, sagte er. »Du hast mir gefehlt, Daddy.«

Mir schossen die Tränen in die Augen. »Du hast mir auch gefehlt, Kiddo. Und wie du mir gefehlt hast.«

***

Carly ging zurück in ihre Wohnung, und ich verzog mich mit Jonah auf sein Zimmer, wir unterhielten uns über Sport und was er in der Schule gelernt hatte, bis es Schlafenszeit war. Dann gab ich ihm einen Gutenachtkuss und begab mich in unser Schlafzimmer, Maria lag auf dem Bett und las in ihrem Reader.

Obwohl meine Kleider im Krankenhaus gewaschen worden waren, wollte ich unbedingt neue anziehen.

Ich zog die Kommodenschublade auf, in der für gewöhnlich meine T-Shirts lagen, und fand dort stattdessen meine Jeans.

»Oh, ich hab deine Sachen heute in deine Schubladen zurückgetan«, sagte Maria. »Ich weiß nicht, ob alle da liegen, wo sie hingehören.«

»Zurückgetan?«, fragte ich.

»Ja, ich hatte deine Sachen in Koffer und Kartons gepackt.« Es klang, als schämte sie sich. »Es tut mir leid, Jack. Ich fühlte mich so verletzt. Weißt du, als ich herausfand, dass du wirklich da warst, in dem Townhouse, dass du mich belogen hast, da –«

»Schon okay«, sagte ich. »Es ist alles vorbei. Ich bin wieder zu Hause, wo ich hingehöre. Ich gehe mich mal duschen.«

Die Dusche im eigenen Badezimmer ist doch das Größte, besonders, wenn man für einige Tage im Bellevue duschen musste.

Danach betrat ich mit einem Handtuch um die Hüften unser Schlafzimmer. Maria, in Slip und schlabbrigem T-Shirt, lag auf dem Rücken und starrte an die Decke.

»Was ist los?«, fragte ich.

Sie antwortete nicht, und ich drängte sie nicht. Sobald sie bereit war zu reden, würde sie reden.

Ich ließ das Handtuch zu Boden fallen. Als ich ins Bett stieg, hatte sich Maria noch immer nicht bewegt.

Dann sagte sie: »Kannst du mir wirklich verzeihen?«

»Du hast nichts Unrechtes getan«, sagte ich.

»Ich habe dich schrecklich behandelt«, sagte sie. »Ich war einfach sehr gekränkt, ich fühlte mich verraten. Das soll nicht entschuldigen, was ich dir angetan habe – dich aus der Wohnung zu sperren und die Polizei zu belügen. Es klingt vielleicht ein bisschen melodramatisch, aber als Barasco mir sagte, was du gemacht hast, war das extrem schmerzvoll für mich. Trotzdem, mein Verhalten ist unentschuldbar, und ich muss dafür die Verantwortung übernehmen. Kannst du das nachvollziehen?«

»Ja, total.« Sie sah mich an, als wollte sie mir einen Kuss geben, stattdessen sagte sie. »Ich habe vergessen, dich etwas zu fragen.«

»Was denn?«, sagte ich.

»Vorgestern wurden zweihunderttausend Dollar auf unser Konto überwiesen«, sagte sie. »Hast du eine Ahnung, woher die kommen?«

21

Zweihunderttausend Dollar?«, wiederholte ich, obwohl ich sie genau verstanden hatte.

»Ja«, sagte Maria. »Von einem Citibank-Konto.«

Als ich im Bellevue mein Handy zurückbekommen hatte, wollte ich eigentlich mein Konto überprüfen, hatte es jedoch in der Aufregung vergessen. Nicht mal meine SMS und E-Mails hatte ich gelesen.

»Wow. Wirklich?«, sagte ich. »Dann hat Rob sie ja doch überwiesen.«

»Ach so, dann weißt du es also«, sagte sie.

»Ja«, sagte ich. »Und ich kann auch erklären, woher sie kommen.«

»Ich wollte es nicht gleich ansprechen«, sagte sie. »Ich meine, das wollte ich dir überlassen. Zuerst dachte ich, es wäre die Provision für die Wohnung, die du erwähnt hast. Aber irgendwie ergab das keinen Sinn, denn warum würde man das Geld auf dein Privatkonto überweisen?«

Ich war wieder zu Hause, und sie hatte mir verziehen, ab jetzt sollte es anders laufen zwischen uns. Ich wollte ehrlich sein, ganz gleich, welche Folgen das auch hatte. Vielleicht wäre sie entsetzt und würde mich für meine Tat verurteilen, aber ich hatte sie und mich selbst schon viel zu lange belogen, und was hatte es mir gebracht außer Schmerz und Leid?

»Ich habe ihn erpresst«, sagte ich.

Innerlich machte ich mich bereits auf ein Gewitter gefasst. Maria würde die Nerven verlieren, toben, mich beschimpfen, mir eine Szene machen. So jedenfalls hätte sie vor wenigen Wochen reagiert, wenn ich ihr etwas gebeichtet hätte, das sie aufgeregt hätte. Jonah wäre vor lauter Angst aufgewacht, und Maria oder ein Nachbar hätte die Polizei gerufen. Dann hätte Maria mich wieder aus der Wohnung geworfen, meine Konten gesperrt und einen Sorgerechtskrieg angezettelt.

Niemals hätte ich damit gerechnet, dass sie so ruhig blieb wie eine Psychotherapeutin. »Warum, Jack?«, fragte sie.

Vielleicht hielt sie sich noch zurück, spielte die Rolle der verständnisvollen Ehefrau. Ich erklärte ihr, so gut es ging, warum ich es getan hatte. Ich war verzweifelt gewesen, hatte gedacht, ich hätte alles verloren, und es erschien mir absolut ungerecht, dass Rob ungeschoren davonkam. Während ich sprach, wurde mir bewusst, wie selbstgerecht und rachsüchtig sich das anhören musste. Ich hatte einen alten Freund um zweihunderttausend Dollar erpresst, nur weil er mich auf eine Internetseite aufmerksam gemacht hatte. Wer *tut* denn so etwas?

Gleichzeitig war es ein schönes Gefühl, Maria gegenüber ehrlich zu sein. Es fühlte sich an, als wäre eine große Last von mir genommen.

»Es war eine große Dummheit«, sagte ich. »Ich konnte zu dem Zeitpunkt nicht klar denken. Ich war in einer miesen Verfassung, hatte sogar wieder was getrunken. Ja, ich hatte wieder zur Flasche gegriffen. Ich bin durchgedreht. Und in dem Moment erschien es mir wie eine rettende

Idee. Ich wollte dir und Jonah etwas Gutes tun. Ich habe so viel Scheiße gebaut in letzter Zeit, ich habe so viele Fehler gemacht, dass ich dachte, damit könnte ich es wiedergutmachen. Jetzt ist mir klar, wie blöd das war. Ich habe Rob die ganze Schuld in die Schuhe geschoben, mein alter Fehler, andere zum Sündenbock zu machen. Er hat mich nicht gezwungen, ihm zuzuhören, ich habe mich dafür entschieden. Aber keine Sorge, ich will mich bessern, das verspreche ich. Die ganze Sache hat mir einen Mordsschrecken eingejagt – ich war am Boden zerstört. Ab jetzt gehe ich wieder zu den AA-Meetings. Ich entschuldige mich bei Rob und überweise ihm das Geld zurück, und ich werde –«

»Nein«, sagte Maria.

Sie meinte es ernst.

»Nein?«

»Nein. Du gibst ihm das Geld nicht zurück.«

Sie meinte es scheinbar immer noch ernst, ich sagte trotzdem: »Das soll ein Witz sein, oder?«

»Ich will, dass es vorangeht«, sagte sie. »Das Geld liegt bereits auf unserem Konto. Rob hätte es dir nicht gegeben, wenn er es nicht gewollt hätte. Wahrscheinlich plagte ihn sein schlechtes Gewissen, als ihm klar wurde, was du wegen ihm durchgemacht hast. Er wird sich gedacht haben, dir das Geld zu geben, sei das mindeste.«

»Kann sein«, sagte ich, »aber ich muss ihn trotzdem anrufen und ihm sagen –«

»Nein, es ist unser Geld. Wir brauchen es.«

Kein Witz.

»Jetzt komm schon«, sagte ich. »Du kannst nicht im Ernst erwarten, dass ich das Geld behalte.«

»*Unser* Geld«, sagte Maria. »Es liegt auf *unserem* Konto.«

»Hast du nicht gehört, was ich gesagt habe? Das Geld gehört in Wirklichkeit Rob.«

»Nein, jetzt ist es unser Geld. Er hat es auf unser gemeinsames Konto überwiesen.«

»Aber doch nur, weil ich ihm gedroht habe, weil –«

»Weil er weiß, dass er einen Fehler gemacht hat«, sagte Maria. »Kapier doch. Rob ist kein guter Mensch. Das weißt du seit Jahren. Ich erinnere mich gut an die Geschichten, die du mir über ihn erzählt hast. Er war schon immer ein Arschloch, ein Spieler. Er lügt, er betrügt.«

»Das weiß ich alles«, sagte ich. »Aber das heißt nicht –«

»Doch«, sagte sie. »Versteh doch endlich. Du hattest recht – es ist *alles* seine Schuld. Er wusste genau, was er machte – er hat dich ermuntert, er wollte dich verletzen. Er ist wie ein gemeiner Drogendealer, ein Verführer. Und er weiß das. Deswegen hat er dir das Geld gegeben, weil er sich schuldig fühlte.«

»Nein, er hat es gemacht, weil –«

»Weil er wollte, Jack. Weil er sich freikaufen wollte. Kein Mensch tut etwas, das er nicht auch wirklich tun will. Vertrau mir. Es ist so. Du *hilfst* ihm, wenn du das Geld annimmst. Glaubst du, er hätte es dir überwiesen, wenn es ihm wirklich weh getan hätte? Er zahlt es aus der Portokasse. Aber wir *brauchen* das Geld. Als Anzahlung auf eine Wohnung, für Jonahs College. Denk an all unsere Probleme, die durch Geldmangel verursacht sind. An die Auseinandersetzungen, die wir hatten, über deine berufliche Entwicklung, dass unsere Wohnung zu klein ist, dass wir nicht genug für die Rente beiseitelegen. An die endlosen

Streitereien, die uns zermürbt und einen Keil zwischen uns getrieben haben. Wir haben uns auseinandergelebt. Jetzt erhalten wir eine Chance, neu anzufangen -- ohne diesen ganzen Stress. Ich habe das Gefühl, dass es schon jetzt besser läuft zwischen uns, und ich weiß, dass es dir auch so geht. Er wollte etwas Gutes tun, so wie du auch, Jack, ihr habt also beide bekommen, was ihr wolltet.«

Obwohl ich genau wusste, dass Marias Worte Unsinn waren, entbehrten sie andererseits nicht einer gewissen Logik.

»Ich habe eine Idee«, sagte ich. »Wir legen das Geld für ein paar Wochen oder Monate beiseite und entscheiden dann, was wir damit machen.«

Sie sah mich empört an, bis sie sich schließlich zu einem Lächeln durchrang.

»Das klingt nach einem vernünftigen Kompromiss«, sagte sie. »Eine gute Idee – wir lassen das Geld auf der Bank und einigen uns darauf, dass wir es nicht anrühren –, wenigstens für eine bestimmte Zeit.«

Wir hatten das Problem nicht gelöst, nur vertagt.

Jetzt sah sie mich an, als wollte sie geküsst werden, also küsste ich sie. Wie lange hatten wir uns nicht mehr geküsst, ich meine, so *richtig* geküsst. Wie ein ungeschickter Teenager schmiegte ich mich an sie.

Ihre Lippen fühlten sich überhaupt nicht vertraut an. Erinnerungen an die letzten Tage lenkten mich ab – wie ich erst Sophies und dann Anthonys Leiche entdeckte, wie ich Lawrence tötete, wie ich beinahe vor den Zug gesprungen wäre.

»Alles okay?«, fragte Maria.

Ich war schweißgebadet.

»Ja«, sagte ich, »alles gut.«

Maria lag auf dem Rücken, und ich legte mich auf sie. Ich versuchte mich zu beherrschen, verdrängte meine Gedanken und Erinnerungen, um mich ganz auf Maria zu konzentrieren. Auch ihr Körper fühlte sich fremd an, irgendwie straffer, und schon folgte die nächste Erinnerung: Marias Besuch im Bellevue und ihr eiskalter Blick. Ich wollte uns beide in der Gegenwart verorten, aber in Gedanken kehrte ich immer wieder zurück in die Vergangenheit.

Ich bekam keinen hoch.

»Ist schon okay, wir müssen es nicht heute Abend machen«, sagte Maria. »Es ist schön, einfach so neben dir zu liegen.«

Ich drehte mich auf meine Seite, Maria umarmte mich von hinten, und wir schliefen ein.

Ich schwitzte immer noch.

***

Am nächsten Morgen, während Maria duschte und sich für die Arbeit zurechtmachte, überprüfte ich meine Textnachrichten und Mails. Viele alte AA-Freunde, -Bekannte und -Sponsoren hatten sich gemeldet, erkundigten sich, wie es mir geht, und auch zwei SMS von Rob waren dabei.

Die erste hatte er einen Tag, nachdem ich beinahe vor den Zug gesprungen war, geschrieben.

Hey, Bro, eben gehört was los ist, schlimme Nachricht, hatte keine Ahnung, wie verzweifelt du warst Mann. Fühl mich mies, dass ich dir von der Website erzählt habe. War nicht meine Absicht, dich in was reinzureiten, hoffe, das ist dir klar, und wenn ich gewusst hätte, wie schlecht es dir geht, hätte ich dich niemals von dem Spielplatz weggehen lassen.

In der nächsten SMS fuhr er fort:

Fühle mich scheiße, Bro, ich weiß, dass du mit der Provision gerechnet hast, deswegen überweise ich die 200T auf dein Konto, und wir beide vergessen die Geschichte. Ok?

Ich weiß, dass du ein guter Typ bist und mir und meinen Kindern nichts antun willst.

Robby

Ich las mir die SMS einige Male durch. Im Gegensatz zu den Nachrichten von meinen A. A.-Freunden kam mir Robs Anteilnahme nicht echt vor. Er hatte mir das Geld überwiesen aus Angst, ich könnte seine Ehe zerstören, nicht, weil er von meinem Beinaheselbstmord gehört hatte und sich nun Sorgen um mich machte. Der Mann hatte null Mitgefühl.

Vielleicht hatte Maria ja recht, und wir hatten das Geld tatsächlich *verdient*.

Ich machte Frühstück für Jonah und mich, French Toast, sein Lieblingsessen, und als wir am Tisch saßen, erzählte er mir von dem Phantasie-Footballteam, das er gerade aufbaute. Maria kam zu uns, und sie küsste mich. Man spürte deutlich, wie glücklich Jonah war – nicht nur, weil sein Dad wieder zu Hause war, sondern weil seine Eltern glücklich waren. So hatte er seine Eltern noch nie erlebt. In all den Jahren hatte ich die Spannungen in meiner Ehe vor ihm verheimlicht, doch er hatte sie trotzdem wahrgenommen, und es war nicht ohne Wirkung geblieben, für ihn und für uns.

Bevor Maria zur Arbeit aufbrach, gab ich ihr einen Kuss zum Abschied und umarmte sie fest.

»Ich will auch«, sagte Jonah.

Unsere familiäre Umarmung hätte eine feine Weihnachtskarte abgegeben: Jonah, breit grinsend zwischen Mom und Dad, das glücklichste Kind auf Erden.

Später brachte ich ihn zur Schule, und auch wenn es nicht ganz meine übliche Routine war, da ich keinen Job hatte, war es doch ein wunderbares Gefühl, wieder Vater zu sein, da zu sein, wo ich hingehörte.

Nach den Blicken der Kinder und Eltern in der Schule zu urteilen, hatten sie offensichtlich die Gerüchte über mich gehört, wenn sie nicht schon mein Foto in den Nachrichten gesehen oder über mich in der Zeitung gelesen hatten. Einige Mütter, Stacy und Geri vom Lehrer-Eltern-Ausschuss, waren gerade dabei, die bevorstehende jährliche Halloween-Party zu besprechen. Doch als ich mich so wie in den Jahren zuvor als Helfer anbieten wollte, versetzte das Stacy und Geri in Panik, so dass sie rasch im Schulgebäude verschwanden, um mir aus dem Weg zu gehen.

»Jetzt tun Sie doch nicht so, das ist doch albern!«, rief ich hinter ihnen her.

Florence, die Wachfrau, kam herbeigeeilt.

»Was ist hier los?«, fragte sie.

»Gar nichts«, sagte ich und ging.

Bis halb drei, wenn ich Jonah wieder abholen würde, hatte ich nun frei. Es drängte mich zwar, mir wieder Arbeit zu suchen, einen Immobilienjob an Land zu ziehen, doch nach allem, was ich in letzter Zeit durchgemacht hatte, wollte ich mir erst noch etwas Zeit für mich gönnen.

Ich ging ins Le Pain Quotidien in der First Avenue, 83rd Street, bestellte einen Kaffee und Croissants und blätterte in einer liegengelassenen *New York Times*. Zurück in unsere Wohnung wollte ich noch nicht, erst mal in den Central Park. Ich spazierte einmal halb um das Reservoir. Es war kühl, und es fing an zu nieseln, das perfekte Museumswetter.

Sehr lange, vielleicht ein Jahr, war ich nicht mehr im Metropolitan Museum of Art gewesen, überhaupt in einem Museum. Früher hatten Maria und ich häufiger Museen besucht, und als ich jetzt die Stufen erklomm, sah ich uns Jonah im Kinderwagen hochtragen – Maria, die Griffe haltend, ich die Vorderachse. Ich war auch schon lange nicht mehr im Kino gewesen oder auf einem Live-Konzert. In New York zu wohnen und das Kulturangebot nicht wahrzunehmen war eine Schande; ich hatte in letzter Zeit zu viel als selbstverständlich betrachtet.

Ich schrieb eine SMS an Maria: *Bin im Met.*

Sekunden später antwortete sie: *Schön Denke auch an dich :) Koche heute Abend!*

Wann hatte Maria das letzte Mal gekocht? Vor drei Jahren? Vier Jahren?

Ich schrieb zurück: *Hört sich gut an!*

Ich suchte meine Lieblingsabteilung auf, den Flügel mit den Impressionisten. Nachdem ich zuerst bei meinen Lieblingsgemälden von Renoir, Gauguin, Seurat und Degas vorbeigeschaut hatte, zog ich weiter zu den Bildern von van Gogh.

Ich sah mir die *Schuhe* an, das *Selbstporträt mit Strohhut*, *Mutter Roulin mit ihrem Baby*.

Dann ging es hinüber zu dem Stillleben *Vase mit Iris,* ich las die Bilderklärung.

»Im Mai 1890, kurz bevor er sich selbst aus der psychiatrischen Klinik von Saint-Rémy entließ, malte van Gogh vier üppige Frühlingssträuße, die einzigen anspruchsvollen Stilleben, die er im Verlauf seines einjährigen Aufenthalts angefertigt hat, zwei mit Iris, zwei mit Rosen, in unterschiedlicher Farbgebung und unterschiedlichem Format. Bei den Iris wollte er eine ›harmonische und weiche Wirkung‹ erzielen, indem er die ›violetten‹ Blumen vor einem ›rosa Hintergrund‹ plazierte. Er verwendete dafür flüchtige rote Pigmente, die seitdem verblassen.«

Dieses Gemälde hatte mir schon immer besonders gefallen, doch jetzt erhielt es für mich eine weitere Bedeutung. Etwas hochtrabend, ich weiß, aber auch ich war soeben aus einer Anstalt entlassen worden, weswegen ich mich mit van Goghs gezügeltem Wahn in dem Bild identifizieren konnte, und natürlich erinnerte mich die Verwendung des flüchtigen Rots auch an Sophie.

Abgelenkt durch meine eigenen Probleme und der Freude über die neue Verbundenheit mit meiner Familie, hatte ich in den vergangenen Tagen nicht viel an sie gedacht, doch jetzt fühlte ich mich plötzlich so elend wie in dem Moment, als ich ihre Leiche in dem Schlafzimmer entdeckt hatte. Die arme Frau und ihre Familie – sie waren die größten Opfer bei der ganzen Sache. Sophie hatte nicht viel über ihre Familie erzählt, doch ihre Angehörigen trauerten vermutlich immer noch und wollten, dass der Fall abgeschlossen wurde.

»Alles okay, Sir?«

Ein Museumswächter mit einem ausländischen Akzent war an mich herangetreten. Ich musste so schrecklich aussehen, wie ich mich fühlte.

Ich setzte mich auf eine Bank, starrte das Bild an, und noch mehr Erinnerungen an Sophie strömten auf mich ein: Unsere abwegigen nächtlichen Chat-Sitzungen, wie sie eine verschüttete, abenteuerliche Seite in mir geweckt hatte und wie schnell wir uns nahegekommen waren. Auch dachte ich an ihre Erklärung, wie sie auf den Namen *Fugitive Red* gekommen war – weil »Liebe verblasst«. Sie war unglücklich gewesen, gefangen in einer Ehe, suchte verzweifelt Anschluss. Das hatte uns miteinander verbunden. Ich war froh, dass ich ihr wenigstens noch etwas Freude und Hoffnung in ihrem Leben geben konnte, bevor sie starb.

»Eindrücklich, nicht?«

Ich hatte nicht gemerkt, dass sich eine schmale ältere Frau neben mich gesetzt hatte und dass ich weinte.

»Ja«, sagte ich. »Wussten Sie, dass der rosa Hintergrund früher einmal rot war?«

»Was?«

Hatte sie mich nicht gehört, oder hatte sie mich nicht verstanden?

»Der Hintergrund«, sagte ich etwas lauter. »Aber die große Frage ist, ob van Gogh gewusst hat, dass das Rot verblasst. Hat er sich deswegen für dieses Rot entschieden? Als eine Art Hinweis auf die Liebe, die im Laufe der Zeit schwindet.«

Die Frau schien verblüfft. Und ich kam mir lächerlich vor.

»Was soll's« sagte ich. »Ich wünsche Ihnen noch einen schönen Tag.«

***

Maria hatte eines ihrer alten Spezialgerichte gekocht, Chicken Piccata, Reis mit Pinienkernen und gedünsteten Spinat. Zum Nachtisch gab es Jonahs Lieblingsspeise, Schokoladenmousse.

Nach dem Essen spülte ich das Geschirr und Jonah trocknete ab, dann setzten wir uns zu dritt vor den Fernseher und guckten den ersten Film der Star Wars-Trilogie, weil Jonah ihn noch nicht gesehen hatte. Jonah so aufgeregt zu erleben, gab mir das Gefühl, als würde auch ich den Film zum ersten Mal sehen, und ich glaube, Maria erging es ebenso.

Als ich Jonah später ins Bett brachte und ihm gute Nacht wünschte, fragte er: »Wann sehen wir die Fortsetzung?«

»Bald«, sagte ich.

»Sehr bald?«

»Ja.«

»Dieses Wochenende?«

»Vielleicht.«

»Ich kann es kaum erwarten. Bleibst du mit Mommy verheiratet?«

Die Frage traf mich unvorbereitet, aber ich hatte keinen Grund, mit der Antwort zu zögern.

»Ja«, sagte ich.

Ich gab ihm einen Gutenachtkuss auf die Wange, dann ging ich zu Maria ins Schlafzimmer.

Der Sex war peinlich. Ich fühlte mich noch immer abgelenkt, schwitzte stark, und Maria schien auch nicht ganz bei der Sache zu sein.

»Das war unglaublich«, sagte sie danach und schmiegte sich an mich.

Mir war klar, dass sie wenigstens ein bisschen übertreiben musste.

»Ja«, sagte ich.

***

Am Tag darauf, einem Samstag, beschlossen wir, einen Ausflug mit der ganzen Familie zu machen. Wir nahmen den Q-Train nach Coney Island, fuhren Karussell, sogar auf dem Cyclone, und spazierten dann den Boardwalk entlang nach Brighton Beach. Wir aßen Krautrouladen und Piroggen in einem einfachen russischen Restaurant, kehrten dann nach Hause zurück und sahen uns *Das Imperium schlägt zurück* an.

Später, nachdem Maria und ich wieder Sex hatten, peinlich wie beim ersten Mal, sagte sie: »Ich habe eine Idee. Wie wär's mit einem kinderfreien Abend? Nur wir beide. Wir sind seit Jahren nicht mehr zusammen ausgegangen.«

Es klang, als wollte Maria sich mir tatsächlich wieder annähern und unsere Ehe verbessern.

»Gute Idee«, sagte ich.

Für Sonntag bestellten wir unsere Babysitterin Carly, und Maria und ich gingen in das Elio's in der Second Avenue, ein Restaurant, das wir früher häufig aufgesucht hatten. Wir setzten uns nach draußen, Maria trank ein Glas

Wein, ich bestellte Wasser. Fünf Tage war ich jetzt nüchtern, und ich hatte nicht vor, wieder rückfällig zu werden.

Danach schlug Maria vor, in den Carl-Schurz-Park zu gehen. Wir spazierten durch die Grünanlage zur Promenade und setzten uns auf eine Bank mit Blick auf den East River.

Maria hielt meine Hand und sagte: »Ein schönes Gefühl.«

Mein Bauchgefühl sagte mir etwas anderes, nämlich dem Frieden nicht zu trauen. Auf rationaler Ebene wusste ich, dass die Vorstellung, wir könnten mit unserer Beziehung einfach so an die alten Zeiten anknüpfen, reines Wunschdenken war. Dazu war ich zu lange mit ihr zusammen gewesen.

Aber wann hatte ich jemals rational gehandelt?

»Ja«, sagte ich. »Das finde ich auch.«

***

Montagfrüh ging Maria zur Arbeit, und ich brachte Jonah zur Schule. Jonah wirkte angespannt, plapperte nicht wie sonst munter drauflos. Als ich ihn ablieferte, hatte ich keine Lust, mich noch mit den anderen Eltern zu unterhalten, sondern ging stattdessen in eine Coffee Bar in der 85th Street, setzte mich in den Garten, trank meinen Kaffee und suchte im Internet nach Jobs.

Ich hatte noch immer nicht das Gefühl, dass die zweihunderttausend Dollar auf unserem Bankkonto uns gehörten, und dennoch, allein die Tatsache, dass das Geld dort bereitlag, war eine riesige Erleichterung und linderte meine Verzweiflung. Ohne das Geld hätte ich mir jetzt dringend eine Arbeit suchen müssen, hätte mich von Maria gedrängt gefühlt, den nächstbesten Job anzunehmen. Jetzt durfte ich wählerischer sein.

Andrew Wolf hatte sich in einer E-Mail für sein »vorschnelles Urteil« entschuldigt und mir, »falls ich wollte«, meinen alten Job angeboten. Ich hatte mir nicht mal die Mühe gemacht zu antworten – nicht, weil ich nachtragend war, sondern weil ich jetzt die Chance hatte, das zu tun, wozu ich Lust hatte, und diese Chance wollte ich mir nicht entgehen lassen.

Es war die Gelegenheit, endlich aus der Immobilienbranche auszusteigen und wieder das zu machen, was ich wirklich gerne machte. In der Zeitung fand ich ein attraktives Inserat – eine Indie-Plattenfirma in Brooklyn bot eine freie Stelle in ihrer PR-Abteilung an. Ich verfügte zwar über keine PR-Erfahrung, hatte aber als Zwanzigjähriger einige Bands promotet, und auch meine Berufspraxis als Verkäufer käme mir gelegen. Ich fand noch einige andere interessante Stellenangebote in der Musikbranche und entwarf im Geist schon mal einen Lebenslauf. Ich wollte nichts überstürzen. In der kommenden Woche würde ich an dem Lebenslauf feilen und weiter nach Jobangeboten suchen und dann hoffentlich Termine für Bewerbungsgespräche klarmachen können.

Später, überlegte ich, würde ich hier irgendwo in der Gegend zu Mittag essen, und im selben Moment kam mir der Gedanke, Maria mit einem spontanen Besuch zu überraschen. Früher, lange vor Jonahs Geburt, hatten wir uns häufig in der Mittagspause getroffen, aber das war Jahre her.

Zu Fuß ging ich Richtung Midtown zu Marias Büro in der 51st Street, Lexington Avenue. Ich war im Laufe der Zeit einige Male in ihrem Büro gewesen, meistens dann, wenn ich nachmittags einen Termin hatte und ich Jonah bei ihr abgeben musste, weil wir keine Kinderbetreuung gefunden hatten.

Brad am Empfang erkannte mich wieder.

»Sie erwartet mich«, sagte ich.

»Gehen Sie ruhig rein«, sagte er.

Ich ging die Reihe der Bürozellen entlang zum Raum mit Fenster am Ende des Gangs, wo Marias Schreibtisch stand. Ich war schon gespannt auf ihre Reaktion. Sie würde sich freuen, dachte ich, vielleicht sogar mir entgegenlaufen und mich umarmen.

Ein paar Schritte vor ihrem Büro blieb ich stehen, denn ich sah sie, stehend, in ein Gespräch vertieft, mit einem Mann. Vielleicht war sie noch in einer Besprechung, oder beendete sie gerade, jedenfalls entschied ich, lieber später wiederzukommen oder ihr von der Straße aus eine SMS zu schicken.

Dann erkannte ich den Mann, es war Marias Freund Steve aus Westchester. *Warum war Steve hier?*

Beide hatten einen intensiven Gesichtsausdruck, als würden sie über etwas sehr Ernstes reden. Die sexuelle Spannung zwischen Maria und Steve war mir immer bewusst gewesen, immerhin *waren* sie mal ein Paar. War es möglich, dass sie eine Affäre hatten, vielleicht sogar seit Jahren? Maria hatte immer beharrlich behauptet, sie seien »nur Freunde«, doch vielleicht hatte ich die offenkundigen Zeichen übersehen. Ich wusste, dass sie häufig miteinander telefonierten, sich SMS und E-Mails schrieben. Manche würden behaupten, das reiche für eine emotionale Affäre, also gut möglich, dass sie sich zu einer körperlichen Beziehung weiterentwickelt hatte. Ich erinnerte mich an Steves möglicherweise scheinheiligen Rat, Maria doch bitte niemals zu betrügen. Im Rückblick ergab das natürlich Sinn – warum sollte ich die Frau, die er liebte, betrügen und möglicherweise gar verletzen?

Es waren voreilige Schlüsse, klar, und mir schwirrte der Kopf.

Es war mir unangenehm, die beiden zu beobachten, und gerade wollte ich kehrtmachen, da entdeckte mich Maria.

Sah ich Panik in ihrem Gesicht aufflammen? Es wirkte so. Dann lachte sie und winkte mich zu sich.

»Hey, was für eine Überraschung«, sagte sie und gab mir einen Kuss.

»Hallo«, begrüßte ich Steve.

»Was machst du denn hier?«, fragte er.

»Die gleiche Frage wollte ich dir auch gerade stellen«, sagte ich.

Maria kam ihm zuvor. »Steve wollte nur kurz hallo sagen. Er hat heute ein paar Sachen in der Stadt zu erledigen.«

»Dann hatten wir beide wohl dieselbe Idee«, sagte ich und musterte Steve.

Steve antwortete nicht, aber er sah aus, als müsste er seine Gefühle unter Kontrolle halten.

»Setzen wir uns doch«, schlug Maria vor.

»Schon gut«, sagte Steve. »Ich gehe besser. Ich muss die Kinder später noch zum Schwimmunterricht bringen. Wir sehen uns, Sweetie.«

Er küsste Maria auf die Wange und verließ das Büro, ohne mich eines Blickes zu würdigen.

»Sweetie?«, sagte ich.

»Ach, hör auf.« Sie sah, dass es mir ernst war. »Jetzt komm aber, du glaubst doch nicht etwa, dass zwischen mir und Steve was läuft.«

»Und, läuft was?«

»Nein, natürlich nicht. Er hat mir von seiner Ehe erzählt, mehr nicht. Er und Kathy überlegen, sich scheiden zu lassen, und er wollte die Perspektive einer Frau hören. Warum siehst du mich so an?«

»Ich sehe dich nicht anders an als sonst auch«, sagte ich.

»Ich kann es nicht fassen, dass du mir nicht glaubst. Ich und Steve? Ich bitte dich.«

»Ich habe nicht gesagt, dass ich dir nicht glaube.«

»Aber du hast es angedeutet.«

»Womit habe ich es angedeutet?«

Wir starrten uns sekundenlang an, ohne zu blinzeln.

»Warum bist du überhaupt hergekommen?«, sagte sie.

»Einfach so. Um dich zu überraschen«, sagte ich. »Ich dachte, wir könnten vielleicht zusammen Mittagspause machen.«

Sie lachte. »Sehr gerne.«

Wir gingen in einen Laden um die Ecke, kauften Salate und setzten uns auf Metallstühle in einer öffentlichen Anlage in der Nähe.

Nach etwas oberflächlichem Geplauder sagte Maria: »Also, was Steve angeht. Es ärgert ihn einfach, dass wir noch immer zusammen sind. Als er in den Nachrichten deine Geschichte hörte, meinte er, er müsse mich beschützen. Als ich ihm sagte, ich wolle an meiner Ehe arbeiten, war er dagegen. Also hat er mich im Büro aufgesucht.«

»Es geht ihn überhaupt nichts an«, sagte ich.

»Ich bin ganz deiner Meinung«, sagte Maria. »Das hatte ich gerade versucht, ihm klarzumachen, als du reinkamst. Deswegen hat er sich so komisch verhalten.«

Sie schien aufrichtig. Ich hatte keinen Grund anzunehmen, dass sie log.

»Entschuldige, wenn ich überreagiert habe«, sagte ich.

»Nicht nötig.« Sie nahm meine Hand. »Ich kann verstehen, warum du auf den Gedanken gekommen bist.«

»Nein. Ich habe dir definitiv etwas unterstellt, und das ist so frustrierend … Ich dachte, wir wären darüber hinweg.«

»Worüber?«

»Dieses Misstrauen«, sagte ich. »Lange Zeit stand es wirklich schlimm mit uns, ich glaube, das können wir uns beide ruhig eingestehen. Aber ich dachte, wir hätten die Vergangenheit hinter uns gelassen. Alles wäre jetzt wieder normal.«

»Ist es ja auch«, sagte sie. »Alles ist wieder normal.«

Sie ließ meine Hand los, und wir aßen unsere Salate auf.

***

»Ich mache mir Sorgen um Jonah«, flüsterte ich.

Ich hatte ihn gerade zugedeckt und mich zu Maria auf das Sofa gesetzt.

»Nicht nötig«, sagte Maria. »Er ist ein zufriedenes Kind.«

»Stimmt, er *scheint* ganz zufrieden, aber ich fürchte, dass er etwas zurückhält. Das tut er manchmal.«

»Er hat in den letzten Wochen viel durchgemacht«, sagte Maria. »Er war so aufgeregt, als er hörte, dass du nach Hause kommst. Wahrscheinlich erholt er sich gerade davon.«

»Wir sollten uns überlegen, ihn zu einem Therapeuten zu schicken«, sagte ich.

»Ich glaube nicht, dass das nötig ist«, antwortete Maria etwas barsch. Dann fuhr sie fort: »Aber wenn du dafür bist, bin ich auch dafür. Du bist ja sowieso eher ein Freund von Therapien als ich. Übrigens bin ich immer noch bereit, zu einer Eheberatung zu gehen, wenn du willst. Eigentlich finde ich es jetzt doch eine ziemlich gute Idee.«

»Ich versuche, mich morgen mal umzuhören«, sagte ich.

Maria schnappte sich die Fernbedienung. »Lass uns was Lustiges gucken«, sagte sie.

Sie schaltete den Fernseher ein und stieß auf *Anchorman – Die Legende von Ron Burgundy*. Der Film ging bereits seinem Ende zu, und wir sahen uns noch den verbleibenden Rest an – Maria lachte immer mal wieder, und ich saß abgelenkt und mit versteinertem Gesicht neben ihr.

Nach dem Film spähte Maria kurz in Jonahs Zimmer. »Schläft wie ein Murmeltier«, sagte sie und schaltete das Licht aus.

»Wir sollten ihn wecken, damit er sich noch die Zähne putzt«, sagte ich.

»Einmal nicht die Zähne putzen wird ihn schon nicht umbringen«, sagte Maria.

Ich kann mich nicht erinnern, wann sie ins Bett kam. Ich musste schon eingeschlafen sein.

22

Als am nächsten Morgen mein Handywecker klingelte, verspürte ich nicht die geringste Lust aufzustehen, denn heute war Anthonys Beerdigung.

Shawn, ein Bekannter von den AA, schickte mir über Facebook eine Einladung. Normalerweise wäre es eine Selbstverständlichkeit gewesen hinzugehen, zum Gedenken an einen guten Freund und um der Familie beizustehen – schließlich war ich jahrelang sein Sponsor gewesen –, doch es hätte mich in schreckliche Verlegenheit gebracht. Irgendwie hatte ich seinen Tod verdrängt. Soweit ich wusste, waren die Umstände seines Ablebens noch immer ungeklärt, aber trotzdem fühlte ich mich instinktiv verantwortlich. Auf der rationalen Ebene war mir klar, dass ich seinen Tod nicht verursacht hatte, es hätte auch bei der Arbeit an jedem anderen Fall passieren können, oder als er noch bei der Polizei war, aber das machte es für mich auch nicht besser.

Egal, ich wollte nicht mehr der Typ sein, der Verantwortung scheut und Situationen aus dem Weg geht, nur weil sie unangenehm sind. Diese Rolle hatte ich zu lange gespielt.

Ich wollte mich der Sache stellen und zog meinen dunkelsten Anzug an.

Die Beerdigung fand in Smithtown auf Long Island statt;

Shawn mietete einen Zip Car, und wir fuhren gemeinsam hin. Shawn, noch relativ jung, um die dreißig, war von Anthony gesponsert worden. Anscheinend wusste Shawn nicht, dass Anthony für mich tätig gewesen war, als er ums Leben kam, und ich klärte ihn auch nicht darüber auf.

Anthony war nicht besonders religiös gewesen, aber er stammte aus einer katholischen Familie. Shawn und ich traten an den offenen Sarg. Ich war beeindruckt von der Arbeit der Balsamierer, die es geschafft hatten, ein Mordopfer so erscheinen zu lassen, als sei es eines friedlichen Todes gestorben. Wir sprachen der Familie und Freunden unser Beileid aus. Ich erkannte einige bekannte Gesichter aus der AA-Gruppe – Maggie und zwei Männer, deren Namen ich nicht kannte –, doch die meisten Teilnehmer waren Fremde. Bei einigen Leuten hatte ich den Eindruck, dass sie Bullen waren, kein Wunder bei Anthonys früherem Dienst im NYPD. Einer von ihnen, ein untersetzter, aber nicht dicker Mann mit grauem Haar und grauem Schnäuzer, schien mich besonders zu mustern, als würde er mich von irgendwoher wiedererkennen. Ich sagte mir, das sei nur mein üblicher Verfolgungswahn, oder vielleicht kannte er mich von einem AA-Meeting, und ich hatte ihn vergessen.

Dann sah ich, wie er zu Anthonys Schwester ging und etwas zu ihr sagte. Seine Schwester hatte ich erst wenige Minuten zuvor kennengelernt, als ich ihr mein Beileid aussprach.

Shawn und ich hatten nicht vor, uns dem Trauerzug auf den Friedhof anzuschließen.

»Sollen wir fahren?«, fragte ich ihn.

»Ja«, sagte er. »Zehn Minuten?«

Ich unterhielt mich mit Shawn und Maggie, wir erzählten uns Anekdoten über Anthony, als jemand meinen Namen rief.

»Jack Harper?«

Anthonys Schwester kam auf uns zu, ihre Augen waren rot verheult, doch ihr Gesicht drückte eher Wut aus.

»Ja«, sagte ich.

»Ich habe Sie vorhin nicht zuordnen können. Wer hat Sie eingeladen?«

Sie sprach laut. Shawn und Maggie hörten mit, ebenso einige andere Leute in unmittelbarer Nähe.

Ich glaubte, ich hatte mich noch nie so geniert.

»Der Termin stand auf Facebook«, sagte ich. »Ich bin nur gekommen, um Ihnen –«

»Wenn ich Sie dabeihaben wollte, hätte ich Sie persönlich eingeladen!«

Ihre laute Stimme war in ein Kreischen übergegangen. Unser Publikum war noch größer geworden, fast die ganze Trauergemeinde hörte zu.

»Entschuldigung«, sagte ich. »Ich hatte nicht die Absicht –«

»Wenn Sie nicht gewesen wären, wäre Anthony noch am Leben.«

»Das ist nicht wahr.«

»Wieso soll das nicht wahr sein?«

Ich zögerte, dann setzte ich an: »Weil ich –«

»Er war mein Bruder, Arschloch! Jetzt ist er nicht mehr da. Er ist nicht mehr da!«

Der grauhaarige Mann kam und zog sie fort, dann stellten sich noch einige andere zwischen uns.

Ich konnte das Beerdigungsinstitut nicht schnell genug verlassen, und auch Shawn wollte unbedingt weg.

Als wir wieder in unserem Leihwagen saßen, war ich von meinen Gedanken abgelenkt und sagte erst mal nichts. Die Szene in dem Institut, vor versammelter Gemeinde angeschrien zu werden, kam mir wie ein absurdes Theaterstück vor. Ich war wie unter Schock.

Shawn, am Steuer, sagte ebenfalls nichts, bis wir am LaGuardia Airport vorbeifuhren, fast zurück in der Stadt waren.

»Warum hast du mir nicht gesagt, dass Anthony für dich gearbeitet hat?« Er hörte sich an, als würde er eine angestaute Wut herauslassen, als hätte er sich seit unserer Abfahrt in Smithtown überlegt, wie er das Thema zur Sprache bringen sollte.

»Er hat nicht für mich gearbeitet«, sagte ich.

»Also hast du ihn nicht engagiert?«

Aus irgendeinem Grund fühlte ich mich schuldig.

»Er hat mir einen Gefallen getan«, sagte ich.

»Warum hast du mir das nicht gesagt, Mann?«

»Ich weiß nicht«, sagte ich. »Ich dachte, es sei nicht wichtig.«

»Nicht wichtig? Zu wissen, wie mein Freund gestorben ist?«

»So habe ich es nicht gemeint«, sagte ich. »Jetzt hab dich nicht so, Mann.«

Shawn behielt seinen ernsten Gesichtsausdruck für den Rest der Fahrt bei.

Als er mich in der Nähe meiner Wohnung in Manhattan absetzte, herrschte immer noch Verlegenheit zwischen uns, und nachdem ich ausgestiegen war, fuhr er grußlos davon.

Zu Hause konnte ich meine Schuldgefühle nicht einfach so abschütteln. Vielleicht kamen sie daher, weil ich gelogen hatte, als ich Shawn sagte, ich hätte der Polizei alles erzählt, was ich wusste. Das stimmte nicht.

Ich hatte noch eine Stunde Zeit bis Schulschluss. Ich setzte mich auf eine Bank im Garten einer Kirche und recherchierte ein bisschen auf meinem Handy. Zuerst überprüfte ich die Anrufe und Textnachrichten der letzten beiden Wochen auf unserer Verizon-Rechnung, aber mir fiel nichts Ungewöhnliches auf. Dann überprüfte ich den Verlauf der Kreditkartenkonten und des Chase-Bankkontos, auch da nichts Ungewöhnliches.

Als ich Jonah endlich abholen konnte, hatten sich einige seiner Freunde und ihre Mütter zu Frozen Yoghurts bei 16 Handles verabredet. Ich fragte ihn, ob er nicht mitgehen möchte, doch er, noch immer in sich gekehrt und nicht ganz bei sich, wollte lieber nach Hause.

»Okay. Du musst nicht mitgehen, wenn du keine Lust dazu hast«, sagte ich, um ihm zu zeigen, dass ich seine Gefühle respektierte.

Zu Hause guckten wir gemeinsam fern.

Maria schickte eine SMS aus dem Büro: *Gehe einkaufen nach der Arbeit, brauchen wir Eier?*

Ich sah im Kühlschrank nach, der Eierkarton war noch fast voll.

Ich schrieb: *Nein, noch reichlich da.*

Sie antwortete: *Breche gleich auf. Halbe h zu Hause.*

Wieder auf dem Sofa, fragte Jonah mich: »Wann gucken wir *Rückkehr der Jedi-Ritter*?«

»Bald«, sagte ich.

Es tat gut zu sehen, dass Jonah sich auf etwas freute und seine gute Laune zurückgewann. Kinder sind doch ganz schön robust.

Einige Minuten später fiel mir ein, dass ich ein bestimmtes Konto vergessen hatte zu überprüfen – die Discover Card dazu benutzten wir nur selten.

Die Card steckte nicht in meinem Portemonnaie. Im Flurschrank stand eine kleine Aktenablage, in der wir wichtige Dokumente und Korrespondenz aufbewahrten. Dort, im Kreditkartenfach, fand ich meine Discover Card, die vor drei Jahren abgelaufen war. Eine Ersatzkarte hatte ich nie erhalten, deswegen hatte ich die alte vermutlich deaktiviert und dann nicht mehr daran gedacht, sie zu verlängern. Schon wollte ich die Sache ad acta legen, als ich beschloss, doch bei Discover anzurufen, um nachzufragen, ob mir eine neue Karte zugeschickt worden war.

Eine Zeitlang hing ich in der Warteschleife, dann nahm ein Mitarbeiter mit einem indischen Akzent das Gespräch an. Ich schilderte ihm die Situation, nannte ihm die Kartennummer und meinen Namen.

»Tut mir leid, Sir«, sagte er. »Aber Sie werden nicht mehr als Inhaber dieses Kontos geführt.«

»Was soll das heißen?«, sagte ich.

»Der einzige Nutzer dieses Kontos ist Maria Harper.«

»Das ist meine Frau, aber da muss ein Irrtum vorliegen«, sagte ich. »Das Konto lief auf beide Namen.«

Er bat mich um einen Moment Geduld. Dann kehrte er zurück und sagte: »Ihr Name wurde getilgt, Sir. Maria Harper ist die alleinige Kontoinhaberin, und sie hat Ihren Namen entfernen lassen.«

Das erschien mir abwegig, aber hatte es etwas zu bedeuten?

»Kann ich sonst noch etwas für Sie tun, Sir?«

»Nein danke«, sagte ich.

Ich würde Maria später nach dem Konto fragen, überlegte ich, oder jedenfalls bald. Doch dann hatte ich eine andere Idee. Mein Name war zwar entfernt worden, aber das musste nicht heißen, dass ich mich nicht einloggen konnte.

Ich rief Discover.com auf meinem Handy auf und versuchte, mich mit meinem alten Passwort einzuloggen, und tatsächlich erschienen alle relevanten Konteninformationen.

Ich staunte nicht schlecht – die Karte war häufig eingesetzt worden. Da Maria alle Rechnungen bezahlte, konnte ich auch sehen, wie leicht sie diese Ausgaben verbergen konnte. Hotel- und Restaurantrechnungen, Einkäufe bei Victoria's Secret und The Pink Pussycat, einem Sexshop im West Village.

Ich war entsetzt. War es ein Irrtum? Hatte ich Zugang zu einem falschen Konto erhalten?

Ich überprüfte die jüngsten Kontobewegungen, sieben insgesamt, alle innerhalb der vergangenen Wochen.

Sechs Buchungen lauteten auf »Business Services«, die siebte belief sich auf 159,96 Dollar bei Bloomingdale's.

Business Services? Ach, du Scheiße.

Eine Serviceleistung ging über 69 Dollar, vier über zwanzig, und die andere beliefen sich auf zehn Dollar.

Moment. 69 Dollar? Diese und alle anderen Buchungen lagen wenige Wochen zurück, etwa um die Zeit, als ich mich bei Discreet Hookups angemeldet hatte. War das ein Zufall?

Ich war viel zu überrascht, um die Konsequenzen abzuwägen. Ich ging online und checkte die Zahlungen über meine Visa Card, die ich für meine Mitgliedschaft bei Discreet Hookups benutzt hatte, und siehe da, dort standen 69 Dollar für ›Business Services‹, und weitere zwanzig oder zehn, wenn ich Guthaben erworben hatte.

Na gut, Maria hatte sich also auch auf Discreet Hookups umgetan, aber was hatte das zu bedeuten? Wollte sie mich überprüfen, mich ausspionieren? Aber warum hatte sie das geheim gehalten, besonders nachdem ich des Mordes verdächtigt worden war?

Die andere Buchung bei Bloomingdale's schien unerheblich.

Oder vielleicht doch nicht?

Ich überprüfte erneut die Umsätze auf dem Konto von Discover und sah, dass diese Buchung genau zwei Wochen zurücklag.

Der Tag, an dem Sophie Ward ermordet worden war.

23

Vielleicht war ich ja ein guter Verdränger, aber ich wollte nicht wieder voreilige Schlüsse ziehen. *Vielleicht gibt es eine einfache Erklärung für das alles, etwas, was ich nicht verstehe,* sagte ich mir immer wieder. Immerhin, noch vor einer Minute war ich fest davon überzeugt gewesen, unter Verfolgungswahn zu leiden, und ständig änderte ich meine Meinung, besonders in letzter Zeit.

Ich rief bei Bloomingdale's an. Es dauerte eine Weile, bis ich die zuständige Person am Apparat hatte, aber sie gab mir alle wichtigen Informationen.

Als Nächstes loggte ich mich bei Discreet Hookups ein. Meine Chats mit Fugitive Red waren alle noch da, und ich erstellte eine Chronik der Chats in einer Word-Datei.

»Hey.«

Maria stand in der Schlafzimmertür. Ich schloss sofort die Datei und kehrte zum regulären Desktop zurück. Ich glaube nicht, dass sie was bemerkt hatte.

»Hallo, wie geht's?«, fragte ich möglichst ungezwungen.

»Was machst du gerade?«, wollte sie wissen.

»Ach, nichts Besonderes«, sagte ich. »Ich habe mich nur mal nach Jobs umgeschaut.«

»Toll«, sagte sie. »Wie war die Beerdigung?«

Merkwürdige Frage. Wie sollten Beerdigungen schon sein?

»Traurig. Trostlos.«

»War sicher gut, dass du da warst. Ich habe Hühnchen und etwas Gemüse gekauft. Hast du Hunger?«

»Nein«, sagte ich. »Ich meine, ja, doch. Hört sich lecker an.«

Während des Abendessens konzentrierten wir uns ganz auf Jonah, was mir durchaus recht war. Mir ging so viel durch den Kopf, und im Gespräch mit Jonah fühlte ich mich wohler als mit Maria. Zwischendurch fiel mir auf, dass ich nicht genügend Augenkontakt mit Maria hatte. Ich musste verhindern, dass sie auf falsche Gedanken kam, also gab ich mir Mühe, sie immer wieder mal anzusehen.

»Ist irgendwas?«, fragte sie.

»Nein, wieso?«

»Du guckst mich immer so an.«

»Oh, entschuldige«, sagte ich. »Das habe ich gar nicht gemerkt.«

Als ich ihr half, den Tisch abzuräumen, kündigte ich an: »Ich glaube, ich gehe heute Abend zu einem AA-Meeting.«

»Gut.« Sie sah mich verführerisch an und biss sich verspielt auf die Unterlippe. »Ich helfe Jonah bei den Hausaufgaben, und wir treffen uns später … im Bett.«

Sie küsste mich. Instinktiv wollte ich zurückweichen, doch tat es nicht.

Allerdings hatte ich nicht vor, zu einem AA-Meeting zu gehen.

Stattdessen fuhr ich mit dem Taxi in die East 32nd Street, zu Lawrence Wards Townhouse. Davor stand ein »Zu verkaufen«-Schild von, richtig geraten, Wolf Realty. Ich musste unwillkürlich schmunzeln, obwohl mir überhaupt nicht danach zumute war. Ich ging ein paarmal den Häuserblock auf und ab, machte hier und da Fotos mit meinem iPhone. Dann ging ich zurück zum Townhouse und machte auch davon einige Fotos.

Zu Hause klickte ich auf meinem Laptop die Website von Verizon an und versuchte, mich in Marias Konto einzuloggen. Ich hatte damit gerechnet, dass es etwas dauern, vielleicht sogar unmöglich sein würde, ihr Passwort zu erraten, aber dann ging es doch recht schnell, denn es war ein Code, den sie häufig benutzte. Die Auflistung ihrer Anrufe schien zu bestätigen, dass ich in allen Punkten recht hatte.

Trotzdem, ich wollte es immer noch nicht glauben. Ich musste absolut sicher sein, und diese absolute Sicherheit konnte ich nur durch eins erreichen: ein Geständnis.

Als Maria später zu mir ins Bett kam, war mir die Lust auf Sex vergangen. Aber sie sollte natürlich auch keinen Verdacht schöpfen.

Wir lagen nebeneinander, küssten uns ein bisschen, dann legte sie sich auf mich, küsste mich noch intensiver, aber es erregte mich überhaupt nicht. Würde jetzt die typische Kampf- oder-Flucht-Reaktion einsetzen?

»Ich bin müde«, sagte ich. »Ich bin früh aufgestanden, und der Tag war ziemlich lang.«

Nach längerem Schweigen sagte sie: »Du findest mich doch sexy, oder nicht?«

»Natürlich finde ich dich sexy«, sagte ich.

»Entschuldige«, sagte sie. »Ich weiß, dass es in solchen

Situationen das Schlimmste ist, es persönlich zu nehmen, also nehme ich es nicht persönlich.«

Wir schliefen so ein wie meistens in unserer Ehe – Rücken an Rücken.

***

Obwohl ich die halbe Nacht nicht geschlafen hatte, wachte ich voller Tatendrang auf, ganz fixiert auf das, was ich zu tun hatte.

Ich brachte Jonah zur Schule und bereitete mich den restlichen Tag über auf das Gespräch mit Maria vor. Jonah sollte sich dabei nicht in unserer Wohnung aufhalten, deswegen fragte ich Carly, ob ich ihn für ein paar Stunden in der Wohnung ihrer Eltern abliefern durfte. Carly musste für eine Prüfung lernen, doch als ich ihr noch hundert Dollar extra anbot, hatte sie plötzlich frei.

»Ich kann auch den ganzen Abend auf ihn aufpassen, wenn Sie wollen«, sagte sie.

Ich sagte ihr, dass mir zwei Stunden reichten.

Nach der Schule saß Jonah auf seinem Bett und spielte ein Videospiel.

»Komm«, sagte ich. »Zieh dir die Schuhe an. Ich bringe dich zu Carly.«

Überrascht, vielleicht sogar ängstlich, fragte er: »Warum?«

»Weil Mommy und Daddy mal ein bisschen Zeit für sich haben wollen, deswegen.«

»Aber ich will nicht.«

»Es bleibt dir keine Wahl.«

Auf keinen Fall wollte ich Jonah die nächste Runde im

elterlichen Drama zumuten, schon weil ich keine Ahnung hatte, wie mein Gespräch mit Maria verlaufen würde.

Nachdem ich ihn bei Carly in der sechzehnten Etage abgegeben hatte, kehrte ich in unsere Wohnung zurück und wartete auf Maria. Ich schaltete die Aufnahmefunktion auf meinem Handy ein und legte es auf den Esstisch.

Als Maria kam, beladen mit zwei Einkaufstüten von Whole Foods, sagte sie: »Kannst du mir bitte helfen, sie sind schwer.«

Ich nahm ihr die Tüten ab und brachte sie in die Küche.

»Wahrscheinlich habe ich zu viel eingekauft, aber ich möchte wieder öfter zu Hause kochen«, sagte sie. Dann schaute sie an mir vorbei ins Wohnzimmer. »Ist Jonah nicht da?«

»Nein. Ich habe ihn zu Carly gebracht.«

»Zu Carly?«, sagte sie verwirrt. »Warum?«

»Ich dachte, es wäre ganz schön, etwas Zeit nur für uns allein zu haben«, sagte ich. »Zum Reden und so.«

Maria schien skeptisch, als nähme sie mir diesen Wunsch nicht ganz ab und als stecke dahinter noch eine andere geheime Absicht.

»Hm. Zum Reden?«, sagte sie. »Worüber möchtest du denn reden?«

Vermutete sie, dass ich sie in Verdacht hatte? Würde sie mich zur Rede stellen, wenn der ganze Sinn dieser Veranstaltung darin bestand, dass ich eine Chance erhielt, sie zur Rede zu stellen?

»Nichts Besonderes«, sagte ich.

»Worüber?«, hakte sie nach, als sie Milch und Joghurt in den Kühlschrank stellte.

»Dafür sollten wir uns lieber hinsetzen«, sagte ich.

»Du machst es aber spannend«, sagte sie. »Muss ich mir Sorgen machen?«

»Vielleicht«, sagte ich.

Ich setzte mich auf das Sofa und wartete, bis sie auch die Tiefkühlkost eingeräumt hatte. Dann setzte sie sich neben mich.

»Jonah ist nicht da. Seit du aus dem Bellevue zurück bist, hatten wir die Wohnung nicht mehr allein für uns«, sagte sie und legte eine Hand auf meinen Oberschenkel. »Sollen wir unsere Unterhaltung ins Bett verlegen?«

Ich schob ihre Hand beiseite.

»Was ist los mit dir?«, fragte sie.

»Eine ganze Menge«, sagte ich.

»Geht es dir gut?«

»Der Abend, an dem Sophie Ward ermordet wurde«, sagte ich. »Wo warst du da?«

Ich hatte nicht vorgehabt, mit der Frage herauszuplatzen, aber zurücknehmen konnte ich sie jetzt auch nicht mehr.

»Verstehe ich nicht«, sagte Maria, eher erstaunt als geschockt. »Warum fragst du mich das?«

»Wir haben einfach nie darüber gesprochen, deswegen«, sagte ich. »Ich habe mich gefragt, wo du an dem Abend warst.«

»Warum willst du –«, setzte sie an, hielt inne und sagte dann: »Moment. Du glaubst doch nicht, dass ich etwas damit zu tun habe, oder?«

Ich antwortete nicht.

»Das ist ein Witz, ja?«, sagte sie. »Ein schlechter Scherz. Das meinst du doch nicht ernst.«

»Ich habe heute Abend mit Carly gesprochen, als ich Jonah vorbeibrachte«, sagte ich. »Sie hat gesagt, in der Nacht, als Sophie ermordet wurde, habest du sie gebeten, für ein paar Stunden auf Jonah aufzupassen.«

»Ich hatte hier im Viertel einige Sachen zu erledigen«, sagte Maria. »Ich kann nicht glauben, dass du tatsächlich –«

»Du hattest Sex mit Lawrence Ward«, sagte ich.

Die pure Angst sprach aus ihr, als sie sagte: »Das ist doch lächerlich.«

»Ich habe die Liste der Anrufe auf der Seite von Verizon eingesehen«, sagte ich. »Ich habe eine Weile gebraucht, um auf dein Passwort zu kommen. Ich wusste nur, dass es wahrscheinlich eine Variante des Mädchennamens deiner Mutter ist.«

»Ich verstehe das nicht«, sagte sie. »Warum du versuchst, dir eine Geschichte zurechtzulegen, wo doch gerade alles so gut läuft.«

»Ich habe Beweise«, sagte ich. »Dutzende Anrufe an ihn.«

»Lawrence Ward war ein Kunde meiner Firma. Wir haben über Geschäftliches gesprochen.«

»Erwartest du im Ernst, dass ich das glaube? Dass er ein Kunde von dir war und seine Frau zum Schluss zufällig tot? Einfach so?«

»Das hatte überhaupt nichts mit mir zu tun.«

Für einen Moment dachte ich: *War es möglich? Sah ich Gespenster?*

Unglaublich, wie sie es immer wieder schaffte, dass ich an der Realität zweifelte und meinen Instinkten nicht traute.

»Mach endlich Schluss mit dieser ständigen Grübelei«, sagte sie. »Wir wollen doch unser Leben weiterleben.«

Wieder versuchte sie, meine Hand zu ergreifen.

Ich stand auf. »Hör auf damit. Ich weiß alles. Deswegen hast du mich wieder aufgenommen. Vergebung? Scheiß drauf! Du wolltest nur sicher sein, dass Lawrence mir nichts über dich verraten hatte, bevor er starb. Deswegen sollte *deine* Anwältin dabei sein, als ich Barascos Fragen beantwortete. Was wäre, wenn Lawrence mir doch etwas gesagt hätte? Was hättest du dann gemacht?«

»Weißt du was?«, sagte Maria. »Ich finde, du solltest deine Psychiaterin im Bellevue anrufen und ihr diese Symptome schildern. Du verhältst dich extrem paranoid, Jack.«

»Mir sind auch einige Abbuchungen aufgefallen«, sagte ich. »Von unserem Discover Konto – das heißt, früher war es mal unseres. Ich weiß, dass du auf der Seite von Discreet Hookups warst, so wie ich. Zuerst dachte ich, du wolltest mir nur nachspionieren, aber es gab noch einen anderen Posten auf derselben Karte über hundertneunundfünfzig Dollar und sechsundneunzig Cents. Die Überweisung erfolgte um fünfzehn Uhr achtunddreißig, an dem Tag, als Sophie ermordet wurde.«

Marias Blick besagte, dass sie diese Information gründlich verarbeitete, aber dann sagte sie nur: »Ich habe keine Ahnung, worauf du hinauswillst.«

»Was hast du an dem Tag bei Bloomingdale's gekauft?«, fragte ich sie.

»Hm, ich glaube, eine Bluse«, sagte sie.

»Glaubst du?«

»Doch ja, ich habe eine Bluse gekauft. Ich weiß nicht, warum ich mit dieser Karte bezahlt habe. Vielleicht Zufall. Warum? Was macht das schon aus?«

»Ich finde den Betrag merkwürdig«, sagte ich. »Sechsundneunzig Cents.«

»Was soll an sechsundneunzig Cents merkwürdig sein?«

»Hättest du nur einen Artikel gekauft, zum Beispiel eine Bluse, hätte der Preis mit neunundneunzig Cents geendet. Die sechs deutet darauf hin, dass du vier Artikel gekauft hast. Im Bundesstaat New York wird pro Bekleidungsartikel unter hundertzehn Dollar keine Mehrwertsteuer erhoben.«

»Jetzt drehst du völlig durch, Jack. Vielleicht solltest du dir doch was verschreiben lassen.«

Ich wandte meinen Blick nicht von ihr ab.

»Es ist doch völlig egal, was ich gekauft habe«, sagte sie. »Was hat das zu tun mit –«

»Einhundertneunundfünfzig Dollar und sechsundneunzig Cents ist der Preis für vier Krawatten, wenn jede Krawatte neununddreißig Dollar und neunundneunzig Cents gekostet hat. Wie gesagt, in New York State gibt es keine Mehrwertsteuer auf Artikel in dieser Preisklasse.«

»Ich rufe das Bellevue Hospital an«, sagte sie. »Jetzt sofort.«

Ich riss ihr das Telefon aus der Hand.

»Hey, gib mir das Handy wieder«, sagte sie.

»Du bist an demselben Tag zu dem Townhouse gegangen wie ich. Man kann alle Überwachungskameras in der Straße austricksen, wenn man im Zickzack läuft, und das hast du gemacht. Was im Haus selbst geschehen ist, weiß ich nicht, aber ich vermute, dass du Sophie dort angetroffen hast, ihr erst mit einer Vase einen tödlichen Schlag auf den Kopf versetzt und ihr dann eine Krawatte um den Hals gebunden hast. Die anderen Krawatten hast du in ihre Tasche gesteckt, damit es so aussieht, als hätte sie sie gekauft. Danach bist du den gleichen Weg zurückgegangen. Wahrscheinlich alles wenige Minuten bevor ich kam. Natürlich hast du genau gewusst, wann ich dort eintreffen würde, denn du bist Fugitive Red.«

Ich beobachtete ihre Reaktion. Ihr überhebliches Grinsen bestätigte mir, dass ich recht hatte.

»Es fing an dem Abend an, als ich zu einem kleinen Spaziergang aufbrach und meinen Laptop offen stehen ließ«, fuhr ich fort. »Du hast gedacht, ich würde dich betrügen, und obwohl du selbst eine Betrügerin bist, hast du dich gefühlt, als hätte ich dich verraten. Ich weiß, wie du tickst. In dem Moment hast du deinen Plan gefasst, vielleicht gemeinsam mit Lawrence. Es war die perfekte Methode, um seine Frau loszuwerden, damit ihr beide zusammen sein könnt. Und als Bonus konntest du den Mord mir anhängen. Dazu brauchtest du nur *Fugitve Red* zu werden. Ich muss zugeben, es ist dir gelungen, mich einzuwickeln. Ich hatte keinen blassen Schimmer, dass ich die ganzen Nächte mit meiner Frau gechattet habe, aber rückblickend ergibt alles einen Sinn. Du warst nie im selben Raum, wenn ich im Internet war, und wer außer dir wüsste besser, wie man sich zu meinem perfekten Spiegelbild macht. Es war wie damals, als wir uns kennenlernten und du plötzlich auf Rockmusik abgefahren bist und mein größter Fan wurdest. Im Chat hast du mich zu immer gewagteren Äußerungen hingerissen. Aber ich mache dir keine Vorwürfe, eher gebe ich mir selbst die Schuld. Ich bin derjenige, der darauf hereingefallen ist. Ich hatte tatsächlich geglaubt, dass es zwischen mir und Sophie eine Verbindung gibt, aber das Gleiche hatte ich ja auch einmal bei dir gedacht. Aber darum geht es ja wohl, oder? Ich war wie maßgeschneidert für deinen Plan, denn du wusstest im Voraus, wie du mich manipulieren kannst.

Während der Chatsitzungen habe ich wirklich geglaubt, ich hätte meine Traumfrau gefunden, so wie ich dich damals gefunden habe. Der Name ›Fugitive Red‹ hätte mir eine Warnung sein sollen. Vor lauter Aufregung, eine Gleichgesinnte gefunden zu haben, bei der ich mich von meiner beschissenen Ehe erholen konnte, habe ich die Signale übersehen. Du wusstest, dass ich den Artikel in der *New York Times* gelesen hatte. Ich sollte denken: ›Wow, wir beide lieben van Gogh, wir sind Seelenverwandte.‹ – ›Liebe verblasst‹ – du kennst meine Schwachstellen, Maria. Ich war der Angeschmierte, ganz klar. Die ganze Zeit, in der ich meine Frau betrogen habe, habe ich sie in Wirklichkeit *mit* meiner Frau betrogen. Du hast genau gewusst, wie du mich mit Worten aufgeilen kannst, indem du über die Sachen geredet hast, die du mit mir nie machen wolltest. Wer eignet sich besser zu meiner Traumfrau als die, die mich am besten kennt?«

Maria hatte sich während meines Monologs vom Sofa erhoben. Sie stand mir gegenüber, sah mich mit großen leeren Augen an. Mir war dieser Blick im Laufe der Jahre immer wieder mal aufgefallen, meistens, wenn ich sie für etwas kritisiert hatte und sie sich gekränkt fühlte. Als würde sie eine Maske fallen lassen; ihr Charme verflog, und plötzlich zeigte sie einem ihr wahres Gesicht. Das allerdings hatte ich jahrelang nicht wahrhaben wollen. Ich wollte, dass sie die Frau war, in die ich mich verliebt hatte – ich wollte an die Maske glauben.

Leider war die Maske nur ein Phantasiegebilde, ebenso unwirklich wie Fugitive Red.

Maria lachte kopfschüttelnd. »Du hast es verdient.«

Obwohl ich schon vorher erlebt hatte, wie Maria ihre Maske fallen ließ, erschreckte mich doch ihre Kälte.

»Inwiefern verdient?«, fragte ich.

»Denkst du vielleicht, es ist leicht, mit dir verheiratet zu sein?« Sie lachte wieder, nur ihre Augen blieben ausdruckslos. »Wo wärst du denn ohne mich? All die Jahre, die ich dich durchfüttern musste, weil deine blöde Karriere im Musikgeschäft nichts gebracht hat. Wenn ich nicht gewesen wäre, würdest du deine Zeit heute noch als gescheiterter Musiker verschwenden. Dazu deine Sauferei. Wenn du getrunken hast, ging überhaupt nichts mehr. Und du glaubst, *ich* hätte Probleme? Du warst so egoistisch, du hast mich jahrelang nicht mal wahrgenommen. Und das eine Mal, als du dich betrunken mit dem Clubmanager geprügelt hast. Wer hat dir da aus der Patsche geholfen? Ich.«

»Du hältst dich wohl für ein großes Opfer, ja?«, sagte ich.

»Allerdings, ich bin das Opfer«, sagte sie. »Und deswegen blieb mir gar nichts anderes übrig, als mich mit Lawrence Ward und den anderen Männern einzulassen.«

Es war ein Schlag in die Magengrube. »Andere Männer?«

»Denkst du etwa, Lawrence war der Erste? Wie kann man nur so naiv sein? Ich hatte im Lauf der Jahre Dutzende Männer. Sogar als wir heirateten, hatte ich eine Affäre mit zwei anderen Männern. Na, wie fühlst sich das an?«

»Du kannst einem leidtun«, sagte ich.

»Quatsch«, sagte sie. »Ich sehe dir doch an, wie es dich

kränkt. Wunderbar, das ist mir eine Genugtuung. Witzig, wie fixiert du auf Steve warst. Auch so ein Idiot, der glaubt, ich sei verliebt in ihn.«

So boshaft hatte ich Maria in all den Jahren nicht erlebt. Ich starrte sie an und sagte: »Ich habe immer gewusst, dass du eine Narzisstin bist, aber ich hatte keine Ahnung, dass ich mit einer Irren verheiratet bin.«

Ihre Augen waren tot.

»Ich habe nie behauptet, ein netter Mensch zu sein.« Sie ließ das für einige Sekunden in der Schwebe, wieder mit ihrem überheblichen Grinsen, dann ergänzte sie: »Ja, es stimmt, ich und Lawrence hatten was am Laufen – über Jahre, und du warst völlig ahnungslos. Lawrence hat seine Frau gehasst, und ich habe dich gehasst. Schon in dieser Hinsicht waren wir wie geschaffen füreinander. Wir mussten nur einen Weg finden, zusammen zu sein. Für mich wäre es leicht gewesen, dich loszuwerden, weil du ganz sicher eine Scheidung begrüßt hättest. Das Problem war Sophie. Lawrence und sie hatten keinen Ehevertrag geschlossen, er hätte also die Hälfte seines Geldes verloren und alles, was er ihr verdankte. Er hatte überlegt, sie umzubringen, aber er wusste nicht, wie er ungestraft davonkommen sollte.

An dem besagten Abend schließlich sah ich deinen Laptop mit der geöffneten Dating-Seite. Du bist unzufrieden und agierst drauflos – wenn nicht mit Alkohol, dann mit was anderem. Typisch Jack Harper. Aber ich wusste, dass ich unerwartet auf die perfekte Lösung für unser Problem gestoßen war. Ich schrieb Lawrence sofort eine SMS, und wir überlegten uns einen Plan. Er würde seine Frau loswerden und könnte all sein Geld behalten, und ich hätte dich endlich vom Hals. Genial. Ich brauchte mich nur in Fugitive Red zu verwandeln.«

»Du gibst es also zu«, sagte ich. »Du hast Sophie Ward umgebracht?«

»Ich tat, was ich tun musste.«

Ich konnte nur hoffen, dass mein Handy alles aufnahm.

»Außerdem bist du selbst schuld«, sagte sie. »Du warst so leichtsinnig, ein Foto, das ich von dir gemacht habe, auf eine Seite für Betrüger zu posten. Ernsthaft, welcher Mann macht so etwas? Nur ein Kranker. Und als ich dich gefragt habe, ob du deine Frau noch liebst, und du hast ›nein‹ geantwortet – das hat ganz schön weh getan. Es hat mir gezeigt, dass du dich längst aus der Ehe verabschiedet hast.«

»Wozu das alles? Du hast eine Frau umgebracht und mir eine Falle gestellt. Zu welchem Zweck?«, sagte ich. »Nur um sich an mir zu rächen, für etwas, was ich dir nicht angetan habe?«

»Dir dein Leben zu versauen war nur eine Zugabe«, sagte Maria. »Wir wussten, dass die Polizei die Protokolle deiner Chats mit Fugitive Red finden würde. Damit hätte sich leicht beweisen lassen, was es dir für eine Freude bereitet hat, mich zu betrügen. Doch beinahe hätten wir unseren Plan noch aufgeben müssen, als du vor dem Treffen telefonieren wolltest. Ich hätte versuchen können, meine Stimme zu verstellen, aber das erschien uns zu riskant. Zum Glück konnte ich dir die Idee ausreden.«

»Eine Sache verstehe ich noch nicht«, sagte ich. »Sophies Kleidung. Sie trug ein Negligé, als ich sie im Townhouse fand. Wenn in Wirklichkeit du die ganze Zeit hinter Fugitive Red gesteckt hast, warum hätte dann die echte Sophie sich so etwas angezogen? Warum hätte sie sich überhaupt in dem Townhouse aufgehalten?«

»Sie dachte, sie würde da ihren Mann treffen. Das gehörte zu unserem Plan. Lawrence hatte sie davon überzeugt, dass er sich mit ihr versöhnen wolle, und ihr gesagt, sie solle dort auf ihn warten. Er konnte unglaublich charmant sein, wenn er wollte. Auch das hatten wir wohl gemein.«

»Und Anthony?«, fragte ich.

»Das war nun absolut deine Schuld.«

»*Meine* Schuld?«

»Wessen sonst? Wenn du den Kerl nicht engagiert hättest, wäre er jetzt nicht tot. Lawrence musste ihn beseitigen, bevor er zur Polizei ging.«

»Er war nicht *irgendein* Kerl«, sagte ich. »Er war ein *feiner* Kerl. Er war mein Freund.«

»Ein Drogenabhängiger, der im Gefängnis gesessen hat.«

»Und das rechtfertigt seine Ermordung?«

»Musst du gerade sagen. Du hast Lawrence getötet. Und *der* war nun wirklich ein feiner Kerl.«

»Ja, ein feiner Kerl, der plante, seine Frau umzubringen.«

»Du übernimmst wohl für gar nichts Verantwortung, was?«, sagte Maria. »Aber das war noch nie deine Stärke.«

»Anthony hatte eine Familie.« Meine Stimme bebte. »Eine Familie, die ihn geliebt hat.«

Bevor ich reagieren konnte, schnappte sie sich mein Handy.

»Hey«, sagte ich.

»Hältst du mich für blöd?«, sagte sie. »Denkst du, ich hätte nicht gewusst, dass du alles aufnimmst? Es war mir klar, dass was im Busch war, als du Jonah nach oben zu Carly geschickt hast. Vielleicht bin ich für dich nur das nichtsahnende Frauchen, das du seit Jahren ignorierst und dann versucht hast zu betrügen. Wie herzlos. Du hast gedacht, du bist clever, schnüffelst heimlich rum, aber machen wir uns nichts vor, Jack, du warst immer mindestens zwei Schritte hinter mir.«

Ich holte noch mal nach dem Handy aus, doch sie wich zurück, und ich griff ins Leere.

Sie sah auf das Handydisplay. »Ja, genau wie ich mir gedacht hatte.«

Sie stand neben dem offenen Wohnzimmerfenster. Ich wusste, was sie vorhatte, doch es war zu spät, um zu reagieren.

»Nein!«, schrie ich, als sie mein Handy aus dem Fenster warf.

Wir wohnten in der zwölften Etage, das Handy würde in tausend Teile zerspringen. Nach ihrem hämischen Grinsen zu urteilen, war es ihre geringste Sorge, dass das Handy einem Passanten auf den Kopf fallen, ihn verletzen oder gar töten könnte.

»Jetzt steht dein Wort gegen meins«, sagte Maria. »Und wem, meinst du, wird die Polizei glauben? Einer verantwortungsbewussten, berufstätigen Frau oder einem arbeitslosen psychisch Kranken?«

Während sie näher trat, wechselte ihre Miene von verzerrt zu verführerisch.

»Aber keine Sorge, Jack, ich bin nicht sauer auf dich. Ich weiß, dass du in letzter Zeit großem Druck ausgesetzt warst, und natürlich ist mir deine Vorgeschichte bekannt, dein Hang zu Fehlentscheidungen. Ich verstehe, dass du dich schämst für das ganze Durcheinander, das du verursacht hast. Aber ich bin bereit, zu vergeben und zu verzeihen, wenn du willst.«

Sie küsste mich, schob mir ihre Zunge in den Mund.

Dann wich sie zurück und sagte: »Wir verstehen uns doch jetzt supergut. Wir haben eine schwere Zeit durchgemacht, aber wir haben sie überstanden. Na komm, denk an all die positiven Aspekte. Wir haben Jonah, wir haben uns, und wir haben Geld. Geld war immer ein großer Streitpunkt zwischen uns. Wir können eine Anzahlung auf eine Wohnung machen, reisen, wohin wir wollen. Wie wäre es mit Paris? Venedig? Urlaub, Entspannen, genau das, was wir brauchen. Zum Beispiel an Weihnachten. Jonah geben wir bei Freunden ab, und wir gönnen uns eine Woche nur für uns. Tagsüber romantische Spaziergänge, abends ficken. Ich weiß, dass dir das gefallen würde, Jack.«

Sie ging vor mir in die Hocke und schnallte meinen Gürtel auf. Als sie meine Jeans aufknöpfte, rammte ich ihr mein Knie ins Gesicht. Sie kippte hintenüber auf den Rücken.

»Bleib weg!«, sagte ich.

Obwohl ihre Nase blutete, machte Maria auf mich keinen sonderlich verdutzten Eindruck, wenn überhaupt, dann wirkte sie zufrieden.

Wieder auf den Knien, sagte sie lächelnd, während Blut über ihre Lippen rann: »Glaubst du vielleicht, es würde deine Situation verbessern, wenn du mich verprügelst?«

»Ich habe dich nicht verprügelt.«

»Danach sieht es aber aus. Ich sage der Polizei einfach, dass du ausgerastet bist, mich übel beschimpft hast. Und die liefert dich gleich wieder ins Bellevue ein, und diesmal kommst du nicht so schnell wieder raus.«

Leider hatte sie recht.

»Und ich sage, was du getan hast. Ich habe Beweise.«

»Was denn für Beweise? Eine Kreditkartenabrechnung? Eine Telefonrechnung? Was sollen die schon *beweisen*?«

»Ich besorge noch mehr Beweise«, sagte ich. »Die Polizei wird noch mehr Beweise finden, wenn ich ihr sage, wo sie suchen soll.«

»Die Polizei wird dir nicht glauben.« Maria war wieder auf den Beinen, Blut lief ihr übers Kinn. »Du bist keine zuverlässige Person, Jack. Warst du noch nie. Du bist ein gewalttätiger Alkoholiker mit Vorstrafenregister. Du hast versucht, deinen Sohn aus der Schule zu entführen.«

»Du verdrehst schon wieder die Wahrheit«, sagte ich. »Du bist hier verrückt, nicht ich.«

»Mich werden alle für die liebende, treusorgende Ehefrau halten, das Opfer.«

»Du bist ein Monster.«

Sie kam erneut auf mich zu. »Du hast einen Menschen getötet, Jack.«

»Das war Notwehr.«

»Töten ist Töten«, sagte sie. »Guck dich doch an, Jack. Du bist ein gewalttätiger Mann. Du hast es heute Abend erneut bewiesen. Du hast deine arme Frau misshandelt und geschlagen. Bei deinem Strafregister und deiner psychischen Verfassung macht sich das nicht gut.« Sie stand so dicht vor mir, dass sich unsere Nasenspitzen fast berührten. »Es hat dir gefallen, dir mein Geständnis anzuhören. Das habe ich gemerkt – es hat dich angetörnt. So wie dich unsere Chats angetörnt haben, als du gedacht hast, ich sei Fugitive Red. Du hast eine dunkle, sadistische Seite, Jack. Du versuchst, sie zu verbergen, aber in Wahrheit bist du genau wie ich.«

»Ich bin nicht wie du«, sagte ich. »Gott sei Dank.«

Ich kehrte ihr den Rücken zu und ging in die Küche.

Schwerer Fehler.

Ich spürte keinen Schmerz.

Nur den Schlag auf meinen Kopf, bevor alles schwarz wurde.

24

Der Schmerz setzte erst ein, als ich die Augen aufschlug. Mein Kopf tat höllisch weh. Mir war schwindelig und übel, und ich hatte keine Ahnung, wo ich mich befand.

Dann erkannte ich den Herd und den Kühlschrank wieder, und mir wurde klar, dass ich auf dem Küchenboden lag. Ein korpulenter Polizeibeamter kniete vor mir und stellte Fragen, die ich nicht verstand.

Ich versuchte zu sprechen, aber fand keine Worte.

»Es ist Ihnen nichts passiert«, sagte er, »aber Sie müssen ruhig liegen bleiben.«

»Ma…, Ma…,«, stotterte ich.

»Was?«, fragte er.

»Ma… Ma… Maria.«

»Wer ist Maria?«

»Ma…, mei… meine Frau. Wo ist sie?«

»Wir werden Ihre Frau finden, okay.«

Ich versuchte aufzustehen, doch er hielt mich zurück.

»Jetzt mal langsam! Sie dürfen sich nicht bewegen, ehe der Notarzt da ist und Sie untersucht hat. Aber Sie sind bei Bewusstsein, und Sie können sprechen – das sind schon mal gute Zeichen.«

Ich erkannte Hector, den Hausmeister, im Flur, vermutlich hatte er die Polizei in die Wohnung gelassen.

»Haben Sie meine Frau gesehen?«, fragte ich ihn.

»Der Doorman hat beobachtet, wie sie das Haus verlassen hat«, sagte er. »Sie blutete, deswegen hat er die Polizei gerufen.«

»Sie müssen sie finden«, sagte ich zu dem Polizisten. »Sie ist gefährlich.«

»Hat Ihre Frau Ihnen das angetan?«

»Ja«, sagte ich. »Und sie hat eine Frau getötet, Sophie Ward.«

»Der Mordfall Downtown?«, sagte er.

»Ja«, sagte ich. »Das war sie. Ich habe Beweise, und … Bitte rufen Sie Detective Nick Barasco an, und sagen Sie ihm, was los ist.«

»Keine Sorge, wir werden der Sache auf den Grund gehen.«

Dann kam mir ein furchtbarer Gedanke.

»Mein Sohn«, sagte ich. »Ich muss meinen Sohn holen.«

Wieder versuchte ich aufzustehen, doch er hielt mich noch immer zurück.

»Wo ist Ihr Sohn?«, fragte der Polizeibeamte. »Ist Ihr Sohn in der Wohnung?«

»Nein … Babysitter«, presste ich hervor. »Oben.«

Ich nannte ihm Carlys Apartmentnummer.

»Wir sorgen dafür, dass ihm nichts passiert«, sagte der Polizist.

»War meine Frau allein, als sie aus dem Haus ging?«, fragte ich.

»Das weiß ich nicht«, sagte Hector.

»Sie müssen das nachprüfen«, sagte ich. »Bitte.«

»Meine Kollegin ist unten in der Lobby, sie wird jeden

Moment mit dem Rettungsdienst hier sein. Dann sage ich ihr, sie möchte nach Ihrem Sohn schauen, ja?«

»Lassen Sie mich wenigstens den Babysitter anrufen.«

»Sie dürfen sich nicht bewegen«, sagte der Polizeibeamte. »Das kann gefährlich für Sie sein. Der Arzt muss Sie erst untersuchen.«

»Würden *Sie* sie für mich anrufen?«, fragte ich.

Der Rettungsdienst kam, zusammen mit der Polizeibeamtin.

»Kannst du bitte nach seinem Sohn schauen«, sagte der Polizeibeamte.

Er gab ihr die Apartmentnummer, und sie ging. Mein Puls raste, und ich stellte mir das Schlimmste vor – Maria hatte ihn mitgenommen oder ihn gar umgebracht. Wer weiß, wozu diese Frau fähig war.

Ein paar Minuten später kehrte sie zurück. »Ihrem Sohn geht es gut.«

»Gott sei Dank«, sagte ich. »Aber er darf nicht allein gelassen werden. Meine Frau könnte zurückkommen und ihn holen.«

»Okay. Aber versuchen Sie, ruhig zu bleiben«, sagte der Polizeibeamte.

»Wenn ich es Ihnen doch sage. Sie ist gefährlich. Sie müssen sie finden. Rufen Sie Nick Barasco an.«

»Vorerst bleiben Sie ruhig liegen und tun, was ich Ihnen sage«, wiederholte der Polizeibeamte. »Haben Sie mich verstanden?«

Obwohl ich keine lebensbedrohlichen Verletzungen hatte, meinte der Sanitäter, dass ich zur Beobachtung ins Krankenhaus müsse, dass ich möglicherweise eine Gehirnerschütterung hätte. Ich konnte die Wohnung zu Fuß verlassen, an der Seite der beiden Polizisten und dem Rettungssanitäter.

In der Eingangshalle warteten schon Reporter und andere Nachrichtenteams, auch einige Hausbewohner hatten sich versammelt. Ein paar Reporter riefen Fragen, doch ich überhörte sie. Es war demütigend, und ich schaute stur geradeaus, sah niemanden an. Die meisten Nachbarn kannten meine Geschichte aus den Nachrichten, wussten, dass ich im Bellevue gewesen war, wahrscheinlich hielten sie mich sowieso für verrückt.

Im Mount Sinai Hospital kam, nachdem mich ein Arzt untersucht hatte, eine Schwester in mein Zimmer.

»Kann ich meinen Sohn anrufen?«, fragte ich sie.

»Selbstverständlich«, sagte sie.

Sie lieh mir ihr Handy aus, und ich rief bei Carly zu Hause an. Ihr Vater kam an den Apparat. Ich fragte ihn, ob Jonah über Nacht bleiben könne.

»Klar«, sagte er. »Was ist denn nun eigentlich passiert? Ich habe gehört, die Polizei sei in Ihrer Wohnung gewesen.«

Ich wollte ihm keinen unnötigen Schrecken einjagen und ihn glauben machen, er befinde sich in Gefahr.

»Es wird alles gut«, sagte ich. »Tun Sie mir bitte nur einen Gefallen. Falls Maria anruft oder zu Ihnen kommt, dann lassen sie Sie auf keinen Fall in die Wohnung oder in die Nähe von Jonah. Rufen Sie gleich die Polizei.«

»Okay«, sagte er. »Aber warum?«

»Sie ist im Moment etwas, nun ja, instabil. Absolut nichts Besorgniserregendes, es ist nur eine Vorsichtsmaßnahme. Ich bin Ihnen wirklich sehr dankbar, dass Sie auf Jonah aufpassen. Kann ich ihn mal sprechen?«

»Natürlich.«

Ich wartete einige Sekunden.

»Hi, Daddy.«

»Die Worte, die ich am liebsten höre«, sagte ich. »Wie geht es dir?«

»Wann holst du mich ab?«

»Sobald ich kann, aber wahrscheinlich nicht vor morgen.«

»Kann Mummy mich nicht abholen?«

»Nein, sie kann auch nicht.«

Detective Barasco betrat das Zimmer.

»Hey, ich muss auflegen«, sagte ich. »Wir sehen uns morgen. Ich liebe dich.«

»Ich liebe dich auch, Daddy.«

Ich legte auf.

»Warum erlebe ich gerade ein Déjà-vu?«, fragte Barasco.

»Meine Frau Maria hat Sophie Ward ermordet«, sagte ich. »Sie ist auch in den Mord an Anthony verwickelt.«

»Woher wissen Sie das?«, fragte er.

Ich erklärte ihm, ich besäße ihre Anrufliste, die einen häufigen Kontakt mit Lawrence Ward belegte, und dass *sie* in Wirklichkeit Fugitive Red war.

»Auf ihrem iPad finden Sie sicher Cookies oder andere Datenspuren.«

»Zeigen Sie mir bitte sofort alles, was Sie haben«, sagte er.

»Ich habe nur ein Cloud-Backup«, sagte ich. »Bringen Sie mir einen Laptop, und ich schicke Ihnen alles. Aber Sie müssen eine Suche nach Maria starten und sie von meinem Sohn fernhalten. Sie hat versucht, mich zu töten.«

»Warum?«

»Bitte haben Sie Verständnis, aber ich möchte mich nicht weiter dazu äußern, bevor mein Anwalt da ist.«

»Sieh an, sieh an«, sagte Barasco. »Da kennt wohl jemand seine Rechte. Ich komme später noch mal zurück.«

Ich rief Marcus Freemont an. »Raten Sie mal, wer dran ist?«

»Oh nein«, sagte er. »Was ist mit Ihrem anderen Anwalt?«

»Sagen wir mal so: Es gibt viel zu erzählen.«

Als Freemont endlich kam, war es bereits nach Mitternacht.

»Wollen Sie erst noch alle Krankenhäuser ausprobieren, bevor Sie abtreten?«, fragte er.

»Freut mich ebenfalls«, sagte ich. »Entschuldigen Sie, dass ich vorgestern den Anwalt gewechselt habe, aber meine Frau hat Druck gemacht, und –«

»Kein Problem«, sagte er. »Ich habe schon größere Enttäuschungen erlebt. Also, was ist passiert?«

Ich schilderte ihm, was sich in unserer Wohnung zugetragen hatte.

»Die Polizei wird die Überreste meines Handys auf der Straße finden«, sagte ich. »Vielleicht gibt es eine Möglichkeit, die Daten zu retten.«

»Das bezweifle ich«, sagte er. »Aber ich kümmere mich darum. Hoffentlich kommen wir ohne Marias Geständnis aus. Mal sehen.«

Barasco kehrte zurück.

»Mein Mandant ist gesprächsbereit«, sagte Freemont.

»Na endlich«, sagte Barasco. »Wir suchen übrigens schon nach Ihrer Frau. Haben Sie eine Ahnung, wohin sie gegangen sein könnte? Hat sie Verwandte?«

»Sie hat einen Cousin. Michael Brant. Er ist Anwalt. Und sie hat einen Freund in Westchester, Steve, vielleicht weiß der etwas.«

»Schicken Sie mir die Kontaktdaten, und wir prüfen das nach«, sagte Barasco. »Was haben Sie mir sonst zu sagen?«

Ich wiederholte das, was ich bereits Freemont erzählt hatte.

»Da haben Sie ja ganze Arbeit geleistet«, sagte Barasco. »Natürlich rechne ich mir das als Verdienst an.«

Ich glaube, er meinte es ernst.

»Wir haben am Tatort von Sophie Ward bereits eine unbekannte DNA gefunden.«

»Das könnte Marias DNA sein«, sagte ich.

»Könnte sein«, sagte er. »Wir benötigen zur Bestätigung allerdings noch mehr Tests. Schicken Sie mir, wenn es geht, bitte auch den Namen des Zahnarztes Ihrer Frau.«

***

Die Ärzte behielten mich einen Tag zur Beobachtung im Krankenhaus. Am nächsten Morgen wurde ich, wie es die Regeln vorsahen, im Rollstuhl zum Madison-Avenue-Ausgang gebracht. Ich lief nach draußen und hielt das nächste Taxi an.

Ich hatte mir nicht überlegt, was ich Jonah sagen würde. Wie sollte ich ihm auch erklären, was seine Mutter getan hatte? Wie sollte er etwas verstehen, was ich selbst nicht verstand?

Als ich ihn dann wiedersah, wie er da mit Carly auf dem Boden saß und mit Buntstiften die Umrisse in Malbüchern ausfüllte, versuchte ich erst gar nicht, ihm irgendwas zu erklären.

Ich nahm ihn einfach in den Arm und sagte ihm, wie sehr ich ihn liebe. Das Beste, was ich tun konnte.

Später rief mich Freemont mit ein paar Neuigkeiten an. Die DNA aus dem Townhouse stammte von Maria. Außerdem hatte man auf ihrem iPad Cookies ihrer Chat-Sitzungen als Fugitive Red auf Discreet Hookups gefunden. Die Polizei hatte auch Zeugen aufgetan, die Maria und Lawrence in diversen Hotels in Manhattan gesehen hatten, Videomaterial aus Überwachungskameras lieferte zusätzliche Beweise, dass sie eine Affäre gehabt hatten.

Die schlechte Nachricht: Maria blieb unauffindbar.

»Die Polizei arbeitet mit Hochdruck an der Sache«, sagte Freemont. »Der Fall genießt höchste Priorität. Man sucht in ganz New York State und den angrenzenden Bundesstaaten nach ihr.«

»Großartig, aber mittlerweile ist sie vielleicht längst außer Landes«, sagte ich.

»Ja, vielleicht«, sagte er. »Sind Ihnen irgendwelche Bewegungen auf Ihrem Bankkonto aufgefallen?«

Scheiße, warum hatte ich daran nicht früher gedacht? Ich hatte mir solche Sorgen um Jonah gemacht, dass ich mich auf nichts anderes konzentrieren konnte.

»Moment«, sagte ich.

Auf meinem Handy loggte ich mich in unser gemeinsames Konto ein. Und natürlich, die zweihunderttausend Dollar waren weg.

»Fuck«, sagte ich.

»Was ist?«, fragte Freemont.

»Sagen wir mal so, Geld ist für sie im Moment kein Thema.«

***

Ich hoffte natürlich, dass die Polizei Maria bald finden und verhaften würde. Doch Tage und Wochen vergingen ohne eine Spur von ihr. Sie war wie vom Erdboden verschluckt.

Ich versuchte, in den Alltag zurückzukehren und mein und Jonahs Leben wieder in den Griff zu bekommen, aber es war schwierig, einfach so weiterzumachen. Ich war sicher, dass Maria nicht für immer wegbleiben würde. Eines Tages würde sie zurückkehren und sich rächen oder den Kontakt zu Jonah suchen. Ich hatte das Gefühl, als würde ich ständig über die Schulter blicken, weil ich damit rechnete, dass sie jeden Moment aufkreuzen könnte. Meine Gedanken wurden zunehmend paranoid.

Es gibt Menschen mit posttraumatischen Belastungsstörungen, die in ihrer Erinnerung immer wieder zum gleichen Ereignis zurückkehren, bei mir hingegen waren es gleich mehrere – die Auffindung von Sophies und Anthonys Leichen, die Tötung von Lawrence, mein versuchter Selbstmord und mein Streit mit Maria. An manchen Tagen hatte ich das Gefühl, als müsste ich mich wieder ins Bellevue einweisen, doch den Gedanken verscheuchte ich. Mir war klar, dass ich jetzt eine große Verantwortung hatte für Jonah. Ich war der einzige Rückhalt, den er hatte, und deshalb durfte ich ihn nicht im Stich lassen.

Auch Jonah zeigte PTBS-Symptome. Er war ängstlich und niedergeschlagen, und eines Tages musste ich ihn nach einer Panikattacke von der Schule abholen.

Gemeinsam besuchten wir einen Familientherapeuten, und daneben gingen wir einzeln zum Psychologen. Ich nahm Paroxetin gegen meine Symptome. Jonah nahm wegen seines Alters keine Medikamente, aber sein Psychologe wollte eine Medikation nicht ausschließen, falls sich sein Zustand nicht verbesserte.

Jonah und ich sprachen nicht über das, was passiert war. Ich drängte ihn nicht dazu, spürte vielmehr, dass es ihm angenehmer war, mit dem Therapeuten darüber zu sprechen.

Deswegen war ich überrascht, als er mich eines Tages nach der Schule fragte: »Hat Mommy jemanden umgebracht?«

Ich wollte einer Antwort nicht ausweichen, hatte bereits mit meinem Therapeuten über genau diesen Punkt gesprochen. Ausweichen war kein Verhalten, das ich kultivieren wollte.

»Einen Menschen«, sagte ich.

»Warum?«

Ich brauchte einen Moment, um meine Gedanken zu ordnen. »Ich weiß, das ist schwer zu verstehen. Deine Mutter hatte viele Probleme. Das bedeutet aber nicht, dass du auch Probleme haben wirst.«

Wir gingen eine Zeitlang schweigend nebeneinander her.

Blätter fielen von den Bäumen, aber keiner von uns beiden versuchte, sie einzufangen.

»Mommy fehlt mir so sehr.«

»Ja, ich weiß.«

Wir gingen weiter.

***

10. Schritt: Wir setzten die Inventur bei uns fort, und wenn wir Unrecht hatten, gaben wir es sofort zu.

Ich schickte Rob McEvoy eine kurze E-Mail, entschuldigte mich für das, was ich getan und für den Schmerz, den ich ihm zugefügt hatte. Dann blockierte ich seine Nummer auf dem Handy und auch auf Facebook, so dass ich mich nicht unter Druck gesetzt fühlte zu antworten, falls er versuchte, Kontakt aufzunehmen. Rob hatte negativen Einfluss auf mich, und negative Menschen musste ich aus meinem Leben verbannen.

Ich bedankte mich bei Raymond Ferrara, dem Mann, der mich davor bewahrt hatte, auf die U-Bahn-Gleise zu springen, dafür, dass er mir das Leben gerettet hatte, und entschuldigte mich, das ich es nicht schon eher gemacht hatte.

Ich wollte die volle Verantwortung für alles übernehmen, was ich getan hatte, und nicht mehr anderen die Schuld für meine Fehler geben. Doch nach vorne schauen hieß auch, den Blick auf positive Beziehungen richten und negative Einflüsse aus meinem Leben zu verbannen.

Ich feilte an meinem Lebenslauf und ging zu Bewerbungsgesprächen. Schließlich fand ich einen Job in der

PR-Abteilung eines kleinen Aufnahmestudios Downtown. Es war keine besonders kreative Tätigkeit, aber es würde mir dabei helfen, mein Leben wieder mehr in eine künstlerische Laufbahn zu lenken. Zu Hause spielte ich jeden Abend Gitarre. Musik war immer meine Leidenschaft gewesen, gleichzeitig hatte sie eine großartige therapeutische Wirkung, und ich merkte, wie sehr sie mir in den vergangenen Jahren gefehlt hatte. Ich schrieb sogar einige Songs – nur für mich. Ich hatte nicht vor, damit aufzutreten, jedenfalls nicht so bald, aber es war wunderbar, einfach nur zu spielen, Musik wieder in mein Leben zu lassen. Ich brachte auch Jonah das Gitarrenspiel bei. Er liebte es, hatte ein gutes Ohr. Es hört sich vielleicht kitschig an, aber die Musik heilt unsere Wunden.

Zwei-, dreimal die Woche ging ich zu einem AA-Meeting. Ich hatte einen Rückfall gehabt und hoffte sehr, dass es der letzte war. Jedenfalls verfügte ich über genügend Material, um für den Rest meines Lebens anregende Beiträge in den Meetings zu liefern.

Fast meine gesamte Freizeit verbrachte ich mit Jonah. Ich wollte für ihn da sein, besonders jetzt, da er nur noch einen Elternteil hatte. Ich brauchte keinen Babysitter mehr, außer wenn ich zu AA-Meetings ging. Ich war oft zu Hause mit Jonah, kochte für uns und half ihm bei den Hausaufgaben. Die Abende verliefen viel friedlicher als früher, als Maria noch bei uns wohnte. Es gab keine Spannung, keinen Streit, und das Schönste war, dass ich mehr Zeit für meinen Sohn hatte.

Mehrere Monate verstrichen. Etwa alle zwei Wochen meldete ich mich bei Barasco, hoffte auf die Nachricht,

Maria sei verhaftet worden, oder die Polizei verfolge wenigstens eine neue vielversprechende Spur.

»Wir geben nicht auf, nach ihr zu suchen. Das verspreche ich Ihnen«, sagte Barasco.

Im Sommer fuhren Jonah und ich nach Kalifornien. Wir besuchten San Francisco, campten in Big Sur und fuhren die Küste entlang nach Los Angeles und Disneyland.

In Disneyland hatte ich ein merkwürdiges Erlebnis. Wir standen in der Schlange vor der Haunted Mansion, als ich meinte, Maria in der Menge zu erkennen, etwa vierzig Meter vor uns. Ganz sicher war ich mir nicht, doch das Haar war das gleiche, vielleicht etwas länger, und das rote Kleid sah aus wie eins von ihr.

»Was ist, Daddy?«, fragte Jonah.

Ich war wie benommen. Ein Mann schob sich vor mich, nahm mir für eine Sekunde die Sicht, und die Frau in dem roten Kleid war weg. Ich sah in alle Richtungen, aber es war, als hätte sie sich in Luft aufgelöst.

›Mein Verstand muss mir einen Streich gespielt haben‹, erklärte ich mir – das war nicht Maria. Ich hatte sie mit jemand anderem verwechselt. Ich dachte nicht weiter daran, und wir genossen die restlichen Tage unserer Ferien.

In Manhattan war das neue Schuljahr angebrochen, und zum ersten Mal seit langem schien alles wieder normal. Jonah lernte ein paar neue Freunde in der Schule kennen und wurde Mitglied in einem Fußballverein. Ich begleitete ihn zu den Spielen und feuerte ihn an.

Am Abend der Halloween-Party in der Sporthalle von Jonahs Schule stand ich mit einigen anderen Eltern zusammen. Rebecca, eine seit kurzem geschiedene Mutter in meinem Alter, gesellte sich zum Plaudern zu uns. Sie war immer freundlich zu mir gewesen, grüßte mich und lachte. Heute war es anders. Sie war in Flirtlaune, sie suchte Blickkontakt und berührte mehrmals meinen Arm.

»Wir sollten mal zusammen einen Kaffee trinken«, sagte sie.

Um von ihr loszukommen, tat ich so, als brummte mein Handy.

»Entschuldigung. Ich muss ran«, sagte ich und ging nach draußen.

Ich wollte nicht unhöflich sein, ihr aber auch nichts vormachen. Ich hätte Interesse zeigen sollen, sie war hübsch und klug, und man unterhielt sich gerne mit ihr. Es war jetzt ein Jahr her, dass Maria verschwunden war, und ich fühlte mich emotional stabiler, verspürte aber kein Verlangen, auszugehen oder eine Beziehung anzufangen. Ich hatte wieder Freude am Leben und hatte kein Bedürfnis nach großartigen Veränderungen.

Später, wieder zu Hause, half ich Jonah bei seiner abendlichen Routine – Hausaufgaben, Abwasch und Zubettgehen. Vorm Einschlafen zeigte er mir noch ein paar lustige Videos auf YouTube, die ein Freund mit ihm geteilt hatte.

»Nacht, mein Junge«, sagte ich, machte das Licht aus und schloss die Tür.

»Nacht, Daddy.«

Jetzt hatte ich Zeit für *meine* abendliche Routine.

Ich schloss die Schlafzimmertür ab und zog mich aus. Dann loggte ich mich mit meinem User-Namen FUGITIVE RED und meinem Passwort SOPHIE bei Discreet Hookups ein.

Ja, ich brauchte ein Ventil, und das Internet schien mir sicherer als eine echte Beziehung.

Ich scrollte mich durch die Dutzenden Frauen, mit denen ich im Verlauf der letzten Monate erotisch gechattet hatte, und versuchte zu entscheiden, auf wen ich heute Abend Lust hatte. SoSexxxy69 war online. Sie behauptete, ihr Ehemann sei viel unterwegs und nehme sie nicht wahr. Wahrscheinlich alles gelogen, aber das gehörte zum Thrill.

SOSEXXXY69 Hey, Baby, wie geht's dir heute Abend?

Ich hatte das Gefühl, als hätte ich nach einem langen anstrengenden Tag meinen ersten Schluck Alkohol getrunken.

FUGITIVE RED Lust auf Party?
SOSEXXXY69 Wahnsinn. Los!

Wir chatteten eine Zeitlang, tauschten unsere schmutzigsten Phantasien aus.

Dann traf es mich wie ein Schlag. Ich fragte mich, warum ich nicht eher darauf gekommen war. Es lag so nahe.

FUGITIVE RED Du bist es, stimmt's?

Lange Pause. Vielleicht hatte ich unrecht, vielleicht war es nur meine übliche Paranoia.

SOSEXXXY69 Wer?
FUGITIVE RED Du weißt schon.
SOSEXXXY69 Ich verstehe nicht, was du meinst.

FUGITIVE RED Ich weiß, dass du es bist, okay? Du kannst ruhig ehrlich zu mir sein. Ich zeige dich nicht an, versprochen. Ich wollte nur wissen, ob du am Leben bist und in Sicherheit.

Kann gut sein, dass ich falschlag und SoSexxxy69 eine einsame verheiratete Frau war.

Einige Minuten vergingen. Ich wollte meinen nächsten Chat abschicken, *Bist du noch da?*, aber ich kam nicht durch.

Stattdessen erhielt ich die Nachricht: *SoSexxxy69 existiert nicht.*

Sie musste ihren Account gelöscht haben.

»Mist«, sagte ich.

Sie war es – da war ich mir sicher. Nur sie konnte diese Gefühle in mir wachrufen, nur mit ihr entstand diese Intensität.

Ich stellte sie mir auf einer tropischen Insel vor – wie sie am Strand lag, an ihrem Cocktail nippte und sich nicht mehr einkriegte vor Lachen, stolz, dass sie mich wieder mal abserviert hatte.

Ich hätte wütend auf sie sein können, aber ich fiel in ihr Lachen ein.

Ich hatte meine Frau wieder. Ein gutes Gefühl.

Danksagung

Ich danke meinen Agenten, dem Dream Team Joel Gotler und Murray Weiss, für ihre genaue Lektüre und ihre konstruktiven redaktionellen Anregungen. Ebenso meinen ausländischen Verlagen, No Exit Press und Diogenes Verlag, die mich von Beginn meines Werdegangs an unterstützt und sich schon früh für *Seitensprung* eingesetzt haben. Dank auch der ganzen Belegschaft von Oceanview Publishing, ohne die *Seitensprung* in den USA und Kanada niemals das Licht der Welt erblickt hätte.

»Jede Art zu schreiben ist erlaubt –
nur die langweilige nicht.«

VOLTAIRE

Krimi
Aus dem Amerikanischen von Hans M. Herzog
400 Seiten
Auch erhältlich als eBook und Hörbuch-Download

Die Savage Lane ist eine hübsche Straße in einem wohlhabenden Vorort von New York. Hinter den gepflegten Fassaden aber gärt und kocht es. Mark Berman, seit zwanzig Jahren mit Deb verheiratet, träumt von seiner sexy Nachbarin Karen. Deb ist rasend eifersüchtig. Obwohl sie selbst ein schmutziges Geheimnis hat. Eine bitterböse Komödie der erotischen Verwirrung und Verblendung – mit tödlichem Ausgang.